《曾山传》（修订本）编委会

主　任　俞银先

副主任　卢大有　彭　勃　汤静涛　陈文涛

成　员　俞银先　卢大有　彭　勃　汤静涛

　　　　陈文涛　左家法　卫平光　王　洁

　　　　万义兵

主　编　俞银先

副主编　卢大有　彭　勃　左家法

曾山传

（修订本）

中共江西省委党史研究室 著

江西人民出版社
Jiangxi People's Publishing House

全国百佳出版社

图书在版编目（CIP）数据

曾山传 / 中共江西省委党史研究室著 . -- 修订本 .
-- 南昌：江西人民出版社，2019.11

ISBN 978-7-210-11861-9

Ⅰ . ①曾… Ⅱ . ①中… Ⅲ . ①曾山（1899-1972）—
传记 Ⅳ . ① K827=7

中国版本图书馆 CIP 数据核字 (2019) 第 260028 号

曾山传（修订本）

中共江西省委党史研究室　著

责任编辑：游道勤　陈子欣
封面设计：同异文化传媒
江西人民出版社出版　　各地新华书店发行
社　　　址：江西省南昌市三经路 47 号附 1 号
邮　　　编：330006
重点图书出版中心电话：0791-86898683
发行部电话：0791-86898893
网　　　址：www.jxpph.com
E-mail:jxpph@tom.com　web@jxpph.com
2019 年 11 月第 1 版　2019 年 11 月第 1 次印刷
开　　本：787 毫米 × 1092 毫米　1/16
印　　张：31
字　　数：372 千字
ISBN 978-7-210-11861-9
赣版权登字 -01-2019-681
定价：120.00 元
承 印 厂：南昌市红星印刷有限公司
赣人版图书凡属印刷、装订错误，请随时向承印厂调换

目录

MULU

第一章

走上革命道路

故乡与家世

在江西吉泰盆地中心、千里赣江中游，有一个享有"文章节义之邦"美誉的千年古县——吉安县。宋元时期，县境东南部的永和圩，因民间瓷窑——吉州窑声名远扬，成为当时"民物繁庶，舟车辐辏"的"天下三镇之一"。距吉州窑址东南 5 公里处的赣江边，坐落着一个古老村落——锦原村。清光绪二十五年十一月初十（1899 年 12 月 12 日），曾山就出生在这里。

吉安县古称庐陵县，因境内有泸水而得名[①]，秦始皇二十六年（公元前 221 年）置县，是江西地域首批设置的 18 个古县之一，县治向为历代郡、州、府、道、路驻地，民国三年（1914 年）改县名为吉安，寓"吉泰民安"之意。这里人杰地灵，英才辈出，名士荟萃。据《吉安县志》载：自唐至清科考取士，考中状元 4 人，榜眼、探花各 2 人，进士 635 人；有宰辅 5 人，文臣武将 1000 余人。[②]正气

---

① 古代"庐""泸"同音而通假。
② 肖方远主编：《吉安县志》，江西人民出版社 2008 年版，第 1 页。

凛然的民族英雄文天祥、三疏斩秦桧的抗金名臣胡铨、爱国辞章撼人心扉的辛派词人刘辰翁、道德文章为世师表的四朝宗臣周必大等，成为庐陵先贤中的杰出代表。

这块钟灵毓秀的土地，区位雄要，文化昌盛，物产丰富。自唐张九岭奉命开辟大庾岭驿路以来，吉安便是连接中原与岭南的必经之路，直到清代中期，大运河——长江——赣江——北江——珠江都是贯通中国南北的主要通道。原县治所在地石阳镇①处赣江水道畔，成为江南重要商埠。享誉中外的土特产，除吉州窑出产的木叶天目、剪纸贴花、窑变釉纹等黑釉瓷外，还有唐宋时期的贡品——以水苔为原料的纸品陟麓、以山竹为主原料生产的吉州竹纸以及丝、葛、麻、苎布等。记录吉安悠久历史和传统文化的名胜古迹遍及城乡各地。仅唐宋元明清时期的各类书院就有 50 余所，如白鹭洲书院、凤山书院、青原会馆、西原会馆、石阳书院、阳明书院、景贤书院、崇德书院、桂馨书院等。另有青原山净居寺、清都观、资国寺、因果寺、金山庵和本觉寺塔、东昌井、泮月池等古文化景观，历来为当地百姓所景仰。

锦原村，是北宋至道年间（公元 995—997 年）曾子第四十六世孙曾敬文一家迁居落脚这里后才有的新村落②，是村上主人千百年间辗转迁徙沧桑岁月中的又一个归宿。

曾姓源远流长，据有关史料查证，主要源自姒姓，为夏禹的后裔。相传夏禹的第五世孙少康中兴夏室后，把自己最小的儿子曲烈封于一个"鄫"的地方（在今山东苍山县西北）。少康的这一房子孙所建的鄫国历经夏、商、周三代，一直到鲁襄公六年（公元前 567 年）

---

① 1949 年 7 月石阳镇改设为吉安市（县级），1979 年 11 月县治由吉安市五岳观迁至敦厚镇。

② 《锦原曾氏族谱》，存吉安县永和镇锦源村。

曾山老家旧居，位于吉安县永和镇锦原村

才被莒国所灭。鄫亡后，太子巫逃往邻近的鲁国，以原国名为姓，后去邑旁，表示离开故城，称曾氏。巫第五世孙曾参因以孝称，被孔子收为弟子，即《论语》所称道的曾子，其父曾点也是孔子弟子，其长子曾元、长孙曾西皆以经术著称于鲁。西汉末年（公元 9 年）王莽篡位，曾子第十五世孙曾据在西汉因功封关内侯，对王莽篡权不满，不事新莽，于始建国二年（公元 10 年）挈全族千余人南迁至庐陵吉阳。曾氏族人从此在这片土地上安居创业，人丁兴旺，后逐渐向周边发展，衍徙湖南、广东、福建、四川、河南、湖北、广西、贵州、台湾乃至海外，而且人才辈出，如"唐宋八大家"之一的曾巩、北宋"昭勋阁二十四功臣"之一的曾公亮、清朝"中兴名臣"曾国藩等。庐陵吉阳因此被称为曾氏的第二发脉地，曾据亦被曾氏族人尊为江南始祖。

　　据《锦原曾氏族谱》记载，曾敬文由吉水八都兰溪迁居锦原后，生宣、华二子。宣续传绅、安、明沛、常辉、淑庆，再传钧宝、钧宾二子，分衍东西二房。曾山家属于东房这一支。

曾山的祖父曾广禅，清咸丰六年正月初八（1856年2月13日）生，字逊德，号永卿，名春沂。光绪二年（1876年）参加县试，夺得榜魁；光绪七年（1881年）参加府式，取得第七名。曾任都长、乡董、县议员。原配为刘氏，后娶罗氏，共育有一子一女：曾昭藻、曾金秀。

曾昭藻即曾山的父亲，光绪四年二月初十（1878年3月13日）生，字彩芹，号笙航，名鸣。光绪三十年（1904年）参加县试，获得第二名；光绪三十一年（1905年）科举考试，取特等。曾任锦原小学第一任校董。曾山的母亲康春玉，又名康秀玉，也生于光绪四年，系本乡上头山村人。他们夫妇共生育了五男二女，即延生、洛生（即曾山）、炳生、玉生、伏生和金凤、秋凤。其中，因贫病交加，玉生、伏生死于麻疹，金凤、秋凤幼年夭折。

一门忠烈

曾山哥哥曾延生烈士

曾山的家庭曾被毛泽东赞誉为"革命的家庭，光荣的家庭"。①大革命和土地革命战争时期，在哥哥曾延生的直接影响下，全家投身革命，其中父亲、哥哥、嫂嫂、弟弟先后壮烈牺牲。

哥哥曾延生，生于光绪二十三年二月初七（1897年3月10日），名宪瑞，字麟书。少时，先后在本村族

---

① 邓六金著：《我与曾山》，新华出版社1999年版，第59页。

祠"三省堂"和邻近的永乐寺、坳路村以及吉安县城读书,成绩优异,后考入南京体育师范学校并经受了五四运动的洗礼。

1921年秋,曾延生肄业归来,受聘于吉安白鹭洲中学,担任体育教员,并在县立高小兼一个班的国文课。其间,和罗石冰一起,积极组织省立第七师范、白鹭洲中学、县立高小等校师生开展一系列反封建斗争,驱逐了贪污腐化的七师校长、高小代校长和县教育局长,被反动当局视为"行为越轨"者。1923年暑期遭解聘后,他毅然在本族祠堂门上写下了这样一副对联:

> 有理尽管胆大
>
> 无私何妨心雄[①]

1924年秋,怀着改造社会、改造国家的雄心壮志,曾延生进入以共产党为主、国共合作创办的上海大学,选读社会学系。在这里,他系统阅读了马列主义经典著作,聆听了瞿秋白、恽代英、蔡和森、张太雷等著名共产党人的授课,并光荣地加入了中国共产党。不久,奉派到沪东杨树浦地区,以创办"平民夜校"作掩护,开展工人运动。1925年2月,参与领导了上海日商纱厂工人举行的"二月罢工",斗争坚持了近一个月。杨树浦地区的工会组织由此迅速壮大,几天之内会员就增加到3000多人。

五卅惨案发生后,受党组织委派,曾延生以上海工、商、学界宣传代表的身份来到南昌,向江西各界人民陈述帝国主义制造五卅惨案的真相以及在上海、汉口、青岛等地屠杀工人的罪行,号召各界人士积极行动起来,支援上海工人阶级的斗争。6月中旬回到家乡后,被吉安学联聘为"驻会沪案干事部"特别干事。此后,组织宣传队、讲演队和募捐队、仇货检查队,深入街头巷尾、商店、码

---

① 曾山:《曾延生同志事略》,江西省民政厅编:《不朽的革命战士》,江西人民出版社1960年版,第183页。

头和近郊农村开展活动，很快就在吉安掀起了声援五卅运动的反帝风暴。

与此同时，曾延生对工人阶级特别注意，努力做了大量极受工人们"欢喜接受"的宣传工作，"乃先后组织成米业工会、染布业工会、染纸业工会、竹木架工会、烟业工会、香业工会"。[①]他还利用暑期青年学生大量返乡的时机，在白沙组织了吉安农村地区第一个进步团体——觉群社；与罗石冰等一起，创建了社会主义青年团吉安基层组织和中共吉安小组。

井冈山革命根据地创始人之一、新中国首任江西省委书记陈正人，就是在这个时候被曾延生发展为社会主义青年团团员的。许多年后，回望那一段历程，陈正人仍然激动不已：

我于1925年五卅运动参加吉安学生工人工作中，加入SY（社会主义青年团）。介绍人有两个，一个是曾延生（又名曾如松），他是曾山同志的胞兄。当时延生在上海大学读书，五卅运动开始被派回吉安领导工作的。过去他是一个中学教员，是一个很有活动能力的同志，在吉安学生和工人群众中信仰很高。另一个郭佐唐，当时他是第七师范学生，是吉安SY领导者之一。

我记得那时曾延生同志在介绍我入SY时，他曾说过："加入团是要不怕牺牲的。要绝对守纪律，要服从组织，连生命也要交给团"，他问我愿意这样做么，我真诚地回答他说，我是具有这样做的决心的，他考察着我的思想、工作，他深刻地了解了我。于是有一天他告诉我，SY吉安特支已经通过我加入了，候补期只有一个月。从此起我就是一个社会主义青年团员，我在团组织中过着生

① 《团吉安特支报告——关于曾延生在吉安工作情况》（1925年11月5日），中央档案馆、江西省档案馆编：《江西革命历史文件汇集》（一九二三—一九二六年），1986年印，第247页。

活；从此起我的生活是愉快的，我觉得我获得无穷的力，从前摸索着热烈追求的光明道路已经一旦找到了。①

1926年8月，为迎接北伐军进军江西，曾延生奉中共中央委派，到九江任中共九江特支书记。期间，他积极筹建农会、学生会和以中共党员为骨干的国民党九江市党部执行委员会，创办了《国民新闻》和九江书店，组织海员、码头工人炸毁了企图与北伐军决一死战的北洋军阀大型军舰江永轮，指导永修、德安、修水等县党组织成立爆破队、侦察队、向导队、运输队，为北伐军传递情报、筹集粮草、运送弹药。11月5日，在工农群众的支持下，北伐军攻克九江。不久，九江特支升为中共九江地委，曾延生仍任书记。

九江是产业工人较为集中的地方，光复前各行业工人已开展了一些有组织的罢工活动，但全市缺乏统一严密的组织。九江地委成立后，曾延生充分利用北伐推进到九江的大好形势，迅速成立了九江总工会，下辖南浔铁路、纱厂、码头等5个行业总工会及30个基层工会。同时，组建了2000余人的九江工人纠察大队，各工厂、铁路、码头和其他行业工会也都建立了工人纠察分队。

1927年1月6日，为破坏九江码头工人大罢工，英国水兵将工人纠察队队员吴宜山当场打死，并将支持吴的数名工人打成重伤。惨案发生后，曾延生当即以中共九江地委名义，要求国民党九江市党部紧急召开全市各界代表会议，并在会上提出了"打倒帝国主义！""收回英租界！"的口号。会后，全市以工人为主的群众队伍数万人，扛着扁担、铁棒、梭镖，冲破英帝国主义者的武装戒备，拔除铁丝网，撞开租界大门，一举占领了被霸占六十多年之久的英租界。3月15日，在全国人民的声援下，英国政府被迫将九江英租

---

① 《正人自传》（1940年6月5日），中国机械工业联合会编：《陈正人文集》，中共中央党校出版社2009年版，第413-414页。

曾山的大哥曾延生与
大嫂蒋竞英烈士（吉安县
烈士纪念馆的画像）

界归还国民政府管理。

四一二反革命政变后，曾延生奉调南昌，先后任江西省总工会组织部长、代理委员长。5月29日，国民党江西省政府主席朱培德追随蒋介石下令"礼送共产党员出境"，后又宣布在全省停止工农运动。曾延生也在"礼送"之列，但他机智地摆脱了反动派的监视，转入地下活动。不久，参加南昌起义，任革命委员会粮秣管理委员会委员，积极为起义军筹集粮草，后随军南下。9月下旬，起义军在潮汕失利，他折回江西。

10月初，为贯彻八七会议精神和中共江西省委秋收暴动计划，曾延生以中共赣西特委代表身份来到万安，与汪群、曾天宇、张世熙等筹划暴动工作。10月上旬，他们组织召开了全县党的活动分子会议，成立了隶属赣西特委直接领导的，由曾延生、汪群、曾天宇、张世熙、陈正人、刘光万等人组成的"万安行动委员会"，作为暴动的总指挥机关。会后，曾延生深入到窑头、百嘉、罗塘等地进行暴动的组织和发动工作。是年底万安暴动爆发，并建立了江西第一个苏维埃政权——万安县工农兵苏维埃政府，"为江西革命开辟了一个新的局面——苏维埃革命的局面"①。

1928 年 2 月，曾延生又被派往赣州，担负重建中共赣南特委的重任。以他为书记的赣南特委重新组成后，即根据省委部署和立即暴动的指示，集中全力发动了于都、南康、赣县、信丰、寻乌等地的农民暴动，使得敌人"疲于应付"②。为扑灭赣南的革命烈火，驻赣州独立第七师和国民党地方当局紧急出动军队前往镇压，并派出大批军警、密探在城内疯狂搜索共产党机关。3 月 23 日，赣南特委机关所在地古城巷 2 号突遭敌包围，曾延生及妻子蒋竞英等不幸被捕。面对敌人残酷的审讯，夫妻二人坚贞不屈。4 月 4 日，双双被杀害于赣州卫府里。

嫂子蒋竞英，生于光绪二十七年（1901 年），浙江宁波人。1924 年，到上海沪东杨树浦地区一家纱厂做工。1925 年初，参加曾延生举办的"平民夜校"学习，随后参加了"二月罢工"和声援五卅运动的斗争，并逐渐成长为一名突出的工会活动分子。不久，经曾延生介绍，光荣地加入了中国共产党。共同的革命理想，使他们产生了忠贞的爱情。1926 年 8 月，随曾延生到九江开展工作。中共九江地委成立后，任妇女运动委员会书记。1928 年 2 月，调任中共赣南特委妇女部部长。3 月 23 日不幸被捕，4 月 4 日与曾延生同赴刑场，牺牲时年仅 27 岁。

---

① 《江西工农革命的纪录》（1928 年 1 月到 3 月），中共江西省委党史资料征集委员会、中共江西省委党史研究室编：《江西党史资料》第五辑（万安暴动专辑），赣出内字第 88001 号，1988 年印，第 35 页。

② 《独立第七师师长刘士毅呈报破获共党机关拿办共党首要暨肃清将来赤祸各情形》（1928 年 4 月 4 日），中共江西省委党史资料征集委员会、中共江西省委党史研究室编：《江西党史资料》第四辑（赣南农民武装暴动专辑），赣出字（1986）第 004 号，1987 年印，第 244 页。

曾山的弟弟曾炳生烈士

弟弟曾炳生，生于光绪三十年十月二十（1904年11月30日），名宪瑚，字珍光。年少时，即远赴广东南雄一家丝线店做帮工。1926年2月，因无法忍受工头压榨便辞工回到家乡，后在两位哥哥的影响下，积极参加农民运动并加入了中国共产党。同年11月，被党组织派往九江，"在九江市党部任会计"[①]，并在党的秘密联络点——九江书店担任经理工作。其间，协助胞兄曾延生在南浔铁路、轮船码头、省立第六师范和马回岭等地发展党、团组织，建立工会、农会、学生联合会等革命团体，举办"政治训练班""工农武装训练班"，为党培养了大批政治工作和武装斗争的骨干。

1927年7月15日，汪精卫在武汉实行"分共"，对共产党员和革命群众实行大逮捕、大屠杀。赣北警备区司令金汉鼎随后也叛变革命，从7月25日起，在九江全市实行大搜捕。到8月7日，包括曾炳生在内的共产党员、共青团员和工农学生运动骨干70余人被捕。8月9日清晨，曾炳生和国民党九江市党部常委戴振球、九江市总工会委员长彭江、南浔铁路工会委员长熊好生、九江县农民协会主席吴九思等25名共产党员和一名国民党左派，在九江东门大校场遭集体枪杀，是为震惊全国的"八九"惨案。8月29日，北京《晨报》以"血染浔阳江口"为题，对该惨案进行了报道：

九江市县党部及各人民团体，向由共产分子戴振球等把持，国

---

① 曾山：《我们家庭简史》（1964年9月28日），存中央档案馆。

民党员皆被排挤，以致城乡市镇时起斗争，近数月来，愈演愈烈。此次叶贺叛变（指叶挺、贺龙领导的南昌起义——引者注），戴振球等竟集合同类，公然散发传单，粘贴标语，诋毁中央，破坏铁路，意图乘机扰乱。业经中央电令第二方面军张发奎，转令本部驻军拿送到浔湖警备司令部。复经搜索等所盘踞及党部及团体，果有代表共产党民校党团之组织。复搜得其秘密报告书信名册多件。其中报告称工会各小组，务使每组有我们的党员一名，为其核心。又组长报告表上，列有煽动情形。此外九江书店国民新闻等报社，均为共产党机关，专门宣传共产主义，并公开组织马克思主义研究会，综上事实，实意图颠覆政府，响应叛军，该部详加审讯，实认不讳。故遵照中央电令，依陆军刑律第二、十八、二十、二十一各条，将戴振球、张如龙、彭江、吴九思、张伟业、王德勋、熊好生、庐镜华、郑青麓、罗树梅、冷先甲、饶柳门、徐之琼、徐兆麟、吴祖珍、罗城山、曾秉申（即曾炳生——引者注）、张老三、卢岑楼、王汝林、徐亚副、白盛泽、丁巨轩、熊奠亚、周礼太、陈四真等二十六人判处死刑。于本月九日清晨在浔执行枪决。①

父亲曾昭藻为人忠厚正直，崇尚诗书，靠教书为生。"他同情劳苦农民，不满民国之后连年军阀混战，地方上土豪压榨，到大革命时同情共产党。在土地革命的开始时期1929年，中共吉安县委利用他教

曾山的父亲曾昭藻烈士

① 北京《晨报》，1927年8月25日。

书地址为党的秘密交通站。"① 在白色恐怖下，他不顾个人和家庭的安危，以教书为掩护，为党传递过许多重要情报。其间，三次被捕入狱，受尽酷刑折磨，始终坚贞不屈，守口如瓶。1931 年 7 月 29 日被敌人活活打死在吉安城的监牢里。

母亲康春玉，是一位深明大义、爱憎分明的劳动妇女，为全力支持丈夫和孩子们干革命工作，先后坐了五次监狱，被国民党反动政府敲诈了近两千元银洋的"罚款"，住的房子也被烧了一栋，但从不屈服。在丈夫和两个儿子先后被敌人杀害、曾山又外出革命的艰困中，她坚守家园，保持信念，耕田砍柴，克勤克俭。革命胜利后，积极参加家乡生产劳动，关心集体公益事业，勤俭持家，助人为乐。1957 年 11 月 5 日，光荣出席了江西省职工家属社会主义建设积极分子大会，以后又多次出席省、县表彰大会，并被《人民日报》赞誉为"革命母亲，勤俭模范"②。

1961 年冬，曾山回乡探望年逾八旬的老母亲及大嫂、弟媳③ 时，抚今追昔，感慨万千，含着热泪写下了这样两副楹联：

家慈五男二女留独子
先父三难一死为人民

---

① 曾山：《我们家庭简史》（1964 年 9 月 28 日），存中央档案馆。
② 田青、焕新：《革命母亲 勤俭模范》，《人民日报》，1957 年 12 月 16 日。
③ 大嫂为曾延生原配萧淑贤（1892—1980），1931 年加入中国共产党，在赣西一带发动妇女支援反"围剿"战争；中华人民共和国成立后历任村妇女主任、横江区光荣敬老院院长等职，多次出席地、县党代会和烈军属代表大会。弟媳刘桂香（1903—1986），系弟弟曾炳生结发妻子，丈夫牺牲后，一直坚守家园，侍奉婆婆如亲娘。

曾山的母亲康春玉（中）、大嫂萧淑贤（左）和弟媳刘桂香（右）的合影

念大嫂继夫志坚持革命留青史

赞桂香不人后困守家园侍高慈 ①

裕丰泰栈房当学徒

曾山的少年时代，中国社会正处于阶级矛盾尖锐、革命风潮迭起、社会剧烈震荡的变革转型时期。

就在曾山出生一年后的 1900 年，中国北部爆发了轰轰烈烈的义和团反帝爱国运动。帝国主义为了镇压义和团和瓜分中国，组成八国联军，进据京津，迫使清政府签订了丧权辱国的《辛丑条约》。1911 年，孙中山领导的辛亥革命爆发，推翻了腐朽的清王朝，创立

① 曾宪理、周永贵：《曾山书联一家人》，政协江西省吉安县委员会编：《庐陵文史资料》第 5 辑，1999 年印，第 14 页。

了中华民国，后又相继发动"二次革命"和"护国战争"，粉碎了北洋军阀头目袁世凯的皇帝梦。但接着掌权的北洋军阀分化为直、皖、奉三系，各自独霸一方，分别投靠日、英、美帝国主义。此外，各地还有一些不属于北洋系统的军阀。这些大大小小的军阀都把军队当作自己的私产，凭借手中的武力实行军事专政。为了巩固和扩大地盘，并争夺对北京中央政府的控制权，在帝国主义的支持下，各派军阀之间进行着频繁的争夺以至战争，使国家陷于长期的分裂和动乱之中。

在北洋军阀连续不断的混战中，江西属于直系军阀的势力范围，长期处于南北军阀战争的前线，境内多次发生过局部战争和客军过境，时局动荡在不少年份成为基本特征。战乱导致的人民流离失所、田地荒芜、民不聊生等悲惨景象，给年少的曾山留下了深刻的印象，并由此开始认识社会、思考人生。

曾山童年时，跟随父亲断断续续地念了两三年私塾，受过忠孝节义的教育，懂得忠孝两全的道理。在父亲的熏陶下，富有正义感，同情受苦受难的农民。那时，即曾山"十岁左右，家庭经济情况还比较好"①，有祖传土地40余亩，并在村子里开了一家名叫"合顺店"的酒肉槽坊，家境虽然并不宽裕，但当时在村里也算是屈指可数的。然而好景不长，到民国以后，南北军阀混战不断，又连年遭受水灾，加上祖父去世和土豪、官绅的剥削、压榨，家庭经济完全破产，而且欠下了一大笔债务，以致不能维持生活。于是，曾山不得不辍学在家，帮助母亲种田，上山打柴，做家务杂活。

为生活计，也为今后前途着想，曾山17岁那年，父亲托人帮忙，把他送到离家200公里以外的赣州一家做丝线的作坊——裕丰泰栈

---

① 曾山：《我们家庭简史》（1964年9月28日），存中央档案馆。

房当学徒，学做丝线手艺。这是一段苦难的经历，曾山1957年有过详尽的回忆：

　　1915年，我17岁的时候，村里闹了水灾，于是我就离开家乡，到赣州去当学徒。现在我还清楚地记得赣州东门外天竺山对面的那家做丝线的小作坊——裕丰泰栈房。老板的名字叫唐坦。我在那家丝线作坊，过了5年学徒生活。旧社会的学徒生活可不像今天工厂当徒工那么好过。我开始进去的时候，名义上是学徒，实际上不是学手艺，而是帮老板干杂活。每天，天刚蒙蒙亮，就煮饭，买菜，炒菜，吃完饭后，就洗碗筷，每天还要去挑全家人吃用的水，到冬天就要到一里路外的赣江上下码头五十多级阶梯去挑水，挑完水后还要帮老板干其他零活，以后才能上落场（即解丝的架子）学习解丝。就这样整天忙个不停。那时，当学徒是没有工钱的，作坊里只管吃饭。每餐只有一样青菜，后来经同行业的人争取，才添了一样豆腐。半年以后，店里来了个老板娘，由她掌握油盐柴米，亲自炒菜，不让油先下锅，菜熟下浮油，对职工们就更刻薄了。后一年半我们作坊里又新来了一个徒弟，老板就把一部分打杂工作给他做，我就能腾出工夫，来学手艺了。我最先学的是解丝，后来又学打线，这种劳动都是细致工作。譬如打线就要用力很匀，还要快，这比挑水做饭就难多了。当时一个学徒想学点手艺是不容易的。这些手艺通常师傅是不乐意教的，因为教好了徒弟，师傅自己的饭碗就要成问题。我的师傅姓萧。我只有在萧师傅工作时，靠自己在帮工时用心看，到萧师傅午睡或休息时，才能自己学习打丝线。这样，经过了一年半，我就把解丝与打线学会了。于是唐坦老板辞退了萧师傅，叫我做打线工作（因为我是学徒，不要工钱）。那时候，我劳动也特别卖力。一个人能做一个多人的工作，有时还同唐坦老板一起挑着五六十斤的丝线担子，翻山越岭由赣州到三南（今龙南、全南、定南——引

者注)、安远、寻乌等地小市场去卖。老板还是喜欢我的,当我 3
年徒工满期的这年末,给了我 3 块毫洋。我拿了它做了一件长袄。
但尽管这样,3 年中他却没有让我学会染线的手艺。

我在裕丰泰丝线作坊学了 3 年徒工,出师以后做了两年工,感
到买丝线的人逐渐减少,丝线店和丝线作坊倒闭不少,我看到这种
手艺没有什么前途,就离开了那个作坊,回家耕田兼做小买卖谋生
了……[1]

这段学徒生涯虽然艰辛,但收获也很多。正如他后来所说:"我
过去这段劳动生活,对我究竟有什么好处,我想,好处是很多的。
最主要的是使我体会到劳动人民受剥削、受压迫的痛苦,培养了对
劳动人民的感情。"[2]

加入觉群社

1921 年,曾山回到吉安家乡后,为了维持生计,一面耕作自己
家祖传的几亩田地;一面在父亲开的小号——合顺店中设案卖肉,
兼卖小杂货。这是一间面积不到 5 平方米的矮小砖瓦房,位居村中,
紧贴宗族祠堂,是村民聚集地。在正常情况下,这小本生意还是可
以的,但在当时又怎么能正常经营呢?为对付地痞流氓和土豪恶棍
的敲诈勒索,他又拜师勤学拳术,精习武艺,练得身体矫健,动作
机敏,力大过人。尽管如此,曾山还是累次受到当地大土豪曾和荀
的压迫和排挤。因为曾山设案卖肉,使曾和荀独家经营屠宰业的利
益减少。于是,曾和荀买通官府,以未缴纳牌照税为借口,罚了曾

---

[1] 盛禹九、张继尧:《革命长辈谈劳动——访曾山同志》,《中国青年》,1957 年第
11 期。

[2] 盛禹九、张继尧:《革命长辈谈劳动——访曾山同志》,《中国青年》,1957 年第
11 期。

觉群社旧址，位于吉安县土洲钟家村

山 24 块银元。曾山苦苦支撑近两年的小肉铺，就这样被挤垮了。

学徒受老板压榨，做小买卖又遭土豪打压，残酷的现实令曾山痛苦不已："在旧社会里，我找不到生活的出路"[①]。就在曾山茫然无措的时候，哥哥从上海回来了。

1925 年五卅惨案后，受党组织委派，曾延生回到吉安开展反帝宣传活动。7 月间，各校学生相继放暑假回了家，他便把工作重点转向农村。不久，在白沙、土洲一带，以办国音补习班为名，吸收郭景淳、钟赤心、陈志良、陈策、周汉香、张翼鹤等 28 名青年学生，组织成立了进步团体——觉群社。觉群社正式成立的那天，曾延生还在白沙明心寺门前书写了一副阐明该社宗旨的对联：

说一般人要说而不敢说的话

---

① 盛禹九、张继尧：《革命长辈谈劳动——访曾山同志》，《中国青年》，1957 年第 11 期。

做大家齐想做而不敢做的事①

在此期间，哥哥还特别给曾山讲了许多他从没有听说过的道理。曾山听得入迷，彻夜听哥哥讲：俄国十月革命，马列主义，共产党主张什么，穷人为什么受穷，怎样解放，为什么要打倒军阀和打倒帝国主义，中国的前途……

时值酷暑，觉群社的成立和哥哥的话语，就像一场及时雨，给曾山带来了盼望已久的清凉。不久，曾山成为最早一批加入觉群社的工农分子社员，并很快成长为骨干社员。他后来回忆道："在旧社会里，我找不到生活的出路。看到周围一带的农民们受到土豪地主的剥削和压迫，由于相同的遭遇，我就特别同情农民的痛苦。五卅运动时我哥哥曾延生（他是共产党员，但当时我并不知道）由上海返南昌、吉安，组织学生运动，也返家中教人们秘密组织农民起来斗争。于是，我就开始走上了革命的道路。"②

唤醒贫苦农民的革命意识，是觉群社最为主要的工作。每逢白沙当圩之日，觉群社都会派学生社员去演讲，号召农民起来抗租、抗捐、抗税，反抗封建剥削压迫。土豪劣绅非常惶恐，便收买流氓、地痞来捣乱会场。危难时刻，曾山等工农社员总会挺身而出，及时到场维护演讲秩序。

当时，白沙一带的土豪劣绅除了用地租、高利贷剥削农民之外，还打着"兴办教育"的幌子，成立了所谓"儒林义学会"，向农民征派经费，借以饱其私囊，群众敢怒而不敢言。曾延生、曾山了解情况后，立即发动群众揭露"儒林义学会"的罪恶勾当，要求公布

---

① 曾昭试：《觉群社创建始末》，吉安县政协文史资料研究委员会编：《庐陵文史资料》第一辑，1989 年印，第 24 页。

② 盛禹九、张继尧：《革命长辈谈劳动——访曾山同志》，《中国青年》，1957 年第 11 期。

经费收支账目。同时，领导群众利用合法斗争，向县政府控告他们侵吞教育经费，贪污公款的罪行，搞得那些土豪劣绅狼狈不堪。

正当革命斗争的烈火熊熊燃烧之际，觉群社发现白沙小学校长盗窃了学校财产，社员郭景淳便赶到他家去追查赃物。不料，这位贪腐校长竟唆使其老婆大耍无赖。郭景淳气愤地打了她一记耳光。土豪劣绅闻风赶来，借机污蔑，说什么"觉群社社员强奸民妇，民妇不遂，殴打成疾。"并撰文向县政府告状，致使郭景淳、曾道南两名社员被捕。8月25日，对觉群社恨之入骨的锦源村土豪也开始反攻，他们借口村里农民私斗，把曾延生牵扯了进来，企图鼓动不明真相的农民搜捕杀戮曾延生。①

获悉消息，在曾山等社员的帮助下，曾延生连夜转移到吉安石阳小学。随后，一方面发动石阳小学全体同学上街散发传单，揭露所谓"觉群社社员强奸民妇案"真相，敦促当局释放被捕的觉群社社员；一方面以吉安学联名义致函官厅，要求派员前往白沙锦源排解农民私斗之事。直到10月份，他才重返上海。

觉群社是大革命时期吉安农村地区第一个反帝、反封建的革命团体，是江西共产党人早期开展农村革命运动的一个创举。在曾延生的领导和曾山等骨干社员的共同努力下，该社"所经的时间虽然很短"，"可是工作之成效却是很大。因宣传之出力而切实际及提出打倒劣绅土豪之口号，并实行打倒——如打倒曾和苟，大得农民之信仰"②。

---

①　曾昭试：《觉群社始末》，吉安县政协文史资料研究委员会编：《庐陵文史资料》第一辑，1989年印，第26页。

②　《团吉安特支报告——关于曾延生在吉安工作情况》（1925年11月5日），中央档案馆、江西省档案馆编：《江西革命历史文件汇集》（一九二三—一九二六年）（一），1986年5月印，第247页。

投身农民运动

1926 年 7 月 9 日，国民革命军在广州誓师北伐。9 月上旬，在两湖战场消灭吴佩孚的主力、取得决定性胜利后，国民革命军兵分三路进军江西。

北伐战争的胜利推进，促进了吉安工农运动的高涨。9 月中旬，为迎接国民革命军，中共吉安特支秘密成立吉安县农民协会筹备处。9 月 24 日，吉安光复后，县农民协会筹备处公开活动。这时，全县已成立区农协 4 个、乡农协 24 个，计有会员 1084 人。10 月 29 日至 31 日，县农民协会筹备处召开全县第一次农民代表大会，正式成立了吉安县农民协会。

在吉安农民运动如火如荼的进程中，受觉群社播下的反帝反封建思想启发，曾山表现得尤为勇敢与坚定。他后来回忆说："1926 年第一次国内革命战争开始的时候，在党的影响下，我就和家乡的一些穷苦的农民，由秘密的组织而成为公开的农民协会，和土豪地主们公开作斗争。"[①] 这年 10 月，经过党的教育和斗争的考验，由曾迎祥介绍，曾山在白沙圩光荣入党。

加入中国共产党，成为无产阶级的一名先锋战士，是曾山参加觉群社后的必然追求和归属。正如他后来所说："受土豪压迫，反土豪斗争，感觉要有政党来领导，所以要求入共产党。"[②]

入党不久，受中共吉安特支指派，曾山在白沙煤岭下秘密建立了中共儒林区（三区）支部，对外代号"王有胜"[③]。儒林区党支部建立后，立即组织党员和革命群众，张贴标语，散发传单，发动广

①　盛禹九、张继尧：《革命长辈谈劳动——访曾山同志》，《中国青年》，1957 年第 11 期。
②　曾山：《党员登记表》（1938 年 11 月），存中央档案馆。
③　吉安县革命烈士纪念馆：《战斗在赣水那边——曾山同志在江西革命活动纪事》，《红旗飘飘》第 21 集，中国青年出版社 1981 年版，第 201 页。

当时的入党誓词

大群众欢迎北伐军进驻吉安城。这年底，在曾山指导下，吉安三区农民协会宣告成立，随即领导农民开展清算公堂账目、焚烧契约、抗缴地租和解放私婢公娼、实行婚姻自由、开办夜校、禁烟禁赌等斗争。由于曾山敢于主持公道、伸张正义，坚持为穷苦人说话、反对土豪劣绅，很快就把三区农民协会办成了农民当家作主的权力机关，形成了"一切权力归农会"的新局面。

1927 年 1 月 16 日，在吉安县第二次农民代表大会上，曾山当选为县农协执行委员，从此，"完全脱离生产，参加革命工作"[①]。3 月，吉安县农民协会在吉安城郊召开了一次群众大会。"会前，曾山发动三区农民，把一贯横行乡里、无恶不作、反对和破坏农协组织的土豪劣绅曾和苟押送到县里，经过斗争，得到县长批准，在这次会上把这个土豪劣绅处决了。广大农民人心大快，反动豪绅却大为惊恐，不敢与农会对抗，从而进一步鼓舞了贫苦农民的斗志，促进了革命形势的发展。"[②]

---

① 曾山：《干部登记表》（1955 年 3 月 16 日），存中央档案馆。

② 吉安县革命烈士纪念馆：《战斗在赣水那边——曾山在江西革命活动纪事》，《红旗飘飘》第 21 集，中国青年出版社 1981 年版，第 201 页。

吉安县农民运动的迅猛发展，使土豪劣绅如坐针毡，惶恐不安。曾山等人也由此成了他们的眼中钉、肉中刺，必欲除之而后快。于是，刘立纲等当地土豪劣绅向南京的国民党中央政府呈文，历数曾山等人之"罪状"，极力要求"按名捕惩"：

> 窃公民等（即土豪劣绅——引者注）世居乡里，叠被共产党劫杀之害，惨不忍言，家产没收，妻子流离。本年夏历四月初九日，抄抢张文源家，田塘屋宇没收；三月十二日枪毙曾和苟，抢劫衣物钱谷数千元，店住房田没收，又杀过路广东军官四人。……查吉安之共党以民等十一、十二都为最多，其发源在于十四年曾延生所组织之觉群社，曾延生之村有曾如柏（即曾山——引者注）、曾汝梅、曾炳生、曾采芹、曾冬贵、曾纪录、曾广湛、曾昭芝、习德浩为之党徒，都之共匪。……曾如柏等统率匪在山南之土匪于十月二十日夜驻宿新圩之，曾延生杀鸡为黍招待……

> 公民等忍无可忍逃无可逃，返得吁恳钧座用严厉手段按名捕缉尽法办，社会甚幸革命甚幸，谨呈①

1927年夏风云突变，继蒋介石四一二反革命政变后，汪精卫也以"分共"的名义，正式同共产党决裂，轰轰烈烈的大革命遭到了失败。吉安也和全国一样，处于白色恐怖之中，特别是8月6日，朱培德指使吉安反动军队的头子朱世贵，枪杀了吉安县总工会委员长梁一清、商民协会会长晏燃、人民自卫队队长钟祥钦等革命领导人，制造了震惊全省的"八六"反革命事件，曾山等部分幸存的党团干部被迫转入地下斗争。

---

① 《反动豪绅刘立纲等请求政府通缉共产党员曾延生曾如柏电》（1927年12月5日），中共江西省委党史研究室等编：《东固·赣西南革命根据地史料选编》第二册，中央文献出版社2007年版，第752—753页。

参加广州起义

1927 年 8 月 1 日，为了挽救革命，以周恩来为书记的中共前敌委员会及贺龙、叶挺、朱德、刘伯承等人，率领党掌握或影响下的北伐军二万多人在南昌举行起义，打响了武装反抗国民党反动派的第一枪。

10 月间，因遭到反动政府的悬赏通缉，又得知哥哥曾延生参加了南昌起义，曾山便只身南下广东，寻找南昌起义后到广东的革命部队。经赣州、广东南雄到广州后，碰到了哥哥的一位同学，他才知道南昌起义部队在汕头失败了，参加这个部队已不可能。后经这位同学介绍，进了国民革命军第四军教导团，当了通讯班的一名军需员，军衔为下士。他后来回忆说：“虽然那时我与党组织失去了联系，但遵循党的意愿，我决定成为一名战士。”[①]

这时，粤、桂军阀的矛盾斗争愈演愈烈，终于爆发了战争。张发奎的粤军主力调往肇庆、梧州一带，广州市内兵力空虚。中共中央决定利用这一形势，于 11 月 17 日通过了《广东工作计划决议案》，要求广东省委发动农村的和城市的暴动，“并急速使这些暴动会合而成为总暴动，以取得广东全省政权”[②]。11 月 26 日，广东省委书记张太雷召开省委常委会议，决定成立革命军事委员会，作为起义的领导机关。接着，开展了一系列的起义准备工作。

国民革命军第四军教导团系由原武汉中央军事政治学校学生改编而成，是广州起义的主力部队，官兵中大部分都是共产党员、共

---

① 唐古：《回忆广州起义》，译自苏联科学院亚洲人民研究所主编：《广州公社——纪念广州起义 40 周年》，莫斯科科学出版社 1967 年版，第 109 页。另，唐古为曾山在苏联学习期间的化名。

② 《广东工作计划决议案》（1927 年 11 月 17 日中央常委会议通过），中共中央党史资料征集委员会等编：《广州起义》，中共党史资料出版社 1988 年版，第 78 页。

青团员和在共产党影响下的革命青年，首任团长由第四军参谋长叶剑英兼任。"党为发动教导团参加起义做了许多工作，送《红旗》《工农小报》给教导团的进步官兵阅读，新吸收了 120 多个党员，秘密召开党员会议讨论起义问题。"①

曾山只是一名普通士兵，且未与教导团的党组织接上关系，因而还无从知晓起义计划。但部队中的显著变化还是让他感受到了这次行动的讯息，并为此兴奋不已。1936 年在苏联学习期间，他专门撰写了《回忆广州起义》一文，生动记述了那一时刻的喜悦。文中写道：

11 月 17 日，张发奎和汪精卫在广东发动了政变。装备不良的革命的教导团利用这一时机夺取了武器。这是我们高兴的日子：学员和军官们唱着《国际歌》，纷纷表示要推翻帝国主义和新军阀的政权，等等。军官、士兵和学员们之间的关系不再不和睦了，我们彼此像亲兄弟一般。然而，局势极其紧张：我们不分日夜地开会，每个学员都准备好了自己的刺刀，就像是战斗的前夜。此时，我筹划着与党组织取得联系，常常跑遍军营和连队去寻找自己的熟人。②

经过坚持不懈的努力，曾山终于与党组织接上了关系。他的回忆文章对此作了较详细的记述：

在没有与党取得联系的那些日子里，我坐立不安。一天，做完早操回来，在教导团第二营的门边，我突然碰到了一位来自万安的江西人。过去，我曾同他在一起工作过，我知道他是共产党员。

---

① 中共中央党史资料征集委员会等编：《广州起义》，中共党史资料出版社 1988 年版，第 6 页。

② 唐古：《回忆广州起义》，译自苏联科学院亚洲人民研究所主编：《广州公社——纪念广州起义 40 周年》，莫斯科科学出版社 1967 年版，第 109 页。

曾山用俄文撰写的《回忆广州起义》

我们俩对这次巧遇感到非常高兴，天南地北地聊了个痛快。他告诉我，教导团的多数官兵和学员是倾向革命的，他们中的许多人是共产党员。那时我就请他把我的情况通知党委会。他帮助了我。在我与党取得联系之后，我看到了广东省委关于武装起义的文件。当时我明白了，其实党早就在做着准备工作。[1]

起义前夕，教导团基层做了大量的准备工作。曾山记得："文书、学员、士官、伙夫、马夫和勤务兵都编在了一个连里，选出了一个

---

[1]　唐古：《回忆广州起义》，译自苏联科学院亚洲人民研究所主编：《广州公社——纪念广州起义40周年》，莫斯科科学出版社1967年版，第110页。

五人委员会（我是其中之一）。指挥部给我们派来了一名军官，他也参加五人会议。决定每天早晨 6~9 点，除了做饭的士兵外，所有人都应该进行作战训练。这位军官把这个情况报告了团政治部。所有部队的指挥员都接到了相应的指示。于是，教导团开始执行决定。我们这个委员会的 5 个成员中的每一个人都有这样的权力：到任何一个连的营地去，要求任何人执行这个命令。"①

由于时间紧迫，作战训练不到一个星期，12 月 11 日，广州起义的战斗就打响了。那激动人心的一刻，令曾山终生难忘。他在回忆文章中这样写道：

敲过两点，突然我听到了脚步声，然后就是一阵吵闹声，好像在捆绑什么人。我跳了起来。穿上鞋，系上了腰带。这时营房里跑进了一个同志。他递给我一个红带子。我知道起义开始了。我问道，那里是什么吵闹声。原来是起义特别行动队逮捕了反革命分子，把张发奎派来的团长捆起来了。只是在这时我才明白了一切。营房里听到了口哨声，军官、士兵和后勤人员都跳了起来。这时出现了一个戴眼镜、身穿普通毛衣的人。他登上凳子，简短地对团里的官兵们讲了话，号召我们参加工人的革命行动。原来这就是张太雷，广东最有名的革命家，起义的组织者之一。他命令教导团参加起义。全团各个营和我们这个混合连都准备好要行动了（虽然进攻的地点还没有确定）。我们的连长挑选了 8 个人并嘱咐我在营房等待特别的命令。其他连队开始出发了。门口已经停着汽车。一部分战士上了车，一部分徒步行走。②

---

① 唐古：《回忆广州起义》，译自苏联科学院亚洲人民研究所主编：《广州公社——纪念广州起义 40 周年》，莫斯科科学出版社 1967 年版，第 111 页。

② 唐古：《回忆广州起义》，译自苏联科学院亚洲人民研究所主编：《广州公社——纪念广州起义 40 周年》，莫斯科科学出版社 1967 年版，第 111–112 页。

连长率队走后不久,曾山等8人就接到命令:坐车到指定的地点,将收缴来的武器堆放到原来的警察局去,起义的指挥部就设在那里。曾山一行立即向第三师的兵营进发,那里保存了许多武器弹药。他们只拿了步枪、卡宾枪和子弹,装满了两车,就奔向了广州。在原来警察局的门口有一个宽阔的红色长幅很惹人注目。上面写着:"广州苏维埃政府"①。左面挂着牌子:"红军总司令部",右边:"广州工人赤卫队总司令部"。在半殖民地的中国,在广州,第一次建立起了苏维埃政权,门上贴上了苏维埃政府的公告和它的政治纲领,规定要解放所有劳动人民。虽然很忙,曾山还是坚持看完了这两个文件,然后才跑到司令部报告说,武器已经运到了。司令部派了几个同志帮忙,一起把武器搬进了仓库。此时,已经是早晨5点钟左右,红军和工人的队伍一个接一个地来到赤卫队司令部,拿了枪投入了战斗。到早上八九点的时候,几乎所有的枪支都分发完了。可是工人们还是不断走来,可见武器还是不够。

于是,曾山他们不断地往返运送武器。曾山记得,"在最后一次运武器来的时候,汽车还没有开到司令部,就遇上了一队没有武器的赤卫队战士。他们每个人都戴着红袖章,前面飘着红旗。他们把汽车围住了,派了一个同志来和我谈判,要求给他们枪。我向他解释说,没有命令我不能这样做。但是工人们已经开始从车里拿枪和子弹了。我没有办法,只能让那个同志写个字条,让我能在指挥部面前交差。在司令部里我详细地叙述了事情的经过"②。

转运武器的任务顺利完成后,曾山奉命回到正在进攻李济深住

---

① 广州苏维埃政府于起义的当天上午宣告成立,苏兆征为主席(苏未到广州前,由张太雷代理)。

② 唐古:《回忆广州起义》,译自苏联科学院亚洲人民研究所主编:《广州公社——纪念广州起义40周年》,莫斯科科学出版社1967年版,第112–113页。

所的自己的队伍去了。但是还没有来得及打几枪，指挥员谢定就命令曾山立即离开火线，回团指挥部去取食品。从凌晨3点开始，战士们一点东西都没有吃。曾山迅速跑向教导团。在路上看见一群人——精疲力竭的，脸黑黑的，就像是刚从矿井里出来的矿工。他们的脚上带着铁链。曾山知道，这些人是最勇敢的革命战士，是被国民党军阀作为政治犯投入监狱的。工人和士兵们把他们从监禁中解放出来了。

曾山继续向前面走去，看到了一群人围着一些学生。这是一些散发呼吁书和传单的宣传员。有几个女工和女学生在分发饼干。他也得到了两大盒。这时来了两辆装着食品的汽车。押车的是两个女学生和一个工人。他们叫喊着让人们让路：他们是在往前线上给战士们送食品。曾山在街上跑的时候，有一个人力车夫对他说：同志，我们决定，凡是带有标志的革命教导团的官兵和后勤人员都免费拉。车夫很快就把他送到团里。这时来了司令部的通报：经过3小时的流血战斗，革命队伍占领了城里几乎所有的机关，并控制了城北制高点——观音山（即越秀山）。

广州起义使敌人措手不及、惊恐万状，但敌人不甘心失败，反动势力联合起来，在英帝国主义者的支持下，进行疯狂的反扑。12月12日晨，当曾山随通讯队攻打李济深住所时，军阀李福林第五军两个团沿着铁路开进了广州城。顿时，整个城市到处都在射击，沿河大街上的炮火没有停止。曾山等五人委员会临危不惧，一方面派出观察小组，侦察敌人动向；一方面加强防卫，不让敌人突破。下午两点，司令部派了赤卫队和参加了广州起义的警备队的一个排来和通讯队调防。曾山随队回到了教导团的营房休息，因为战斗不间断地进行了两天两夜。

大约在4点的时候，几个士兵回到了团里。他们说，敌人从北江和西江调拨了部队到广州来进行反击，将在 5 点左右到达广州（实际上敌人是在 12 月 12 日中午 1 点开始从四面八方向广州逼近）。局势进一步恶化，坚守广州已不可能，总指挥部为了保存实力，决定撤出广州。晚上 8 点，红军总指挥部来了命令，要所有的部队都到司令部去集中。谢指挥员随即集合队伍，向指示的方向出发。那是在夜里，不得不走得很慢。过了一个小时，遇到了从前线撤下的起义队伍，得知司令部已经撤离了原地。谢指挥员立即改变队伍行进方向，向沙河口撤退。

从广州匆忙撤出途中，曾山和部队走散了。情急之中，他从西郊一户农民家中借了一身便衣，换下军装，夜行晓宿，马不停蹄地往家乡方向潜行。

广州起义，是中国共产党和中国人民继南昌起义、秋收起义之后，对国民党反动派的又一次英勇反击，是在城市建立革命政权的大胆尝试。这次起义，虽然遭到了失败，但是起义军民的英勇战斗、不怕牺牲的革命精神，给了中国人民以新的巨大鼓舞。

第二章

烽火赣西南

领导官田暴动

曾山回到吉安已是年末岁尾。这时，吉安的斗争形势发生了很大变化，党的工作重点已转移到农村。与中共吉安县委接上关系后，他被派往敖城的芳井、赤陂一带进行秘密革命工作。不久，发展了4名党员，建立了芳井党小组。

1928年1月底，曾山被吉安县委派往与永和一江之隔的泰和万合圩田墈朱家村，担任中共南区区委书记[①]。曾山姑姑家即在田墈朱家村，他以到姑姑家走亲戚为掩护，通过明察暗访，以单线串联的办法发展了十几名新党员，并建立了党支部。3月，又被调吉安西区。他到达西区敖城的第一件事，就是将敖城芳井党小组与官田举

---

① 中共吉安县委党史工作办公室编：《中国共产党吉安县历史》第一卷（1921—1949），中共党史出版社2013年版，第43页；中共吉安县委组织部等编：《中国共产党江西省吉安县组织史资料》（1926—1987），中共党史资料出版社1990年版，第39页。关于当时任职情况，据曾山本人回忆，"当时吉安县委指派我担任泰和边的区委书记（区委设在田墈村朱家）"，参见曾山：《回忆赣西南苏维埃时期》（1959年6月），政协江西省委员会文史资料研究委员会编：《江西文史资料选辑》第1辑，江西人民出版社1980年版，第3页。

州党支部合并为淦江支部，然后以敖城为中心，在敖城的赤陂、水源、旷家，官田的坛边、江背、平田、玉山、郭村、枣树下、八都、桐川、栋头等16个地区发展党员，建立党组织。在此基础上，秘密成立了中共西区区委，曾山任书记。

西区区委刚成立，县委就传来八七会议精神，并要求立即组织全区暴动。当时，西区"只有五百多党员，能影响一千五到二千群众行动"①。为了更广泛地发动群众，扩大革命队伍，曾山不辞辛苦地赶往辖区各村进行革命宣讲，并召开党员和农协骨干会议，研究减租减息、抗租抗债、向地主豪绅借款、串联发展组织等问题。原北京军区空军政治部副主任何宣太曾聆听过曾山等人的革命宣讲，他后来在《吉安县西区"四九"暴动简况》一文中追忆道：

吉安县西区，位于永新井冈山的山脚下。1927年大革命失败后，这里轰轰烈烈的农民运动进入了低潮。年底，离去几个月的我村小学教员彭毅同志回来了。当晚，就找到我和其他几个年轻人，说有个毛委员在永新那边井冈山上，组织红军，要打永新，说革命的好日子就要来了。从那以后，又陆续秘密来了几位做农运工作的同志，有淦江的萧仕梅、萧志铎，官田的王庭等，利用夜间，对我讲了红军在永新、茶陵、井冈山等地打土豪杀劣绅的革命事情，使我们村的农民很受启发，迫切要求恢复农民协会。1928年3月中旬，一位叫曾山的同志来到我们村，对大家说："我们要活，就要打倒土豪劣绅！我们有井冈山红军，有那么多受苦的农民兄弟，还怕那几家土豪吗？人多为王啊！"给大家解开了疙瘩，壮了胆子。他们几个人还给我们讲了农村各种人的生活情况，谁要革命，谁是反革命，实际上是在宣传毛泽东主席的《中国社会各阶级的分析》。后来我

---

① 曾山：《一九七二年三月二十四日上午在学习组发言稿》，存中央档案馆。

才知道，他们几位是从毛泽东主席办的农民讲习所里出来的，都是共产党员。曾山同志是党专门派到我们这里来的。[①]

经过两个多月的紧张工作，以官田为中心的吉安西区，通过秘密的宣传会、动员会和诉苦会等形式，把广大农民发动起来了。这以后，农民运动已逐渐成了公开的秘密。全地区东辖石溪、栋头、龙江、彭家；西辖清江、竹垣、三锡坊、敖城、版塘、旷家；北辖梅花、水源等山区和八都垅各村。方圆几百里以内的大小村庄的农民都发动起来了。

这时，毛泽东领导开创的井冈山革命根据地正在一天天巩固、发展和壮大。国民党反动派也不断纠集湘赣两省反动军队对井冈山革命根据地加紧疯狂地"会剿"。为了配合井冈山的斗争，以便造成山上山下、山内山外遥相呼应之势，遵照吉安县委的指示，曾山决定在官田举行暴动。

官田位于吉安、永新、泰和、安福四县交界处，东距吉安县城50公里，西与井冈山革命根据地接壤。巍巍罗霄山的余脉蜿蜒而至，在这里形成片片丘陵，座座山冈，林木茂密，沟壑纵横，是个4县都不管的边缘地带。这里的革命基础也较好。1926年9月，在大革命的浪潮中，本地一批在吉安读书的先进青年刘揆一、王庭、周冕等回到家乡领导农民运动，成立了"四都觉社"等进步组织。不久，在黄埔军校第四期学兵团学习期间即入了党的官田淡江籍青年萧仕梅、萧志铎亦回到家乡，以兴办淡江中学为名，秘密开展革命活动。1927年11月，吉安县委派梁忠林等人来到官田，先后发展刘生和、刘雄飞、王彬等人入党，成立了官田地区第一个党组织——群力党支部。

---

① 何宣太：《吉安县西区"四九"暴动简况》，吉安县县志编纂委员会编：《吉安县志》，新华出版社1994年版，第534—535页。

1928 年春，从广州农民运动讲习所学习回来的周冕，被任命为吉安南区区委书记，配合曾山组织暴动。为宣传革命思想，提高农民觉悟，周冕经常在官田石溪小学召开贫苦农民会议，教唱革命歌曲，其中有一首控诉靖卫团罪行的歌词，充分展示了农民的斗争精神：

> 靖卫，靖卫，靖卫团，与我何相干！
> 我们都是好国民，怕你什么土匪帮!?
> 你要办团保狗命，任你自打主意，
> 若要抽捐和抓丁，万万不能行。①

5 月 26 日（农历四月初八），曾山、周冕等冒雨来到官田山前村召开部分党员会议，研究组织发展问题。正当会议紧张进行时，在谢村一带指导工作的王庭赶来报告，说下罗的天平山隐藏有一股国民党散兵，是被毛泽东所领导的工农红军在反"会剿"斗争中击溃的，经常在附近侵扰百姓。这股散兵有 10 多人，6 支步枪，1 支短枪。针对这一情况，会议决定：立即组织暴动，先夺枪支后打土豪。会后，即分头到各村通知农协会员和革命群众携带武器和白毛巾（或白布条），到官田举洲村后长岭的五里亭集中。

当日傍晚，暴动队伍开始集中，由于居住分散，到次日凌晨才集合完毕，计有 700 多人，分别拿着鸟铳、梭镖、大刀、长矛、短剑、铁尺、铜锏等武器。王庭宣布："今晚组织大家打国民党散兵，维持社会治安。有 10 个散兵带 6 条枪，从天云山下到谢村，大家要团结一致，勇敢战斗，消灭几个匪兵，夺取枪支，武装起来。"②曾山作了动员讲话："每个支部、党员、革命者不要随便（行动），

① 危仁晟主编：《江西革命烈士诗词选》，江西人民出版社 1991 年版，第 99 页。
② 彭嘉庆：《官田"四九"暴动》，《星火燎原·未刊稿》第 1 集，解放军出版社 2007 年版，第 171 页。

要秘密紧张，要服从组织、顺从纪律，深更半夜有任务也要走，要有吃苦精神、奋斗牺牲勇气，不要怕敌人的武器，万一被敌人捉去，不管敌人如何残酷审问，也不能暴露队伍和另外的同志，应该死的光荣，做硬骨头。一切言语、行动任何时候都要保守秘密。"①大家一听说去打散兵，群情激奋，摩拳擦掌，非常激动。随即，在曾山、周冕、萧仕梅、萧志铎、王庭等率领下，暴动队伍分三路向下罗村进发。何宣太的回忆文章详细描写了当时的情景：

9日（农历四月初九日）凌晨，在一片雾气中，前面打响了。敌人住的村子是坐东向西，正对着我们的进路。这里是一条冲，石板大路沿一条河沟向东直通固江、吉安，两旁是山林。敌人的枪弹是用排枪发射的，嘘嘘地从我们头上、耳旁飞过。我们的鸟铳声、纸炮声、喊杀声汇在一起，所有人一齐向敌人冲去。真是人多为王啊！敌人弄不清我们是什么队伍，吓得慌忙冲出村庄，向固江方向四散奔逃。萧仕梅、萧志铎和曾山率领我们紧紧追击。这时太阳已经露头，我们在河沟两旁的芦苇丛里，像抓水鸭子似的抓了不少俘虏。缴获了炸弹七八个，汉阳造七九步枪四支，子弹和刺刀俱全。而我们无一伤亡。萧志铎、萧仕梅、彭毅和曾山各举一支步枪，朝天鸣放，大家十分高兴地欢庆胜利。②

枪已经到手，战斗已经结束，集中着这么多人，下一步怎么办？"有的认为，现在地主土豪正想建立地方民团武装，可乘此机会，仍以打土匪维持治安之名，派少数人带枪打进民团里当团丁，进行瓦解、控制工作，逐步扩充自己力量，等时机成熟，把整个武装拉过来。但也有的人主张，这次要旗帜鲜明，公开亮出武装暴动的大旗，

---

① 《1960年吉安县调访资料》，存吉安县党史工作办公室。
② 何宣太：《吉安县西区"四九"暴动简况》，吉安县县志编纂委员会编：《吉安县志》，新华出版社1994年版，第535页。

打土豪分田地，反对剥削压迫和废除一切债务。"①

正当领导人开会议而未决时，枫树村一位中年妇女跑来哭着说：村里的土豪劣绅正在清查昨晚外出的人，并吊打着一个同志的父亲，扬言要是找不回儿子，就把他扔进河沟淹死。大家听了非常气愤，有人脱口而出："我们家都有年迈的父母，既然是革命，我们决不散伙，我们要求公开革命！"这一呼声，符合大家的意愿，大家立刻七嘴八舌地疾呼"干！干！干！""舍得一身剐，敢把皇帝拉下马！"曾山、萧仕梅等领导同志一看大家的情绪，决定公开行动，立即在原地抄了两个土豪的家产，并处决了一个罪大恶极的大地主。随后，大家纷纷找红布做了许多大小红旗，每人胸前还挂了红布条。紧接着，队伍奔向枫树村，村里的狗腿子放了两枪就逃跑了。一个肥胖的土豪跑不动，被抓住。在宣布处决这个家伙的大会上，曾山作了鼓舞人心的讲话："现在，我们公开革命了，各支队伍回到本村，把农民、工人、妇女都组织起来，树红旗，办农会，向土豪劣绅开战！"②

官田暴动（这天是农历四月初九，因此又称"'四九'暴动"）是赣西南地区十多处有影响的暴动之一，极大地振奋了吉安西区人民群众的革命精神和斗志，有力地配合了井冈山革命根据地的斗争。但反动势力不甘心失败，十几天后，东陂头村大恶霸刘玉山之弟刘仁山为报杀兄之仇，邀集吉安靖卫团一个营和吉安县民团一百多人驻扎官田，大肆捕杀共产党员和革命群众。

为保存革命力量，曾山遵照吉安县委指示，一方面组织暴动骨

---

① 彭嘉庆：《官田"四九"暴动》，《星火燎原·未刊稿》第1集，解放军出版社2007年版，第171–172页。

② 何宣太：《吉安县西区"四九"暴动简况》，吉安县县志编纂委员会编：《吉安县志》，新华出版社1994年版，第535页。

干疏散隐蔽；一方面迅速建立起了一条与上级党组织保持联系的秘密交通线，共有 9 个交通站。后又与周冕一起，率领部分暴动骨干和缴获的 4 支步枪向东固转移。路过横江渡圩时，趁夜深放火烧了横江警察局的房子。

筹建中共吉水县委

1928 年 6 月，受中共赣西特委派遣，曾山秘密到吉水开展党的组织工作，并接任吉水区委书记。[①]

经历了官田暴动，曾山不仅懂得了武装斗争的重要性，而且懂得了秘密工作与公开工作相结合的必要性。初到吉水，为不引起敌人的怀疑，他在同登区公所所在地——醪桥村以南一公里左右的路下村小街上开设了一个卖杂货的店铺，作为开展革命活动的据点。店铺的招牌取名为“赵隆茂”，谁也不知道店老板何方人氏，姓什名谁，以为就是叫“赵隆茂”，其实是“招拢谋”的谐音，即把革命群众招拢在一起合谋革命工作的意思。和曾山一起开店的还有一个姓廖的伙计，是党组织安排给曾山的助手。店内的日常生意和工作事务由廖某料理，曾山便到各地了解党组织的分布情况，对外称是外出采货。

曾山来之前，由于过高地估计了当时的革命形势，5 月匆忙举行的上吉水农民暴动遭到挫败，吉水党的组织及其活动处于日益萎缩状态。曾山到任后，“吸取了当时还不能搞大的公开斗争的教训，极力恢复、巩固与发展党的组织，坚持了保存与积蓄革命力量为主的方针，因此，在很短的时间，把萎缩的区委恢复起来了，使不敢

---

① 中共吉安地委组织部等编：《中国共产党江西省吉安地区组织史资料》（1924—1987），江西人民出版社 1990 年版，第 93 页。

曾山秘密革命活动据点，位于吉水县醪桥村似续堂

活动的开始活动"①。

为加强党的领导，扩大党员队伍，曾山提出了建立吉水县委的想法，并很快得到赣西特委的支持。从此，"赵隆茂"杂货店来往的人日渐多起来了。他们常常隔三差五地在这里喝茶、聊天、玩纸牌，实际上是曾山在这里向共产党员、革命群众传达上级指示，听取汇报，共同分析敌情，商讨革命策略。

7月，经过近一个多月的酝酿筹备，吉水县委在醪桥村周作仁家正式成立。由于当时党组织处在秘密活动阶段，没有召开党代会，赣西特委指定曾山为第一任县委书记，委员有刘清心、袁诚贤、周作仁、胡品。

① 曾山：《致吉水县革命斗争史编纂委员会信》(1959 年 5 月 15 日)，吉水县革命斗争史编纂委员会编：《红潮》第一辑，1960 年 5 月印，第 2 页。

这一时期，县委的主要工作是大力发展党、团员，特别是在中心村，即大一点的村发展党、团员。为此，曾山指示周作仁邀集罗筱湖等党员同志，以私人集资形式，在三曲滩、醪桥村东面庄屋下、下相慕三个地方分别开设理发店、缝纫店、木器店，建立联络点，周信禹为交通员。他自己则白天在路下村开店，晚上就到醪桥村召集革命同志在周氏宗祠似续堂秘密进行革命活动。为确保安全，由匡根山负责保卫，在外隐蔽警戒。另外，还在村东头的古樟树下摆放几个大石块，通过以不同的摆放样式告诉与会人员如期开会或取消会议。尽管如此，危险仍时有发生。一次，县委在似续堂喝茶开会，讨论成立各区区委事宜和发展入党名单，会议刚结束，便遭到敌人围捕。情急之中，曾山口含黄麻秆让人用草木灰就地掩埋起来，才躲过一难。

由于曾山不畏艰险和领导有方，吉水县党的组织迅速得到壮大和发展。到1928年11月左右，吉水县委就相继建立仁寿、同水、金滩、同登5个区委和折桂、中鹄两个特别支部，全县党员人数也由曾山刚来时的20余人发展到200余人。

在发展党组织的同时，曾山还利用各种方式与途径，积极发展壮大各类群众组织。例如，在庆中秋、迎新年、闹元宵的时候，党组织通过舞花灯、街头剧等形式，宣传革命道理，反对封建迷信，提倡男女平等和婚姻自由。通过这些宣传活动，广大的劳苦群众懂得了受穷的根本原因，不是自己"八字"不好，而是罪恶的社会制度所致，于是纷纷向党领导的革命组织靠拢，积极加入农民协会、工会、妇女协会和儿童团等。

1929年2月，曾山调离吉水，到中共赣西特委工作。在吉水工作的时间虽然只有7个来月，但这却是一段非常重要的经历，为他此后独当一面地领导革命斗争积累了宝贵的经验。

开辟赣西红色割据区域

曾山奉调中共赣西特委，适逢毛泽东、朱德率领红四军从井冈山下来，辗转到达东固革命根据地，同江西红军独立第二、四团会合。受红四军的影响和推动，吉安周围各县的土地革命运动蓬勃兴起，游击战争和红色区域不断扩大。

为切实加强政权建设，进一步推动土地革命和武装斗争的开展，1929 年 5 月 15 日，赣西特委在东固召开第一次党员代表大会，有吉水、万安、吉安三个县委的代表参加，代表党员 2000 余人。大会通过了《加强政权建设和加速土地革命大纲》等政治决议案，选举产生了特委新的领导成员，冯任为书记，刘士奇、曾山等九人为委员（工人 3 名，农民 2 名，知识分子 4 名）[①]。

冯任是中共早期革命活动家、江西早期党团组织重要领导人之一，曾任社会主义青年团南昌地委书记，中共江西省委秘书、委员、常委、宣传部长，长期在敌人眼皮底下工作，积累了较丰富的对敌斗争经验。会议期间，鉴于曾山在赣西日渐响亮的名声，为了安全起见，冯任建议他将原名曾如柏改为"曾山"。曾山非常敬佩冯任，欣然接受了这一建议。他后来回忆说："1929 年春，冯凌（即冯任——引者注）同志到赣西特委任书记。我也是 1929 年春被特委扩大会议选为特委委员的。我原来的名字叫曾如柏，冯凌同志怕暴露我，故替我改名为曾山。"[②]

改选后的中共赣西特委更具活力和创造性。在冯任、刘士奇、曾山等领导同志的努力工作下，各地党组织先后由秘密活动转入了

---

① 中共吉安地委党史工作办公室编：《吉安苏区史》，中央文献出版社 1995 年版，第 144 页。

② 曾山：《赣西南苏维埃时期斗争历史的回忆》，陈毅等著：《回忆中央苏区》，江西人民出版社 1981 年版，第 18 页。

公开活动,并开始积极组建红色政权。据中共中央机关报《红旗》载:至1927年7月,在东固、延福两区始成立工农革命委员会,赤色区域之幅员亦得到发展,如吉水之阜田区、同水区、仁寿区,泰和之仙槎区、仁善区,吉安之中鹄区、水南区、白沙区,吉安之外延区、儒行区、纯化区,兴国同城岗、崇贤、方太、高贤各区,均先后成立革命委员会,峡江、新余、分宜、宁都、永丰、乐安均有较小之赤色区域。[①]

为统一领导各县、区革命政权,10月25日,中共赣西特委在吉安陂头召开会议,决定成立赣西革命委员会,并任命曾山为主席。11月,特委又召开赣西各县区革命委员会联席会议,决定撤销赣西革命委员会,成立赣西临时苏维埃政府,仍以曾山为主席。是时,赣西临时苏维埃政府所辖吉安、吉水、泰和、分宜、新余、安福、峡江、永丰、兴国、宁都、乐安等县,普遍建立了农民协会、赤卫队、少年先锋队及儿童团等组织,并广泛开展了减租减息、抗租抗息斗争,东固、延福两区已分配了土地。

农村革命形势的高涨,促使赣西特委提出了新的斗争口号。1929年10月22日,江西省委巡视员张怀万、省军委书记蔡申熙来到吉安,传达《中央通告第49号》精神。该通告提出了"武装拥护苏联与反对军阀战争"两大任务,要求全党特别是苏维埃区域的党组织,从本地的实际出发,提出"中心斗争口号","极力去发动附近各县的农民斗争,加紧建立并扩大红军,加紧武装农民,采取坚决进攻的策略,来消灭地主阶级的武装,来扩大苏维埃区域"。[②]

---

① 克珍:《赣西苏维埃区域的现状》,《红旗》第77期,1930年2月19日出版。

② 《中央通告第四十九号——目前政治形势中的两大任务:拥护苏联与反对军阀战争》(1929年9月18日),中央档案馆编:《中共中央文件选集》第五册(一九二九),中共中央党校出版社1990年版,第468页。

为此，赣西特委于 10 月 25 日召开紧急会议，决定以"攻取吉安"作为"中心斗争口号"。其后，特委组织了总行动委员会和南路、北路行动委员会，成立了赣西红军总司令部；并指派曾山兼任中共延福区委书记，负责领导和组织东固、延福一带的农民群众配合红军、游击队肃清吉安外围之敌，对吉安城形成包围之势。

促成罗炳辉起义

正当中共赣西特委紧锣密鼓地实施"攻取吉安"计划时，一件意外的事情发生了。1929 年 11 月 8 日，吉安城内地下党、团机关遭到严重破坏，赣西团特委书记曾道懿被捕后叛变，致使中共江西省委特派员赵醒吾，赣西特委常委黄义、申中等领导人和 40 多名党员、70 多名团员惨遭杀害，远在南昌的省委机关也因此遭到破坏。[①]

敌人从查抄到的江西省委文件中，发现有"罗杨两部要加强工作"的内容。南昌的一个小报还披露了一则从当局情报部门得到的消息："赵某往来吉安策划，罗杨有异动，希吉安当局予以关注！"[②]罗指驻扎在值夏的吉安县靖卫大队大队长罗炳辉，杨指峡江靖卫大队大队长杨必恭，赵指江西省委特派员赵醒吾，罗杨两个靖卫大队都是江西省委和赣西特委正在加强工作，即将掌握的武装。由此，吉安军阀成光耀对罗炳辉是否可靠的怀疑越来越多，罗部处于随时可能被消灭的危险境地。

罗炳辉出身于云南省彝良县一个贫苦的农民家庭，早年参加滇军，因作战勇敢从士兵升至营长，参加过讨袁护国战争、东征战争和北伐战争。1928 年冬，国民党军朱培德部整编，罗炳辉所在的第

---

① 戴向青等著：《中央革命根据地史稿》，上海人民出版社 1986 年版，第 141 页。
② 赵一平主编：《罗炳辉传》，军事科学出版社 2016 年版，第 44 页。

七十九团被改编遣散。不久，吉安县的富田、新安、新城、陂头、值夏、白沙、永和、水东八市（乡）联防队改编为靖卫大队，滇军故旧、时任赣粤闽边区"剿共"总指挥的金汉鼎电召罗炳辉来吉安相助，担任吉安县靖卫大队大队长。罗炳辉认为，这个收编和管理地方武装的职务，可图发展，不受人家的气，因而欣然接受。

1929年4月，罗炳辉到任后，将靖卫大队600余人整编为4个中队，后又陆续补充了一些原滇军被遣官兵，战斗力显著增强。靖卫大队经过整训后，奉命往北，执行"剿匪"任务。这期间，耳闻目睹共产党领导的东固根据地种种新鲜事物，罗炳辉感受颇深。有一次，靖卫大队捉到十几个"共匪"，他亲自"提审"，得知这些人都是当地的穷苦人，是为了有饭吃、不受压迫，才跟共产党走的。因为向来同情劳苦大众，于是下令把他们释放，并发给每人一块银元。这下惹怒了当地的地主豪绅，他们控告罗炳辉"剿匪不力"。罗炳辉据理驳斥："我的行动是为地方安宁计，你们知道，所有的人都逃避了，这些人都是匪，全数杀完，田地由谁来耕种？诸位要不要吃饭？何况这些人是杀不完的，只有越杀越多，恐怕'剿'不着他们，诸位就要被剿着了。"[①]

罗炳辉的表现引起了赣西特委和江西省委的注意，决定派罗炳辉的同乡好友赵醒吾到吉安作工作。1929年6月，赵醒吾到吉安与罗炳辉多次长谈，罗炳辉表示拥护共产党的主张。不久，赣西特委常委刘士奇和江西省委军委书记蔡申熙，又先后同罗炳辉接触。在他们的启发下，罗炳辉提出了加入共产党的请求。7月9日，江西省委正式批准罗炳辉为中共党员。为了保密，他在党内化名为"罗南煌"。

---

① 罗炳辉：《从青少年时代到吉安起义》，《怀念罗炳辉同志》编写组编：《怀念罗炳辉同志》，云南人民出版社1981年版，第22页。

遵照赣西特委的指示，罗炳辉入党后的主要任务是：（一）绝对灰色；（二）利用他在旧军队中的关系，多派同情或支持他的旧部打入靖卫队去；（三）他的部队里，由党组织另派人去工作，他不直接与派入的人员发生关系，如果发生了问题，他照一般情况处理。从此，罗炳辉以吉安靖卫大队长的身份作掩护，全身心投入到起义的准备工作中。据原常州军分区副司令员、时任吉安靖卫大队班长曹鸿胜（河南新野人）回忆："罗炳辉同志了解到附近县的民团和红枪会中，有不少河南人，他派我去做兵运工作，以同乡关系动员更多的人响应或参加起义。同时还计划把吉安附近二十多个县的靖卫大队串通，争取更多的人起义参加红军。"①

赣西特委机关遭破坏后，为避免更大的损失，代理书记刘士奇及时率幸存的同志转移至吉安陂头，并采取紧急应变措施：派曾山到值夏送信给暴露了身份的罗炳辉，告知党的重要机关已被破坏，令其立即率部起义。时不我待，曾山冒着生命危险，第一时间赶赴值夏，见到了正翘首以盼的罗炳辉。对于曾山此行，罗炳辉印象深刻："成光耀派来监视我的一个黄埔生，是副官，在我这里住了一个星期，被我打发走了。但此后两星期竟找不到特委的下落，因吉安曾破获了一个党的组织。又过了两天，忽然曾山同志来见，方知特委向北路转移。曾山同志转给我一封特委的密信，用药水冲洗后方见其内容：（一）目前敌人已实行更残酷的进攻，并破获了几十个重要机关，被捕去的同志都知炳辉同志，一旦个别人招供，会造成危险和损失。（二）反动势力正走向崩溃的边缘，革命在向前发展，党的任务非常艰巨。赣西南党的任务是要发展和巩固革命根据地。（三）党希望炳辉同志高举义旗，准备起义。党正号召广大群众热烈欢迎。署

---

① 曹鸿胜：《罗炳辉同志在吉安起义前后》，《怀念罗炳辉同志》编写组编：《怀念罗炳辉同志》，云南人民出版社 1981 年版，第 58 页。

名是特委。"①

接到曾山送来的密信后，罗炳辉立即采取了行动：设法集中部队，将存留在吉安城的武器弹药和款项等调运出来，调配可靠人员至关键岗位，检查全队人员来往信件，对吉安国民党军队的动态进行侦察。同时，加紧对士兵教育，"每日向部队讲革命问题，工农兵的痛苦问题，资本家军阀官僚豪绅地主等不劳而获的问题，讲孙中山的革命宗旨等。由此逐渐触动了大多数人的感情，在回答'剿共'的认识时，一般地有了同情共产党方面的主张了"②。

11月14日4时许，罗炳辉得知第二中队中队长带着两个人逃走了，遂连夜通知全大队紧急集合，宣布起义。15日，罗炳辉率起义队伍由值夏开至东固革命根据地的富田新圩，受到赣西特委领导刘士奇、曾山及苏区群众的热烈欢迎。当晚，特委开会讨论了起义部队的编制和起义后的行动计划，决定成立江西红军独立第五团，罗炳辉任团长，金万邦任政治部主任。不久，红五团和红四团合并为红四团，罗炳辉任团长。曾山对最后促成罗炳辉成功起义一事，直到晚年仍记忆犹新。但他对自己做出的特殊贡献，却只字不提。他在回忆文章中写道：

东固和延福这几个革命游击根据地，国民党曾多次派反动武装"围剿"，结果没有一次成功。特别是罗炳辉，他当时是五市联防部队首领，和我们打过许多仗，每次都失败。最后，我们把罗炳辉吸收为地下党员，让他率部起义，改编为红军第四团，后来成为红

① 罗炳辉：《从青少年时代到吉安起义》，《怀念罗炳辉同志》编写组编：《怀念罗炳辉同志》，云南人民出版社1981年版，第26页。

② 罗炳辉：《四次入赣》（一九三八年冬），中共云南省委党史研究室编：《罗炳辉文选》，中共党史出版社2006年版，第229–230页。

三军第一纵队的一部分。①

由曾山最后促成的罗炳辉起义，是在中国革命处于低潮时期，貌似强大的国民党营垒分裂的表现，也是国民党军队较早举行起义的一个典范。它不仅壮大了红军的力量，尤其是对以后国民党军队的起义、哗变产生了重大影响。正如美国记者尼姆·韦尔斯在《神行太保——罗炳辉》一文中所说：罗炳辉领导的吉安起义"在红军的编年史上是一个伟大的功业，只有陕北的刘志丹可与罗氏同辉"。②

参与主持二七会议

1930 年 1 月初，在毛泽东、朱德领导下，红四军于古田会议后，由闽西回到赣西南，在永丰、吉水一带开展游击战争，并于 1 月 29 日攻克永丰县城。与此同时，彭德怀领导的红五军也由湘鄂赣边开到赣西南，在泰和、万安、遂川一带开展游击活动。

两支主力红军不约而同，先后驰入赣西南，给赣西南党的组织和革命群众以极大鼓舞。然而，在"风展红旗如画"的大好形势下和繁重的任务面前，由于缺乏实践经验，赣西党内一部分同志在对待时局的估量和苏维埃政权建设、攻打吉安、分配土地等重大问题上，出现了严重的意见分歧。恰在这时，赣西特委和新成立的红六军军长黄公略得知毛泽东率红四军到了永丰藤田，即派出代表向红四军前委和毛泽东报告了赣西的情况。

听取情况汇报后，依据中共中央第六十号通告关于反对军阀战争和要求红军进攻主要城市的精神，红四军前委就当前革命形势与

---

① 曾山：《赣西南苏维埃时期革命斗争历史的回忆》，陈毅等著：《回忆中央苏区》，江西人民出版社 1981 年版，第 16 页。

② 转引自中共云南省委党史研究室、中共彝良县委员会编：《罗炳辉将军》，云南人民出版社 1997 年版，第 48 页。

二七会议旧址

任务问题致信赣西、赣南特委和红五军、红六军军委，提出召开联席会议。毛泽东等三人组成红四军前委代表团到赣西特委驻地吉安陂头，同赣西特委商定联席会议于2月7日在陂头召开。"毛泽东同曾山、刘士奇等开始进行会议的筹备工作。"①

联席会议于1930年2月6日至9日在吉安县的陂头村举行，因2月7日正式开会，史称二七会议。出席二七会议的代表有：红四军前委代表毛泽东、熊寿祺、宋裕和；赣西特委代表刘士奇、曾山、刘和谦、许柏年、胡品；红六军军委代表黄公略、王如痴、姚起华；红五军军委代表彭德怀、滕代远因赣江阻隔，不能参加会议，

① 中共中央文献研究室编：《毛泽东年谱（1893—1949）》上卷，中央文献出版社1993年版，第297页。

委托黄公略等代表为五军代表；赣西各行委、县（区）委负责同志、红六军各纵队负责人及赣西临时苏维埃政府党团书记李文林等共50余人。江西省委巡视员江汉波也参加了会议。赣南的代表团因途中受阻未能赶上开会。

"二七会议主席团毛泽东、曾山、刘士奇"① 主持了这次会议。会上，毛泽东作了政治形势和今后任务的报告。会议认真分析了全国和江西革命形势，认为中国苏维埃将继俄国苏维埃而出现，成为世界苏维埃的有力支柱。而中国之内首先出现的将是江西苏维埃。因为江西的客观和主观力量都比各省要成熟。

会议代表联系赣西斗争实际，就"攻取吉安"和分配土地问题展开了激烈的讨论。围绕着土地的没收与分配问题，会上形成了两种不同的意见。一种是以江汉波、李文林为代表，极力主张按耕作能力大小来分配土地，即按劳动力分配土地，以为这样可以发展生产。另一种是以刘士奇、曾山为代表，主张按人口分配土地，认为这样对贫雇农有利，可以争取群众。

曾山出身农村，非常了解农民的疾苦与愿望。他把土地问题与扩大根据地、发展工农武装力量等问题联系起来，认为要巩固根据地、发展武装力量，就必须开展土地革命，满足贫苦农民对土地的要求。

他在发言中坚决不同意按劳动力分配土地，"主张按农村人口平均分配土地，强调只有这样才能最大限度地争取群众，激发农民参加革命斗争、保卫胜利果实的积极性，同时也对发展生产有利。"②

---

① 中共中央文献研究室编：《毛泽东年谱（1893—1949）》上卷，中央文献出版社1993年版，第298页。

② 胡立教：《一个真正共产党人典范——纪念曾山同志诞辰一百周年》,《文汇报》,1999年8月11日。

在认真听取了双方的意见后，"毛泽东同志批判了江汉波、李文林的富农路线，指出平均分配土地的办法是正确的；谁种得多，谁就多分土地的办法是富农路线"①。会议肯定了刘士奇、曾山的意见，"指出放弃争取广大群众的任务，固执没收地主阶级土地以劳动力为标准分配是代表富农主张，是机会主义的路线"②。会议最后通过了"按人口平均分配土地"为基本原则的《赣西南土地法》（亦称《二七土地法》），并提出了赣西南土地斗争"一要分，二要快"的要求。

会议在讨论攻打吉安问题时，江汉波等人强烈反对攻打吉安的主张，认为这是"左"倾盲动，是以卵击石。刘士奇、曾山则竭力主张攻打吉安，认为这是执行广大群众的要求。过去业已发动了广大群众动摇了敌人基础，故这一行动口号是十分对的。经过激烈的争论，与会代表在攻取吉安问题上基本达成共识。会议肯定了"打吉安"口号是完全正确的，但认为打吉安的第一步不是打吉安城，而是包围吉安城，待时机成熟时，再一举攻取吉安。

为了统一领导红军和地方党组织，会议决定将红四军前委扩大为领导红四、五、六军和赣西南、闽西、粤东江等革命根据地的共同前委。"共同前委由十七人组成，毛泽东、朱德、曾山、刘士奇、潘心源为常委，彭德怀、黄公略为候补常委，毛泽东为书记。"③会议还将赣西特委（在这以前湘赣边特委已并入赣西特委）、赣南特

---

① 曾山：《赣西南苏维埃时期斗争历史的回忆》，陈毅等著：《回忆中央苏区》，江西人民出版社 1981 年版，第 17 页。

② 《赣西南特委向省委报告——1929 年 8 月以后的赣西南》（1930 年 3 月），江西省档案馆、中共江西省委党校党史教研室编：《中央革命根据地史料选编》中册，江西人民出版社 1982 年版，第 178 页。

③ 中共中央文献研究室编：《毛泽东年谱（1893—1949）》上卷，中央文献出版社 1993 年版，第 298 页。

委合并为赣西南特委，指定刘士奇、曾山等为临时负责人，正式成员由赣西南党代表大会选举产生。

由毛泽东、曾山、刘士奇主持召开的二七会议，在中国共产党历史上具有十分重要的意义。正如 1936 年毛泽东在延安与美国记者斯诺谈话时所说：

1930 年 2 月 7 日，在江西南部召集了一个重要的地方党会议，讨论苏维埃的将来纲领。出席的分子是本地党、军、政府的代表。在这次会议上，土地政策经过一次长时期的讨论，对于"机会主义"——由那些反对重行分配土地的人们所领导着的——斗争战胜了。会议又决定实行重行分配，加速组织苏维埃。到那时为止，红军只是组织了地方和县区的苏维埃。在这会议上，决定了建立江西省苏维埃政府。对于这一个新政策，农民报以热烈兴奋的拥护，这拥护在几个月之后帮助红军击败了国民党军队的围剿。[①]

"分田分地真忙"

根据二七会议决议，1930 年 3 月 22 日至 29 日，中共赣西南第一次代表大会在吉安富田召开，到会的有赣西南地区 30 余县、区党组织 78 名代表，代表党员 3 万人（其中赣西 2 万余人，赣南 7000 余人）。会议通过了政治、宣传、职工、农民、政权、武装、土地、士兵、济难、妇女、青年等 12 个决议案，选举产生了赣西南党的最高领导机关——赣西南特委。李文林、刘士奇、曾山等 17 人为特委委员，刘士奇为书记。考虑到赣西、赣南和湘赣边三特委已经合并为赣西南特委，有建立统一领导赣西南各县苏维埃政权机构的必要，大会决定将原赣西苏维埃政府改为赣西南苏维埃政府，

---

① 斯诺著：《西行漫记》，三联书店 1979 年版，第 150 页。

仍以曾山为主席。

为便于指挥下辖各县苏维埃政府，按照赣西南特委下设各路行委的成例，赣西南苏维埃政府下设东路、西路、北路、中路和赣南东河、西河等6个苏维埃政府办事处，作为派出机关。其中，东路办事处辖宁都、南丰、永丰、乐安等县苏维埃政府，宜黄县革命委员会筹委会和广昌甘竹区革命委员会；西路办事处辖永新、莲花、茶陵、酃县（今炎陵县）等县苏维埃政府和吉安县西区苏维埃政府；北路办事处辖吉水、分宜、新余、峡江、安福、宜春等县苏维埃政府和吉安县儒行、坊廓、延福等区苏维埃政府。

中国革命的根本问题是农民问题，而农民问题的核心是土地问题。中共赣西南特委和赣西南苏维埃政府成立后，即按照二七会议提出的"一要分、二要快"的要求，领导所辖各县开展了如火如荼的分田运动。"起初分田的时候，是将所有土地打乱，按人口平分土地，没有抽肥补瘦。"[①]具体做法和步骤大致分为五步：第一步，成立村、乡红色政权，设立政府的办事机构，有些地方成立分田委员会，并各负其责，开展工作。第二步，召开群众大会，宣传开展土地斗争的重大意义和苏维埃政府关于分配工作的方针政策和方法要求。第三步，以乡（村）为单位，逐户进行土地调查登记，摸清全村实有土地面积和人口数：然后，算出全乡（村）每人平均分得土地面积数。第四步，乡（村）政府再次召开群众大会，当众报告调查土地结果。然后，由分田工作人员按照以原耕作为基础、"抽多补少"的原则，算出每户要"进"（补）要"出"（抽）的数量，并落实"进""出"田块的具体地点，造册登记。第五步，将每户分田数量、田块地点及需抽出或补进的田亩数量、地点张榜公布，

---

① 曾山：《赣西南苏维埃时期斗争历史的回忆》，陈毅等著：《回忆中央苏区》，江西人民出版社1981年版，第18页。

接受群众监督；并在各户土地上插上分田牌，写上户主姓名、田块名称和面积，即告分田结束。

作为赣西南苏维埃政府主席、特委委员和共同前委常委，曾山坚决执行二七会议精神，始终奋斗在分田运动第一线，整个赣西南苏区因而呈现出"收拾金瓯一片，分田分地真忙"①的喜人景象。到1930年5月，赣西南大部分县都分配了全部或一半以上的土地。中共中央机关报《红旗》、中共中央宣传部创办的通俗报纸《上海报》对此均有过报道：

各地的农民，自动地将本村居的人口及土地数目调查，报告到乡政府，并将一切契约田据，概行烧毁；不分日夜开群众大会，解决土地问题，所以不到半月之久，将赣西南的土地分了廿二县。在这种分配土地当中，有些富农不愿意，或公开来反对：那末大多数贫农，就自动起来捉他以反革命治罪；农村的斗争，又深入一层了。②

奇怪！一般人以为分配土地要研究。然素无经验的土地问题，研究无从着手。及农民自己动手来分，很快的分完了。吉水的水南农民漏夜开会，三天就分好了——因为急于要下种，现在土地完全分好的：吉安全县（除县城）吉水全县（除县城及近郊），永丰南半县，乐安南半县，南丰西乡一大块（于都全县快赤化），兴国全县，泰和赣江东岸全部，万安东北角，永新、宁冈、莲花、安福四县全县。袁州、分宜、新余、峡江各一部分（吉安、安福境）。上

① 毛泽东：《清平乐·蒋桂重开战》，中央文献研究室编：《毛泽东诗词集》，中央文献出版社1996年版，第18页。

② 江虞：《赣西南工农群众的斗争》（1930年6月28日至7月2日），江西省档案馆、中共江西省委党校党史教研室编：《中央革命根据地史料选编》上册，江西人民出版社1982年版，第218页。

述这些县，合起来是整个的一块，现正在向四周发展。①

1930 年春夏的这次分田，由于时间仓促，缺乏实践经验，也存在一些缺陷。比如，所分得的田地肥瘦不匀；公田留得多，有些地方干部多分田、分肥田；按人口平均分田，又不准出租和买卖，因而没有劳动力或劳力很弱的户，荒了田，自己的困难又没有解决。毛泽东在闽西发动群众和领导群众打土豪分田地，创造了土地斗争的经验：抽多补少、抽肥补瘦，按人口彻底平分土地。并亲自对曾山说："根据闽西的经验，不抽多补少、抽肥补瘦，分田是分不好的。"②因此，从是年秋开始，赣西南苏区又进行了第二次分田。

这次分田，"赣西南有卅余县分了田地，都是没收一切土地，男女老幼平均分配，'以原耕为原则''抽多补少''抽肥补瘦'（即田多的抽些出来，肥田要抽点给瘦田的），平均每人可分至少三担谷，至多十二担谷，五六担谷占大多数，二担的地方多半靠山，山上有出产，如茶、油、竹、木、柴火等类，少分点也不要紧，同时采取移民政策，如甲地乡田多，乙地乡田少，可将乙乡的人迁移到甲乡去"③。

至 1930 年底，第一轮"抽肥补瘦"的分田运动基本结束。经过土地制度的改革，赣西南革命根据地内真正出现了一场农村的社会大变动，社会结构和阶级关系都发生根本变化。广大贫苦农民分得了他们祖祖辈辈梦寐以求的土地以后，热烈地拥护共产党和工农红军，极大地调动了他们支援革命战争、保卫和建设革命根据地的

---

① 《赣西南的土地革命彻底实行的有二十县》，《上海报》，1930 年 6 月 10 日。

② 曾山：《赣西南苏维埃时期斗争历史的回忆》，陈毅等著：《回忆中央苏区》，江西人民出版社 1981 年版，第 18 页。

③ 《赣西南（特委）刘士奇（给中央的综合）报告》（1930 年 10 月 7 日），江西省档案馆、中共江西省委党校党史教研室编：《中央革命根据地史料选编》上册，江西人民出版社 1982 年版，第 352 页。

积极性，为后来的反"围剿"战争的胜利奠定了基础。

"十万工农下吉安"

从 1929 年 11 月至 1930 年 10 月，在"攻取吉安"口号的鼓舞下，赣西南地区数十万工农群众配合红军，先后组织发动了九次攻打吉安的壮举，其规模之大，声势之雄，空前未有。曾山参加了六次攻打吉安的战斗，并担任第六、第七、第八次攻打吉安总指挥。

"攻取吉安"的口号，是中共赣西特委于 1929 年 10 月底提出的。为把这一口号变为实际行动，11 月初，赣西特委制定了里应外合的第一次攻城计划。不料，城内地下党、团机关遭敌破坏。12 月初，特委改变策略，决定动员吉安城周围 50 里内的群众力量配合少量红军包围吉安，发动各红色区域的群众围攻各县城，调江西红军独立第二团开赴北路会同江西红军独立第三团攻取峡江，截断后援；调江西红军独立第四团攻取吉水，隔河威逼吉安。时任特委委员兼延福区委书记的曾山，遵照这一行动计划，发动"东固、延福各一万"①农民配合红军、游击队肃清吉安外围之敌，对吉安城形成包围之势。

首次攻打吉安历时 3 个月，虽未奏效，但也取得了一定的成果：部分解决了吉安外围的反动武装，先后攻进了兴国、万安两个县城；建立了 13 个县和 50 多个区的苏维埃政府，红色区域骤然扩大到了方圆三四百里。②

---

① 《赣西南（特委）刘士奇（给中央的综合）报告》（1930 年 10 月 7 日），江西省档案馆、中共江西省委党校党史教研室编：《中央革命根据地史料选编》上册，江西人民出版社 1982 年版，第 340 页。

② 中共江西省委党史资料征集委员会、中共江西省委党史研究室编：《江西党史资料》第七辑（十万工农下吉安专辑），赣出内字第 88001 号，1988 年印，第 5 页。

第二次攻打吉安发生在二七会议之后。这次会议不仅支持赣西特委提出的"攻取吉安"的战斗口号，而且把攻取吉安作为当前行动的总目标。1930年2月14日，毛泽东、曾山、刘士奇组成的联席会议主席团发布第一号《通告》，对攻打吉安作出了具体部署：红四军和红六军第二纵队在赣江东岸展开，会同中鹄群众攻打吉水，消灭水东之敌，并以一部分同永丰赤卫队和宁南游击队在永丰、广昌一线牵制金汉鼎；红五军及西区群众武装，以永阳为中心，向吉安附近逼近，并控制泰和之敌；红六军一纵队会同北路群众进扰三曲滩、峡江之敌，截断赣江交通。这个作战部署仍是先打吉安外围之敌，目的是使吉安城内生活更加困难，人心更加恐慌，白色统治更加孤立，然后相机夺取吉安城。

主力红军云集吉安四周，使吉安守敌成光耀和江西省政府主席鲁涤平惊恐万状，告急电报如雪片似地飞往南京。蒋介石急忙抽调唐云山独立第十五旅和邓英独立第十六旅紧急援赣。鲁涤平得到援兵后，即调集全省兵力配合唐、邓两部发动对吉安的"进剿"。

由于敌情变化，第二次攻打吉安的计划未能实施，主力红军撤回根据地中心隐蔽，待机歼敌。赣西南特委和赣西苏维埃政府则领导群众武装开展大规模的袭敌扰敌斗争，使7个旅的国民党军在几百里的赤色区域内惶惶不可终日。

2月23日，集结在富田一线的红四军和红六军第二纵队得悉，向东固进犯的唐云山旅前锋孤军深入到距富田40里之水南。于是毛泽东、朱德指挥红军和当地赤卫队于次日凌晨直取水南，首战告捷，歼敌两营。25日，乘胜追击，在施家边、值夏、大湾一带歼唐云山旅余部三分之二，两仗共缴步枪1300余支，机枪24挺，迫击炮12门，俘敌官兵900余人。战斗结束后，作为共同前委常委的曾山，暂时离开赣西南苏维埃主席岗位[①]，随红四军行动，并出席了3月中旬在赣州楼梯岭召开的共同前委会议。这次会议决定了红四、红五、红六军在赣南、闽西地区实行大规模分兵发动群众的工作路线。5月中旬，又赴上海参加了全国苏维埃区域代表大会。李文林也出席了这次大会。[②]

主力红军离开赣西后，敌人疯狂进行反扑，鲁涤平派遣张辉瓒坐镇吉安，以重兵进攻北路，同时骚扰南路。对于敌人的反扑，赣西南特委采取了进攻的策略，组织地方武装，发动广大群众连续第三、四、五次打吉安。

第六、七次攻打吉安发生在1930年6月底7月初。是年5月，蒋、冯、阎军阀正在中原大战，赣敌再次换防，吉安守敌成光耀旅被调入湘，由新编第十三师邓英部接防。赣西南特委抓住这个有利时机，决心"破釜沉舟拿下吉安"。[③]6月16日，特委召开常委扩大会议，决定乘敌军换防之机，发起第六次攻打吉安战斗，并任命刚从上海参加全国苏维埃区域代表大会回来的曾山为总指挥，陈奇涵为参谋长。这次攻吉以赣西地方红军第十一、二十、四等纵队和红军学校学员为主力，调集赤卫队和10万工农群众配合，分左、中、右三路进攻。6月28日上午，在曾山指挥下，各路队伍向吉安城发起了进攻，先后攻占了真君山、天华山、螺子山。接着，攻占天华山的红军突破城外的阵地，攻进城西街赵公塘，经过激战歼敌百余名，但终因缺乏攻城武器，未能突破城内工事。这时，敌援军已迫

---

① 曾山随红四军行动期间，赣西南苏维埃政府主席由赣西南总工会委员长萧道德代理。

② 曾山：《赣西南苏维埃时期斗争历史的回忆》，陈毅等著：《回忆中央苏区》，江西人民出版社1981年版，第19页。

③ 中共江西省委党史资料征集委员会、中共江西省委党史研究室编：《江西党史资料》第七辑（十万工农下吉安专辑），赣出内字第88001号，1988年印，第11页。

近吉安，总指挥部决定撤出战斗。

攻吉队伍在转移途中，恰遇从湘东赶来的红六军第一、三纵队。曾山和黄公略、陈奇涵当即决定，调回各路攻吉队伍，配合红六军第七次攻打吉安。"七月一日拂晓总攻击，被敌探悉，在樟树调来两团人增防吉安，同时敌人早已准备，以逸待劳，经过了无数次的冲锋，死伤四百余人，敌人亦死伤四百左右，因为工事太牢，无法冲破，是役围了红军学校学生二十余名，损失了枪支四五十杆。但经这一猛攻以后，敌人只死守吉安城，天天筑工事，修炮台，不敢越雷池一步，统治阶级更加崩溃，在群众方面更加愤恨。"[1]7月5日，部队撤围转移后，进行了休整。赣西地方武装第四、十一、二十、三十纵队正式改编为红军第二十军，原赣西南赤卫军总指挥曾炳春任军长，刘士奇任军委书记兼政治委员。从此，赣西又增加了一支正规红军部队。

第八次攻打吉安发生在 1930 年 8 月 25 日至 9 月 5 日。是年七八月间，红一军团打南昌，红三军团克长沙，使赣西南革命群众受到极大鼓舞，决心"誓死拿下吉安！"[2]7月29日，曾山在吉安陂头发布赣西南苏维埃政府通令，决定了"八月大暴动工作纲领"：拿下吉安、赣州等县城及重要市镇，赤化赣河流域，建立赣河苏维埃政权，会攻南昌，夺取全省政权；扩充 5 万红军组织 12 万红军预备队，红三军在 8 月应扩充至三倍以上；召集江西全省工农兵代表会议建立江西省苏维埃政权完成赣西南各级苏维埃；各路赤卫队

---

① 《赣西南（特委）刘士奇（给中央的综合）报告》（1930 年 10 月 7 日），江西省档案馆、中共江西省委党校党史教研室编：《中央革命根据地史料选编》上册，江西人民出版社 1982 年版，第 350 页。

② 《赣西南苏维埃政府紧急通令——动员广大群众坚决打下吉安并举行庆祝攻克长沙胜利》（1930 年 8 月 20 日），江西省档案馆、中共江西省委党校党史教研室编：《中央革命根据地史料选编》中册，江西人民出版社 1982 年版，第 521 页。

举行武装大检阅演试操，加强斗争力量；组织赣西南暴动委员会及各路暴动委员会指挥暴动工作。[①]8月5日，赣西南特委在横江渡召开第二次全体会议，由李文林、曾山传达在上海召开的全国苏维埃区域代表会议精神并改组了特委，选举曾山、王怀、郭承禄、萧道德、李文林等五人为常委，曾山为书记。8月10日，改组后赣西南特委召开常委会议，研究部署第八次攻打吉安和第五次攻打赣州。为了加强统一领导和指挥，由党、团共组前敌委员会，并成立赣西南军事委员会和总指挥部，仍由曾山任总指挥[②]。

8月20日，曾山在吉安横江渡发布紧急通令，对第八次攻吉作了周密布置：总攻击定于8月27日早晨进行，红二十军须在27日以前赶到；工农群众须坚决的英勇的猛攻，非攻下吉安誓不退兵；北路须调精勇的工农2万人配合红二十二军二团向真君山猛攻，逼近吉安；西路调精勇的工农2万人向曲濑猛烈前进，冲进天华山逼近吉安；儒林赤卫队少先队配合青年干部学校猛攻神岗山，相机渡河直下吉安；富田调1000精勇的赤卫队，配合水东赤卫队向吉安迫近；纯化调1000赤卫队在滩头张家渡一带，配合兴国独立团攻吉；泰和工农群众仍然担任堵截赣州方向敌人的责任；在总攻击以前须召集各种会议，如红军赤卫军赤卫队等，须召集大队长政治委员以上会议，区政府须召集乡政府主席联席会等；尽量加紧宣传鼓动工作；发动四郊农民起来斗争并建立政权，交通队、担架队要特别组

---

① 《赣西南苏维埃政府通令——纪念"八一"实行武装大暴动》（1930年7月29日），江西省档案馆、中共江西省委党校党史教研室编：《中央革命根据地史料选编》中册，江西人民出版社1982年版，第517页。

② 吉安县革命烈士纪念馆：《战斗在赣水那边》，中国青年出版社编：《红旗飘飘》第21集，中国青年出版社1981年版，第205页。

织健全。①

8月25日，红二十军在吉安城西南郊开始了第八次攻吉的前哨战，三天两夜，在高沙歼敌一营，击溃敌一团，俘敌400余人，缴枪400余支。28日，曾山发出紧急通知，认为"敌人死守孤城不出，靠铁网深沟为最后的抵抗，必须要费时日，才能把它打破，在这几天当中，需要巨款维护一切，并且是万分迫切的"。要求"各级政府务须下十二万分的决心，依照应派数目，如期筹集交来，以济急需，以便很快地拿下吉安，开展大的局面，猛烈北上，响应各军团会师武汉，争取全国革命胜利"。②

经过一个星期的准备，9月5日，各路队伍从四面八方向敌军阵地发起总攻。参加总攻的部队除红二十军、红军学校和青年干部学校学员外，还调集了10万"精勇工农"配合作战。两校学员队伍在儒林赤卫队的配合下迅速占领了天华山；红二十军在北路地方武装和工农群众配合下攻打真君山，群众推着"土坦克"用湿棉絮裹着的独轮车掩护红军冲锋，冲到铁丝网前与敌人展开肉搏战。激战数小时，牺牲200余人。为保存实力，特委决定红二十军撤往峡江休整，留下游击队和群众武装继续包围吉安。

第八次攻打吉安后，守城敌军再也不敢出城一步；吉安周围呈梅花形的红色区域已扩展到30余县，吉安已成为红色海洋中的一座孤城。

第九次攻打吉安发生在1930年10月。是年9月12日，红一

---

① 《赣西南苏维埃政府紧急通令——动员广大群众坚决打下吉安并举行庆祝攻克长沙胜利》（1930年8月20日），江西省档案馆、中共江西省委党校党史教研室编：《中央革命根据地史料选编》中册，江西人民出版社1982年版，第519—520页。

② 《赣西南苏维埃政府紧急通知——火速筹集巨款供给前敌战士的急要》（1930年8月28日），中共江西省委党史资料征集委员会、中共江西省委党史研究室编：《江西党史资料》第七辑（十万工农下吉安专辑），赣出内字第88001号，1988年印，第146—147页。

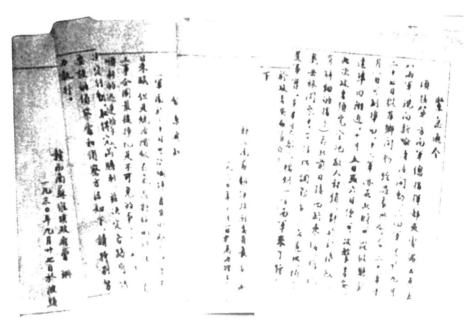

九打吉安的通令

方面军总前委作出撤围长沙，进占株洲、萍乡待机行动的决定。13日，毛泽东在株洲主持召开总前委会议，决定红一方面军回师江西，攻打吉安。17日，总前委在醴陵给赣西南特委写信，通报红一方面军的行动计划，要求赣西南地方武装和群众配合红军攻取吉安。接到总前委来信后，曾山立即在吉安陂头主持召开特委常委会议，对配合主力红军攻打吉安的行动作出了部署。这是赣西南人民期盼已久的时刻，曾山一直存念于心。几十年后，他仍能清晰地讲述当年这一周密部署：

1930年10月攻打吉安，也就是第九次攻吉，这次入吉红军主力部队还未来之前，毛泽东主席就派了一个姓朱的参谋长和我们接头，同我们一起研究地方武装和群众如何配合红军主力部队打下吉安。这次攻打吉安，地方上成立了东路、西路、北路三路总指挥，赣西地区所有地方武装都参加了，有十几万之多，北路调武装2万人，配合二十军向真君山猛攻，逼近吉安，西路调工农群众2万人攻天华山。儒林赤卫队，少年队全体动员，配合干部学校攻神岗山，相机渡河，直下吉安；富田调一个赤卫队配合水东赤卫队向吉安进攻，以防备和堵截溃退下来的敌人；纯化调一个赤卫队在滩头、张家渡一带；兴国独立团在水东，配合富田水东群众作战。各路都有交通队，担架队，冲锋队，向导队；沿路还设交通站，后方伤兵站，特别是水东山上到处是红旗和梭镖队，吓得敌军不敢过河。①

根据毛泽东的要求和赣西南特委常委会议的部署，9月26日，曾山在吉安陂头发布紧急通知，号召各级苏维埃政府组织各种支前和战斗队伍配合红一方面军夺取吉安；儒林、纯化、泰和、中鹄等地已经编制好的红军独立团迅速到横江渡集中，由"伍中豪同志在横市负责"，以配合红军作战。紧急通知还要求调工作人员300名送红一方面军分配工作，其中，泰和10名、万安15名、兴国10名、红军学校40名、西路60名、北路30名、南路30名、东路10名、水南5名、水东5名、纯化8名。所调的人员必须是在区政府以下负过责的活动分子，且略能识写文字。②

10月4日拂晓，主力红军在10万余群众的配合下，对吉安城发起总攻。红四军首先在螺子山开始攻击，接着红二十军、红三军分别在真君山、天华山、神岗山一线打响。曾山组织的大批地方武装也同时响应，积极参战，粮食、药品等支前物资源源不断送到前线。阵地上军号嘹亮，杀声震天，剧烈的枪炮声响彻云霄。群众武装各

① 曾山：《赣西南群众武装斗争的伟大壮举》，中共江西省委党史资料征集委员会、中共江西省委党史研究室：《江西党史资料》第七辑（十万工农下吉安专辑），赣出内字第88001号，1988年印，第228页。

② 《赣西南苏维埃政府紧急通知》（1930年9月26日），中共江西省委党史资料征集委员会、中共江西省委党史研究室编：《江西党史资料》第七辑（十万工农下吉安专辑），赣出内字第88001号，1988年印，第150-151页。

施技能，有的持柴刀砍铁丝网，有的用禾草填壕沟，用楼梯、木板搭沟桥。经过一天的激战，红军从城西突破敌军阵地，直插县城中心的中山路大街。守敌邓英被迫率部弃城登船逃跑。红军沿岸追击，截获敌船4艘，俘敌220多人。5日清晨，吉安全城为红军占领。

　　长达一年之久的九打吉安，体现了以曾山为主要负责人的赣西南党和苏维埃政府百折不挠的革命精神，是"党领导下的群众武装斗争的伟大壮举"[①]。尤其是"攻取吉安"的响亮口号，极大地调动了广大群众的革命积极性。"最有趣的是，喊一声'打吉安'，农民把手里的农具丢掉，拿起武器就跑，无论男女老幼都兴高采烈地参加。"[②]最初发动时有几万人，后来发展到30多万人，最多时达到80多万人。毛泽东当年的一首《减字木兰花·广昌路上》词，即生动描绘了工农群众踊跃攻打吉安的磅礴气势：

> 漫天皆白，
>
> 雪里行军情更迫。
>
> 头上高山，
>
> 风卷红旗过大关。
>
> 此行何去？
>
> 赣江风雪迷漫处。
>
> 命令昨颁，
>
> 十万工农下吉安。[③]

---

　　① 曾山：《赣西南群众武装斗争的伟大壮举》，中共江西省委党史资料征集委员会、中共江西省委党史研究室编：《江西党史资料》第七辑（十万工农下吉安专辑），赣出内字第88001号，1988年印，第227页。

　　② 《赣西南（特委）刘士奇（给中央的综合）报告》（1930年10月7日），江西省档案馆、中共江西省委党校党史教研室编：《中央革命根据地史料选编》上册，江西人民出版社1982年版，第341页。

　　③ 《减字木兰花·广昌路上》，中央文献研究室编：《毛泽东诗词集》，中央文献出版社1996年版，第27页。

第三章

江西省苏维埃政府主席（上）

江西省苏维埃政府成立

红军胜利攻占吉安后,赣西南赤色区域已连成一片,计"有吉安、吉水、泰和、安福、永新、莲花、宁冈、宜春、新余、分宜、峡江、万安、永丰、乐安、宁都、南丰、兴国、于都、瑞金、赣县、会昌、信丰、南康、大余、上犹、崇义、寻乌、安远、南雄、萍乡、万载、遂川、石城、茶陵、攸县（现划归湘东指挥）等 30 余县,由南丰到永新,由寻乌到峡江,横断江西半壁。"①加上赣东北、湘鄂赣两苏区,江西全省已有 60 余县建立了县苏维埃政权。至此,建立江西省苏维埃政府,以统一全省苏维埃运动的领导的条件已经成熟。

根据形势发展的需要和人民群众的期盼,1930 年 10 月 6 日,红一方面军总前委召集赣西南特委扩大会议,讨论了江西省苏维埃政府委员会名单。大家一致认为,曾山"党的政治主张很明了,而很积极坚决的去干,在实际斗争中得到很多经验,确能独当一方指

---

① 《赣西南（特委）刘士奇（给中央的综合）报告》(1930 年 10 月 7 日),江西省档案馆、中共江西省委党校党史教研室编：《中央革命根据地史料选编》上册,江西人民出版社 1982 年版,第 353 页。

挥工作，并且接受党的指示非常的迅速"①，加之担任过赣西、赣西南苏维埃政府主席，有坚实的群众基础，是江西省苏维埃政府主要领导人的最佳人选。

10 月 7 日，13 万工农群众和红军将士在吉安城中山场举行"庆祝吉安暴动胜利大会"，通过和宣布曾山、方志敏、萧韶、郭真、刘其凡、陈正人、张国焘、毛泽东、刘仁、王桂生、欧阳五桂、李文林、邵式平、罗寿南、刘文甫、王伯平、陈婉如、刘九峰、彭德怀、袁德生、袁德熬、曾炳春、王怀、刘铁超、丛允中、龙超清、周鉴清、杜隆奎、罗炳辉、滕代远、萧道德、宋坤如、周高潮、朱昌偕、陈毅、李茂生、刘天干、许细毛、胡竹笙、黄公略、杨岳彬、左兰、

江西省苏维埃政府旧址，位于兴国县激江镇凤岗村李家祠

①　《赣西南特委代表李文林关于特委干部履历的报告》（1930 年 6 月 4 日），江西省档案馆、中共江西省委党校党史教研室编：《中央革命根据地史料选编》上册，江西人民出版社 1982 年版，第 608 页。

龚姚兰、段起凤、邱达三、古柏、刘光万、金万邦、郭承禄、朱德、涂振农、王申选、刘门金等 53 人为江西省苏维埃政府委员，曾山为主席。江西省苏维埃政府遂宣告诞生。

毛泽东、朱德在庆祝大会上发表了热情洋溢的讲话，祝贺江西省苏维埃政府成立。曾山与省苏委员们和广大群众见了面。原中顾委委员、时任永新县少先队总队长谭启龙，就是这次大会上认识曾山的。1999 年，他在《德高望重的长者——怀念老领导曾山同志》一文中回忆了当时的情景：

> 我第一次听到曾山同志的名字是 1930 年 10 月 7 日 10 万工农攻占吉安庆祝胜利的大会上。那年我 16 岁，任永新县少先队总队长，带领永新县少先队员 1 万余人参加了第九次攻打吉安的战斗，10 月 4 日配合红军攻下吉安，10 月 7 日我率队参加了 10 万人庆祝大会。当时我们离主席台很远，看不清楚，从远处听到主席台上有毛泽东、朱德、黄公略等领导的名字。我记住了有个领导叫曾山，在大会上讲话，是江西省苏维埃政府主席。①

大会通过了《进攻南昌九江》《扩大红军一百万》《坚决反对富农保障分田胜利》等决议，发出了《致全国革命群众争取胜利书》《致苏联书》《致全世界无产阶级书》等文告。

在庆祝胜利大会上，发布了《江西省工农兵苏维埃政府布告》，宣布江西省苏维埃政府的宗旨是"代表江西劳苦群众的利益和要求，完成全省总暴动，争取江西首先胜利"。《布告》还公布了江西省苏维埃政纲：驱逐帝国主义势力，收回九江庐山租界；消灭军阀制度，完成全省总暴动；消灭反动派的武装，武装革命工农群众，扩大红军 100 万；执行全国苏维埃区域代表会议所颁布的土地暂行法，完

---

① 谭启龙：《德高望重的长者——怀念老领导曾山同志》，《光明日报》，1999 年 12 月 12 日。

成江西全省土地分配；帮助贫苦农民组织生产、贩卖、借贷合作社，增进农业生产；执行全国苏维埃区域代表会议所颁布的劳动保护法，实行 8 小时工作制；取消国民党的一切苛捐杂税，实行统一的累进税；没收军阀官僚及反革命分子的商店、工厂，保护遵守苏维埃法令的私人资本；保护妇女、青年、儿童的利益，保障革命群众集会、结社、言论、出版的自由；联络苏联及全世界无产阶级。①

江西省苏维埃政府组成人员，不仅包括赣西南苏区的领导同志和群众领袖，而且有红一方面军和赣东北、湘鄂赣苏区的领导人，这是一个全省统一的革命政权。它的诞生，使江西红色割据区域的革命斗争有了统一的领导机关，并为中央革命根据地的形成和苏维埃中央政府的建立创造了条件，奠定了基础。正如当时的红色报刊所说："苏维埃政权最初在江西西南部只是零星的无联络的分散在各地，然而在农民游击战争的发展中，在土地革命的深入中，经过了许多零碎的部分斗争，经过了多次失败及其克服，这些分散的苏维埃区域逐渐汇合起来，而终于形成了一片总的有联系的苏区，成为中国苏维埃临时政府的胎盘。"②

在江西省苏维埃政府成立的同时，总前委与地方党召开的扩大会议，根据当时中共中央关于合并党、团、工会领导机构，建立各级行动委员会的指示，决定将赣西南的党、团特委合并，成立由李文林、曾山、陈正人、段良弼、丛允中等为常委的江西省行动委员

---

① 《江西省工农兵苏维埃政府布告——宣布本府成立及政纲》，中共江西省委党史资料征集委员会、中共江西省委党史研究室编：《江西党史资料》第七辑（十万工农下吉安专辑），赣出内字第 88001 号，1988 年印，第 199 页。

② 《江西的中央苏区（特约通讯）》（1931 年 9 月 3 日），江西省档案馆、中共江西省委党校党史教研室编：《中央革命根据地史料选编》上册，江西人民出版社 1982 年版，第 392 页。

会^①，李文林任书记，陈正人任宣传部长，丛允中任组织部长，李白芳任代理秘书长。

庆祝大会结束后，曾山立即带领一批干部深入城乡各地开展筹款和扩红工作。短短的几天时间，"就筹集到五六万块银元、一二十斤金子和大量银子，全部上缴给主力红军，以供红军作军饷"^②；为红一方面军"补增了新兵八千"^③。梁必业、吴富善、周彪等数十位吉安籍开国将军都是在这个时候参加红军的。许多年后，开国中将、原军事科学院政治委员梁必业对自己与父亲一同参加红军时的情景仍然记忆犹新：

1930年10月4日，红军攻占了吉安县城，把赣南、赣西、赣江东西两岸的苏区衔接起来了，大大鼓舞了群众的革命热情，掀起了拥军和参军的热潮，参加红军的人成千上万。我和父亲就是在那时参加红军的。参军前，我是陂头共青团支部书记，父亲梁兴教是中共党员（因为党、团组织是秘密的，在此之前，我不知道父亲是党员）。我们在党、团支部联席会上不约而同地报名参加红军。临行前，全家聚餐，为我们饯行。我们父子和同乡梁仁芥（共青团员）一起奔赴吉安城，先在中共赣西南特委转了党、团介绍信，然后到驻天主堂的红四军政治部去报到。我父亲由红四军特务营第一连副政治委员梁兴芬（陂头人，中共党员）举荐分配在特务营第一连当文书。我和梁仁芥由红四军政治部分配在红四军政治委员办公厅政

① 中共江西省委组织部等编：《中国共产党江西省组织史资料》第一卷（1922—1987），中共党史出版社1999年版，第234-235页。

② 曾如清：《一片丹心向党 两袖清风为民》（1979年3月），王青争主编：《永留正气在世间——纪念曾山诞辰100周年文集》，江西人民出版社1999年版，第60页。

③ 毛泽东：《给中央的信》（1930年10月14日），中共江西省委党史资料征集委员会、中共江西省委党史研究室编：《江西党史资料》第六辑（罗坊会议前后专辑），赣出内字第88001号，1988年印，第165页。

治训练队当学员。从此，开始了我57年漫长的革命军人生涯。[1]

在罗坊会议上

红军占领吉安后，江西革命形势急剧高涨，整个赣西南和赣东北都赤化了，红一方面军发展到4万余人。形势好转了，士气也旺盛了，于是不少干部仍坚持按照中央原有的决定去打南昌、九江[2]。毛泽东从攻打长沙失利的教训中已经认识到，这样做是不能取得成功的，但又不便同中央决定和红一方面军内许多干部的意见公开对抗，只能以"有计划、有配合、有步骤地夺取南昌、九江"[3]为理由，决定将部队先向南昌以南的袁水流域推进，等待战机。

根据这个决定，红一军团的三个军分别于10月14日拂晓撤出吉安，移师北上。10月17日，曾山随红一方面军总部抵达峡江县城，并参加了当晚毛泽东主持召开的总前委扩大会议。会议首先讨论了时局问题、土地问题和资本问题（即工商业政策），并很快形成了决议。在红军行动问题上，受李立三"左"倾冒险错误影响，尚未取得一致认识，仍然决定"前去占领南浔铁路，进攻南昌九江，消灭敌人"[4]，但在行动上没有轻敌冒进。

---

[1]　梁必业：《回忆打吉安》，中共江西省委党史资料征集委员会、中共江西省委党史研究室编：《江西党史资料》第七辑（十万工农下吉安专辑），赣出内字第88001号，1988年印，第242页。

[2]　1930年9月召开的党的六届三中全会基本上纠正了李立三"左"倾冒险错误，但由于战争环境和交通不便，全会精神还没有及时传达到红一方面军和赣西南苏区，李立三"左"倾思想在红军和赣西南的影响仍然较大。

[3]　毛泽东、朱德：《红一方面军在袁水与瑞州河之间工作待机的命令》（1930年10月24日），中共江西省委党史研究室等编：《中央革命根据地历史资料文库·军事系统》（9），中央文献出版社、江西人民出版社2015年版，第516页。

[4]　毛泽东：《给湘东特委的信》（1930年10月19日），中共江西省委党史资料征集委员会、中共江西省委党史研究室编：《江西党史资料》第六辑（"罗坊会议前后"专辑），赣出内字第88001号，1988年印，第170页。

　　这时，各派军阀之间的中原大战已结束，蒋介石调集的 10 万大军正源源不断地进入江西，准备对红一方面军和赣西南苏区发动"围剿"。大敌当前，形势逼人。在这个严峻时刻，必须尽快结束红一方面军领导干部内部的争论，把下一步的行动方向和战略方针确定下来。否则，必将贻误战机，陷于被动。

　　10 月 25 日，红一方面军总部后撤 30 里，移驻新余县的罗坊陈家闹村。在这里，毛泽东主持召开了红一方面军总前委和江西省行委联席会议（史称罗坊会议）。出席会议的有红一方面军总司令朱德、政治部主任杨岳彬、参谋长朱云卿、总前委秘书长古柏、中共中央长江局代表周以栗、红四军军长林彪、政治委员罗荣桓、红十二军军长罗炳辉、红三军团总指挥彭德怀、政治委员滕代远、政治部主任袁国平、红八军军长何长工、江西省行委书记李文林、江西省苏维埃政府主席曾山、江西省行委宣传部长陈正人等 20 余人。

　　这是一次极为重要的决策会议，前后开了 6 天。会上，毛泽东根据敌情的变化，明确提出："在强大的敌人进攻面前，红军决不能去冒险攻打南昌。南昌是敌人重兵驻守的地方，红军还没有足够的力量去冒险攻打大城市。红军必须采取'诱敌深入'的作战方针，退却到根据地去，选择好战场，创造有利条件，充分依靠人民群众，实行人民战争，把敌人放进来，才能集中力量消灭敌人。"①

　　开始讨论时，少数人不赞成这个主张，李文林、袁国平提出："不打南昌、会师武汉，就是违背中央精神，就会断送中国革命。"②

---

① 陈正人：《回忆罗坊会议》（1967 年 12 月），中共江西省委党史资料征集委员会、中共江西省委党史研究室编：《江西党史资料》第六辑（"罗坊会议前后"专辑），赣出内字第 88001 号，1988 年印，第 260–261 页。

② 陈正人：《回忆罗坊会议》（1967 年 12 月），中共江西省委党史资料征集委员会、中共江西省委党史研究室编：《江西党史资料》第六辑（"罗坊会议前后"专辑），赣出内字第 88001 号，1988 年印，第 261 页。

多数人如朱德、周以栗、罗荣桓、曾山、陈正人等支持毛泽东的主张。① 其中，"党中央长江局派来的代表周以栗同志，原是代表党中央的'左'倾路线来说服红军去打南昌的，后来经毛泽东主席对形势的正确分析，把他说服过来了。"②

经过反复讨论，会议对打不打南昌、九江这个问题基本上统一了认识。第二天，会议一致通过《关于目前政治形势与一方面军及江西党的任务的指示》，明确指出："目前在敌人大举增兵与南昌、九江固守工事的形势之下，单凭红军轻袭南昌、九江，而且红军相当给养都不具备，运输条件十分缺乏，这无疑的要成为游击式的进攻，结果攻不下，又转而他往，反使一省胜利延期实现。所以这一轻装袭取的游击观点与争取一省首先胜利有计划的有布置的战略绝不相容，应加以严重的纠正。"③

打不打南昌、九江的问题解决了，接着的问题就是，在什么地方同敌人作战？也就是反"围剿"的战场摆在赣江以东还是以西？对这个问题仍继续发生争论。红三军团原先活动在湘鄂赣苏区，其第五军和第十六军大多数是湖南平江、浏阳人，第八军大多数是湖北阳新、大冶人。其中一些领导干部有地方观念，在会上提出"夹江而阵"，就是将红三军团摆在赣江西岸，红一军团摆在赣江东岸，分头对付"进剿"敌军。认为这样既可保卫湘鄂赣苏区，又可保卫赣西南苏区。江西省行委书记李文林则主张红军主力出击到赣西北

① 中共中央文献研究室编:《毛泽东传（1983—1949）》，中央文献出版社 1996 年版，第 238 页。

② 陈正人:《回忆罗坊会议》（1967 年 12 月），中共江西省委党史资料征集委员会、中共江西省委党史研究室编:《江西党史资料》第六辑（"罗坊会议前后"专辑），赣出内字第 88001 号，1988 年印，第 261 页。

③ 《关于目前政治形势与一方面军及江西党的任务的指示》（1930 年 10 月 26 日），江西省档案馆、中共江西省委党校党史教研室编:《中央革命根据地史料选编》中册，江西人民出版社 1982 年版，第 257 页。

白区去打击敌人，不要将敌人引进赣西南苏区来，以免打烂坛坛罐罐，使苏区人民遭受损失。

毛泽东则认为，面对 10 万之众的敌军，只有三四万人的红一方面军不能分离，红一、三军团必须攥成一个拳头，才有力量打击敌人；至于战场，若放在赣江西岸，夹在赣江与湘江之间，红军机动范围小了，只有让敌人深入到赣江东岸苏区腹地，仗才好打。因此，毛泽东提出了"诱敌深入"的作战方针，主张红一、三军团都退至赣江西岸，把敌人引到赤色区域内部去打。

朱德、周以栗、林彪、罗荣桓、曾山、陈正人等都支持毛泽东的主张，李文林等人没表态。红三军团部分同志持反对意见，军团政治部主任袁国平反对态度尤为坚决。关键时刻，彭德怀站了出来。他认为红三军团应该过江，坚决表示说："一、三军团分开，两军夹江而阵，这对于目前准备粉碎蒋介石的大举进攻不利"。①

经过激烈的讨论，10 月 30 日，会议正式通过两个军团一起东渡赣江、"诱敌深入"的作战方针。这是一个来之不易的具有重大战略意义的抉择，标志着红一方面军已从游击战向运动战的转变迈出了关键性一步。这一过程中，毛泽东费尽心血，朱德、周以栗、曾山、陈正人等鼎力支持，彭德怀顾全大局，均作出了至关重要的贡献。正如曾山 1962 年给陈毅并转中共峡江县委的信中所说：

开始时彭德怀同志也是赞成袁、李二人的主张的。拥护毛泽东主席主张的有周以栗、曾山、陈正人及其他几位军队的同志。后经过周以栗把毛泽东主席的正确主张去向彭德怀同志个别说服谈话以后，彭德怀同志最后接受了毛泽东主席提出的红军主力后撤诱敌深入歼敌的

---

① 彭德怀著：《彭德怀自述》，国际文化出版公司 2009 年版，第 163 页。

主张。①

罗坊会议是红军历史上的一次十分重要的会议。对于曾山来说，这也是他第一次参与重大作战方针的决策。会议期间，他多次聆听毛泽东的精彩发言，深受教育与启发。尤其是毛泽东对形势的正确判断和从实际出发决定作战方针的思想，令他信服和向往。因而，曾山对毛泽东主张的支持完全是理性思考的结果，体现了他在大是大非问题上的辨识力，显示了他理论上的提高和政治上的成熟。

经历富田事变

就在国民党 10 万大军压境、中央革命根据地②军民抓紧进行反"围剿"准备的严峻时刻，革命阵营内部却掀起了一场整肃"AB 团"的狂澜。

所谓"AB 团"，是指 1926 年冬北伐军攻克南昌后，蒋介石指使陈果夫授意段锡朋、程天放等人在南昌成立的反革命组织。"AB"是英文 Anti-Bolshevik（反布尔什维克）的缩写。其目的是为了打击共产党和国民党左派，夺取国民党江西省党部和各级地方党部的领导权。1927 年 4 月 2 日，中共江西区委、共青团江西区委联合各革命团体组织南昌市革命群众举行四二暴动，一举捣毁了被国民党右派篡夺了领导权的国民党江西省党部，捉住了"AB 团"头子程天放等人，该反革命组织随即解体。

---

① 曾山：《给陈毅并转江西省峡江中共县委》（1962 年 1 月 30 日），中共江西省委党史资料征集委员会、中共江西省委党史研究室编：《江西党史资料》第六辑（"罗坊会议前后"专辑），赣出内字第 88001 号，1988 年印，第 249–250 页。

② 党的六届三中全会决定在农村革命根据地建立中央局。当时，毛泽东、朱德领导下的赣西南、闽西根据地，是全国各根据地中力量最强的。中共中央决定将苏区中央局和苏维埃中央政府设在赣西南根据地。此后人们把红一方面军所控制的赣西南、闽西根据地称为中央根据地或中央苏区。

然而，因"AB团"是以反共著称的，当时的中共中央不敢懈怠，根据共产国际要求中国党"清党""肃反"的指示，于1929年11月13日，向江西省委发出了一封指示信，要求江西省委"特别在群众中肃清改组派、第三党、AB团的影响"[①]。

1930年10月4日红军攻克吉安后，有人在收缴敌人文件时，发现一张江西省行委书记李文林的父亲写给地主豪绅的收条。此事报告给红一方面军总前委，总前委即怀疑李文林与"AB团"有瓜葛[②]，并于11月底将其扣押了起来。继而在红一方面军开展的肃"AB团"运动中，所谓"AB团""要犯"刘天岳、曾昭汉、龙超清等在逼供下，又供出江西"省行委内安了江西AB团省总团部，段良弼、李白芳、谢汉昌等为其首要"。[③]

于是，12月3日，红一方面军总前委根据这些假口供，给江西省行委发出了一封重要信件，对如何肃清省行委中的"AB团"作了指令性部署："党内地主富农成分现在举行大规模叛变，此问题在赣西南还是异常严重，必须运用敏捷手段立即镇压下来。红军中危机已得挽救，地方的危机必须迅速挽救。据此间所获AB团刘天岳、周赤……曾昭汉供出现在省委省苏工作之李白芳、江克宽、小袁、老曾（"小袁、老曾"实为同一个人，即江西省苏维埃政府军事部长金万邦，是宁都小源村人，又名曾钦亮——引者注）红军学校之曾国辉，遂川之刘万清都是AB团要犯，周赤并供段良弼是AB

---

① 《中央给江西省委的指示信》（1929年11月13日），转引自余伯流、凌步机著：《中央苏区史》，江西人民出版社2001年版，第951页。

② 后来查明，那张收条上的名字虽然与李文林的父亲同名同姓，但不是李文林的父亲，而是另外一个地主的名字，李文林与他没有丝毫关系。不过，这一事实真相是新中国成立后才调查清楚的，毛泽东、朱德等总前委领导当时没有也不可能很快将此事调查清楚。

③ 《总前委答辩的一封信》（1930年12月20日），转引自余伯流、凌步机著：《中央苏区史》，江西人民出版社2001年版，第966页。

团，龙超清是AB团，除龙超清已由此间直接讯办外，特派李韶九同志率兵一连代表总前委及工农革命委员会帮助省委省苏捕捉李白芳等并严搜赣西南的反革命线索，给以全部扑灭。"信中还强调："省委接到此信务必会同李同志立即执行扑灭反革命的任务，不可有丝毫的犹疑"，"赣西行委及红军学校方面须防AB团闻信暴动，故处置亦须迅速，二十军须找得线索来一个大的破坏"，"凡那些不捉不杀的区域，那区域的党与政府必是AB团，就可以把那地方的负责人捉了讯办"。①

这不是一封普通的信函，而是总前委下达给省行委并交曾山、陈正人亲收的指令。红一方面军总政治部秘书长兼肃反委员会主任李韶九手持总前委的这一"尚方宝剑"，立即率领红十二军一个连，离开红一方面军总部所在地黄陂，于12月7日下午3时到达省行委和省苏维埃政府所在地富田，捉拿段良弼、李白芳、谢汉昌等所谓"AB团"首要。

富田位于吉安、吉水、泰和、兴国、永丰五县交界处，是归属吉安县管辖的一个宽阔、秀丽的大村庄。李韶九到达后，立即进行了捕捉和严刑逼供。在当时的战争环境下，省行委、省苏维埃政府只能也必须执行总前委的指示。20世纪60年代初，曾山在回忆文章中记述了当时的情景：

李韶九来时带有总前委的指示信，由我和陈正人同志亲收。来信中说：省委秘书长李白芳、省苏军事部长金万邦、财政部长周冕、二十军政治部主任谢汉昌都是AB团。因为当时敌人第一次"进剿"的反动部队已迫近苏区边界，形势十分紧张，要我们立即解除他们职务，把他们监视起来。当时省行委同意了总前委意见，于是

---

① 《总前委致省行委信》（1930年12月3日），转引自余伯流、凌步机著：《中央苏区史》，江西人民出版社2001年版，第966—967页。

把李白芳、金万邦、周冕等人暂免现职，监视审查。并决定陈正人同志带一个排去河西赣西特委传达总前委的指示。后来，总前委又派古柏同志来省委一道协助肃反。古柏同志到省委以后，李韶九带一个排到东固去找二十军政委曾炳春和军长刘铁超，商量在红二十军直属部队内进行肃反。而且把政治部主任谢汉昌捕起来，进行了审查。这才发现二十军独立营营长刘敌（时任职务应为红二十军一七四团政治委员——引者注）也是AB团分子。此人和李韶九是同乡。李韶九找他谈了话，但没有逮捕他。[①]

刘敌等红二十军少数领导人眼看自己也将被错定为反革命分子并遭受逮捕，对这种做法抱有极大的怀疑和不满，乃于12月12日上午率独立营包围军部，抓了李韶九（后逃脱）、军长刘铁超，释放了被捕的谢汉昌等人，收缴了李韶九带来肃"AB团"的一排人的武器。军政治委员曾炳春见势头不对，脱离部队，回到家乡养病。当日下午，刘敌、谢汉昌率该军直属队400余人冲到富田，包围了省行委、省苏维埃政府，缴了警卫连的枪械，放出遭错误关押审查人员近百人，提出分裂红一方面军领导的错误口号，并将红二十军拉往赣江以西地区。这就是震惊一时的富田事变。

事变发生时，留在省行委机关的曾山发现情况异常，即组织古柏及其夫人曾碧漪、陈正人夫人彭儒突围逃出。几个士兵开枪追击了半里多路，没有追到。当晚曾山逃到沙村，藏在一个农民家里。后来，通缉曾山、陈正人、古柏等人的消息传到儒林区后方委员会，后委的同志都不相信曾山是反革命，说"曾山都是反革命，我们还有什么干乎？"儒林区第二乡的干部群众听到这个消息后，非常着

---

① 曾山：《赣西南苏维埃时期革命斗争历史的回忆》，陈毅等著：《回忆中央苏区》，江西人民出版社1981年版，第20页。

急，于是星夜派梭镖队由小路秘密到沙村将曾山接回保护起来。[1]

许多年后，经历了那惊魂时刻的彭儒，撰文回忆了自己与古柏、曾碧漪艰难脱险的历程。文中写道：

> 富田事变那天晚上，我们正在开支部会，突然听到枪响。曾山同志当机立断地要我们立即转移疏散。那天晚上，我和古柏同志、曾碧漪同志趁黑夜转移到东固、崇贤。一到崇贤，就被赤卫队拦住，要检查我们的路条。好在古柏同志聪明，他用原先盖好曾山同志印模的白纸条，临时填写了一张路条，就安全通过去了。那时，我正怀孕七八个月，因走得太急的缘故，流血生下了小孩，无办法，只好住在崇贤的区委。古柏和曾碧漪同志就到兴国去了。听说他们被兴国县的赤卫队拦住，进行盘查之后，把他们送到了总前委驻地——宁都黄陂。不久，我由崇贤也到了兴国县城……[2]

富田事变发生后，刘敌、谢汉昌将红二十军主力带往赣江以西的永新、莲花、安福一带坚持斗争，脱离了红一方面军总前委领导；同时决定"通缉曾山、陈正人、古柏、李韶九等人"[3]。更为严重的是，他们还提出了分裂革命队伍的口号，并制造假信以反对毛泽东，犯了进行挑拨离间和分裂活动的严重错误。

曾山坚决反对任何分裂党和红军的行为。在儒林区广大干部群众保护下，他闯"险关"回到宁都黄陂总前委驻地后，立即发表《曾山为富田事变宣言》，揭露和抨击了富田事变领导人分裂党、破坏革命的错误行为。为促进团结，江西省苏维埃政府恢复工作以后，他还亲自"到东固曾炳春同志家里找他出来，到了省苏，担任省苏

---

[1]　《曾山为富田事变宣言》（1931 年 1 月 14 日），存中共江西省委党史研究室。

[2]　彭儒：《回忆中央苏区二三事》，陈毅等著：《回忆中央苏区》，江西人民出版社 1981 年版，第 222 页。

[3]　余伯流、凌步机著：《中央苏区史》，江西人民出版社 2001 年版，第 972 页。

的一部分工作"。①

1931 年 1 月 15 日，根据中共六届三中全会的决定，由周恩来、项英、毛泽东、朱德、任弼时、余飞、曾山等组成的中共苏区中央局在宁都小布宣告成立。当时，因周恩来在上海党中央任组织部长、军委书记兼中央特别委员会负责人，一时不能脱身，苏区中央局书记一职由项英代理。同时，任弼时、余飞因故不能来中央苏区。这样，苏区中央局成立之初，其成员实际上只有项英、毛泽东、朱德、曾山 4 人。苏区中央局成立后的第二天，即着手处理富田事变问题，一方面指出发动富田事变是严重错误的；另一方面采取解决党内矛盾的方法，动员红二十军回到赣江以东。

但遗憾的是，后来在王明"左"倾错误的影响下，富田事变最终未能得到正确解决，事变领导人先后被处决，连红二十军许多无辜的基层干部也未能幸免。

在第一次反"围剿"中

红军和根据地的发展，特别是李立三"左"倾冒险错误时期红军攻打中心城市的冒险行动，使国民党统治集团感到极大的震惊。1930 年 10 月，蒋、冯、阎军阀混战刚结束，蒋介石就调集 10 万大军，采取"长驱直入，分进合击"的战术，向中央根据地发动第一次大规模的"围剿"。

为贯彻"诱敌深入"的战略方针，粉碎国民党军大规模的"围剿"，罗坊会议一结束，曾山就赶回吉安，先后参加了 11 月 12 日至 15 日召开的赣西行委和江西省行委扩大会议。会上，他传达了

---

① 曾山：《赣西南苏维埃时期革命斗争历史的回忆》，陈毅等著：《回忆中央苏区》，江西人民出版社 1981 年版，第 22 页。

罗坊会议决定，对撤出吉安和坚持赣江西岸的斗争作了动员和布置。毛泽东对地方配合红军作战非常重视，专程从峡江赶来，参加了这次会议。根据会议部署，18 日，红军主动撤离占领了 45 天的吉安城，分路向东固、永丰龙岗等根据地进发。随后，江西省行委、江西省苏维埃政府迁往富田。其间，曾山以江西省苏维埃政府主席的名义，发布了一系列通令、通告、布告，要求各级苏维埃政府广泛发动和组织工农群众做好一切应战工作。

首先是进行政治动员。为"动员广大工农群众坚决实行阶级决战消灭敌人"，11 月 20 日，曾山在陂头签发江西省苏维埃政府秘字第一号《紧急通告》，对敌我形势作了正确的估量，批判了在敌人大举进攻面前所表现出来的悲观畏缩和消极麻痹、盲目乐观的思想。《紧急通告》对动员群众做好应敌工作提出了 7 项要求：（1）组织群众配合红军作战；（2）设立兵站，帮助红军输送给养、转运伤员；（3）建立交通线；（4）组织担架队；（5）筹备给养；（6）节省费用；（7）切实进行瓦解白军工作。①12 月 1 日，曾山又在富田发出江西省苏维埃政府妇字第一号《紧急通告》，动员全省苏区妇女勇敢地积极地投入到反"围剿"斗争中。

其次是动员青壮年参军，猛烈扩大红军。11 月 12 日，曾山在吉安发布江西省苏维埃政府军字第二号《通告》，明确指出：赣西南各级政府目前主要工作之一是号召广大工农群众参加红军。《通告》要求各级苏维埃政府，一方面，要让群众了解参加红军与群众利益的关系，不扩大红军，没有强大的革命力量，就不能保障分田的胜利及群众的其他经济利益；另一方面，要让群众知道参加红军

①《江西省苏维埃政府紧急通告（秘字第一号）——动员广大工农群众实行阶级决战消灭敌人》（1930 年 11 月 20 日），江西省档案馆、中共江西省委党校党史教研室编：《中央革命根据地史料选编》中册，江西人民出版社 1982 年版，第 538-540 页。

不仅是革命的需要，也是每一个工农群众的责任，红军是工农自己的武装集团，是用来执行阶级任务的，工农群众参加红军，是自己解放自己阶级应有的责任。《通告》还提出了扩大红军的具体办法。比如，组织宣传队、举行化妆讲演、举办扩大红军宣传周等活动，深入到乡村挨家挨户地进行宣传动员；优待红军官兵家属，除了分地外，还派人帮助缺少劳力的军属耕种；优待回家的伤兵，帮助他们克服精神上物质上的各种困难；设立红军志愿兵招募站，鼓动群众报名参军；加紧对少先队和赤卫队的训练与宣传等。①

第三是组织群众坚壁清野，断绝敌军接济。11月24日，曾山发布江西省苏维埃政府秘字第三号《紧急通告》，把断绝敌人的粮食提高到应敌战术的高度，指示"各级政府要督促工作人员深入到群众中，告诉群众坚壁清野，把油盐柴米都埋起来，断绝敌人粮食，使敌人没有饭吃不打自垮"，并要求"坚壁清野的工作限在三日做好"。②此后，苏区群众在各级苏维埃政府组织领导下，将家中的油盐柴米和锅碗瓢盆等日用物资藏进山坳的窑洞，将碾米用的砻、碓沉入水塘，并且对水源进行了破坏。

第四是加强赤色戒严，组织军事交通站。11月13日，江西省苏维埃政府军事委员会发布第一号《紧急通告》，要求各县区乡政府迅速组织侦探队，专门负责侦探敌情，将每日所得情报，由乡、区、县逐级报告省苏军事委员会和红军指挥机关。为及时递送情报，除

① 《江西省苏维埃政府通告 军字第二号——扩大红军的具体办法》（1930年11月12日），江西省档案馆、中共江西省委党校党史教研室编：《中央革命根据地史料选编》中册，江西人民出版社1982年版，第531—532页。

② 《江西省苏维埃政府紧急通告（秘字第一号）——指出过去战略战术运用的错误，反对退让逃跑，采取坚决进攻策略消灭敌人》（1930年11月24日），江西省档案馆、中共江西省委党校党史教研室编：《中央革命根据地史料选编》中册，江西人民出版社1982年版，第548页。

原有的赣西南赤色邮路外，省苏维埃政府还在吉安设立了秘密交通总站，各县区也设立了秘密交通网，使省苏维埃政府和红军总部能及时得悉各方情报。

第五是筹集现金物资，确保红军给养。11月17日，曾山签发江西省苏维埃政府第一号《紧急通令》，要求各级苏维埃政府"迅速集中经济节省费用应付阶级决战"，务必在3个月内筹集现金60万元。11月20日，曾山又发出省苏维埃政府第二号《通告》，再次要求在10天内立即筹集30万元，其中赣南赣东须筹集10万元，赣西各县、区筹集20万元。为节省开支，各地按省苏维埃要求，尽量减少办公费支出，节省伙食开支。如："写标语不用纸，尽量写在墙壁上，办公地睡觉熄灯，信纸信套不要漂亮，使现金不致外溢"；"只发伙食费，不发零用钱——伙食费城市物价较贵，规定每天大洋一毛五分。乡村每天大洋一毛，客饭城市每天一毛，乡村客饭每天八分"①。后又规定："凡一毛五分的发给柴菜钱一毛，一毛的发给柴菜钱八分，八分的发给柴菜钱六分，六分的发给柴菜钱二分。"②

为瓦解敌军斗志，江西省行委、省苏维埃政府还要求"在敌人进来之后，应坚决动员一般老弱病残的老头婆子及幼小活泼的男女孩，用各种方法去与白军士兵接近，乘机宣传及侦探其一切情形"；妇女群众"利用卖小菜小物或替白军士兵洗衣等，去接近他们谈话

---

① 《江西省苏维埃政府紧急通令（秘字第一号）——迅速集中经济节省费用应付阶级决战》（1930年11月17日），江西省档案馆、中共江西省委党校党史教研室编：《中央革命根据地史料选编》中册，江西人民出版社1982年版，第534–535页。

② 《江西省苏维埃政府通告（财字第二号）——筹集现金准备给养节省经费及其阶级决战最后胜利》（1930年11月20日），江西省档案馆、中共江西省委党校党史教研室编：《中央革命根据地史料选编》中册，江西人民出版社1982年版，第534页。

借以宣传"；将对敌宣传品寄送或直接散发到敌人队伍中去。①

在江西省行委、江西省苏维埃政府积极开展各项准备工作的同时，红一方面军退却到地形条件十分有利的宁都县的黄陂、小布地区集结，加紧了转入战略反攻的准备。12月5日，毛泽东在小布主持召开了军民歼敌誓师大会。22日，红一方面军总部根据过去的作战经验和战术等方面存在的问题，颁发了《三十条作战注意》，简明地规定了作战指导思想、原则和要求，以及战场纪律、战场救护、后方工作和战后注意事项，等等。

经过一系列的准备，12月30日，当孤军深入的敌第十八师主力由龙冈向五门岭进犯时，预先部署在龙冈地区的红军给予猛击，歼敌近1万人，缴获各类武器9000余件，电台1部，并活捉敌师长张辉瓒。随后，红一方面军乘胜挥师向东，在东韶向敌谭道源部第五十师发起攻击，经过激战，共歼该师3000余人，缴获武器2000余件，胜利打破了国民党军队的第一次"围剿"。

兵民乃胜利之本。在第一次反"围剿"中，江西苏区群众做了大量的支援工作。永丰籍开国少将、原海军北海舰队航空兵政治委员张华在《群众对龙冈战斗的支援》一文中，详细记述了永丰南部山区群众的重大贡献。文中写道：

在这次战斗中，我们赤卫队牺牲了三四百人。特别是龙冈地区牺牲较大，沙溪地区也牺牲了100多人。许多群众积极参加了担架队，很多老人自动上前线抬担架，看伤员。伤员抬下以后，群众千方百计地为战士们找草药，治伤口，并在精神上安慰战士。妇女组织了慰问队，这在当时是一个创举，因为以前没打过这样的大

---

① 《江西省行委通告（第十一号）》（1930年11月24日），中共江西省委党史资料征集委员会、中共江西省委党史研究室编：《江西党史资料》第十七辑（中央苏区第一次反"围剿"），赣出字第01-094号，1990年印，第76页。

仗，所以没有搞过。在龙冈战斗中，妇女节冒着枪林弹雨把饭和慰问品送上前线，在吃饭时，便对战士进行慰问，有说快板的、有唱山歌的，大大鼓舞了战士们英勇杀敌的士气。群众还乐于为红军当向导，只要红军一到那里，那里就有一大群人要求给红军作向导。往往因向导不能过多，只能选一二人，而要求作向导的又很多，因此，红军还得说服半天，叫他们这次不能去的，下次再来才肯回去。①

由于江西各地群众积极配合主力红军作战，因而筑起了一道打不烂的铜墙铁壁，使进入苏区的敌军寸步难行。敌第五十师师长谭道源在给蒋介石的电文中写道："到赤区作战是漆黑一团，如同在敌国一样。"②敌第十八师后来在检讨失败教训时亦称："东固暨其以东地区，尽属山地，蜿蜒绵亘，道路崎岖，所有民众，多经匪化，且深受麻醉，盖匪即是民，民即是匪，对于我军进剿，不仅消极的认为恶意，且极端仇视，力图抗拒。如是，对于我军作战上发生下列之困难:(一)我军师行所至，农匪坚壁清野，悉数潜匿山中;(二)潜伏山中之匪徒，对于我军状态窥探无遗，如是，我军企图完全暴露;(三)我军不仅不能派遣一侦察，即欲觅一百姓探问道路，亦不可得，以故我方对于匪情全不明确，即对友军之联系亦不容易;(四)山地道路崎岖，行军已感困难，而匪徒对于前进之道路亦无不大加破坏，我之前进，几使无路可走，盖一则可予我之极大疲劳，一则无形中可迟滞我军"，"其所以不放一枪自行放弃其极坚固之东固匪巢者，即欲诱我深入匪区，予我以上述种种痛苦，而发挥其特长，将

①　张华:《群众对龙冈战斗的支援》，中共江西省委党史资料征集委员会、中共江西省委党史研究室:《江西党史资料》第十七辑（中央苏区第一次反"围剿"），赣出字第01-094号，1990年印，第176页。

②　中共江西省委党史资料征集委员会、中共江西省委党史研究室编:《江西党史资料》第十七辑（中央苏区第一次反"围剿"），赣出字第01-094号，1990年印，第12页。

我一举包围而歼灭之也"。①

在第二、三次反"围剿"中

从 1931 年 2 月开始,不甘心失败的国民党当局又以军政部长何应钦为陆海空军总司令南昌行营主任,调集 20 万兵力,对中央根据地发动第二次"围剿"。他们吸取前次"长驱直入"遭到失败的教训,采用"稳扎稳打,步步为营"的战术,同时实行严密的经济封锁。

为粉碎敌人新的"围剿",3 月 18 日至 21 日和 4 月 17 日至 18 日,苏区中央局在宁都、兴国等地多次召开扩大会议。经过反复讨论,会议接受了毛泽东的主张,决定仍采取"诱敌深入"的方针,利用根据地的有利条件,集中兵力,先打弱敌,然后自西向东横扫,各个歼灭敌人。曾山后来回忆说:"那时我任省苏主席,亲自参加了这次会议。会议是在离城岗圩不远一个好隐蔽、有很多松树的山上开的。这次会议很重要,争论也很激烈。项英同志提出用牵牛的方针对付敌人的进攻,即红军先把敌人引出根据地之外,然后再消灭敌人。毛泽东等大多数人不同意这个方针。于是,项英同志又提出第二个战略方针——'削萝卜',即把敌人引入根据地内,然后红军在周围包围起来打击敌人。因为这样打,我们没有根据地和群众基础,所以大多数同志也不同意。"②

在苏区中央局商讨反"围剿"对策的同时,江西省苏维埃政府

---

① 《第十八师失败之检讨》(1931 年),中共江西省委党史资料征集委员会、中共江西省委党史研究室编:《江西党史资料》第十七辑(中央苏区第一次反"围剿"),赣出字第 01-094 号,1990 年印,第 12 页。

② 曾山:《赣西南苏维埃时期革命斗争历史的回忆》,陈毅等著:《回忆中央苏区》,江西人民出版社 1981 年版,第 24 页。

一刻也未停止应战的准备工作。3月中旬，省苏维埃政府召开赣西南地区地方武装负责人会议，对地方武装的任务、编制、训练、战术等作了详细的讨论和规定。会议确定建立东南西北中5个指挥部，并把中央根据地划为9个作战区：第一区为宁都、广昌、南丰、乐安，由东路指挥部负责指挥；第二区为吉安、吉水之河东岸，由中路指挥部负责指挥；第三区为永丰，由永丰县苏军事部负责指挥；第四区为兴国、于都北部，由兴国县苏军事部负责指挥；第五区为西河区，其主要任务是截断敌十九路军的后方；第六区为东河区，由东河指挥部负责指挥；第七区为泰和、万安、遂川，主要任务是监视赣江上游之敌；第八区为河西区及北路，以红二十军为骨干，配合群众袭扰河西之敌；第九区为湘东南，以湘东独立师为主干，配合群众截扰由湘入赣之敌。

为把敌人变成"聋子"和"瞎子"，3月17日，曾山下达江西省苏维埃政府赤色戒严令，宣布："东固龙冈全区及兴国为临时戒严区，在该区内无论任何人非经红军总司令部省府给以通行证者，一律不准外出。各级政府应严督促所属人员，不准任意外出及不发给通行证，违者当予扣留查办。在该区内的步哨，应在各要口特别增加。对于外面进来的人，要送交各该最高级政府考查处置。其他各地未经划入戒严区者，亦一律注意步哨上的检查。"①

4月8日，为"在这次战争前后要能保障医院的安全"，曾山要求各级苏维埃政府紧急行动，"迅速组织好担架队，尤其是兴国、泰和、东固、纯化、永丰、桥头要用大力去鼓动被难群众组织经常的担架队送到医院去工作。同时在医院附近的县区要鼓动群众准备

---

① 《江西省苏维埃政府紧急通告（第二号）——赤色戒严令之二》（1931年3月17日），中共江西省委党史资料征集委员会、中共江西省委党史研究室编：《江西党史资料》第十八辑（中央苏区第二次反"围剿"），赣出字第01-094号，1991年印，第67页。

粮食，使医院不致缺乏粮食，并且附近各地政府要与医院发生密切关系，每日都要将各方消息送给医院，以便他能相机移动；对于在医院经常工作的同志，无论男女，各级政府应鼓动群众帮助其家属耕种，与优待红军一样办理，使他安心医院工作，这样才能保全医院医生的安全，才能鼓动前方战士勇气。①

在中洞、富田战斗取得胜利后，为"动员赣西南千百万工农群众以百分之百的力量来努力工作"，"积极的去争取战争的全部胜利"，曾山又于5月21日发布江西省苏维埃政府《通令》，要求："各县区有计划地遣派慰劳队，到红军中或野战医院举行慰劳，必须携带红军需要用的物件，如草鞋套鞋等。红军在此次消灭敌人时，虽然得到了一批粮食，但为要彻底消灭敌人，各地政府仍然要鼓动群众供给红军粮食，才能使红军继续取得不断的胜利。富田之役俘虏了8000白军士兵，我们要乘他们回去机会，附近政府应派人作广大宣传，沿途政府须备稀饭等，招待回家的俘虏兵并向其宣传，能大批地印发各种宣传品则更好。这是瓦解敌人部队最有效的工作，须努力去做。我们为要使胜利的消息传达到每个工农群众里面去，并加一番的宣传鼓动，以提高群众的勇气，故须以村为单位举行庆祝红军胜利大会，在这群众大会中，须将上面指定的工作，经过群众路线马上执行。"②

红一方面军在江西省苏维埃政府及广大苏区群众的积极配合和

① 《江西省苏维埃政府通知（秘字第八号）——鼓动群众，组织经常的担架队运送伤兵及准备粮食供给医院》（1931年4月8日），中共江西省委党史资料征集委员会、中共江西省委党史研究室编：《江西党史资料》第十八辑（中央苏区第二次反"围剿"），赣出字第01-094号，1991年印，第101页。

② 《江西省苏维埃政府：通令（第十四号）——继续努力配合红军争取战争的全部胜利》（1931年5月21日），中共江西省委党史资料征集委员会、中共江西省委党史研究室编：《江西党史资料》第十八辑（中央苏区第二次反"围剿"），赣出字第01-094号，1991年印，第121页。

大力支持下，从 5 月 16 日至 31 日为止，经过中洞与富田、白沙、中村、广昌、建宁五仗，于半个月中，从赣江之畔一直打到闽北山区，横扫 700 余里，五战五捷，歼敌 3 万余人，缴械 2 万余件，痛快淋漓地打破了国民党军队的第二次"围剿"，并进一步扩大了中央根据地。

第二次反"围剿"的硝烟刚散，蒋介石便在 1931 年 6 月间自任"围剿"军总司令，以何应钦为前敌总司令，调集部队 30 万人，向中央根据地发动第三次"围剿"。这一次，蒋介石倚仗十倍于红军的兵力，决定采取"长驱直入，分进合击"的战术，企图把红军压迫到赣江东岸加以击破，然后分路"围剿"，完全摧毁中央根据地和消灭红一方面军。

面对强敌压境的形势，毛泽东、朱德仍然采取"诱敌深入"的方针，决定红军主力由闽西北回师赣南，在根据地的后部集中，创造反攻歼敌的条件。为紧急动员苏区群众做好反"围剿"准备，遵照苏区中央局和中革军委有关指示精神，曾山于 8 月 28 日签发江西省苏维埃政府第五十五号《通知》，号召"各地群众不仅要勇敢地来配合红军作战，而且要在物资上来帮助红军"，"对于白军必须实行坚壁清野不卖一粒谷一点东西给他们，以增加白军的困难动摇白军士兵"。并要求各级政府做好慰问红军的工作，"应号召群众于红军达某地时即自动地拿米菜油盐柴等食品去慰劳红军，这样不独能增加红军作战勇气，而且更能热烈地使工农拥护红军与红军团结一致地消灭敌人"。[①]

江西苏区各县苏维埃政府接到通知后，都按要求开展了形式多

---

① 《江西省苏维埃政府通知（第五十五号）——发动群众自动便宜卖东西给红军》（1931 年 8 月 28 日），中共江西省委党史资料征集委员会、中共江西省委党史研究室编：《江西党史资料》第十九辑（中央苏区第三次反"围剿"），赣出字第 01-094 号，1991 年印，第 101-102 页。

样的拥军活动。开国上将、时任红三军团第二师第七团政治委员李志民在《奇兵制胜》一文中，曾深情地回忆了兴国人民当年热情拥军的感人情景。文中写道：

一到兴国，完全换上另一幅景象。群众像迎接久别的亲人一样，热忱地接待了我们，部队一进村，一大群儿童团员组成的"打扇队"就把队伍包围了，每人一把扇子，一面唱歌，一面对着战士扇起来。战士们总是兴奋得满脸通红，怀着无限感激的心情，怪不好意思的。老人、妇女们带着鸡蛋、草鞋挨单位慰问；父母慰问儿子，老婆慰问老公，又是一番热闹。接着来的是洗衣队，姑娘媳妇们，每人一个竹篮，一个洗衣棒槌，篮子里装着大块小块的碎布和针线，她们东翻西找，连战士们用心藏起来的脏衣服也被搜出来了，然后洗得干干净净，补得整整齐齐地送来，赤卫队早已把哨兵一站站地放了出去。参战的准备工作已做好了，担架队组织得妥妥当当；要向导抬脚就走……。转战几个月的人民子弟兵们，完全像回到了老家，吃好睡好，迅速得到了休息，个个情绪高涨。[1]

而国民党军官则是另外一番感受。敌第十四师某旅一军官在给武汉朋友的信中，就无奈地写道："这次剿匪又算失败了。郝梦龄损失大部……共匪来无影去无踪，他们要得我们的军情很容易，我们呢？一到什么地方什么百姓都没有看见。现他们的战略是坚壁清野，就是叫百姓将粮食一律搬上山，因为这样，所以我们无论到那里，都发生粮食的恐慌"，"我现在很灰心，很想从今后去庐山学佛，也好像看破了凡尘没味道样。"[2]

---

① 李志民：《奇兵制胜》，《星火燎原》选编之二，中国人民解放军战士出版社 1979 年版，第 108 页。

② 《白军官长的九封信》（1931 年 8 月 16 日），中共江西省委党史资料征集委员会、中共江西省委党史研究室编：《江西党史资料》第十九辑（中央苏区第三次反"围剿"），赣出字第 01–094 号，1991 年印，第 239 页。

在苏区群众的有力支援下，从8月4日至9月15日，红一方面军历经莲塘、良村、黄陂、老营盘、高兴圩、方石岭六仗，共歼敌3万余人，缴获步枪1.3万余支、机枪170余挺、迫击炮55门、无线电台6部、骡马500余匹、子弹250万发。这样，蒋介石亲自指挥的第三次"围剿"也以失败告终。

方石岭战斗后，红三军军长黄公略在东固六渡坳指挥部队防空疏散时，突遭两架敌机扫射，不幸中弹牺牲，年仅33岁。红军折了这员大将，全军将士及苏区群众悲痛不已。受毛泽东指派，曾山悉心料理了后事。据开国少将、当时负责曾山警卫工作的曾如清1979年回忆：

党把安葬任务交给了曾山同志。为了保密，曾山同志亲自选点，亲自扶棺、送葬，将公略同志的遗体妥善地安葬在东固的一座高山上，表现了曾山同志对革命烈士深厚的阶级感情。[①]

第三次反"围剿"胜利后，苏区中央局于1931年10月11日决定，在江西省苏维埃政府所辖的区域内，设立中央苏区江西省，并成立以任弼时为书记的中共苏区江西临时省委。11月上旬，中共苏区江西省第一次代表大会在兴国召开，选举产生了中共苏区江西省委，李富春、陈正人、曾山、陈毅、蔡畅等为省委常委，陈正人为代理书记。12月，因陈正人患病，改由李富春任省委书记。

苏区江西省委成立后，江西苏维埃运动呈现蓬勃发展之势。到1932年4月，江西省苏维埃政府所辖的区域已发展到跨有18个县的范围（赣西南则包含赣县、兴国、于都、吉安、泰和、吉水、永丰、乐安，赣南则包括会昌、寻乌、安远、瑞金，赣东南则包括石城、宁都、广昌、南丰、宜黄等县），占有7个全县、8个县城（兴国、

---

① 曾如清：《一片丹心向党　两袖清风为民》（1979年3月），王青争主编：《永留正气在世间——纪念曾山诞辰100周年文集》，江西人民出版社1999年版，第61页。

于都、寻乌、会昌、瑞金、石城、宁都、广昌），面积纵约 750 里以上、横约 540 里以上，居民有 245 万以上，东南边与闽西苏区完全联系，打成一片，西则以赣江为界与河西白区对峙，南则界广东及三南。[①]

与此同时，江西苏区的地方武装也得到了迅速发展。江西省苏维埃政府所属的革命武装，已扩大到 7 个红军独立师、15 个红军独立团，共约 1 万余人枪。现在全省赤卫军的组织至少 25 万、连半军事性的少先队组织至少 50 万[②]，仅兴国、宁都、瑞金、永丰、胜利、公略 6 县，就达 19.3 万余人。1932 年 2 月，为加强对地方武装的统一领导、统一指挥，根据中革军委的命令，成立了江西军区总指挥部，陈毅任总指挥兼政治委员。

① 《江西苏区中共省委工作总结报告（一、二、三、四月总报告）》（1932 年 5 月），江西省档案馆、中共江西省委党校党史教研室编：《中央革命根据地史料选编》上册，江西人民出版社 1982 年版，第 425 页。

② 《江西苏区中共省委工作总结报告（一、二、三、四月总报告）》（1932 年 5 月），江西省档案馆、中共江西省委党校党史教研室编：《中央革命根据地史料选编》上册，江西人民出版社 1982 年版，第 442 页。

第四章
江西省苏维埃政府主席（下）

参加"一苏大会"

打破国民党军队三次大规模"围剿"后，"工农武装割据"的革命根据地已取得重大发展。赣西南和闽西革命根据地联结成一片，鄂豫皖、湘鄂西、赣东北等革命根据地也都有相当规模。客观形势需要建立起一个对各根据地实行统一领导的机构。

中共中央早就急于成立全国性的政权，在1930年2月4日发出《关于召集全国苏维埃区域代表大会的通告》。5月下旬，在上海秘密召开全国苏维埃代表大会，曾山、李文林作为赣西南苏区代表出席，会上成立了苏维埃大会准备委员会。当时中共中央实际负责人李立三认为，中央政府应当设立在武汉，至少也要在长沙、南昌等中心城市。随着李立三"左"倾错误被纠正，这件事暂时被延搁下来。

1931年5月9日，中共中央政治局通过的决议中又把"建立苏维埃中央临时政府与各区政府来对抗南京国民政府，公布与实施苏维埃政府的一切法令"作为"苏区最迫切的任务"。① 筹备工作改由中共苏区中央局负责进行。6月1日,苏区中央局发表《为第一次全国苏维埃代表大会宣言》,宣布在8月1日召开中华苏维埃第一次全国代表大会(简称"一苏大会"),成立苏维埃临时中央政府。但不久因国民党军队发动第三次"围剿",苏区中央局于6月下旬决定将"一苏大会"改在11月7日俄国十月革命节举行。

第三次反"围剿"结束后,红一方面军总部于9月28日抵达瑞金城北的叶坪,同苏区中央局会合。

瑞金位于江西省东南端,坐落在赣、闽、粤三省接壤要冲,地域居中,物产也比较丰富。叶坪是一个傍依锦江、地势平坦、古樟参天的大村庄,非常便于容纳和隐蔽红军总部、苏区中央局各机关。在这里,毛泽东、朱德听取瑞金县委书记邓小平的工作汇报后,选定叶坪为苏区中央局和红军总部的驻地,并决定在叶坪召开"一苏大会",建立苏维埃临时中央政府。

赣西南苏区是全国苏维埃最有力的基础,为充分运用这一基础上的力量,迎接"一苏大会"胜利召开,从1931年6月初起,中共赣西南特区委②、江西省苏维埃政府就卓有成效地开展了各项工作。作为主要负责人,曾山带头做宣传鼓动工作,多次在党内外各种会议上作关于"一苏大会"意义的报告,每次报告以后,都要问明群众是否完全了解,如不了解,便耐心地重复说明。报告要点为:第一,说明中国苏维埃和红军必然要得到一个新的发展的前途,指出国民党军阀必然死亡。第二,说明全苏大会的意义,告诉群众全

---

① 《中央关于苏维埃区域党的组织决议案》(1931年5月),中央档案馆、中央档案馆编:《中共中央文件选集》第7册,中共中央党校出版社1991年版,第264页。

② 1931年1月17日,根据中共中央决定,苏区中央局通告解散江西省行委,在吉安富田成立相当于省委的中共赣西南特区委,陈毅、曾山、陈正人、朱昌偕、杨成芙为常委。

苏大会必然要促进统治阶级完全崩溃、中国革命完全胜利。第三，号召工人雇农贫农以及其他劳动群众参加选举，工人雇农争取领导，严防地主富农等的混入。第四，号召工农劳苦群众同时实行改选政权实行真正工农民主，检阅过去苏维埃政府工作（如分田地打土豪反富农），各县区委目前只要动员党员党内外同志多作口头宣传多写标语（同志每五天对支委报告一次，支委对区委报告一次），多开群众会(夜间举行)或可能的演新剧,至于宣言传单可不必多发。①

　　为使选举工作顺利进行，并确保选出的代表是"忠实勇敢没有反动嫌疑有群众信仰者"，曾山与陈毅、陈正人等对选举工作提出了特别要求："党在选举运动中应作最有力的领导，领导的方式不是由党包办或由党指派代表，而是说要党员在党的组织之下，在群众中活动，比如党所决定的候选代表，并不能由党公开提出，应该要同志将候选代表在群众中宣传，扩大候选代表在群众影响，使群众发生信仰而选举出来。"②7月中旬,经过一个多月紧张而有序的工作，按照苏区中央局分配的名额，赣西南苏区选举产生"一苏大会"代表75人③。

　　11月7日,曾山盼望已久的"一苏大会"在瑞金叶坪正式开幕。出席大会的代表共610人，分别来自赣西南苏区、闽西苏区、湘鄂赣苏区、湘赣苏区、湘鄂西苏区、赣东北苏区、琼崖苏区，以及红军部队和设在国民党统治区的全国总工会、全国海员工会；越南、

---

　　①《中共赣西南特区委通告（第三十四号）——对中央局关于召集全国苏维埃第一次代表大会的决议的讨论意见》（1931 年 6 月 7 日），中央档案馆、江西省省档案馆编：《江西革命历史文件汇集》（一九三一年），1988 年印，第 60—61 页。

　　②《中共赣西南特区委通告（第三十四号）——对中央局关于召集全国苏维埃第一次代表大会的决议的讨论意见》（1931 年 6 月 7 日），中央档案馆、江西省档案馆编：《江西革命历史文件汇集》（一九三一年），1988 年印，第 61、63 页。

　　③ 余伯流、凌步机著：《中央苏区史》，江西人民出版社 2001 年版，第 355 页。

朝鲜来宾也应邀出席大会。

开幕当天早晨，首先举行壮观的"检阅红军典礼"。曾山与毛泽东、朱德、项英、彭德怀、王稼祥、任弼时、邓发、张鼎丞、周以栗、叶剑英等一起登上了检阅台。当中央红军各军团和警卫部队的指战员排列着整齐的队列，迈着矫健的步伐通过检阅台时，曾山和来自各地的代表一样，为红军的发展壮大感到无比自豪，并极大地增强了加速苏维埃事业发展的信心。

11月7日下午，大会举行开幕式，曾山被推选为大会主席团成员。11月9日，在大会主席团举行的第一次会议上，曾山当选为主席团常务主席；他还被推选为提案审查委员会委员，负责审查各代表团的提案。

大会期间，代表们听取了毛泽东代表苏区中央局作的《政治问题报告》，项英作的《劳动法草案报告》，张鼎丞作的《土地问题报告》，朱德作的《红军问题报告》，周以栗作的《经济问题报告》，王稼祥作的《少数民族问题报告》，邓发作的《工农检查处报告》等。

鉴于中共中央对"一苏大会"召开情况很关注，11月15日和18日，曾山和主席团其他成员用大会主席团名义，向中央报告了会议的初步情况。11月18日电报原文是：

中共中央亲爱的同志们：

苏大会已于十月革命节开幕，黎明举行阅兵典礼，晚间举行提灯庆祝。到会群众，人山人海，红光满天，庄严热烈空前未有。大会于万众欢呼之中，正式开幕。计到代表六百一十人。中央区、闽西、湘鄂赣、湘赣、湘鄂西、豫东北、琼崖各苏区均有代表出席。红军方面军一、三军团，二、六军，十六军，及各独立师，均选派代表出席。全总、海员、韩国均有代表到会。大会圆满的召集，完全是中国共产党领导中国革命的胜利。大会已热烈讨论你们所提出

一苏大会址

的劳动法、土地法、红军问题、经济政策、宪法大纲，并一致通过。现正选举中华苏维埃共和国临时中央政府委员。知你们关心大会，特此电闻。

苏大会主席团①

11月19日，大会经过充分酝酿，选举毛泽东、项英、张国焘、周恩来、朱德、彭德怀、方志敏、曾山等63人为中央执行委员，组成中华苏维埃共和国执行委员会，作为全国代表大会闭幕后的最高政权机关。20日，历时14天的大会胜利闭幕。当晚，数万群众举行提灯晚会，欢庆中华苏维埃运动的新胜利。

根据宪法大纲的规定，11月27日，曾山出席中华苏维埃共和国中央执行委员会第一次会议，选举毛泽东为中央执行委员会主席，

---

① 《中华苏维埃代表大会给中共中央电》（1931年11月18日），中央档案馆编：《中共中央文件选集》第七册（一九三一），中共中央党校出版社1991年版，第771页。

项英、张国焘为副主席。会议决定在中央执行委员会之下设人民委员会，作为中华苏维埃共和国中央行政机关，选举毛泽东为人民委员会主席，项英、张国焘为副主席①，以及各部人民委员（即部长）。会议还决定中华苏维埃共和国临时中央政府设在瑞金。

"一苏大会"的召开和中华苏维埃临时中央政府的成立，是中国共产党在局部地区执政的重要尝试，谱写了我们党领导的革命根据地建设和红色政权建设的新篇章。这一惊天动地的壮举，"遂确定了江西苏区的历史地位成为全国苏维埃运动的中心，这均是江西广大工农群众在苏维埃领导下五年来艰苦斗争的结晶"。②

倾力苏维埃各项建设事业

自 1930 年 10 月江西省苏维埃政府成立起，到 1933 年 12 月江西省第二次工农兵代表大会召开为止，曾山一直担任江西省苏维埃政府主席的职务。这期间，他在集中力量支援革命战争的同时，还以极大的热情领导工农群众进行了人民政权和经济、文化等各项建设事业，并在较短的时间内取得了重大成绩，使江西苏区呈现出一派欣欣向荣的景象。

——人民政权日益巩固。1932 年 5 月 1 日至 15 日，江西省第一次工农兵代表大会在兴国县城陈家祠召开，出席大会的正式代表 240 余人、候补代表 20 余人。据《红色中华》报道："本日（指 5 月 1 日——引者注）上午举行了极庄严的开幕典礼，通过斯大林、

---

① 中共临时中央原批复同意人民委员会副主席二人为"张国焘与江西省苏维埃政府主席"，后经苏区中央局与临时中央商议，将原定的"江西省苏维埃政府主席"改成了项英。

② 《江西工农兵苏维埃第一次全省大会对苏维埃工作报告的决议》（1932 年 5 月 6 日），中共赣州市委党史工作办公室编：《江西苏区革命的旗帜——曾山苏区革命史料汇编》，赣新出内准字第 0005716 号，2006 年印，第 97 页。

毛泽东、张国焘、周恩来、朱德、顾作霖等 10 人为名誉主席团，推举项英、曾山、陈毅、吴家骏、胡海、方维夏等共 23 人为大会主席团"，"下午 3 时，为纪念'五一'及拥护省苏大会的武装示威，虽天雨绵绵，但到会群众非常踊跃，计到会群众约两万人上下，全体一律武装，各区赤卫军、模范营特别整齐，其中女赤卫军甚多，态度更为威武，队伍行进经大会门前都高举红旗，高呼纪念'五一'及拥护省苏大会各种革命口号。"①

项英代表中华苏维埃临时中央政府向大会作政治报告，曾山代表省苏维埃执行委员会作工作报告。曾山在报告中总结了 1930 年 10 月省苏维埃政府成立一年半以来的工作，阐明了江西苏维埃运动的特点和发展规律，并围绕"扩大革命战争，争取全省首先胜利"② 这一中心工作，提出了 10 项具体任务。大会最后通过了省苏维埃工作报告和劳动、土地、扩大红军、地方武装、财政与经济、文化教育以及拥护临时中央政府对日战争宣言等决议案；选举产生了新的江西省苏维埃政府执行委员会，曾山继续当选为主席，胡海、陈正人为副主席。为更好地发挥苏维埃政府的职能作用，新一届省苏维埃政府在原有财政部、内务部、土地部基础上，增设了裁判部、工农检察部、文化教育部、劳动部、粮食部、国民经济部等机构。

第一次全省工农兵代表大会一年半之后，1933 年 12 月 21 日至 29 日，第二次全省工农兵代表大会在博生县七里坪召开。出席大会的有省辖 24 县的正式代表 357 人，白区代表 20 余人。大会通过了曾山作的省苏维埃政府工作报告和苏维埃建设、经济建设、扩大红

---

① 《红色中华》第 20 期，1932 年 5 月 25 日。
② 《江西工农兵苏维埃第一次全省大会对苏维埃工作报告的决议》（1932 年 5 月 6 日），中共赣州市委党史工作办公室编：《江西苏区革命的旗帜——曾山苏区革命史料汇编》，赣新出内准字第 0005716 号，2006 年印，第 101 页。

军与地方武装等决议案；选举产生了以刘启耀为主席，曾山、徐达志为副主席的65人省苏执行委员会。《省苏工作报告决议》认为："省苏政府一年半来，在粉碎帝国主义国民党的四次'围剿'的胜利中，在粉碎五次'围剿'的决战开始中，依靠着中国共产党的正确领导和中央政府的直接指示，依靠着全省工农群众，为苏维埃而斗争的积极性，在革命战争中表现了领导和动员的伟大作用"。[①]《决议》还充分肯定了省苏维埃政府在苏维埃建设上取得的成就："在苏维埃的建设中，全省各级苏维埃半年来充实和建立了各部工作，建立乡代表会议的工作，工作方式开始有部分的改善。在全省最近的选举活动中，更广泛实行了苏维埃民主制度，大大增加了选民参加的人数，吸引了大批的新的工农干部，特别是工农和劳动妇女参加苏维埃的工作（苏维埃工作的进步和运动的成功，这里要特别指出兴国上社区长岗乡的乡苏工作和城岗区的选举运动，是我们的模范）。"[②]

　　曾山主持召开的全省第一、二次工农兵代表大会，"显示江西苏区二百万工农劳苦群众在共产党和苏维埃领导之下为苏维埃而斗争的英勇无比的力量"[③]，进一步完善了苏区民主制度，使江西苏区各级苏维埃政权更加完善和巩固。

　　——农业生产连年丰收。苏区的经济主要是农业经济。由于处在残酷的战争环境，苏区内的青壮年男子一批又一批地参加红军，

[①] 《江西省第二次工农兵代表大会省苏工作报告决议案》（1933年12月28日），江西省档案馆、中共江西省委党校党史教研室编：《中央革命根据地史料选编》下册，江西人民出版社1982年版，第269页。

[②] 《江西省第二次工农兵代表大会省苏工作报告决议案》（1933年12月28日），江西省档案馆、中共江西省委党校党史教研室编：《中央革命根据地史料选编》下册，江西人民出版社1982年版，第270页。

[③] 《江西省第二次工农兵代表大会省苏工作报告决议案》（1933年12月28日），江西省档案馆、中共江西省委党校党史教研室编：《中央革命根据地史料选编》下册，江西人民出版社1982年版，第270页。

奔赴前线，致使农村劳动力严重不足。敌人的掠夺和破坏，又使农村的耕牛农具普遍缺乏。为克服这些困难，曾山通过省苏维埃政府布告、指示信等形式，要求苏区各级政府组织劳动互助社、耕田队、犁牛合作社、农具合作社等合作组织，并与优待红军家属结合起来，提高劳动生产率。1933 年 4 月，瑞金石水乡普遍组织了耕田队，"男女耕田队共约千人，是专为耕种红军公田与帮助红军家属、苏维埃工作人员耕田而组织的，他们吃了自己的饭去耕，耕的特别好"①。同年兴国县长冈乡的劳动互助社，"四个村每村一个，除红属外凡有劳动力的，十分之八都加入了。全乡社员三百多"②。至 1934 年 4 月，兴国县已建立互助社 386 个，有社员 48586 人，占总劳动力的80%。③

曾山积极倡导兴修水利、开垦荒地。到 1933 年底，江西苏区旧有的山塘、水圳、水坝等几乎都进行了一番整修；兴国、瑞金基本消灭了荒田。这年 10 月，曾山还提出发展农业生产的新举措："必须迅速建立农业试验场、展览所（新边区除外），提倡与改进农业生产，发扬群众劳动热情，以各项栽种优良的生产方法传播到各县各区乡与每个群众中去"。④ 为此，省苏维埃政府在兴国县办起了农事试验场，在博生县设立了农产品展览所。

---

① 《中央土地人民委员部关于夏耕运动大纲（节录）》（1933 年 4 月 22 日），中国社会科学院经济研究所现代经济史组编：《革命根据地经济史料选编》上册，江西人民出版社 1986 年版，第 256 页。

② 《长冈乡调查》（1933 年 11 月），中共中央文献研究室编：《毛泽东农村调查文集》，人民出版社 1982 年版，第 309 页。

③　中共赣州地委党史工作办公室编：《红土魂》（赣南党史资料第十三辑），1990 年印，第 189 页。

④ 《江西省苏土地部紧急命令（第一号）》（1933 年 10 月 29 日），江西省档案馆、中共江西省委党校党史教研室编：《中央革命根据地史料选编》下册，江西人民出版社1982 年版，第 533 页。

由于实行了正确的政策和措施，苏区江西省的农业有了长足发展，不仅恢复了苏区前期的水平，而且还大踏步地向前迈进。"1933年在春夏秋耕中，全省平均增加了一成半的谷子收成，而耕种的收获更多，消灭了荒田二十一万担。在组织群众提高土地的生产，消灭荒田工作上，特别是兴国发扬了群众的创造性，组织了群众的突击，提高了妇女的劳动力，消灭了荒田十分之七"。[①] 此外，于都县土地革命前粮食亩产不满 200 斤，1933 年上升至 300～400 斤；宁都县黄陂区土地革命前亩产量最高只有 200 斤，革命后平均亩产达 240 斤；会昌县粮食产量在 1932 年、1933 年连续两年递增 20%。农业生产的恢复和发展，有效地保证了苏区军民基本生活的需要，为苏区的发展提供了经济物质基础。

——工业生产如火如荼。地处偏僻山区的江西苏区各县只有一些规模较小的手工作坊，工业生产非常落后。建立革命根据地后，为适应大规模革命战争发展的需要，在曾山领导下，江西省苏维埃政府先后创办了修械处、造币厂、印刷厂、被服厂、无线电器材厂、卫生材料厂等十多个小型的军需工厂。其中，创办于 1931 年 10 月的江西省苏维埃政府修械处，后来发展壮大为中央苏区最大的军工企业——官田中央兵工厂。

在大力发展军工生产的同时，曾山还要求各县苏维埃政府因地制宜，创办民用工业。据不完全统计，兴国有锅炉厂、樟脑厂、被服厂，瑞金有纸烟厂、缝纫厂，宁都有夏布厂、纺织厂、草鞋厂、石灰厂，于都有铁厂、铁矿、煤矿、石灰厂、造船厂、锅厂、农具厂、碗厂，等等。为了解决因敌人封锁造成食盐严重缺乏的困难，各级苏维埃

---

① 《江西省第二次工农兵代表大会省苏工作报告决议案》（1933 年 12 月 28 日），江西省档案馆、中共江西省委党校党史教研室编：《中央革命根据地史料选编》下册，江西人民出版社 1982 年版，第 269 页。

政府发动群众广泛开展熬硝盐运动，办起大大小小的熬盐厂，其中于都岭背区是苏区熬盐最先进的地区。

1932 年 5 月，根据曾山的提议，江西省第一次工农兵代表大会通过决议案，认为"合作社的发展——这是发展苏维埃经济的主要方式"，"政府应鼓励工农群众来组织合作社，政府对于合作社遵守全苏大会和中央政府规定，实际给以经济上物质上的帮助，并随之加以指导"。① 由此，江西苏区各类手工业生产，如织布、烧石灰、造纸、榨油、做豆腐、雨伞、斗笠、木器等不但开始恢复，而且有了新的发展。以永丰县为例，截至 1932 年 7 月，良村区有纸槽合作社 11 所、染布合作社 1 所、锅炉合作社 1 所，潭头区有生产合作社 3 所，沙溪区杂货合作社 3 所、染布合作社 2 所，苳田区有石灰合作社 2 所，石马区有纸业合作社 4 所。② 另据于都县 1933 年 8 月间统计，全县"有刨烟合作社四个，铁器合作社两个，锅炉合作社两个，纸槽六十三个，砖瓦生产合作社一个，榨油生产合作社九个，织布生产合作社五个。此外，各乡还普遍建立了石灰生产合作社和硝盐制造厂"③。

——交通邮电状况明显改善。1930 年 11 月 15 日，曾山发布通告，"我们为着要便利军事上迅速传达捷报"，在吉安设立交通总站，

---

① 《江西省第一次工农兵苏维埃大会财政与经济问题的决议案》（1932 年 5 月），江西省档案馆、中共江西省委党校党史教研室编：《中央革命根据地史料选编》下册，江西人民出版社 1982 年版，第 579 页。

② 《中央苏区永丰县委七月份工作报告》（1932 年 8 月 15 日），中央档案馆、江西省档案馆编：《江西革命历史文件汇集》（一九三二年）（一），1992 年印，第 436 页。

③ 许毅主编：《中央革命根据地财政经济史长编》上册，人民出版社 1982 年版，第 584 页。

开辟至新余、闽西、萍乡、永丰等 9 条军事交通线。[①]1932 年 5 月，他又在江西省第一次工农兵代表大会上提出：以于都为中心，建立于都—会昌，于都—瑞金，于都——赣州，于都——宁都，于都——兴国，于都——兴国——万安等 7 条道路干线。到 1932 年 11 月，兴国修路 48 段 520 里，筑桥 98 座，渡船有 18 艘；宁都修路无统计，但修桥 80 余座，渡船有 41 艘；永丰修桥 43 座，渡船有 7 艘；寻乌渡船有 2 艘；万泰道路修好十分之五，修桥 97 座，渡船有 4 艘；安远桥梁修好十分之一，渡船有 3 艘。[②]1933 年 11 月 12 日，中央政府发出修筑根据地内 22 条干线及县、区、乡支路的具体规划的第十八号训令，规定区道 8 尺、乡道 6 尺、村道 4 尺。兴国至赣州、银坑到宁都等干线如期开通。水上交通方面，贡江、梅江、绵江沿岸各县河流都进行了修整，可通木船和竹筏，于都通往赣州的河道，是苏区贸易主要运输线。

曾山非常重视赤色邮政网络的建立。1930 年 3 月，赣西南苏维埃政府成立后，即在原有交通站的基础上，成立了赣西南赤色邮政总局，局址设吉水枫田。又在赣南设分局，各县设支局，区设交通站，用以传递和接收邮件。1932 年 5 月，中华苏维埃共和国邮政总局成立，设瑞金叶坪。总局下设省局，省局下设中心局或县局。县局辖若干分局和代办所。经办业务有平信、挂号信、快信（普通，特别两种）、稿件、印刷品、包裹，汇款等。邮票分为半分、1 分、2 分、3 分、8 分、1 角、3 角和欠资票等 8 种。红军家信来往一律免贴邮票。1933 年，江西苏区的瑞金、于都、兴国、宁都、会昌等县都架设了

①《江西省苏维埃政府通告——迅速组织军事交通站，以便传递消息》（1930年 11 月 15 日），江西省邮电管理局邮电史编辑室编：《苏区邮电史料编汇》上册，人民邮电出版社 1988 年版，第 260 页。

②《江西省苏报告》（1932 年 5 月），江西省档案馆、中共江西省委党校党史教研室编：《中央革命根据地史料选编》下册，江西人民出版社 1982 年版，第 235 页。

电话线路，县与县之间，可以互相通话。

——商业贸易日趋活跃。为了打破敌人的经济封锁，保障革命战争和苏区军民生产生活需要，1931 年春后，江西省苏维埃政府制定了一系列正确的政策，保护私营商业。因此，"在江西仍是圩场经济，每隔几天一次圩，农民拿东西到圩场上来卖，现在因为策略的改变，允许自由贸易，所以商业又渐渐地恢复起来，市场的东西慢慢多了"，"在新发展的红色区，均执行我们的经济政策，商业没有多大的破坏，市场的情形比较好"。① 除私营商业外，第三次反"围剿"胜利后，江西省苏维埃政府又设立了生产、消费、信用合作总社，国民经济部，对外贸易、粮食调剂等局，下辖的 17 个县也都设立了相应机构，以建立和发展各种形式的公营商业与合作社商业。据江西省苏维埃政府工作报告统计，截至 1933 年 12 月，全省仅消费和粮食合作社社员就发展至 25 万人之众。②

1933 年 2 月，中央国民经济部设立对外贸易总局之后，苏区江西省也很快成立了赣县江口、会昌筠门岭、泰和寺下等三个对外贸易分局。其中，赣县江口分局下辖储江、大湖江、长洛、兴国等四个采办处。到年底，人员由初始时的 5 人扩大到 107 人。该分局在发展对外贸易方面做出了重大贡献，解决了大量苏区急需的食盐、西药、布匹等军民必需品，供应给宁都、广昌、石城、于都、会昌、兴国、赣县、瑞金等县和中央机关及军队所需物资约 70% 左右。此外，江西省苏维埃政府还采取比白区税率低的鼓励措施，吸引白区的中

---

① 《中央苏维埃区域报告》（1931 年 9 月 3 日），江西省档案馆、中共江西省委党校党史教研室编：《中央革命根据地史料选编》上册，江西人民出版社 1982 年版，第 380、381 页。

② 《江西省第二次工农兵代表大会省苏工作报告决议案》（1933 年 12 月 28 日），江西省档案馆、中共江西省委党校党史教研室编：《中央革命根据地史料选编》下册，江西人民出版社 1982 年版，第 269 页。

小商人和小商贩寻找各种途径到苏区经商。如上犹营前圩日，从唐江、崇义、桂东、遂川等处来的小商人多达 200 余人，超过了革命前的水平。他们巧妙地躲过国民党军警的哨卡，挑着苏区紧缺的食盐、布匹、药材和其他日用品来卖，又购回苏区的猪仔、荸粉、豆豉、食油等农副产品。商人有利可图，苏区的经济也活跃起来。

——财政金融事业稳步发展。由于经济基础薄弱，又遭到国民党的经济封锁，使苏区财政收入遇到不少困难。中央政府决定发行公债，动员人民群众支援革命战争。1932 年 7 月，发行第一期"革命战争短期公债"60 万元。11 月，又发行第二期公债 120 万元。为了执行中央推销公债的训令，曾山发出了一系列推销公债的训令、公函。经过组织动员，全省实际完成公债数额为：第一期 16 县 36.71 万元，占全苏区发行总额的一半以上；第二期为 38.7 万元。为筹措第五次反"围剿"经费，中央政府于 1933 年 7 月又发行了第三期公债 300 万元。在曾山的组织下，8 月 12 日，江西省 19 县竞赛订定数额高达 274.5 万元，以实际行动支援了革命战争。江西省苏维埃政府还十分重视节约财政开支，曾山要求各级苏维埃干部和革命群众广泛开展节约运动，节省每个铜板为着战争和革命事业。

在苏区江西省财政体系的建立与发展中，金融事业也随之产生和发展。1929 年 7 月，江西苏区第一家银行——东固平民银行创立。同年 11 月，以曾山为主席的赣西临时苏维埃政府成立后，改名为东固银行。1930 年 11 月 27 日，曾山发布江西省苏维埃政府第四号通令，宣布在东固银行基础上，以 100 万现金创设大规模的江西工农银行①，并发行钞票 100 万元。1932 年 7 月，苏维埃国家银行正式

① 《江西省苏维埃政府通令（秘字第四号）》（1930 年 11 月 27 日），中共江西省委党史资料征集委员会、中共江西省委党史研究室编：《江西党史资料》第十七辑（中央苏区第一次反"围剿"），赣出字第 01–094 号，1990 年印，第 82 页。

发行纸币后，曾山又发布命令："以后凡属苏区内日常货币之周转流通，一律概用国票。所有收到的现金一律缴交国库转交银行或兑换处去，以资应付兑现。但到白区去采办货物者可用白色区域之钞票。这样使现金之出入得有适当的节制，在金融方面可以减少许多困难。"[①] 苏区金融体系建立后，主要开展了资金的积聚和发放业务。通过金融业务的职能作用，对苏区的生产生活提供了便利条件，确保了革命战争和经济建设的顺利进行。

——文化教育事业进步显著。江西省苏维埃政府建立之后，曾山为了迅速提高广大工农群众的思想觉悟和文化水平，加强对文化教育事业的集中统一领导，推动苏区文教事业的蓬勃发展，在省苏维埃政府下设了文化部和教育部，并制定了正确的方针、政策，采取了一系列积极措施。

江西苏区教育工作，主要是大力开办列宁小学，普遍地进行儿童义务教育。1931 年 11 月，中华苏维埃第一次全国代表大会宣布："一切工农劳苦群众及其子弟，有享受国家免费教育之权。"[②] 为贯彻执行这一方针，曾山要求"各级政府努力恢复列宁小学或创办列宁小学，凡满六岁的男女至十六岁的儿童实行强迫教育。"[③] 经过各级苏维埃政府的不懈努力，江西苏区内各乡村都办起了列宁小学，大村独办，小村联办，对所有儿童实行免费义务教育。"据 1932 年

---

① 《江西省苏维埃政府命令（新编第二号）——关于国票通用问题》（1933 年 4 月 5 日），中央档案馆、江西省档案馆编：《江西革命历史文件汇集》（一九三三——一九三四年及补遗部分），1992 年印，第 84 页。

② 《中华苏维埃共和国第一次全国工农兵代表大会宣言》（1931 年 11 月），中共江西省委党史研究室等编：《中央革命根据地历史资料文库·政权系统》（6），中央文献出版社、江西人民出版社 2013 年版，第 46 页。

③ 《江西省第一次工农兵代表大会文化教育工作决议》（1932 年 5 月），江西省档案馆、中共江西省委党校党史教研室编：《中央革命根据地史料选编》下册，江西人民出版社 1982 年版，第 585 页。

八九月对胜利、会昌、寻乌、万泰、兴国、永丰、宁都、公略、赣县、安远、于都、乐安、南广、宜黄等 14 县统计，共有列宁小学 2277 所，学生 8.2342 万人，其中男生 6.2661 万人，女生 1.9681 万人。兴国县入学儿童占儿童总数的 60%，该县长冈乡入学儿童占儿童总数的 65%。"①

在发展儿童义务教育的同时，江西省苏维埃政府还大力开展扫除文盲运动。曾山主持起草的《江西省工农兵第一次代表大会文化教育工作决议案》明确提出："除每个列宁小学附设夜校、识字班、读报班外，应厉行识字运动组织，使每个工农群众及士兵都要有得到经常识字的机会，要有计划地经常做扫除文盲的工作。"② 为了加强对苏区扫盲运动的领导，省、县教育部都设有社会教育科，区、乡设有专职社会教育干部，村成立识字委员会和识字小组，具体负责组织工农群众学习文化。在各级苏维埃政府的重视下，苏区扫盲运动成效显著。据江西苏维埃政府 1932 年 11 月报告，仅胜利、于都、宁都等 14 县统计，共办起夜校 3298 所，识字小组 1.98 万个，建立识字委员会 2744 个；参加夜校和识字组学习的共 14.0209 万人，占失学成年人和儿童总数的 47%。③ 另据兴国县 1933 年底统计，"全县已建立乡识字运动总会 130 个，村识字运动分会 561 个，识字小组 3387 个，参加识字小组的成员 22519 人。全县 35 岁以下不识字的男女青年，差不多都上了夜校，其中大多数人都摘除了文盲帽子。"④

---

① 夏道汉、陈立明编著：《江西苏区史》，江西人民出版社 1987 年版，第 304 页。
② 《江西省第一次工农兵代表大会文化教育工作决议》（1932 年 5 月），江西省档案馆、中共江西省委党校党史教研室编：《中央革命根据地史料选编》下册，江西人民出版社 1982 年版，第 585 页。
③ 《江西省苏报告》（1932 年 5 月），江西省档案馆、中共江西省委党校党史教研室编：《中央革命根据地史料选编》下册，江西人民出版社 1982 年版，第 246–247 页。
④ 余伯流、凌步机著：《中央苏区史》，江西人民出版社 2001 年版，第 796–797 页。

在曾山等苏区领导同志大力推动下，江西苏区的文化艺术活动异常活跃。党和苏维埃政府领导下开展丰富多彩的文艺活动，是工农革命事业的一个重要补充。曾山通过调查，认为文艺活动越是大众化越是有生命力，因此大力倡导红色歌谣的创作、改编。经过努力，江西苏区产生了一大批鼓舞革命斗志的红色歌谣。其中，广为流行的有《工农兵联合歌》《暴动歌》《十劝妹》《十送郎》《当兵就要当红军》《送郎当红军》《共产党是救星》《妇女解放歌》《自由结婚歌》《十送红军歌》等等。另据江西省苏维埃政府 1932 年 11 月报告，江西苏区所属 14 县设有各类俱乐部 712 个[①]，开展了生动活泼的文艺活动。由于苏区的文艺活动充满着革命的、健康的、向上的精神和通俗短小的特点，很快取代了封建的、反动的、愚昧的、落后的和庸俗的文娱活动，它起到了团结人民、教育人民、振奋军民的重要作用。

曾山十分重视舆论宣传工作。1932 年 6 月，他领导创办了江西省苏维埃政府机关刊物《红的江西》（周刊），石印出版，每期16 开 2 版，并经常为它撰稿。仅在该刊第二期上，他就发表了《苏维埃的公民到红军中去》《我们怎样来纪念红色十月节》两篇文章，号召青壮年踊跃参加红军。1933 年 2 月，中共江西省委宣传部创办《政治旬报》。同年 6 月，中共江西省委机关刊物《省委通讯》（三日刊）、江西省苏维埃政府裁判部刊物《司法汇刊》创刊。在省委、省苏维埃政府的支持下，各特委、中心县委等也创办了地方性报刊。这些革命报刊的创办，对于苏区人民了解党的路线、方针、政策，交流各级苏维埃政府工作经验、信息，鼓动江西苏区人民支援红军战争，起到了积极的导向作用。

---

① 《江西省苏报告》（1932 年 5 月），江西省档案馆、中共江西省委党校党史教研室编：《中央革命根据地史料选编》下册，江西人民出版社 1982 年版，第 246 页。

廉洁奉公、勤政为民的楷模

曾山担任江西省苏维埃政府主席期间，生活非常简朴，从来不搞特殊化，特别是对公家的财物，非常爱惜。他曾作出规定：凡是他领取的办公及生活用品，必须事前经他签字同意，否则不准领取。几年中，他的办公生活费用从未超出规定标准。40多年后，开国少将曾如清在《一片丹心向党 两袖清风为民》一文中，深情地回忆了那段岁月中的一件往事：

> 有一次曾山同志得了痢疾，还在坚持工作。大家看他一天比一天消瘦，心中焦急！我们警卫班的同志买来一点猪肉煮汤，给他增加营养，恢复身体。他批评说，现在苏维埃政府紧张，要节省每一个铜板，支援前线红军，怎么可以随便花钱买肉呢？我们申述原因，并说明是大家凑的钱，不是公家的。曾山同志听了硬要还我们钱，否则就不喝肉汤。[1]

为保持苏维埃政府的清正廉洁，除率先垂范外，在省委的统一领导下，曾山还不遗余力地推进反腐倡廉运动。根据中央执行委员会1932年9月27日发布的《关于继续改造地方苏维埃政府问题》的第十五号训令，他要求江西省各级苏维埃政府的工作人员认真学习马克思主义基本理论，学习中央人民政府制定的各种法规和制度。为此，省苏政府多次开办了苏维埃干部短期学习训练班，有针对性地对各级苏维埃干部进行树立无产阶级世界观和反腐倡廉的思想教育。

在开展反对官僚腐化斗争中，曾山充分发动群众检举揭发苏维埃政府内部的贪污腐化分子。省、县苏维埃政府工农检察部之下都

---

[1] 曾如清：《一片丹心向党 两袖清风为民》（1979年3月），王青争主编：《永留正气在世间——纪念曾山诞辰100周年文集》，江西人民出版社1999年版，第62页。

设立了控告局，负责接受工农群众对苏维埃机关和工作人员的控告，并调查控告事实。控告局在各机关单位和街头路口设立控告箱，征收举报材料。

通过群众检举和工农检察部的调查核实，江西省苏维埃政府依法惩处了中共胜利县委临时书记钟圣谅、胜利县苏维埃政府主席钟铁青等一批贪污腐化分子。钟圣谅、钟铁青两人都是参加革命较早、经受过农民暴动和革命战争考验的县级党政主要领导干部。但是，由于两人在革命斗争中忽视了主观世界的改造，随着地位的上升和权力的增大，个人私欲也逐渐膨胀起来。1932 年春，他俩伙同他人，将缴获的鸦片私自倒卖，侵吞赃款。钟铁青还另外贪污公款，作风败坏。是年 4 月间，曾山和省委书记李富春亲自带领调查组到胜利县，很快查清了钟圣谅、钟铁青等人的犯罪事实。[①]1933 年 3 月，江西省苏维埃政府裁判部判处钟铁青死刑，判处钟圣谅监禁两年。这是中央苏区查处的第一起重要领导干部贪污腐败被判处重刑的案件，在当时引起极大震动。

江西省苏维埃政府在反腐肃贪斗争中，不仅坚决查处大案要案，而且对其他贪污浪费行为，也予以坚决查处。如，兴国县苏维埃政府文书刻内务部公章时又为自己刻了一枚私章，一起报账，被开除了公职；江西省政治保卫分局铺张浪费，"做一面旗花了九块多大洋，两根手枪带，去了一块二毛四，买日历一买十本，用去了三块大洋，一个月点洋烛就点了三十包"[②]，被《红色中华》登报批评。1932 年 5 月，中共江西省委在总结报告中，对统一财政和反对贪污腐化斗争的成效给予了充分肯定："经过三个月的斗争，在江西苏区确实收到了相当的成绩，预算决算制度开始建立了，贪污腐化的现象经

---

① 余伯流、凌步机著：《中央苏区史》，江西人民出版社 2001 年版，第 906 页。
② 《红色中华》第 14 期，1932 年 3 月 16 日。

过严厉的惩办得到扼制了，四月来整顿财政的成绩从各地方政府解了约十五万款子到中央政府，维持省苏和军区及党的经费。"①

为转变工作作风，改善苏维埃政府与群众的关系，在曾山的倡导下，省苏维埃政府制定了"十带头"公约和星期六义务劳动制度，要求党员和苏维埃干部在扩大红军、支前参战、推销公债、节省粮食、生产劳动、调查研究、政治学习、军事训练、优待红军家属、关心群众生活等十个方面起表率作用；省苏维埃政府从主席到勤务员不得请假，无一例外都要按照规定，在星期六或星期日参加义务劳动，帮助红军家属和贫苦农户耕田、积肥、割草、挑水、砍柴、修路等。于是上行下效，干部帮助群众生产劳动蔚然成风。当年，江西苏区流传着这样一首歌谣："苏区干部好作风，自带干粮去办公，日着草鞋干革命，夜走山路访贫农。"这首歌谣正是曾山等广大苏区干部工作作风的真实写照。

兴国是江西省苏维埃政府所在地②，作为较长时间工作和生活的地方，曾山踏遍了这里的山山水水，对兴国的各项工作倾注了更多的心血和汗水。他经常鼓励县乡干部：你们在省苏驻地工作，其他县都盯着你们，千万不能落后；要大胆放手、创造性地开展工作，工作中有错误不要紧，错了就改；四平八稳永远出不了好成绩，墨守成规工作不会有新起色。他非常注重言传身教，每次与县乡干部下乡检查或调研工作时，都要到田间地头帮军烈属干农活。1932年春，到澄塘检查春耕生产时，还饶有兴致地与当地老表进行了一场插秧比赛。在他的领导和影响下，兴国的广大干部群众锐意进取，

① 《中共江西苏区省委四个月（一月至四月）工作总报告》（1932年5月），中央档案馆、江西省档案馆编：《江西革命历史文件汇集》（一九三二年）（一），1992年印，第157页。

② 江西省苏维埃政府于1931年10月由吉安富田迁驻兴国县城郊五里亭，12月迁于都长银坑社坪，1932年1月又迁兴国县城，1933年1月迁宁都县刘坑长里坪。

勤奋工作，艰苦奋斗，在扩大红军、参战支前、慰劳红军、优待红属、推销公债、粮食动员、合作社运动、节省运动、文化教育、发展工农业生产等方面均创造了"第一等的工作"。

1932 年 5 月 12 日，在江西省第一次工农兵代表大会上，曾山全面介绍了兴国扩大红军的经验。1933 年 1 月 3 日，又与李富春率于都、石城、广昌、胜利、乐安、永丰、宜黄、信丰等 10 县参观团到兴国参观半个月，主要学习兴国苏维埃干部动员群众参加革命战争的一切工作作风和艰苦奋斗的精神。这一系列的宣传和推广活动，引起了中华苏维埃临时中央政府和毛泽东主席的关注。为此，毛泽东专门调查了兴国县特别是长冈乡的工作，并给予了充分的肯定。1934 年 1 月 27 日，在第二次全国苏维埃代表大会上，毛泽东更是热情地称赞道："兴国的同志们创造了第一等的工作，值得我们称赞他们为模范工作者。""他们是认真地在那里进行工作，他们是仔细地在那里解决问题，他们在革命面前是真正负起了责任。"[①] 几十年后，曾山亦深情地回忆道：兴国首先是江西苏区"第一模范县"，尔后才是中央苏区模范县。[②]

曾山在江西省苏维埃政府主席的岗位上，忠诚于党的事业，兢兢业业工作，吃苦在前，享受在后，艰苦朴素，深入实际，关心群众，勤政为民，为江西苏维埃运动的发展，作出了不可磨灭的贡献。正如毛泽东多次所说：在江西根据地的斗争中，曾山同志是有功的。[③]

---

① 毛泽东：《关心群众生活，注意工作方法》（1934 年 1 月 27 日），《毛泽东选集》第一卷，人民出版社 1991 年版，第 140 页。

② 曾山：《第一等工作是怎样创造的》（1968 年），中共江西省委党史资料征集委员会编：《创造第一等的工作》，江西人民出版社 1993 年版，第 93 页。

③ 王青争、赵永希：《无产阶级的忠诚战士——曾山同志》，《人民日报》，1979 年 7 月 15 日。

在第四次反“围剿”中

1932 年 5 月，蒋介石向各革命根据地发动第四次“围剿”。他的战略部署分两步走：先进攻鄂豫皖、湘鄂西根据地，准备得手后再全力进攻中央根据地。年底，国民党军 30 多个师的兵力，分左、中、右三路军，开始对中央根据地发动全面进攻。蒋介石嫡系陈诚指挥的部队约 16 万人为中路军，担任主攻任务。

这时，毛泽东已被撤销在红军中的领导职务。周恩来、朱德没有机械地执行苏区中央局规定的方针、原则，而是运用和发展以往反“围剿”的成功经验，从实际情况出发，在 1933 年二三月间，经黄陂、东陂（东陂战役亦称草台岗战役）两次大兵团伏击战，一举歼灭陈诚精锐部队近 3 个师，俘敌 1 万余人，缴枪 1.7 万余支，活捉 2 名师长，毙、伤 16 名师、旅、团长，打破了国民党军队的第四次“围剿”。

像此前几次反“围剿”战争一样，在中共江西省委、江西省苏维埃政府领导下，江西苏区在人力、物力、财力等方面全力支持红军作战。1932 年 5 月，经曾山提议，江西省第一次工农兵代表大会作出扩大红军的决议，提出：为了实现扩大红军到 10 万计划，本年 5 月要扩大 5000 名，从 6 月起全省要做到能选 2000 名青年到前方，每县最低限度要扩大 150 名至 200 名以上，要运用革命竞赛的方法，而且要多用力在新发展区域，如瑞金、于都、会昌、宁都、南广等县。①不久，曾山又发布江西省苏维埃政府训令，要求各级政府以百分之百的力量去做扩大红军的工作，并指出：“谁忽视了这个工作，谁

---

① 《江西省工农兵苏维埃第一次代表大会对扩大红军的决议》（1932 年 5 月），江西省档案馆、中共江西省委党校党史教研室编：《中央革命根据地史料选编》中册，江西人民出版社 1982 年版，第 612 页。

就对革命消极怠工，谁就应受革命纪律的裁制"。[1] 由此，江西苏区再次掀起扩大红军运动高潮，到处都可看到妻送夫、母送子、兄弟争报名的动人场面。正如《江西省第二次工农兵代表大会扩大红军与地方武装问题决议案》所指出的："一年半来，江西省苏区在剧烈的革命战争中，对于猛烈扩大红军的战斗任务是获得了光荣的成绩，在粉碎敌人第四次'围剿'中，从去年（指 1932 年——引者注）七月到今年二月动员了二万五千七百余英勇战士扩大充实主力红军，并创造了二十一军、二十二军、独立第二团，这是粉碎四次'围剿'的有力条件。"[2]

为"动员一切经济力量去争取决战全部胜利"，1933 年 2 月 1日，曾山给各县苏维埃政府财政部发出指示信，要求深入开展向"苏区富农捐款以及向苏区内所有的群众借谷子等运动来充裕红军战费"。[3] 2 月 28 日，曾山还特别指示各级苏维埃政府：富农捐款，5元至 10 元，须一期缴清，在 3 月 10 日前完毕，10 元至 15 元者如一期不能缴清，可作两期缴清，在 3 月 25 日前完毕，15 元以上者任何数目，在 3 月 31 日前一律缴清。[4] 3 月 2 日，省苏维埃政府又

---

[1] 《江西省苏维埃政府训令第十八号——关于扩大红军问题》（1932 年 8 月 29 日），中共赣州市委党史办公室编：《江西苏区革命的旗帜——曾山苏区革命史料汇编》，赣新出内准字第 0005716 号，2006 年印，第 159 页。

[2] 《江西省第二次工农兵代表大会扩大红军与地方武装问题决议案》（1933 年 12 月28 日大会通过），江西省档案馆、中共江西省委党校党史教研室编：《中央革命根据地史料选编》中册，江西人民出版社 1982 年版，第 711 页。

[3] 《省财给财政部的指示信》（1933 年 2 月 1 日），中共赣州市委党史办公室编：《江西苏区革命的旗帜——曾山苏区革命史料汇编》，赣新出内准字第 0005716 号，2006 年印，第 185 页。

[4] 《江西省苏维埃政府致各级政府的指示》（1933 年 2 月 28 日），中共赣州市委党史办公室编：《江西苏区革命的旗帜——曾山苏区革命史料汇编》，赣新出内准字第0005716 号，2006 年印，第 189 页。

送郎当红军宣传画

作出决议：立即动员江西 300 万工农群众借 10 万石谷给红军。[1] 在各级苏维埃政府的组织领导下，截至 4 月 13 日，江西苏区各县向群众借谷和向富农捐款工作均取得进展，如宜黄县南团吴村等区借谷超过原定数目，乐安亦完成以前所规定的数目，尤其是博生黄陂区原定 1500 担，现已借到 4000 担左右，向富农捐款，博生县已捐到 9000 元左右。[2]

苏区群众还响应省委、省苏维埃政府的号召，组织担架、救护、运输、慰劳、洗衣等服务队，奔忙于前线和后方之间，帮助红军救护伤员、运输物资、押看俘虏、打扫战场等。据江西省苏维埃政府

---

① 《江西省苏第二次执委扩大会议关于目前战争的紧急任务与实际行动布置的决议》（1933 年 3 月 2 日），江西省档案馆、中共江西省委党校党史教研室编：《中央革命根据地史料选编》中册，江西人民出版社 1982 年版，第 684 页。

② 《江西省苏维埃政府财政部训令（第四号）——为完成借谷向富农捐款事》（1933 年 4 月 13 日），中共赣州市委党史办公室编：《江西苏区革命的旗帜——曾山苏区革命史料汇编》，赣新出内准字第 0005716 号，2006 年印，第 206 页。

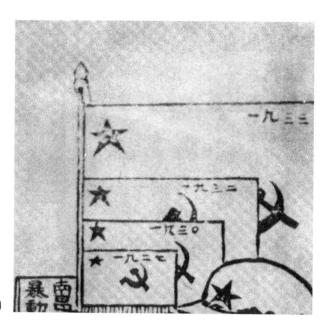

红军发展壮大图（宣传画）

统计，仅 1932 年 7 月至 9 月，赣南苏区组织的担架队和运输队就达 22493 人，长短夫子 48461 人。[1]

与此同时，曾山和江西军区司令员陈毅密切配合，组织独立师、团和各县、区游击队等地方武装，四面出击，袭扰敌军，有力地配合了主力红军的作战。例如，在黄陂战役中，乐安全县的模范营赤卫队，整批整队开赴前线，直接参加战斗。在东陂战役中，宜黄独立团、宁都游击队 1200 余人，深入草台冈一带诱敌深入，致使敌第十一师落入红军主力包围圈。第四次反"围剿"结束后，朱德高度赞扬了江西地方武装的英勇表现：

东陂、黄陂作战前后，游击队等起的作用很好，敌五十二、五十九两师由乐安前进时，前后侧方均被我许多小游击队包围着，我主力军袭击时，敌人仍误认为是小游击队，遂造成了主力红军歼

---

[1]　余伯流、凌步机著：《中央苏区史》，江西人民出版社 2001 年版，第 473 页。

敌的成功。""作战时，我游击队等在敌人侧背后参加了战斗，获得了俘虏及枪、炮、子弹与自动步枪，他们极高兴；敌人相反，极恐慌。作战后敌人遇着游击队又误认为是主力红军，步步防守，天天露营，占领阵地，疲劳不堪。此时游击队更为活动。[①]

第四次反"围剿"时间之短、规模之大、俘虏之多、缴获之巨，以及江西苏区在人力、物力、财力等方面贡献之大，都是空前的。这次胜利，贯通了中央苏区和闽浙赣苏区的联系，使中央苏区在巩固的基础上得到扩大和发展。

抵制"左"倾错误

1933年1月，由于国民党反动派制造白色恐怖和王明"左"倾教条主义的影响，党在白区的工作遭受严重破坏，中共临时中央被迫从上海迁到瑞金。进入中央苏区后，临时中央继续全面贯彻王明的"左"倾教条主义的方针，反对和排斥毛泽东在苏区党和红军的领导地位，并且排挤和打击拥护毛泽东正确主张的人，在中央苏区发动了一场严重的党内斗争。

这场斗争是从2月间福建反"罗明路线"开始的。罗明当时担任中共福建省委代理书记，有着丰富的实际工作经验。1932年10月中下旬，毛泽东在闽西长汀同罗明谈话时说，福建应加紧开展广泛的地方游击战争，配合主力红军的运动战，以便主力红军能够集中兵力消灭敌人的有生力量；同时，还应在上杭、永定、龙岩老区开展游击战争，牵制和打击驻漳州和广东的国民党军队的进攻。罗明在省委会议上传达了毛泽东的谈话精神，并采取措施加以贯彻。

---

① 朱德：《黄陂东陂两次战役伟大胜利的经过与教训》（1933年5月28日），《朱德选集》，人民出版社1983年版，第10页。

1933 年 1 月 21 日，他就长汀、连城、新泉的工作，向福建省委写了《对工作的几点意见》，提出：红军应向敌人力量薄弱的地方发展，对国民党正规军不要硬打，要采取游击战、运动战；要有计划、有步骤地扩大红军，不能一味削弱地方武装去"猛烈扩大红军"；"党在闽西上杭、永定等边区的条件比较困难，党的政策应当不同于根据地的巩固地区"，等等。[①] 罗明这些意见是符合闽西实际情况的，却被"左"倾领导者指责为右倾机会主义和对革命悲观失望，即所谓"罗明路线"，被撤销职务。

随后，临时中央在江西也开展了反对所谓"江西罗明路线"，即反对邓（小平）、毛（泽覃）、谢（唯俊）、古（柏）的斗争。邓小平时任会（昌）寻（乌）安（远）中心县委书记。毛泽覃是毛泽东的小弟弟，当时担任公略中心县委书记。谢唯俊曾跟随毛泽东参加过井冈山的斗争，当时担任江西军区第二军分区司令员，主要在宜黄、乐安边区组织指挥游击作战。古柏在毛泽东 1930 年 5 月作寻乌调查时，担任中共寻乌县委书记，深得毛泽东的器重，后曾担任红一方面军总前委秘书长，这时任江西省苏维埃政府党团书记兼内务部部长。他们依据多年积累的斗争经验和当时的实际情况，分别发表过一些有利于反"围剿"和巩固根据地的意见，抵制冒险主义的错误做法。

李富春、曾山和江西省委、省苏维埃政府对邓小平、毛泽覃、谢唯俊、古柏的工作一直是十分赞赏的，对他们提出的斗争方针和工作部署也是同意的。第四次反"围剿"期间，邓小平正是在征得江西省委、省苏维埃政府同意的情况下，领导会昌、寻乌和安远三县的群众"布置后方""坚壁清野"，以灵活机动的游击战术粉碎了

---

① 中共中央党史研究室著：《中国共产党历史》第一卷（1921—1949）上册，中共党史出版社 2011 年版，第 375–376 页。

敌人的进攻。李富春、曾山曾分别在许多场合肯定过他们在各自工作岗位上做出的成绩，批准他们向省委、省苏维埃政府提交的各项报告，省委刊物《省委通讯》、省苏维埃政府刊物《红的江西》还多次分别介绍过他们所在地方的经验。所以，当临时中央提出反对"罗明路线"及在江西的代表时，李富春、曾山均感到很突然。这个时期，在《省委通讯》《红的江西》等报刊上，既看不到省委内部和省苏维埃政府组织开展反"罗明路线"斗争的报道，也看不到省委、省苏维埃政府对反"罗明路线"斗争的宣传评论。在临时中央对会（昌）寻（乌）安（远）中心县委的批评逐步升级的时候，为了保护邓小平，江西省委将他调到省委宣传部担任部长。这些做法，当然使临时中央对李富春、曾山和江西省委、省苏维埃政府的工作十分不满。

12月21日至29日，江西省第二次工农兵代表大会在博生县七里坪召开。大会虽然总结了1932年5月全省第一次工农兵代表大会以来省苏的工作，肯定了省苏维埃政府"为苏维埃而斗争的积极性，在革命战争中表现了领导和动员的伟大作用"，但在临时中央的领导和直接干预下，对省苏主席团及曾山进行了严厉批评。《红色中华》对此作了全面报道：

　　江西省苏大会二十四日上午是政治报告与苏维埃工作结论，大会完全同意中央政府代表吴亮平同志的政治报告。并对曾山同志的省苏工作报告，经过一天的讨论，正确的估计了省苏在领导革命战争中，获得了伟大成绩。并严格的指责了省苏主席团，过去一年来对革命战争领导的不够，在省苏机关中存在着浓厚的官僚主义，与个别的存在着机会主义，过去省苏对古柏、聂照良（省苏文化教育部副部长——引者注）等机会主义的斗争，是没有开展的。……这些机会主义官僚主义的存在，极大的妨碍了苏维埃领导革命战争的加强。

《红色中华》在报道中还特别指出：

曾山同志的结论，没有明显的指出过去对革命战争领导不够的具体事实，及苏维埃中没有开展反机会主义斗争的原因，这是曾山同志缺乏充分自我批评精神，故代表在他的结论完毕后，提出质问，但曾山同志的答复，是非常不切实，而且很错误的，不具体的揭发自己的错误，而简单要求大会给他的处罚，这是不了解斗争的意义。①

在这种"左"的气氛笼罩下，大会选举产生了新的一届省苏执行委员会，曾山仅当选为副主席兼财政部部长。1992年4月17日，中华人民共和国副主席王震在《人民日报》发表文章，对老战友的这段历史作了深刻而中肯的评述：

当时中央派驻江西的代表在江西推行王明路线，他们极力排挤和打击毛泽东同志，逼迫曾山同志反对毛泽东同志，曾山同志不顾个人安危，旗帜鲜明地表明自己的看法，认为中央苏区的发展，红军队伍的壮大，是同毛泽东同志的正确主张分不开的。曾山同志为此受到排挤和迫害，一度被调离江西省苏维埃政府的领导岗位。②

毛泽东1936年9月在延安召开的中共中央政治局会议上，也讲到这个问题：

对干部问题，我只讲到一个问题，如罗明路线，究竟是怎样了，到现在还没有明显指出。他只是工作上的问题，不是路线问题。再还有些做了一件好事，还要说他是做了一件坏事。如罗明路线在江西，更是说得过火，如对邓子恢、张鼎丞、曾山等同志的问

---

① 《省苏二次大会指出江西苏维埃的战斗任务》,《红色中华》第139期，1934年1月1日。

② 王震：《永留正气在世间——追念曾山同志》,《人民日报》,1992年4月17日。

题，对萧劲光问题，还有很多，后来发现七个书记撤职。这些都说明过去对干部问题是有错误的。那时，有些人无形中说什么毛派，也是不对的。①

这次会议还选举产生了 250 名出席全国第二次苏维埃代表大会的代表。尽管受到了批判并被降职，但由于在江西苏区干部群众中享有较高的威望，曾山仍然被推选为会议代表。

1934 年 1 月 21 日至 2 月 1 日，在瑞金沙洲坝召开的第二次全国苏维埃代表大会上，曾山再次当选为中央执行委员会委员，并被任命为中央内务人民委员（即内务部部长）。

1934 年曾山 任内务人民委员

① 《毛泽东在中共中央政治局会议上发言记录》（1936 年 9 月），转引自中共中央文献研究室编：《毛泽东传（1893—1949）》，中央文献出版社 1996 年版，第 304 页。

第五章

留守苏区

代理中共江西省委书记

蒋介石在第四次"围剿"失败后，经过半年之久的准备，调集了 100 万军队，自任总司令，于 1933 年 9 月向革命根据地发动空前规模的第五次"围剿"，并首先用 50 万兵力，分几路"围剿"中央苏区。这次反"围剿"战争由中共临时中央直接指挥，临时中央负责人博古在军事指挥上主要依靠的是共产国际派来的德国军事顾问李德。他们放弃过去几次反"围剿"行之有效的积极防御方针，实行军事冒险主义方针，主张"御敌于国门之外"，致使红军在北路作战之初就连战不利，遭到很大损失。

1934 年 4 月底，国民党军队侵占中央苏区的北大门广昌，接着又分兵向中央苏区腹地兴国、宁都、石城等地突进。在这种形势下，中共中央不得不作出红军实行战略转移的决定，并确定"由博古、李德、周恩来组成'三人团'，负责筹划"[①]，"实际工作，政治

[①]　中共中央文献研究室编：《周恩来年谱（1898—1949）》，中央文献出版社 1990 年版，第 262 页。

上由博古作主，军事上由李德作主；周恩来督促军事准备计划的实行，并不能与闻所有的事情"①。由于过分强调保密，长征的准备工作，只在极小范围内秘密进行。对于谁走，谁留，何时开拔，向何处转移，一般高级干部都不知道。

9月下旬，中共中央调李富春到中央机关工作，参与战略转移的预备和动员工作，并决定由曾山代理江西省委书记。李富春是1931年12月上旬，由上海来苏区就任江西省委书记的。突如其来的命令，使得曾山、李富春这对合作共事了两年零10个月的好伙伴就此分别，曾山也由此全面担负起了领导江西苏区的重任。"文化大革命"中，曾山在"交待"材料中，记述了当时的情景。文中写道：

我记得是在1934年八九月间，当时我在万泰苏区前线，配合红军部队作战搞粮食供应、担架等后勤工作时，接到江西省委书记李富春同志来信，叫我立即回宁都省委。我跑回省委只几天，李富春同志找我谈话，他说：瑞金党中央来电话，叫他回瑞金中央去。他说一二天就要走。他走后，省委书记由我代理。当时李富春同志没有告诉我主力红军要突围长征，我估计，红军突围长征事，可能他也不知道的。②

1934年10月初，国民党军队推进到中央苏区腹地。10月10日晚，中央红军开始实行战略转移。中共中央、中革军委机关也由瑞金出发，向集结地域开进。10月16日，各部队在于都河以北地区集结完毕。从17日开始，中央红军主力5个军团及中央、军委机关和直属部队共8.6万余人，踏上战略转移的征途。

中央红军主力撤出中央苏区时，中共中央决定成立中共中央分

---

① 中共中央文献研究室编：《周恩来传》，中央文献出版社1989年版，第277页。

② 曾山：《回忆1934年至1935年这段历史》（1967年10月6日），存中央档案馆。

局和中央军区，以项英为分局书记兼军区司令员和政治委员。同时，成立以陈毅为主任的中华苏维埃共和国中央政府办事处。留在根据地的部队有红二十四师、独立团及地方游击队约 1.6 万余人，加上党政机关工作人员和红军伤病员，共 3 万人。中共中央赋予他们的任务是：牵制国民党军，掩护红军主力转移，保卫中央苏区和土地革命的胜利果实，使进占苏区的敌人不能顺利统治下去，并准备在有利的条件下配合红军主力反攻。

　　中共中央分局刚一成立，项英就打电话给曾山，要他立即来瑞金接受任务。从宁都到瑞金城 90 多公里，而瑞金城到云石山又有 19 公里，中间要经过梅江、长胜、戴坊、大柏地、黄柏圩，全是崎岖山路。因为急切，曾山一路策马扬鞭。到达中央机关驻地云石山后，他首先看望了 8 月间在兴国老营盘指挥作战时负伤的陈毅（后由李赐凡接任江西军区司令员）。陈毅的伤口还在化脓，"不愿多谈话的样子"。[①]一向开朗豪爽的陈毅之所以这样，在许多年后的一次谈话中，他道出了原委：

　　中央苏区南北相隔两百里，东西只有几十里，几乎一梭镖可以穿透。在这样（指第五次反"围剿"失败——引者注）的形势下撤出是对的。但是机会主义者没有重视中央苏区实际斗争的经验，机械地搬运教条，完全放弃了中央苏区，采取逃跑主义的办法，跑得越快越好。这就是错误的。他们认为中央苏区没法挽救了，感到绝望了。好像是一块石头，扔了就算了。像鸟儿不要窝了。像《打渔杀家》里的肖恩一样，把房子烧掉，什么都不顾了。[②]

　　告别陈毅，来到项英处。项英首先通报了中央红军主力即将撤

---

　　①　曾山：《回忆 1934 年至 1935 年这段历史》（1967 年 10 月 6 日），存中央档案馆。
　　②　陈毅：《忆艰苦的三年游击战争》（1957 年 7 月），陈毅等著：《回忆中央苏区》，江西人民出版社 1981 年版，第 541 页。

离中央苏区的消息，接着布置了任务，要曾山留下来开展游击战争。曾山后来回忆说："谈了两小时话"，"他对形势的估计是很乐观的，认为红军走后，国民党的军队就会跟着走，因此，只划了到广昌的六个连给江西省委指挥，要我们坚持在江西地区（这时江西还有宁都、乐安、永丰、万泰、公略五县）"。①

得知中央红军主力就要离开苏区消息的那一刻，曾山有些失落，他非常想与大部队一同去征战。但正如项英所说，自己是江西土生土长的干部，群众基础好，情况也熟悉，比起其他同志，更适合留下来领导游击斗争。保卫苏维埃！保卫家乡！想到肩上担负的责任，临危受命的第二天，曾山就回到宁都，积极进行游击战争的准备工作。

首先，召集江西军区司令员李赐凡、省苏维埃政府主席刘启耀、省委组织部长刘球贤、省政治保卫局长娄梦侠等党政军主要负责同志开会，传达和布置中央分局交给的开展游击战争的任务，统一思想认识，统一行动步调。曾山强调指出，当前首要任务就是扩大地方武装，并依靠军分区部队，配合当地游击队、群众赤卫队坚持游击战争。

其次，健全游击战争指挥系统。根据中革军委命令，曾山将各县区军事部改为游击队的司令部和政治部，县区军事部长为县区游击队司令员、县区委书记为游击队政治委员。县游击司令部设参谋长 1 人，下设 4 个科，县游击政治部设主任 1 人，干事 4 人。各县根据实际情况，建立人数不等的独立团、独立营或游击队。党政机关人员也编入进去。其中，博生县的游击队有 500 余人，230 支枪；洛口县的游击队达 300 余人；长胜县独立营有 300 多人，60 支枪；

----

① 曾山：《回忆赣西南苏维埃时期》（1961 年），中国人民政治协商会议江西省文史资料委员会编：《江西文史资料选编》第 1 辑，江西人民出版社 1980 年版，第 10 页。

由石城、太雷两县合组的石太游击师，则发展到 700 余人，500 多支枪。乐（安）宜（黄）崇（仁）组织了挺进游击队，深入敌人后方开展游击斗争。

接着，与李赐凡一起到广昌至宁都的前沿阵地，收集中央分局拨给的 6 个红军连队。实际上，这些连队已被国民党军冲散，最后仅收集到 300 余人。

为使苏区群众了解开展游击战争的意义和作用，曾山还派机关工作人员和游击队员到各圩镇和乡村张贴中央和中央分局发布的《为发展群众的游击战争告苏区民众》《中华苏维埃共和国中央政府办事处布告（第一号）》《开展广泛的群众游击战争，保卫中央苏区》等布告，号召大家武装起来，组织游击组、游击队，发展最广泛的游击战争，用梭镖、短刀、鸟枪、土炮消灭敌人。他还根据中央的决定，要求苏区干部和群众对中央红军主力长征严格保守秘密。

在曾山的领导和各级党政军机构共同努力下，江西苏区贯彻落实中央分局指示精神的各项工作取得不少进展，为江西苏区军民坚持游击战争奠定了初步基础。

率部突围

中央红军主力长征以后，严酷的冬天来到了。国民党军在中央苏区"剿共"的 50 万重兵，除两个纵队尾追红军野战军外，大部分还在苏区周围，从北、东、西三面向苏区中心区域推进。其中，北路国民党军"以八、十四、九十四、九十八 4 个师清剿江西军区"。[1]

1934 年 10 月 14 日，兴国县城被占，永丰中心县委和龙岗县委

---

[1] 《项英致朱德电》（1935 年 1 月），中共江西省委党史资料征集委员会、中共江西省委党史研究室编：《江西党史资料》第二辑（中共中央分局资料专集），赣出字（1986）第 004 号，1987 年印，第 101 页。

驻地亦失陷；10 月 26 日，宁都县城被占。至此，苏区江西省所辖县城全部丧失，只保留宁都（含洛口）西北边缘山区，永丰、乐安的南部山区，兴国东北部山区以及吉安、吉水南部等部分山区。

为了灵活应敌，积极游击，10 月 26 日下午，即国民党军侵占宁都县城的时候，曾山、李赐凡、刘启耀等率领省委、省苏维埃政府、江西军区及省直机关干部 4000 余人、1500 余支枪和一个迫击炮连撤离城郊七里村，转移到宁都县安福乡的西甲村。当晚，曾山主持召开干部会议，研究部队的行动方针和斗争策略。会议最后决定，首先集中兵力牵制当面国民党军，全力掩护红军主力北上，然后向东固集结，以东固为据点坚持游击战争。为了集中统一领导，会议决定撤销江西省苏维埃政府和江西军区，成立江西省军政委员会，由曾山任主席。会议还决定对全省地方武装进行整编，组成 3 个独立团，乐安军分区所辖部队为第一团，省直指挥的部队为第二团，万泰军分区所辖部队为第四团；各县区组成独立营或挺进游击队，解散医院和兵工厂，将兵工厂的部队充实到独立营。随后，省委、省军政委员会又决定成立中共公万兴特委，以进一步加强对公略、万泰、兴国三县游击战争的领导。

一切部署停当之后，曾山、李赐凡等率部在宁都、永丰两县边界山区与"进剿"之敌周旋，有力地配合了中央红军主力战略转移。但从 12 月起，国民党军加快了"进剿"的步伐。敌北路军副总指挥罗卓英称："去岁 12 月初，三路军以彻底清剿是处残匪之目的，首令陶（峙岳）夏（楚中）霍（揆彰）等部，进占洛口东韶阳水及黄陂君埠等处，先筑碉封锁，再严密搜捕，旋复以孔（令恂）师进占尧山、苦竹、治村协力清剿。"① 为了保存有生力量，曾山率部从

① 钟贡勘：《江西农村视察记》，《中央日报》，1935 年 3 月 16 日。

洛口县的金竹坑转移到椒边村、上下潮、南团的崇山峻岭之中。不久，敌十四师在南团四周"搜剿"，曾山率领部队又转移到永丰县黎溪村，并由此出发，经永丰的沙溪，进军吉安东固。由于无法突破敌人的封锁线，部队遂折回宁都小布，军政委员会驻在树陂村。

1935 年 1 月上旬，国民党军进一步加紧对博生县、胜利县"清剿"，用 4 个师的兵力将江西省委和省直机关部队包围在宁都小布地区。罗卓英公开宣称："首先构成网状封锁线，制匪流窜，再抽调精悍部队，分区搜剿"[①]，妄图将江西苏区的红军游击队一网打尽。在强敌的严密包围封锁下，红军游击队只有突出重围才有活路。曾山和李赐凡召开紧急会议，决定分三路冲出敌人的重围：一路由曾山率领，一路由李赐凡率领，一路由洛口县军事部长兼游击司令宁春庭率领。计划突围到吉安东固，在东固会合后去追赶长征中的主力红军，如此计划受挫，则去湖南和贺龙领导的红军会合，并将这一突围计划报告了项英。在安排好几百名老弱病残和随军家属后，突围行动在一个漆黑的夜晚悄然进行。

李赐凡率领军区教导队和警卫营从塘窝、大沽经阳斋去东固，在行进到千米高的宁都与永丰交界的小竹篙岭时，遭到国民党军九十三师两个团包围袭击，李赐凡下令埋掉辎重，部队化整为零，结果敌人集中兵力冲上山来，把红军打散了。李赐凡因腿部受伤，由警卫人员掩护，在小布岩背脑一个山洞里隐藏了 20 多天，至 2 月 3 日（农历大年除夕）吃年饭（老乡送来的糯米酒和糯米糍粑）时，被警卫员杜某开枪杀害，时年 27 岁。刘启耀在战斗中负伤，后在群众掩护下脱险。省委组织部长刘球贤、省政治保卫局长娄梦侠、省妇女部长李美群等被俘，不久被解至南昌并遭杀害。

---

① 钟贡勘：《江西农村视察记》，《中央日报》，1935 年 3 月 16 日。

江西省委代书记、江西省军政委员会主席曾山

宁春庭率领洛口县游击队往南转西，经钓峰、杨依、湖背向东固突围。在行动中部分队员开小差，只剩80余人均被包围，冲至占源只余10人并被敌俘去。[1]

曾山率领的红二团，"选择了另一条突围路线，即永丰县南坑的良村封锁线突围"。[2]从小布地区到东固，需要经过永丰的君埠和永丰、吉安交界的大乌山。敌人从君埠至中村、南坑构筑了碉堡封锁线，各大村镇驻有敌军。为了使部队能够通过君埠，曾山采用了调虎离山计。他派出1个营的部队向龙冈驻敌发起进攻，调动君埠驻敌赶赴龙冈增援。乘这个空当，曾山率领大队人马急行军两个多小时，从君埠附近穿越过去，抵达永丰、吉安交界的一片茶梓林。在茶梓林隐蔽了一天一夜之后，曾山又带领部队向海拔1200米高的大乌山前进。

大乌山是吉安、永丰、兴国三县交界的大山，无论通往哪个县境，都要经过一条蜿蜒20多里的羊肠小道。敌军在这进山口驻了两个连，卡住通往东固的通道。黄昏时刻，侦察员用巧计杀死了两个国民党

---

[1]　郭志明：《中央苏区江西省历史综述》，中共江西省委党史资料征集委员会、中共江西省委党史研究室编：《江西党史资料》第十四辑（中央苏区江西省），赣内出字第01-094号，1990年印，第20页。

[2]　曾山：《回忆1934年至1935年这段历史》（1967年10月6日），存中央档案馆。

哨兵之后，曾山带领部队用机枪开路，用强火力向驻敌发起猛攻，掩护机关人员往前冲。经过 20 多分钟激战，部队伤亡了 200 多人，但大队人马终于通过了这条咽喉要道。红军游击队打着火把在山路上行进，在黎明时到达东固，与中共公万兴特委书记胡海领导的红四团胜利会合。此时队伍仍有 700 多人。

坚持游击战争

曾山率红二团到达东固以后，即派人四出侦察，了解敌军情况及其动向，并于 1935 年 1 月 24 日发布《训令》，指示全省各红军游击队："我们要誓死保卫兴公万苏区，我们要以积极的行动，胜利的粉碎敌人之封锁，消灭敌之少数守备兵力，调动、分散清剿永洛苏区敌之有生力量，为保卫整个江西苏区而流最后一滴血。"[①]

为了积极应对敌情，《训令》对红二团、四团及万泰营、公略营，黄沙、右寺、富田、兴国游击司令部，万泰游击司令部的战斗任务和指挥方位作了布置，并对红军游击队的行动提出了严格要求：（一）加强侦察警戒工作，"各连队健全侦察队组工作，应将部队所在地40 里以内之敌情侦察确实，并熟识该地区之道途、地形及居民情况"。（二）运用夜间动作，"应充分采用夜间战斗，利用星夜暗昏逼近敌堡，穿袭敌之封锁，相机袭取，焚烧敌堡"，分散和疲劳敌之有生力量。（三）善于保守军事秘密，各部队自接到代番号日起，即启用代番号，不得擅讲或擅自写出自己的番号，"做到飘忽，神出鬼没，使敌无从捉摸"。（四）保全有生力量，"绝对避免无战术原则的硬碰硬打，或无原则的分散兵力，遭敌各个击破。灵活的以少数兵力游击进扰

---

① 曾山：《训令》（1935 年 1 月 24 日），中共江西省委党史资料征集委员会、中共江西省委党史研究室编：《江西党史资料》第十四辑（中央苏区江西省），赣内出字第 01–094 号，1990 年印，第 214 页。

敌人于梦寐之中，集中主力干脆的消灭敌之弱点"。（五）破坏敌人交通，"凡通敌之大小道路及我军不必要的大小隘路，尽量破坏之，并增加人工障碍"。（六）建立健全地方工作，"帮助地方党政机关严厉镇压地主富农及一切反革命活动，发动群众游击战争，组织群众游击组"。（七）发动群众进行坚壁清野工作，尽量储藏粮食，以备长期艰苦斗争之准备。《训令》最后要求，"各连队首长以最艰苦的精神，十万倍的努力，用革命竞赛的方式来互相督促"，以完成这一战斗任务。①

曾山发布的这个《训令》，既是战斗动员令，又是几个月来游击战术的初步总结。遵照《训令》的规划，他与胡海率红二、四团在东固地区辗转游击，并且帮助群众搞生产。由于东固是江西苏维埃和地方武装的主要发源地，群众基础好，崇山峻岭多，是开展游击战的好地方。加之敌人没有发觉曾山已到东固，没有派大部队追赶，形势相对缓和。曾山后来回忆说："我率领红二团到兴国、万泰苏区与红四团一起活动了数月。"②

1935年3月初，国民党军发现"曾山先时向东固方向窜走"③，遂调集9个团的兵力前去包围。曾山闻讯即率红二、四团向兴国崇贤转移，敌人又急忙从杨赣苏区抽出兵力堵击。

杨赣苏区包括杨殷和赣县两个县，是中央苏区的西北屏障。1935年3月，中共杨赣特委书记兼第四军分区政治委员罗孟文获悉曾山所部动向后，即率红十三团巧妙地越过敌人碉堡封锁线，到达兴国崇贤，与红二、四团胜利会师。罗孟文是曾山的老战友、老部

----

① 曾山：《训令》（1935年1月24日），中共江西省委党史资料征集委员会、中共江西省委党史研究室编：《江西党史资料》第十四辑（中央苏区江西省），赣内出字第01–094号，1990年印，第216–217页。

② 曾山：《回忆1934年至1935年这段历史》（1967年10月6日），存中央档案馆。

③ 钟贡勘：《江西农村视察记》，《中央日报》，1935年3月16日。

下，曾山任江西省苏维埃政府主席时，罗孟文任中共江西省委白区工作部部长。后来成立赣南省①，罗孟文调任中共赣南省委组织部部长，中央红军主力长征后，派回杨赣任特委书记，但此时已与赣南省委失去联系。又找到了上级领导，而且是熟识的老领导，罗孟文非常高兴。他后来回忆说："两支兄弟部队会师了，像失散的一家人得到了团聚""每个人都沉浸在欢乐之中"。②

崇贤会师后，曾山直接领导下的红军部队增加到了2000多人，战斗力更加强大了。然而敌人也更加震惊、仇恨，知道这是红军"大部队"，便源源不断地增加兵力，加紧对崇贤地区的"清剿"。为此，国民党驻赣绥靖公署主任顾祝同还向吉安、抚州的专员及其下属各县发出紧急密电，称"靖密，据报匪首曾山七股千余人，经我各部队痛剿，刻窜至水南以北岸施家边一带"，要求所部及各县"迅速扑灭该匪"③。危急时刻，曾山在崇贤的齐汾主持召开省委扩大会议，研究了当前的斗争形势。会议经过反复讨论，最后决定冲出敌人的包围，通过杨赣地区去赣粤边根据地，与李乐天、杨尚奎领导的红军部队会合，并通过他们取得项英、陈毅的领导和指示。④

越过封锁线，必须在夜间进行。由于敌人的戒备十分森严，几次突围都没有成功。3月末的一个晚上，天正下着大雨，部队决定改道从石陂、北坑、大小杨梅岭过封锁线，红二、四团作前卫，红十三团作后卫，由于雨天路滑，行军速度不快。当先头部队摸索到

① 1934年7月下旬，为加强对中央苏区南部地区的领导，同时为准备中央红军主力即将进行的长征，中华苏维埃中央政府决定设立赣南省，划粤赣省的于都、寻安、门岭、登贤、信康赣、兴（宁）龙（川）和江西省辖杨殷、赣县为辖地。

② 罗孟文：《难忘的一个冬天》，中国人民政治协商会议江西省委员会文史资料研究委员会编：《江西文史资料选辑》第五辑，文史资料出版社1981年版，第49页。

③ 《顾绥靖主任致王专员温县长胡县长施县长等密电》（1935年3月14日），存新干县档案馆。

④ 罗孟文著：《斗争在杨赣红区与白区》，作家出版社1962年版，第17页。

封锁线敌哨旁边时，天快亮了，曾山立即命令前卫后转，但还是被敌人发现了，敌人盯着屁股追来。由于我方早有准备，在石陂、北坑交界的大坳岭上布置了掩护部队，占领了山头要地，终于打退了敌人的进攻。

大坳岭战斗后，敌人发觉了红军游击队的意图。曾山当机立断，决定分散突围：红二、四团从永丰突围，去湘赣根据地与谭余保的部队会合；红十三团和公万兴特委书记胡海联系，开展游击战争，保存自己的有生力量，再设法突围去赣粤边。[1]部队分开时，曾山由红二、四团拨给红十三团几支冲锋枪和一批弹药。罗孟文对此非常感慨，他曾回忆道："在这困难的时候，曾山同志这样做，我们都十分感激。"[2]

接到省委分散突围的指示后，中共杨赣特委在崇贤桥头岗召开紧急会议，确定突围路线为：从桥头岗出发，经乌石下、铜鼓顶、山背、坑下、土密、黄土坳，插上秦岭峰。会后罗孟文带领红十三团4个连共700多人，绕过敌人的岗哨，钻树林，跨溪流，不顾一切往前冲，击退了敌人的多次进攻。到达墩丘时，罗孟文决定攻下敌军碉堡，冲出封锁线。他指挥机枪连发起进攻，掩护3个步兵连前进，经过数小时激战，歼灭了敌人1个连，终于冲上了秦岭峰，攻占了敌人的两个大碉堡和几个小碉堡。罗孟文在战斗中腿部受伤，但仍在指挥作战。这时，特委在大碉堡里开会，决定部队挺进到西洋山一带活动、休整。会议通过表决，要罗孟文在老乡家里养伤。但部队在向西洋山前进途中，中了国民党军的重兵埋伏，加之红十三团团长陈亦发火线叛变，部队被包围在一个山头上，大部分同志壮烈牺牲，

---

[1]　罗孟文：《难忘的一个冬天》，中国人民政治协商会议江西省委员会文史资料研究委员会编：《江西省文史资料选辑》第五辑，文史资料出版社1981年版，第51页。

[2]　罗孟文著：《斗争在杨赣红区与白区》，作家出版社1962年版，第19—20页。

特委领导人赖福林、王启生、罗孟湖等 16 人被俘，并先后遭到杀害。罗孟文在群众掩护下潜出杨赣地区，后辗转来到泰和马家洲一带，坚持秘密斗争，并与刘启耀一起成立了中共临时江西省委。抗战爆发后，临时江西省委与中央分局接上了关系。

　　曾山与罗孟文分开后，即来到胡海领导的公万兴红军游击队，向干部战士讲清当前的形势和任务。他说："在敌强我弱的情况下，硬拼等于毁灭自己，我们突围出去，就可以保存革命火种，到了新的根据地，革命力量还会壮大"。① 曾山的一席话，大大地鼓舞了战士们的战斗意志和胜利信心。在与胡海分手时，曾山拿出一面写有"艰苦奋斗"四个大字的红旗，满怀革命必胜的信念说："这面红旗我们各拿一半，一则用艰苦奋斗的精神互相勉励；二则我们今后胜利会师时，重新把它缝合起来作为纪念。"② 随即将这面红旗从中剪开，曾山拿了左边"艰苦"两字的半面，胡海拿了右边"奋斗"两字的半面，用以互相勉励。胡海留下的那半面红旗，至今仍保存在江西省吉安县革命烈士纪念馆，成为珍贵的革命文物。它既是中国革命艰苦卓绝的一个象征，也是曾山、胡海革命生涯的一个见证。

这是胡海被捕前，嘱咐亲属一直珍藏下来的半面"奋斗"红旗

---

　　① 刘勉玉:《曾山同志在江西苏区游击战争中》，王青争主编:《永留正气在世间——纪念曾山诞辰 100 周年文集》，江西人民出版社 1999 年版，第 260—261 页。

　　② 邓六金著:《我与曾山》，新华出版社 1999 年版，第 66 页。

胡海也是曾山的老战友，吉安东固人。1930年赣西南苏维埃政府成立时，曾山任主席，胡海为副主席；曾山任攻打吉安总指挥时，胡海带领东固赤色武装冲在最前面；江西省苏维埃政府主席成立时，曾山任主席，胡海又任副主席；在"二苏大会"上，曾山获任为中华苏维埃共和国内务部长，胡海则出任土地部副部长、代理部长。中央红军主力长征后，曾山任江西省委代理书记，胡海任公万兴特委书记。两人情同手足，亲密无间。

送别曾山后，胡海即率领部队沿红十三团突围路线西行，不料走到言坑附近，就遭到强敌袭击，经过一场激战，部队伤亡很大。胡海趁黑夜攀悬崖来到雪溪迳村岳母家中暂避，准备次日取道永丰寻找曾山。不料正要上路时，遭叛徒出卖而被俘。其后，谢名仁继任公兴特委书记，率领仅存的10余名游击队员继续战斗。4月初，在率队穿越敌碉堡封锁线时被敌发现，谢名仁被俘。谢名仁、胡海和娄梦侠都被押解至南昌军法处第一监狱，方志敏也囚禁于此。在狱中，他们彼此相互鼓励。1935年6月15日，胡海、娄梦侠、谢名仁一起被国民党反动派杀害。为此，方志敏写下了不朽的名篇《记胡海、娄梦侠、谢名仁三同志的死》，高度赞扬"他们临难不屈，悲壮就死，不愧为无产阶级的先锋队"[1]。

红十三团向西南方向出发后，曾山率红二、四团近千人向北突围。他们趁国民党军追赶红十三团之机，迅速从兴古线以北地区突破了敌人的防线。接着，又先后在永丰以南富田学士桥、古丁毛山和永丰以北的流源马埠一带，冲破了敌人的碉堡封锁线。在进攻小口岭附近的两个碉堡时，俘敌10多人，缴枪七八支。在兴国的后坊街，一举歼敌1个连，缴获三四十支枪和一批战利品。但几经艰苦战斗，

---

[1] 方志敏：《记胡海、娄梦侠、谢名仁三同志的死》（1935年6月23日），《方志敏文集》，江西人民出版社1985年版，第211页。

部队损失很大，始终未能进入湘赣边与谭余保会合。曾山只好率部辗转游击，采取灵活机动的战略战术与敌人周旋于泰和的沙村、冠朝、固陂，吉安的陂头、值夏，吉水的张家渡、水东、八都，宁都的头陂和广昌、宜黄等地。短短十几天，大小上百仗，先后歼灭了敌人几个连，还打垮了这一带不少的反动地主武装"铲共团"。

为了寻找红一团，4月中旬，曾山率部向北突围至乐安地区。由于部队连续作战，战士们异常疲劳，许多人在中途掉队，"红四团最后只二三个连跟上，共同到达乐安分区地区活动"。国民党军从被俘和掉队的人员判断，这里还有"江西苏区留下的比较大的红军游击队"，于是调动数个师的兵力前来"清剿"，并出动飞机追踪。红军游击队几乎每天都要打仗，吃饭更困难，"一天吃到一餐饭就算比较好的"①。

由于乐安地区的敌情十分严重，也没能找到红一团。曾山估计红一团可能到新干去开辟游击区了，便也率红二、四团向新干运动。一天，部队登上新干、乐安两县边界的竹山坑大山上，准备稍事休整，然后转往湘赣边。不料国民党军早有准备，在红军游击队刚刚开始吃饭的时候，设伏在此的3个师从四面包围了上来。在敌我力量悬殊的情况下，部队被打散。曾山等少数冲出包围圈的同志，只得分散活动，以求保存有生力量。

1934年10月至1935年5月，遵照中共中央分局的指示，曾山带领江西红军游击队与数十倍于己的敌人进行了数百次的战斗，有力地配合和支援了中央红军主力长征。这8个多月艰苦卓绝的游击战争，保存了革命火种，锻炼了革命骨干，鼓舞了群众的革命斗志，在中国革命史上写下了悲壮而光辉的一页。

---

① 曾山：《回忆1934年至1935年这段历史》（1967年10月6日），存中央档案馆。

第六章

赴苏联学习前后

辗转千里寻组织

红二、四团在新干竹山坑被敌人打散后，随曾山冲出包围圈的只有 20 余人，他们乘夜转移到新干与乐安接壤的另一座大山上。过了几天，由于形势越来越严峻，集中活动目标大，曾山遂将人员编成 3 个游击小组，进行分散活动。其中，战士编成 2 个游击小组，干部编为 1 个游击小组。干部游击小组只有 4 个人，即曾山、萧明煜、郭铨、刘云。

1935 年 4 月 15 日，曾山率领干部游击小组转移到永丰县的老虎庙山上。老虎庙山山高林密，又偏僻闭塞，距县城 30 多里。17 日晚，他们在山腰间一户守茶山的人家弄饭时，突遭敌短枪队袭击，萧明煜牺牲，郭铨左腿受伤。于是，曾山和刘云轮流背扶着郭铨，沿山间小路再次来到了新干县竹山坑。这里过去是苏区，他们在一户铲山的人家隐蔽了 20 多天。待郭铨的伤势基本好了以后，曾山决定走出大山，寻找党的组织和革命队伍，刘云则回老家去了。5 月 17 日晚，曾山和郭铨回到永丰老虎庙山脚下，找到一位做篾匠的吉水老乡，请他带路去吉水赣江边。

国民党驻赣绥靖公署主任顾视同向各部和各县发出的"追剿"曾山悬赏令电文

国民党方面为消灭曾山领导的红军游击队，早就做了准备。3月14日，负责"剿共"的驻赣绥靖公署主任顾祝同向所属部队和吉安、抚州的专员及其下属各县县长发出急电，说曾山已率部到了"永乐崇淦边区"，要求"所有沿赣江各县对于渡口，尤应不分昼夜，严加防范，凡行驶赣江船只，一律禁止停泊东岸，以防其偷渡"[1]。3月26日，顾祝同又发出悬赏令："为鼓励部队务期歼灭起见，特再悬赏缉拿。凡生擒匪首曾山者，奖洋三万元。"[2]

这位吉水老乡是一位革命的同情者，在如此严峻的形势下，仍然不改初衷，表示愿意带路，并且说走就走。他们昼伏夜行，于5月20日拂晓抵达吉水县的水田湖口。老乡的活动能力很强，很快就弄到了一枚徽章（身份证）和一张路条（通行证），并联系好了

---

[1] 《顾绥靖主任致王专员温县长胡县长施县长等密电》（1935年3月14日），存新干县档案馆。

[2] 《第一绥靖司令悬赏缉拿曾山电》（1935年3月26日），存新干县档案馆。

两艘小渔船。当晚，曾山化装成油贩和郭铨来到赣江边，并分别上了船。曾山往下水走去南昌，郭铨则沿上水走回老家。曾山到南昌后，立即去九江，经长江顺流而下，闯过了敌人的层层关卡，于5月底到了中国共产党的诞生地上海。

几十年后，对这次脱离险境的经历，曾山仍记忆犹新：

我与郭铨同志从山里跑出到湖口时，找了一个农民同情者带路，接近湖口(吉水县赣江边)五六里地方，我与郭铨同志隐藏在山上，让带路的农民先到湖口找一位能带我们搭船的人。当天下午六七时找到一位近50岁左右的人来了，就带我与郭铨同志到赣江边湖口。当时，我向郭铨同志说，都到上海有办法能找到上海党的组织关系，当时郭铨同志回答我，他不愿到上海，他能回家，家乡有他撑船的爱人，不会发生问题。谈后，当时我就由赣江岸上，下河边去与渔船主(姓陈)商谈，当时恐身上带的驳壳枪暴露，我就把这支驳壳枪放在岸上草地里，郭铨同志在旁边岸上放哨警戒，后我与小渔船主谈妥了，我向下走，船费40元，郭铨同志向上走，路近，船费12元。当时我上岸告诉郭铨同志都谈妥了，马上就走。上船走时，郭铨同志向我提出，我这支新驳壳枪交他，我同意了(1938年我回国后到江西省吉安新四军办事处时，郭铨听到我回到吉安县，他将这支驳壳枪交还我了)。我与郭铨同志分别搭船，郭向上走，我向下走，一直跑到上海。①

这是曾山第二次来到上海。上一次是1930年5月，作为赣西南苏区三位代表之一，到上海出席全国苏维埃区域代表大会，但来去匆匆，来不及领略十里洋场的风光，就赶回苏区开展工作。而且，那时中共中央在上海，一切都有人安排。这一次只身来到上海，情

---

① 曾山：《回忆1934年至1935年这段历史》(1967年10月6日)，存中央档案馆。

况发生了重大变化，上海已处在白色恐怖之中，前路茫茫，人生地不熟的曾山陷入了困境。

曾山身上仅有十七八块银元，为节省费用，只好在法租界附近的一条里弄里，用4元钱租了一间矮小的角楼房，作为栖身之所。他每天化装外出，或去繁华大街，或走偏僻小巷；有时昂首挺胸，有时左顾右盼，希望能够找到同志或熟人。为了生计，还不得不去拉黄包车。由于上海的白色恐怖严重，党的组织和活动十分隐蔽。一个多月过去了，曾山还没有找到一点线索。但他坚信，上海曾是党中央的所在地，一定有地下党。当时的上海小报纸上，常常刊有陕北一带红军游击队活动的消息。凭着丰富的革命经验和政治敏感，曾山断定这些消息与上海地下党的活动有关，从而更加坚定了找到党组织的信心。

7月的一天，曾山在法租界的山货店和木器店选购东西时，被正在找寻房子的原全总苏区中央执行局组织部长梁广看到。梁广和曾山在中央苏区时就很熟悉。但在白色恐怖下，不能不提高警惕。梁广跟在曾山身后，认真观察，发现没有异常情况，就故意从背后撞了曾山一下。梁广虽是商人打扮，但曾山还是认了出来。见到同志和熟人，曾山喜出望外，但仍谨慎地四周张望了一下，见只有梁广一个人，又无人跟踪，才放下心来。因为马路上说话不便，两人会意另找地方谈话。在南京路冠生园广东茶楼一个偏僻的座位上，两人一面饮茶，一面互相介绍情况。梁广说，红军长征时自己留在了福建省委工作，1935年春被中共中央分局派来向上海中央局汇报工作，因为要找房子建电台，所以常到法租界走走。曾山则简单说了近一段的经历，并说队伍打散后，到上海一直找不到组织，要求梁广帮忙尽快接上党的组织关系。梁广要曾山把自己如何到上海的情况写一份简要报告，以便转交党组织，并约好下一次接头的地点及暗号。最后还特别叮嘱："如三日内没人来找，第四日再见一次，如三日内已有人来找到你了，约好的地址我一定去的，你第四日就不要来，免得发生意外。"①

几天后，曾山将写好的报告交给了梁广。报告中，曾山详细汇报了中央红军主力长征后，自己在中央苏区打游击的情况。此后，梁广和曾山每个星期都保持着联系。

远赴莫斯科

1935年8月5日前后，"上海中央特科的关系，即康生妻子的妹夫楚文"②，突然来到曾山住处，通知其立即乘船前往苏联。当时，从中国去莫斯科的主要路线有三条：一条是取道哈尔滨，可是这条路很不安全，因为东北已被日本侵略者占领；第二条是经过欧洲，这条路最安全，但是费用太大；第三条是从上海坐船到海参崴，再转乘火车到莫斯科，这条路线对于曾山等革命者赴苏来说，是最切实可行的路线。

接到通知的当日中午，按照事先约好的暗号，曾山在黄浦江码头准时登上开往海参崴的轮船。曾山在"文化大革命"中的"交待"材料详细记述了这一经过：

大约我的报告转上去之后，过了二个礼拜左右时间，有一位同志到我住地找到我，当时来人带有40元钱交给我，告诉我每个礼拜中那几天，什么时候要在家等候，有事他来告诉我（此人记不到姓名，是康生同志夫人的妹妹当时的丈夫，此人在1936年也在莫斯科

① 梁广：《回忆曾山同志》（1984年5月2日），王争青主编：《永留正气在世间——纪念曾山诞辰100周年文集》，江西人民出版社1999年版，第94页。
② 中共中央文献研究室编：《陈云年谱》（修订本）上，中央文献出版社2015版，第208页。

列宁学院学习，问问康生同志或他夫人一定知道）。又过了不久，大约一个礼拜，这位送40元钱交给我的同志到我住地告诉我，本日中午12时，到浦东上苏联轮船去苏联，我的行李不要动，下午你登上船了，他来收拾。我遵照，准时中午12时登上苏联船，约好的接头口号，我说"北京"，苏联船上人回答"广东"。①

曾山上船后，即被引至船长办公室背后的一间密室里，见到了等候在此的陈云。不久前，陈云看过曾山写的报告，曾明确表示："根据我们了解的情况，曾山的为人和他的报告，曾山同志对党是忠诚的，对坚持江西游击战争也是有功的，我们应该相信他。"②

陈云是7月中旬由长征途中返回上海的，主要任务是作为中共中央的代表，恢复党在国民党统治区的地下组织；并与共产国际在上海的工作人员取得联系，通过他们向共产国际汇报红军长征、特别是遵义会议的情况。不料，7月22日，中共上海中央局、江苏省委再次遭到大破坏。24日，共青团上海中央局也遭到破坏。中共驻共产国际代表团了解到上海的险恶形势后，指示陈云及在上海的一些其他重要领导人立即去苏联。

在这样的一个特定场所见到陈云，曾山禁不住热泪盈眶。他诉说了红军长征以后江西苏区的惨状，汇报了自己一年来的情况，坚决要求去苏联学习。陈云看到了久别的曾山，也非常高兴。他笑着说："我看到了你要求去苏联学习的报告，是我同意的。"③

当时随陈云去苏联的除曾山外，还有中共中央分局委员陈潭秋，瞿秋白烈士夫人杨之华，何叔衡烈士女儿何实嗣等，一共七八个人。轮船到达海参崴后，为掩护陈云、陈潭秋、曾山一行，由苏方的公

---

① 曾山：《回忆1934年至1935年这段历史》（1967年10月6日），存中央档案馆。

② 邓六金著：《我与曾山》，新华出版社1999年版，第67页。

③ 曾山：《回忆1934年至1935年这段历史》（1967年10月6日），存中央档案馆。

安人员持枪装作押送走私犯的样子,把他们"押送"到海参崴公安局,在公安局他们都换上了西装,休息两天后,即乘火车赴莫斯科。[①]

在横贯西伯利亚的 7000 多公里铁路线上,火车缓慢然而不停地朝前行驶。8 月底 9 月初,在中国的南方,还是骄阳似火,可是西伯利亚已到了树叶凋落的季节。虽然旅途生活枯燥乏味,但因曾山是第一次出国,所以眼前的一切都是新鲜的。

9 月上旬,陈云、陈潭秋、曾山一行终于到达莫斯科。这时,适逢共产国际第七次代表大会闭幕,少共国际第六次代表大会开幕。

在列宁学校学习的日子里

到达莫斯科后,曾山先是住在中共驻共产国际代表团的公馆,接受组织审查。

1935 年 10 月 6 日,曾山向代表团递交了一份自入党以来的自传,将自己的家庭情况、个人经历以及参加革命后各个阶段的斗争履历,写得清清楚楚。其中,有这样一些记述:

我没有坐过牢,组织秘密没有任何泄漏。我来苏联是 1935 年 9 月间。由上海党中央局介绍我来苏联受训练,同时是我请求要来苏联学习。我来苏联时,前后只有上海中央局知道,外人都不知。在路途都很顺利的到达无产阶级祖国苏联。我这个表要找一个同志完全知道证明,在这里不易找到。同时这里没有与我做过长期不断工作的同志。都是公开时期。如公开时期在苏联的同志能知一部分的列名如下:周和□、士斌、徐杰等同志,都能知道。至于在吉水任秘密工作时,陈江同志知道一部。如果要比较详细知道我的经过,

① 陈云:《回忆与潭秋同志同赴苏联》,湖北省社会科学院编:《回忆陈潭秋》,华中工学院出版社 1981 年版,第 118 页。

曾山在苏联撰写的自传手稿

只有陈毅同志。秘密时，刘士奇同志一概知道，陈正人同志亦知道。①

　　经代表团严格审查合格后，10 月 9 日，曾山与陈云、滕代远、陈潭秋、饶漱石、许光达、孔原、高自立等出席共产国际七大和少共国际六大的 11 名中国代表一起，被介绍到列宁学校学习，并组成特别班。"文化大革命"中，应造反派的强烈要求，曾山对这一段历史进行了"交代"："我当时估计，经过审查清楚了，代表团介绍我到列宁学院去学习，同班学习的在北京有孔原，不同班的，另一班有宋一平。""我在莫斯科学习情况和生活情况，孔原是对面房间，天天见到面的，估计康生同志也会知道的。"②

　　列宁学校位于莫斯科列宁山上，环境幽静，原是共产国际创办的，专门为各国党培养干部的学校。中共早期理论家、曾担任中共

---

① 曾山：《自传》（1935 年 10 月 6 日），存中央档案馆。
② 曾山：《回忆 1934 年至 1935 年这段历史》（1967 年 10 月 6 日），存中央档案馆。

驻共产国际代表的蔡和森，从 1926 年起曾在这里学习过几年。那时，校址在城内，规模还不大。30 年代，学校搬到列宁山新建的规模很大的四层大厦。除中国党的干部外，还有西欧国家党的负责人也在那里学习。中国班的学生范围也大大扩大，包括高、中、低级干部，教室占了校舍底层的全部。学员每人单独住一间房，房内书桌、台灯、书架、衣柜等一切用具应有尽有。遵照列宁学校副校长阿瓦琴科签署的关于录取曾山等 11 名中国学生的第一〇三号决定，曾山等中国学生还可以享受资金和食品等方面的优惠待遇。

特别班的学员都用了化名，如陈云化名杨定华，陈潭秋化名徐杰，曾山化名唐古。他们主要学习政治经济学，还有列宁主义问题、社会发展史、中国革命问题和中共党史。[①] 为了使学习更加深入，学校还聘请了一位出版过经济学专著的经济专家西嘎尔，与代表住在一起，以便学员下课之后，随时都可以向他请教，同他一起讨论问题。

曾山是一个极爱学习和勤于思考的人。动荡不安的国内环境和漂泊不定的革命生涯，使他难有机会系统学习马克思列宁主义理论，但他从不放过点滴学习时间。现在有了这么好的学习条件，如鱼得水，他更是如饥似渴地埋头学习。这段学习生活使曾山受益匪浅，他以后能具备系统的马克思主义政治经济学理论知识，与这段学习生活是分不开的。

在刻苦学习的同时，曾山还为宣传中国革命做了力所能及的工作。1936 年 7 月，为纪念中国共产党成立 15 周年，他在共产国际机关刊物《共产国际》第 4–5 期合刊上发表《回忆广州起义》一文，以一名普通的起义参加者的视角，详尽回忆了起义的准备、起义后

---

① 中共中央文献研究室编：《陈云年谱》（修订本）上，中央文献出版社 2015 版，第 211 页。

的激战、工农群众的支援以及最后的失败等过程，热情颂扬了广州工人阶级的大无畏革命精神。正如他在文章中所说的：

敌人的力量超过我们6倍以上。但是，虽然赤卫队基本上是不大懂得武器的工人组成的，它的力量是伟大的，因为这些工人非常清楚什么是军阀、地主的压迫，什么是失业和饥饿。他们坚决要斗个你死我活，要为解放牺牲自己。这就是为什么广州工人勇敢地在这场不是势均力敌的战斗中会迎着敌人而上并取得了一系列的胜利。[①]

曾山还在文章中高度评价了广州起义，认为它对于中国工农革命的发展起了巨大的推动作用。

在起义的时候，共产党领导的工人第一次试图组织了苏维埃政权。虽然苏维埃存在了不长的时间，不到3天就被敌人粉碎了，广州起义的历史意义是非常伟大的。参加起义的人，特别是那些在和敌人的浴血斗争中牺牲了生命的英雄们的功劳是巨大的。他们不仅是在广州这个中国大城市建立了苏维埃政权，而且在中国革命中开辟了新的苏维埃时期。中国共产党研究了广州起义的珍贵经验。中国共产党吸取了教训，在几年之后建立了拥有5000人的、不可战胜的中国红军。在中国许多省份的上空飘扬着中华苏维埃的红旗。[②]

鉴于法西斯势力在世界范围内日益猖獗和中华民族已处在生死存亡关头，曾山在文章结束时的一段话，既反映了中共驻共产国际代表团草拟的《八一宣言》提出的扩大抗日民族统一战线的主张，更表达了中国人民对抗日战争必胜的信心和决心：

[①] 唐古：《回忆广州起义》，译自苏联科学院亚洲人民研究所：《广州公社——纪念广州起义40周年》，莫斯科科学出版社1967年版，第116页。

[②] 唐古：《回忆广州起义》，译自苏联科学院亚洲人民研究所：《广州公社——纪念广州起义40周年》，莫斯科科学出版社1967年版，第116页。

不久前，党提出了抗日救国统一战线新政策，这是所有为中国人民谋求解放的人的行动指南。我们深信只有苏维埃才能拯救我们的祖国。现在，当民族危机空前尖锐的时候，我们主张建立民主、独立和自由的中华民国，主张所有民主力量在反对日本侵略者的斗争中联合起来。我们深信，抗日人民战线政策将使我们取得完全的胜利。①

曾山结合自己的亲身经历，用俄文撰写的这篇文章，向苏联和共产国际介绍了伟大的广州起义，是最早在国际上宣传中国革命的文章之一，成为后人研究中国革命和广州起义历史的难得的珍贵史料。列宁学校国际部对曾山的优异表现给予了高度赞扬："该同志政治上坚定，具有较好的学习素质，能将自己的工作同自己国家的现实问题结合起来。同志关系好，积极参加部里党的工作和社会工作，并能在研究自己国家的问题方面帮助同志。建议作为部里优秀突击手给予奖励。"②

抗日战争爆发后，中国共产党在敌后战场广泛发动群众，开展灵活机动的游击战争，敌后抗日根据地的范围越来越大。新的形势和新的任务，迫切需要大批有经验的领导干部。1937年11月10日，中共中央致电共产国际书记处，指出："全国工作大开展，领导干部不够分配，请即刻将陈云、赵容（即康生——引者注）、邓发、李立三、吴玉章、滕代远、陈铁铮（即孔原——引者注）、陈潭秋、高自立、曾山等诸同志派回中央工作。"③

11月14日，经中共驻共产国际代表团统一安排，曾山结束了

---

① 唐古：《回忆广州起义》，译自苏联科学院亚洲人民研究所：《广州公社——纪念广州起义40周年》，莫斯科科学出版社1967年版，第116页。

② 列宁学校国际部：《唐古同志鉴定》（1937年），存中央档案馆。

③ 中共中央文献研究室编：《陈云传》上，中央文献出版社2005年版，第223页。

1937 年，毛泽东在延安机场欢迎从苏联归来的同志。左起：萧劲光、陈云、康生、曾山、张闻天、苏联飞行员、毛泽东，右一为王明

两年多的苏联学习生活，与王明、康生等一行乘飞机回国。行前，斯大林和共产国际总书记季米特洛夫接见了曾山，准备留他在共产国际负责中国党方面的工作。因为曾山是工人出身，做过农民，当过兵，担任过省苏维埃政府主席，有丰富的实际工作经验，组织纪律性很强，又经过了列宁学校深造，完全符合共产国际选拔干部的标准。但曾山谢绝了斯大林和季米特洛夫的好意，表示：我的祖国正遭受日本帝国主义的侵略，我必须回国去工作，那里才是我的岗位。[1]

---

① 刘勉钰：《曾山的革命业绩和高风亮节》，《中国井冈山干部学院学报》2010 年第 2 期。

第七章

中共中央东南分局副书记

参与组建东南分局

1937 年 11 月 29 日，中共驻共产国际代表王明、康生飞抵延安，陈云、曾山同机到达①。12 月 9 日至 14 日，中共中央召开政治局会议。项英做了《三年来坚持的游击战争》的报告，详细阐述了三年游击战争的情况。项英报告后，毛泽东、陈云、李富春、刘少奇、彭德怀等先后发言，展开热烈讨论。曾山发言指出："在各游击区要根据具体情形，采用各种办法解释新政策，争取更多的人拥护党的新政策"，"在干部中要进行新政策的教育"，"要在各中心城市建立白区工作"。②

12 月 13 日，会议根据项英《三年来坚持的游击战争》的报告，作出了《对于南方游击区工作的决议》，高度赞扬南方游击区的艰苦奋斗。14 日下午，政治局会议专门讨论南方红军游击队改编为新四军等问题。洛甫、毛泽东、项英、彭德怀、凯丰、刘少奇、张国焘、

---

① 中共中央文献研究室编：《周恩来传》，中央文献出版社 1989 年版，第 392 页。
② 刘勉钰著：《曾山这一生》，江西人民出版社 2015 年版，第 98 页。

陈云、康生等出席会议，李富春、曾山列席会议。经过讨论，会议确立两项主要原则：一是各游击区的红军和游击队，大部分要下山集中，主力要到抗日前线去，以增强抗日力量，并扩大中国共产党的影响；同时，各游击区应留一部分武装坚持，以求得将来的发展；二是成立中共中央东南分局，主要做地方工作，由项英、曾山、陈毅、方方、涂振农为委员，以项英为书记，曾山为副书记，分局机关驻南昌，负责领导东南各省党的工作，受中共中央和中共长江局双重领导。同时，成立中共中央军委新四军分会，主要做新四军的工作，以项英、陈毅、张鼎丞、曾山、黄道为委员，项英为主席（后称书记），陈毅为副主席（后称副书记）。① 在东南分局和新四军分会中，同时兼有领导职务的只有项英、陈毅、曾山三人。作为曾坚持江西苏区游击战争的领导人，曾山被委以重任，充分体现了中央政治局的高度信任和器重。

12 月 18 日，项英带领一批军事干部先期离开延安，23 日到达武汉。此时，叶挺已经在武汉设立了新四军军部筹备处，挂起新四军军部的招牌。② 鉴于新四军军部和东南分局的筹建任务十分繁重和紧张，而长江局干部又很缺乏，项英到达武汉当天，就同陈绍禹、周恩来、博古等致电中央书记处，催促曾山等干部速到武汉："凡交给新四军及东南党部的干部，从曾三（即曾山——引者注）同志起，均请加速度的送出，即经西安转来武汉。"③ 12 月 27 日，项英再次致电毛泽东、张闻天称："根据目前形势，我们急需到南方布置一切。曾山及派往南方的军、政、党干部立即动身到汉，迟行对于工作有

---

① 王辅一著：《项英传》，中共党史出版社 1995 年版，第 289–290 页。

② 王辅一著：《项英传》，中共党史出版社 1995 年版，第 292 页。

③ 中国人民解放军历史资料丛书编审委员会编：《新四军·文献》(1)，解放军出版社 1994 年版，第 64 页。

损失"。①

12月28日，曾山和李一氓率30余名干部离开延安。曾山所率干部为东南分局从事工、青、妇领导工作的，如邓振询、李坚真、罗梓铭、赖大超等；李一氓所率干部为新四军政治工作人员。曾山等均着八路军军装，团中央儿童局书记赖大超则化装成曾山的八路军上等兵勤务员，乘卡车经耀县、洛川转西安赴武汉，在西安集贤庄八路军办事处，同志们盛情款待了曾山、李一氓等人，第三天，曾山等便乘火车前往武汉八路军办事处。②

到武汉后，长江局的领导向曾山等介绍了南方各游击区基本情况，组织曾山等讨论研究如何整编、集中红军游击队，如何在国民党统治区建立和恢复党组织，坚持抗日，建立敌后根据地等问题，并要求大家做好长期坚持敌后斗争的思想准备。③稍事休整后，曾山协助项英等，投入到新四军军部和东南分局筹建工作中。

1938年1月4日上午，曾山随项英去汉口乘船赴南昌前，同叶挺、张云逸、周子昆一起，在武汉八路军办事处门口合影拍照。1月4日晚，曾山和项英、张云逸、周子昆率新四军军部机关人员，从汉口招商局第二码头，登上"江裕"号客轮，沿长江顺流而下，于5日上午到达九江。当晚转乘火车，于6日凌晨到达南昌牛行车站，"下车后即在晨曦中走过横跨赣江的大木桥。这时，已下了霜，感到寒气袭人。过桥后经中正街（现为胜利路）住进了三眼井左侧巷第一号（原为张勋公馆）。这座花园式的官僚房子很大，很漂亮，全是

① 中国人民解放军历史资料丛书编审委员会编：《新四军·文献》(1)，解放军出版社1994年版，第65页。

② 赖大超著：《赖大超回忆录》，中国青年出版社1998年版，第69页。

③ 李坚真著：《李坚真回忆录》，中共党史出版社1991年版，第141页。

1938 年 1 月 4 日，新四军部分领导人在离开汉口前往南昌时的合影。左起：周子昆、张云逸、叶挺、项英、曾山

木板的玻璃房，除两层楼房朝南外，北面还有一排木板平房"①。

　　曾山在南昌见到主持"南方红军游击队总接洽处"的陈毅。陈毅惊喜道："哎呀！同志哥！你是从天上掉下来的嘛？1935 年初，我和老项（项英）几次派人到小布一带山区找你们，音信渺无，多

_____

　　①　汤光恢：《新四军军部成立前后》，黄宗林主编：《铁军出山风云》，赣出内局字（1991）第 083 号，江西省新四军研究会 1992 年印，第 302 页。

"南方红军游击队总接洽处"办公旧址——南昌月宫饭店

叫人心焦呀!"① 九死一生,曾山也不胜感慨。

1938 年 1 月,曾山一到南昌,即协助项英召开东南分局和中央军委新四军分会成立会议。会上,项英传达了党中央对东南地区党的工作和红军游击队集中编组的指示,确定东南分局和新四军分会近期主要任务是:(1)传达党中央的新政策,广泛建立抗日民族统一战线;(2)迅速集中部队开赴抗日前线。会议对赴各游击区传达、动员一事,进行了具体分工与研究。会上正式成立中共中央东南分局,以项英为书记,曾山为副书记兼组织部长,黄道为宣传部长,涂振农为统战部长,邓振询为民运部长,妇委书记(妇女部长)陈少敏(后李坚真),青委书记(青年部长)陈丕显,秘书长郭潜(后温仰春)。按照中央指示,东南分局"其党务工作,主要由曾山管理,

---

① 吴克斌:《四十年风雨同舟——记曾山与陈毅的革命友谊》,王青争主编:《永留正气在世间——纪念曾山诞辰 100 周年文集》,江西人民出版社 1999 年版,第 205 页。

项英负指导责任"。①

　　东南分局受中共中央和长江局双重领导，最初的管辖范围包括赣、浙两省及闽、皖、鄂、湘、粤部分地区党的工作。②此外，东南分局还与中共江苏省委（上海地下党）有工作关系。据陈丕显回忆，东南分局实际管辖范围包括江西、浙江全省，广东南雄，福建福州、延平、建宁以北，湖南济阳、平江、醴陵、茶陵、耒阳、攸县及安徽南部。③东南分局直接领导下的党组织有：粤赣边特委，湘南特委，湘赣特委，赣北特委，湘鄂赣特委，皖浙赣特委，闽赣特委，闽东特委，浙江省委，吉安中心县委。④东南分局刚开始驻南昌东书院

南昌新四军军部旧址

　　①　刘勉钰著：《曾山这一生》，江西人民出版社 2015 年版，第 109 页。
　　②　中共江西省委党史研究室编：《中共中央东南分局史略》，江西人民出版社 2005 年版，第 1 页。
　　③　陈丕显：《中共中央东南分局、东南局的建立和部分工作情况》，《中共党史研究》1990 年第 4 期。
　　④　中国人民解放军历史资料丛书编审委员会编：《新四军·文献》（1），解放军出版社 1994 年版，第 91 页。

街 2 号危家大屋，与新四军军部一起活动。新四军军部迁皖南后，东南分局和新四军驻赣办事处由危家大屋迁入南昌高升巷"张勋公馆"。驻赣办事处设在楼下，东南分局设楼上，各房间既是办公室也是干部卧室。楼侧面有一列平房，为电台工作人员及警卫人员住宿处。为了便于开展工作，东南分局对外称新四军驻赣办事处，[①]涂振农为负责人，不久黄道接任办事处主任，日常工作主要由曾山指导，另有工作人员郑伯克、胡金魁、吴华友等。陈丕显说："那时，东南分局的机构不大，非常简单，各个部门都是 5 个人左右，什么事情都是亲自动手。"[②]

新四军驻赣办事处的主要任务是与东南分局领导的各省委、特委保持联系，指导各地新四军办事机构的工作。东南分局的译电员刘荣亮回忆说："东南分局书记兼新四军分会书记项英，副书记曾

南昌新四军军部旧址内的曾山办公室兼卧室

① 陈荣华主编:《江西抗日战争史》，江西人民出版社 2005 年版，第 43 页。

② 陈丕显:《中共中央东南分局、东南局的建立和部分工作情况》，《中共党史研究》1990 年第 4 期。

山主持分局工作。办事处的任务，是传达党中央指示，指导东南八省游击区的部队和江苏上海地下党的组织活动工作。每天向中央报告工作，接收指示，建立和扩大各省党的地下组织，并广泛宣传抗日主张。对友军的联络；办事处派干部到江西省政府的各抗日救亡训练班指导培训，协助组织江西省青年服务团，进行抗日救亡宣传。该团有四个队的领导人，如作曲家何士德、邱倜同志等是我党派去任队长。那时党派夏征农同志在该团任宣传组长。办事处还负责八路军、新四军的干部战士过往接待与膳食住宿，转送各地运输，购置军需物资医疗器械药品、枪支弹药等。"① 江西设立的新四军办事机构就达 14 个之多。曾山对这些办事机构非常重视，亲自调整了驻吉安通讯处、驻大余池江通讯处和驻龙岩办事处的领导及人员，将已暴露身份的贺敏学、郭猛、李国斌等一批干部调回东南分局。曾山还经常派出政治交通员与各省委、特委和新四军驻各地办事处机构联系，秘密传送文件、信函、指令等，将中央、东南分局的精神及时转达给他们。

指导红军游击队改编

　　1938 年 1 月初，项英、曾山等到达南昌后，福建、广东、赣粤边等游击区陆续派人到南昌前来联络。中共闽赣省委书记、闽赣边红军游击队负责人黄道，中共闽东特委书记、闽东红军独立师政治委员叶飞，中共皖浙赣省委副书记李步新，湘赣边游击区代表曾昭铭，闽西南军政委员会代表温仰春，湘鄂赣省委书记涂正坤，鄂东特委书记江渭清，少共湘鄂赣省委书记谭启龙等，先后抵达南昌新四军军部汇报情况。时值寒冬，各地来南昌人员，由于长期艰苦斗

---

① 熊河水、李秋华主编：《新四军与南昌》，华夏出版社 2002 年版，第 262–263 页。

争环境，大都没有棉衣。军部条件亦很简陋，不得已只能打地铺睡在地板上。看到此景，曾山将自己仅有的一条从苏联带回的毛毯，送给了体弱的同志。

项英、曾山召集到南昌的同志开会，确定了红军游击队集中和改编的方针。会后，曾山和项英前往湘赣边、赣粤边等游击区，指导红军游击队改编。1938 年 1 月 16 日，项英、曾山带领赖大超、郑伯克出发去湘赣边游击区。在吉安，项英、曾山会见了湘赣边临时省委书记、军政委员会主席和游击司令部政治委员谭余保。第二天，项英、曾山、郑伯克、汤光恢等人，随谭余保乘汽车一同前往湘赣边红军游击队的大本营——莲花县棋盘山垄上村。

垄上村距莲花县城 30 余里，山峦重叠，林深路窄，只有几栋杉皮盖的小屋，是个人迹罕至的小山村。项英、曾山等看望了游击支队政治部主任刘培善、参谋长段焕竞，延安抗大派来帮助工作的八路军干部张秀、彭汉元等人，慰问了游击支队的全体指战员。项英、曾山对他们在艰苦的三年游击战争中坚持斗争、经受考验表示高度赞扬，向游击队员们宣传党的方针政策，传达了中央的指示，组织大家学习党的重要文件。彭汉元回忆当时情景说："当天下午，就在黄陂桥的祠堂里召开了游击队全体人员大会，祠堂里挤得满满的，门外的草坪上也挤满了人。项英和曾山同志先后在会上讲了话，对游击队的同志在三年艰苦岁月中餐风露宿，不屈不挠，为了革命坚持斗争的精神表示无限的钦佩，并希望大家发扬光荣传统，练好战斗本领，在北上抗日中再立新功。两位同志还就当时的国内外形势及南方各省开展抗日民族统一战线，以及游击队改为新四军的问题，向大家作了详细的报告。"① 曾山就当时国内外形势，特别是抗日民族统一战线的形成和路线、方针、政策作了详细的解说，使大家都能理解并坚决执行。

曾山还分别找一些高级干部和游击队员谈话，听取他们对统一战线政策的认识，有针对性地做一些队员们的思想工作。由于曾山是江西本地人，又当过江西省苏维埃政府主席，并到苏联学习锻炼过，所以在大家心目中有很高的威望，游击队员们都很尊重他，思想工作开展得很顺利。湘赣临时省委随即派出干部到邻近各县，宣传党的抗日民族统一战线政策，很快就扩大抗日武装力量 400 多人。

项英和曾山一起与谭余保等研究红军游击队的集中编组事宜。谭余保对曾山十分尊重和信任，改编工作进行的很顺利。经过研究决定：湘赣边红军游击支队参谋长段焕竞、政治部主任刘培善，率湘赣边红军游击队主力编入新四军第一支队第二团，为第一大队；另留一特务队，约 20 余人枪，随谭余保留下坚持斗争。② 同时，还对地方党的工作进行了布置：改湘赣边临时省委为湘赣特委，谭余保为特委书记，由中共中央东南分局领导；组建 3 个县委，即茶攸莲县委、安永莲县委、袁分县委；加强吉安新四军通讯处的工作；着手吉安城市的工作和统战工作；在莲花设立新四军通讯处，留下 80 多人原地坚持斗争。项英在给长江局报告中说："湘赣边红军游击队，共有人 335，枪约 200 支，但埋藏有 170 支，正在起出修理。新兵占半数，但多青年，身体强壮。党员有 180 人，老的和干部几乎全是党团员。老的战斗力很强，精神很紧张，对于党的信仰最好"。③

---

① 彭汉元：《参加垄上改编的回忆》，中共江西省委党史资料征集委员会、中共江西省委党史研究室编：《江西党史资料》第二十二辑（湘赣边三年游击战争），赣出字第 01-094 号，1991 年印，第 187 页。

② 《项英给长江局并中央的报告》（1938 年 1 月 29 日），存中央档案馆。

③ 《项英给长江局并中央的报告》（1938 年 1 月 29 日），存中央档案馆。

此间，项英和曾山还妥善处理了"瑞金事件"。1月15日，国民党驻军独立第三十三旅黄才梯部在新四军瑞金办事处非法扣押闽西南军政委员会军事部长谭震林及随从人员。第二天，东南分局邓振询、李坚真、温仰春、李桂英等4人，携带新四军第二支队的关防、军费及邓子恢、张鼎丞、谭震林等的委任状，路过瑞金，亦被黄才梯部非法关押扣留，此即"瑞金事件"。

项英闻此消息后，立即致电国民党江西省政府主席熊式辉，表示强烈抗议，并要求立即无条件释放谭震林等被扣全体人员。曾山也迅即指示涂振农、黄道等，派专人与国民党江西省党部进行交涉。1月19日，迫于形势和社会各方压力，国民党瑞金地方驻军释放了谭震林、邓振询、李坚真、温仰春等人员，归还电台、关防、枪支、经费等一切物资。在当时形势比较复杂的情况下，项英、曾山等遵循抗日民族统一战线方针，采取正确方式和策略与国民党江西省政府当局交涉，没有激化矛盾，没有使事态进一步扩大，从而使"瑞金事件"得到了妥当解决。

1月下旬，项英和曾山一行到达大余县池江镇，回到赣粤边三年游击战争根据地。这里设有新四军赣南办事处，贺敏学为办事处主任。坚持赣粤边三年游击战争的杨尚奎、陈丕显、刘新潮等都在此等候项英、曾山的到来。这里集中了两支红军游击队，即赣粤边游击区的江西抗日义勇军，和湘南游击区的人民抗日义勇军第一、二支队。项英、曾山将赣粤边红军游击队700多人，改编为新四军第一支队第二团第二营，营长廖昌金，教导员张顺龙，下辖四、五、六连；将湘南红军游击队改编为新四军第一支队第二团第三营一部，开赴皖南集中。项英、曾山在赣粤边期间，还同赣粤边特委研究了地方工作，并宣布了留下坚持斗争的领导骨干名单：杨尚奎仍任赣粤边特委书记，钟平任组织部长，严仲任秘书长，刘新潮任信丰县委书记，主要任务是巩固和发展党的组织，做好统一战线工作，开展抗日救亡运动，保护游击区人民的利益；他们对于赣州、瑞金、于都等地的地下工作也作了研究和部署。曾山在大余池江还遇见了曾在一起打游击的原杨赣特委书记罗孟文，第一句话就说："（想不到）你还在呀！"大家都为久别重逢而高兴。集结在大余池江的红军游击队，先乘汽车到赣州，再乘木船沿赣江北上南昌。

2月6日，项英和曾山等接到新四军军部电报称，蒋介石命令新四军于2月20日前集中于皖南歙县岩寺一带。为此，项英和曾山等立即返回南昌。据同乘一艘大木船的新四军战士、原赣州地区计划委员会第一副主任黄祖友回忆：

当时，共租用了100多条船，同我们坐在一条船上的有项英警卫班的8个同志，还有曾山同志和曾山的两个警卫员。

上船后，项英同志很少出来，他整天坐在船舱里看书和文件。明仁队长给我们讲过，没有什么事，不要去打扰首长。所以，我们很少进项英同志的船舱。

曾山同志却例外，他喜欢和我们小鬼来聊天。曾山很会讲故事。有一次，他还给我们这些小鬼出了这样一个题目。他说："早上的太阳更大，为什么不热？中午的太阳更小，为什么反而更热？"大家沉默了，小小的问题把大家难住了，因为我们都是大字不识的文盲。"首长，我知道！"小李突然举起手。曾山同志笑了，"你说吧！"小李搔了搔头皮，不好意思地说："早上的太阳在我们的侧面，所以不热。中午的太阳在我们正面，所以更热。"曾山同志站起来，走到小李身边，摸着他的头："小鬼，你在家念过书吗？"小李点了点头："念了一年，后来没有钱，就放牛去了。"曾山同志是江西人，他一激动，满口的江西瑞金话就出来了（曾山为吉安人，黄祖友搞错了——引者注）。他说："小伙计！你们年纪很小，现在正是上学的年龄；可是现在我们的国家还没解放，正受日本鬼子的侵略。等革命成功了，你们都可以进学堂念书。"他深深地吸了一口气，接着说，"小伙计！干革命没有文化可不行呀！"他说："古时候，有个财主写了一封信，叫一个长工送到县衙门去。长工把信送到衙门后，却被衙门抓起来了。原来，财主信上写着：给你送来一个犯人，请把此人押起来。长工由于没有文化，结果吃了大亏。"曾山同志勉励大家到部队，要多看书，多练字。①

2月12日，项英、曾山回到南昌，闽浙边临时省委书记刘英派余龙贵、龙跃来汇报工作。2月19日，项英、曾山会见了余龙贵、龙跃，听取了他们的汇报，对他们坚持闽浙边三年游击战争表示高度赞扬，传达了中共中央政治局的指示，决定闽浙边红军游击队由粟裕率领，集中编入新四军，刘英留浙江坚持斗争。鉴于涉及闽浙边游击区主要领导人的工作安排，关系重大，项英委派曾山前往浙江亲自传达和部署。2月28日，曾山随龙跃、余龙贵前往浙江。

临行前，曾山还专门听取了新四军军部参谋处处长赖传珠的工作汇报，参加了宴请叶进明、忻元锡所率上海煤业救护队的活动。叶、忻的救护队，原为上海普通的抗日救亡团体，有100多人，25辆汽车，最先由新四军驻赣办事处联系，后集体加入新四军，成了新四军兵站运输队，为新四军军部和二、三支队的集中开进做出重大贡献。

3月10日左右，曾山抵达浙南平阳县山门街——闽浙边临时省委所在地和闽浙边红军游击队集结地。邱清华回忆道："三月间，一个晴朗的日子，刘英、粟裕同志带领红军指战员和干校学员迎接中共中央东南分局派来的代表。大家列队站在一个山口等候。等了一会儿，见几个穿蓝灰色军装的人渐渐走近，其中一位身材较高，

---

① 黄祖友：《油山·池江·赣州·樟树·南昌》，黄宗林主编：《铁军出山风云》，赣出内局字（1991）第083号，江西省新四军研究会1992年印，第318-319页。

年纪三十开外的，就是中央东南分局的代表曾山。刘英、粟裕等同志马上迎上前去跟他们热烈握手，大伙使劲鼓掌表示欢迎。曾山同志是来传达党中央指示的。根据党中央指示，红军很快就要出发，开赴皖南前线编入新四军。"①

曾山传达了中共中央政治局《对于南方游击区工作的决议》，以及对闽浙边红军游击队的亲切慰问，对他们在蒋介石统治的腹心地区坚持了三年游击战争给予高度评价。曾山说，在主力红军实行伟大战略转移、方志敏率领的红军北上抗日先遣队在怀玉山失败以后，国民党蒋介石大肆吹嘘所谓红军消灭了，他们胜利了。可是，正当他们兴高采烈之际，红军挺进师却打到了他们所谓"素称平安之区"的浙江来了！红军用铁一般的事实，揭穿了国民党蒋介石自欺欺人的反动宣传。当时，苏联也很重视红军在浙江的行动和胜利。曾山在莫斯科学习时，看到《真理报》用大字标题刊登了红军挺进师在浙江的胜利消息。曾山指出，红军在三年游击战争中，给浙江的统治阶级以很大的威胁和打击，吸引了大量国民党的正规军，其中包括蒋介石的王牌军，在战略上策应了主力红军的长征和南方各省游击战争的胜利开展。曾山强调浙南根据地是国共双方十年血战的结果，是抗战和进行革命斗争的重要战略支点，无论如何不能放弃。曾山的讲话给粟裕、刘英及闽浙边红军指战员以莫大鼓舞。曾山和刘英、粟裕在山门街详细深入地研究了部队整编的问题。中央决定刘英部队及地方党的工作受新四军及东南分局指导。经过研究，曾山等人决定：闽浙边临时省委改为浙江临时省委，待中央批准后成立正式省委；刘英任临时省委书记，带领部分武装和干部继续留浙江坚持斗争。粟裕率红军游击队主力开赴皖南，编入新四军战斗

---

① 浙江省军区编：《浙南三年》，浙江人民出版社 1984 年版，第 240 页。

序列；以抗日救亡干部学校的部分人员组成战地服务团，随部队行动。①粟裕被任命为新四军第二支队副司令员，所部被编为新四军第二支队第四团第三营，共约500余人，长短枪121支，重机枪1挺，轻机枪3挺。②3月18日，粟裕率部奔赴皖南岩寺。

一切安排就绪后，曾山和刘英一道返回南昌。途经金华时，曾山接见了东南分局派来的浙江工委书记顾玉良等人，指示他们抓紧时机，大力恢复发展东南党组织。曾山和刘英还会见了国民党浙江省政府主席黄绍竑，并向他提出两点要求：一是照顾部队家属和处理今后党组织在浙江的有关事宜，以巩固和扩大国共两党团结合作、共同抗日的事业，在平阳、温州、丽水设立新四军后方办事机构；二是现在部队开赴前线与日军作战，要拨给一部分武器弹药。黄绍竑基本上同意了以上条件。③

4月4日，新四军军部告别南昌，开往皖南泾县岩寺。头天晚上，南昌彻夜刮风下雨，曾山又忙到深夜。第二天，曾山仍早早起床，布置东南分局的工作人员和军部留守人员，做各项准备工作，并于6时半准时宴请军部所有人员，给上前方的同志摆酒钱行。至此，新四军的编组任务胜利完成。新四军共编为4个支队，10个团，1个教导营，全军共1.03万余人，6200余支枪。

南方的红军和游击队，在交通困难、通讯联络落后、地处偏远、高度分散等重重困难下，只用了两个多月时间，就胜利完成了下山和集中整编为新四军的重要任务，速度是相当快的。正如张鼎丞所指出："这在历史上是从未有过的事情，任何其他部队所不能做到

---

① 浙江省军区编：《浙南三年》，浙江人民出版社1984年版，第39页。
② 浙江省军区编：《浙南三年》，浙江人民出版社1984年版，第292页。
③ 刘勉钰著：《曾山这一生》，江西人民出版社2015年版，第107页。

南昌新四军军部旧址内陈列的新四军创建时期领导人半身铜像。右三为曾山铜像

的奇迹。"[①] 这一奇迹的创造，依靠党中央的正确决策，依靠新四军、东南分局领导人正确领导、坚强指挥，依靠各级指战员高度觉悟和严明的纪律，同时，也饱含着东南分局副书记、军分会委员曾山的心血。从列席中央政治局会议参与决策，到武汉、南昌军部初创，直至亲赴湘赣边、赣粤边、闽浙边三块游击区传达动员，曾山近四个月的"主要工作是集中部队"[②]，全程参与了新四军的组建，亲自指导了红军游击队的改编工作，出色地完成了党赋予他的任务，是新四军的创造者和组织者之一。

---

① 张鼎丞：《新四军在抗战烽火中成长着》，《中共中央东南局》下卷，中共党史出版社 2006 年版，第 714 页。

② 曾山：《抗日战争时期的有关问题》，存江西省档案馆。

恢复发展党组织

东南分局所辖的党组织在三年游击战争时期曾受到国民党当局的严重破坏，大批党员失散，仍坚持活动的组织和党员人数很少。八一三淞沪抗战后，国民党当局被迫公开承认南方各省中共组织的合法地位，但其"敌视态度继续存在，对于一切民众运动加倍控制和防止我们活动，特别是特务机关到处都来监视我们，公开说：防共是第一。就是比较进步的分子起来做救亡工作，亦是要受限制的。当部队未出动时造出种种谣言，如又在组织苏维埃反对征兵，反对政府等等，好借端进攻，以致来挑起恶感，甚至在某地实行武装进攻"。[①] 不难看出，当时东南各省党的工作基础是很薄弱的，处境亦是很艰难的。

作为东南分局组织部长，曾山为恢复发展东南分局党组织做了大量卓有成效的工作。曾山和项英研究决定，对皖浙赣边特委进行改组，派陈毅同志到该地传达中央及长江局的指示，集中该地游击队改编为新四军，迅速开到皖赣边界去建立抗战支点，加派陈时夫参加特委，李化阶同志帮助特委工作。鉴于赣北特委尚未成立，会议指定涂振农、陈少芳及曾经声三人暂时成立赣北工委，涂振农为书记。南昌市区党组织除了战地服务团内的几位同志外，一无所有。为加强南昌市的工作，会议决定召集新四军部分同志及东南分局部分同志共同组织南昌市工委，开展市区工作。闽北和闽东在三年游击战争时期保持和扩大了游击队，黄道处 1000 人左右，叶飞处1400 多人，枪支约半数。党的组织，黄道领导的闽北地区较好，叶飞与皖浙赣边都很少有党的下层组织，项英、曾山分别派去工作团

① 《东南分局关于两个月来工作情况和目前工作意见的报告》（1938 年 3 月 25 日），熊河水、李秋华主编：《新四军与南昌》，华夏出版社 2002 年版，第 170 页。

重新恢复组织。

　　这一时期，东南分局党的工作面临不少困难，主要原因一是老干部秘密工作缺乏。老干部"一到大城市满街乱跑，与外人接触谈话时，往往把党的秘密露出"；二是有的老干部"穿的衣和行动都表现不同，使外人一看就知道是共产党员"；三是敌人严密侦查共产党的活动，"但我们对敌人内部没有了解，不知道敌人对我们采取什么行动。"[1] 经过两个多月的艰苦工作，曾山基本摸清了东南分局各地党组织情况、老干部情况及各游击区的武装情况，并向长江局作了汇报。东南分局管辖范围内建立的党组织包括：赣粤边特委、湘南特委、湘赣特委、赣北特委、湘鄂赣特委、皖浙赣特委、闽赣特委、闽东特委、浙江省委、吉安中心县委。各地党员数量，据不完全统计，湘鄂赣有 13 个县委，19 个中心区委，30 个分区委，170 个支部，小组总共 92 个，共有党员 2277 人。闽赣特委，据报告有县委 11 个，工会 6 个，区委 28 个，分区委 17 个，支部 136 个，共有党员 1735 人。粤赣边特委，有 5 个中心县委，5 个中心区委，27 个区委，分区委 5 个，支部 59 个，党员 550 人（赣县与兴国县的组织未统计，但党的数目不十分多）。吉安中心县委共支部 24 个，党员 130 多人。[2] 各地党的组织比较散漫，有许多只有同志，没有支部，有些地方只有很多支部、小组，没有区委，支部生活还比较弱。没有上级派人去，就少开会甚至不开会。因此，下层统一战线工作还

　　① 中国人民解放军历史资料丛书编审委员会编：《关于党的组织问题给陈绍禹、秦邦宪的报告》1938 年 1 月 15 日），《南方三年游击战争·综合篇》，解放军出版社 1995 年版，第 475–477 页。

　　② 《东南分局关于两个月来工作情况和目前工作意见的报告》（1938 年 3 月 25 日），熊河水、李秋华主编：《新四军与南昌》，华夏出版社 2002 年版，第 172 页

不发展，关门主义相当浓厚。[①]针对这些情况，曾山与项英商议后，经常调各地负责人来讨论工作，调一部分比较强的同志来分局当巡视员，以加强对各地工作的指导和联络，并着力抓了六项主要工作，即"整理各地党组织"，"利用一切方法加紧干部教育"，"利用一切可能去开展统一战线"，"利用一切公开合法的名义深入群众"，"尽量设法推销《新华》《群众》《解放》来扩大党的宣传与影响"，"特别注意铁路、汽车、船夫等工人运动"，[②]以求迅速打开工作局面。曾山还和涂正坤商定，将到东南分局汇报工作的谭启龙留下，任分局巡视员，以加强巡视工作力度。

此间，许多省内外的进步青年和学生纷纷前来要求参加新四军，项英、陈毅、曾山等热情接待了他们。不少游击战争时期失去联系的老党员、老同志也主动前来，要求恢复关系、分配工作。曾山等人在调查核实后，都按党的政策尽量予以安排。期间，徐锡根打电话到东南分局，要求同项英到一个旅馆见面。徐锡根曾任中华全国总工会执行委员会党团书记、中央政治局委员。1932年被捕叛变后，任国民党江西省党部调查统计室主任。项英同曾山商量是否要见面，曾山对此十分谨慎，认为"与他见面目的只能侦察一些消息和分散他们对我们的攻击外，无其他作用"，建议项英不要与徐锡根见面，改派其他人与其见面，但徐锡根坚持只同项英亲自见面。项英最后采纳了曾山的建议，没有同徐锡根见面。

1938年3月15日，中共中央发出《关于大量发展党员的决议》。项英和曾山坚决贯彻执行中央的决议，以东南分局的名义给省委、

---

① 《东南分局关于两个月来工作情况和目前工作意见的报告》（1938年3月25日），熊河水、李秋华主编：《新四军与南昌》，华夏出版社2002年版，第173页。

② 《东南分局关于两个月来工作情况和目前工作意见的报告》（1938年3月25日），熊河水、李秋华主编：《新四军与南昌》，华夏出版社2002年版，第174页。

各特委下达猛烈发展党员的"指示信"，分析了前一阶段组织发展缓慢的原因，进而指出，党员多的地方，统一战线也开展得很好；党员薄弱的地方，统一战线也很薄弱。只有大力发展党，才能加强、巩固、扩大统一战线，战胜日本；要求各地党组织严格纠正只限于审查线索与恢复关系的工作，要大胆、积极地发展新党员；发展党员不应限于过去的老区域，而主要是向城市及一切没有组织的地方，将一切工农群众积极分子和抗敌救国中先进分子吸收到党内来；纠正只限于工作团及县委少数人去发展党员的做法，动员全党，特别是依靠支部努力，使发展党员成为支部重要任务，成为每一个党支部中心工作之一。支部内经常分配每一个党员具体的谈话对象，在支部内经常讨论每个同志所负担发展党的工作，帮助同志解决工作困难，使每个同志能超过自己所担任发展党的任务。"指示信"提出要把发展党与开展下层统一战线密切联系起来，一面进行各种群众组织，同时建立党的组织，使有了工作的地方，就有党的组织，这就需要在统一战线中，大量的扩大党的影响，解释党的主张，在政治上开展吸收党员运动，把工人、雇农一切积极分子吸收到党内来。猛烈发展党，但也不能放松严格审查，并有计划地对新同志进行初步训练。[①] 这为各地党组织开展工作指明了方向，大大推动了各地党组织的恢复和发展。

曾山要求各地党组织利用合法身份，在抗日团体的流亡青年中物色对象，对积极分子重点培养、教育，经过实际工作考验，从中积极慎重地发展党员，建立党组织，培训干部。谭启龙遵照曾山的指示认真开展工作，先后秘密吸收李广、钱敏、陈野萍、严永洁、

---

① 《中共中央东南分局关于猛烈发展党组织给中共闽浙边临时省委及各特委的指示信》（1938 年 4 月 2 日），中共江西省委党史研究室编：《中共中央东南分局史略》，江西人民出版社 2005 年版，第 57—59 页。

程桂芬等 100 多名青年入党，分别派往国民党政权和群众团体工作。这些同志后来成为我们党开辟苏皖敌后抗日根据地的骨干力量。

与此同时，曾山亲自领导了恢复组建江西省委、南昌市委及部分基层党组织的工作。1938 年 2 月，在曾山直接领导下，成立了"中共南昌临时委员会"，曾山兼任书记，涂振农任副书记，郭潜任秘书长，周平非、邹文宣、李肇令等为委员。4 月，由于斗争形势的迅速发展，临时委员会的工作任务愈来愈繁重，曾山决定单独建立中共南昌市委，主要任务是领导南昌各救亡团体和基层组织，这是大革命失败后，南昌重新建立的第一个党的领导机关。新的南昌市委以周平非为书记，余昕任副书记兼组织部长，邹文宣任宣传部长，李肇令任统战部长。因周平非未到职，市委工作由余昕负责。1938 年 4 月至 6 月，新四军军部及东南分局机关陆续迁往皖南，曾山暂留江西处理遗留事务。为领导全省各地党组织，经中央批准，8 月，中共江西省委在南昌秘密重建，机关设在新四军驻赣办事处内，曾山任省委书记，涂正坤任副书记，曾金声任组织部长，黄道任宣传部长，邓振询任民运部长，李坚真任妇女部长，钟效培任青年部长，郭潜任秘书长，隶属中共中央东南分局。①

曾山领导的江西省委及南昌市委，在抗日救亡团体、工厂、码头、农村、学校和国民党在江西各抗日部队中大力发展党员，建立党的秘密组织。如乡抗团 3 个队和 1 个戏剧队，各有 2 至 3 名党员；青年服务团 10 个大队中，有 5 个建立了党支部。其他如省抗敌后援会、省民教馆、省妇女指导处、妇声社、江西流亡青年招待所、民先队东南总队、上海（迁南昌）煤业汽车救护队、南昌电厂、大巷口码头、赣江木船工人救国会、火车站、新村和扬子洲农村、一中、二中、

---

① 中共江西省委党史研究室编：《中国共产党江西历史》第一卷（1921—1949），中共党史出版社 2016 年版，第 467 页。

工专、心远、民国日报社、生活书店等单位都发展了党员。特别是在江西正面战场上国民党抗日部队 6 个集团军（第一、九、十九、二十、三十、三十二军）及省保安司令部中，均发展了地下党员，有的还在其中担任部队指挥官。据统计，仅在南昌地区发展的党员就达 600 名之多，他们在江西国共合作抗战中发挥了先锋模范作用。

曾山对青年服务团格外重视，指示余昕、郭敏、邝劲知及倪志坚等 4 名党员，成立临时总支委员会，并亲自参加总支的会议，后又委派分局秘书长郭潜直接领导。青年服务团五大队赴上饶前夕，曾山及黄道等直接向临时支部书记钱敏布置工作任务："除进行抗战动员宣传教育、开展抗日民族统一战线工作外，要在上饶发展民先队和党员，建立党组织；还要对老苏区人民进行红军为什么要改编为新四军开赴敌后，开展游击战争的教育，恢复老苏区党的组织，并领导在玉山的江西省保安第一团政工宣传队中共支部的工作。"①

在项英、曾山的努力下，至 1938 年夏，东南分局直接领导的党组织有所恢复，主要包括：江西省委，下辖湘鄂赣特委、湘赣特委、赣南特委、吉安县委、万泰县委、东固特区；浙江省委，下辖永嘉特委、沿海特委、浙西南特委、临海特委、金华县区特委，宁海特委；福建省委，下辖闽东特委、闽赣特委；直属分局的还有赣东特委、皖南特委、南昌市委及丰城工委。江西党组织从 1000 多党员，发展到 1.8 万党员；南昌市党员由不足百人，发展到近 4000 人；福建党组织也发展到近 4000 人。

随着党组织的恢复发展，党员干部的教育培训显得十分迫切。为此，曾山又领导开办干部培训班，兼任班主任，并亲自给学员们授课。学员大部分是县区干部，多数从皖南、苏南，以及浙江、福

① 熊河水、李秋华主编：《新四军与南昌》，华夏出版社 2002 年版，第 119–120 页。

建等国统区地下党组织中调来。学习的课程有《列宁主义问题》《政治经济学》《中国革命问题》《党的建设》等。培训班开办了五六期，每期 3~6 个月不等，共培养了干部 6000 余人，输送到新四军和基层组织中。通过培训班的学习，使广大党员干部和革命青年很快统一了思想，为共同抗日奠定了思想基础。

作为东南分局的组织部长，曾山除了大力发展党员、巩固壮大党组织、培训干部外，还十分注重对干部的提拔和使用。曾山认为，重新教育旧干部与大胆提拔新的干部，对于工作开展有着决定性的意义。提拔新干部是猛烈发展党的必须条件。新干部提拔的条件，一是对党忠实，积极为党工作，而且是在工作中考验过的；二是同群众的联系，一贯地站在群众利益上努力。假如这两个条件都够了，应该大胆地提拔起来为党的干部。至于他的工作能力不够，应经常帮助与指导，不断地纠正弱点，发扬他工作好的机能，造成强健干部。

领导江西抗日救亡运动

为了动员广大民众共同抗敌，中共中央东南分局和新四军驻赣办事处坚决执行党的统一战线政策和全民族抗战的方针，积极开展上层抗日民族统一战线工作，争取和团结各党派、各阶层人士投入到抗日斗争中，巩固发展江西抗日民族统一战线局面。同时，大力发展、组织东南地区各种民众抗日团体，建立党对抗日团体的领导。在东南分局的领导下，江西的民众抗日救亡运动如火如荼地开展起来。

为了推动江西国民党军政当局抗战，曾山非常重视争取、团结国民党上层人物、各党各派知名人士和社会贤达、各界名流的工作。1938 年 1 月中旬，曾山、黄道以新四军驻赣办事处名义，在南昌下沙窝励志社宴请国民党高层人士和各党派成员。出席宴会的有国民党元老李烈钧，江西省政府秘书长刘体乾，以及南昌的各党派负责人。曾山代表中共中央东南分局发表了长篇演讲，阐述中共的政治主张和抗日立场。曾山指出，大敌当前，国民党、共产党和各党派之间应捐弃前嫌、消除成见，以救亡为重，团结一致，共同抗日。

曾山讲完，请众人发表高见，但迟迟不见有人起身说话。隔了很久，国民党元老李烈钧站起来拍桌子，发脾气。李烈钧开腔就骂了一通共产党，声称："我们怎么能和共产党人在一块吃饭！"继之，李烈钧又大骂熊式辉说："共产党不好，还请我们吃饭。熊式辉连饭都不请我们吃！刚才，共产党代表曾山先生讲的团结抗日的意见很好，秘书长应该把这一情况反映到熊式辉"。[①] 李烈钧虽然反共，但与熊式辉也有深刻的矛盾。曾山等就利用国民党内部的矛盾，进行合法斗争，争取国民党上层人士，团结国民党中积极抗日救亡的分子，以扩大中共抗日民族统一战线政策的影响，更充分地动员各党派、各方面、各阶层的力量，把一切可以团结的力量团结起来，结成最广泛最坚强的抗日民族统一战线。

会后，曾山又指示办事处召开座谈会，同罗隆基、蒋经国等十余人广泛交换意见，进一步阐明中共统一战线政策和团结抗日主张。曾山指示黄道、涂振农等人与国民党江西省党部、江西省保安处保持联系。凡是省党部、保安处组织的抗日救亡活动，均派人代表新四军参加。1938年春，曾山指示驻赣办事处积极与江西省主席熊式辉联系，建议特聘许德珩、罗隆基、王造时、程希孟、彭文应等7人参加省参议会，制定抗战时期进步的施政纲要。

上海、南京沦陷后，许多妇女界知名人士先后来到南昌。曾山便指示东南分局妇女部的陈少敏、李坚真等人与她们加强联系，建立友谊，团结动员各阶层妇女参加抗日民族统一战线。宋庆龄、何

---

① 《访问曾山同志记录整理》（1960年），存江西省档案馆。

香凝来南昌时，陈、李主动与她们联系，通报情况，求得宋庆龄对东南分局、江西省委工作的了解和支持，宋在公开场合称赞东南分局妇女部《妇声》月刊办得好；邀请史良、雷洁琼及蒋经国夫人蒋方良在《妇声》发表文章，扩大这个宣传阵地的影响；通过李德全、胡子婴、史良、许广平等的活动，解决被扣新四军经费、药品、医疗器械等问题。

蒋经国时任江西省保安处少将副处长、江西省政治讲习院军训总队长等职。曾山也指示驻赣办事处通过夏征农、笪移今等一些同志的关系，去影响、推动他抗日。蒋经国曾发起过几次座谈会，如人力车夫座谈会等。对蒋经国所做这些有益于抗战救亡的工作，曾山均采取了积极赞助的态度。蒋经国任赣南行署专员后，曾山还多次指示赣州市委"一定要做好蒋经国的统一战线工作，调动他的积极性，帮助他做出成绩。只要对抗战有利，有一点成绩就肯定一点。"①

曾山还指派以陈训涛、郁守启、欧阳超、胡兴渐等四名党员为骨干的十几名进步青年，深入江西保安司令部各团，任教导员、指导员等职，团结、改造这批武装。后来，陈训涛等分别担任了九江、上高、玉山等地保安团政训室主任等职，与东南分局保持着联系，以推动中共在国民党武装部队的工作。赣东北地区有一支川军部队驻防九江至景德镇一线，其中一六〇师是参加过淞沪抗战的部队。曾山决定以谭启龙和贺敏学等同志组织一个工作委员会，争取这支部队，谭启龙负责政治工作，贺敏学负责军事工作，以这支部队为基础，在赣东北开展游击战争。后因日军逼近九江，该部调防他处，争取工作不尽如人意，但曾山等大力开展对友军的统战工作，支持国民党军队抗战的做法，却是值得肯定的。

---

① 江西省新四军研究会编：《新四军在江西》，赣新出内准字第0000001号，1997年印，第147页。

　　1938年6月26日，长江马当要塞失守，日军进犯九江，威逼武汉、南昌。8月初，曾山和黄道、涂振农等江西省委负责人，在南昌阳明路洪都招待所举行招待会，邀请各党派负责人、各界名流共商团结御侮大计。参加招待会的有国民党元老李烈钧、国民党中央监委熊育钖、辛亥革命元老彭程万；江西省政府委员刘体乾、程时煃、熊燧；国民党江西省党部委员李中襄、杨不平、王冠英；省参议员许德珩、王造时、程希圣、彭文应；政治讲习院潘大奎、孙晓村、孙席珍、夏征农；省保安处副处长蒋经国、政训处萧淑宇；第三党王枕心；知名人士熊芷、雷洁琼、罗琼、刘九峰；著名记者范长江、陆诒、石西民、刘尊棋及国民党中央通讯社和江西民国日报记者等，共约40人。

　　黄道扼要说明招待会主旨后，即当场散发曾山、黄道、涂振农三人署名的《我们对于保卫江西的意见》。《意见》书对政治、军事、经济、社会、人才诸多方面，提出了具体意见并加以详尽阐述。首先，军事方面：巩固和提高保卫江西的军事力量，根据各保安团及各地方武装的特长，适当地分配他们担任守备阵地与游击战的任务，选择有利地形构筑必要的军事据点。其次，民众动员方面，彻底改变过去许多地方强迫捉丁的办法，实行广大的政治动员，积极准备发动广大人民的游击战争。建立游击区，给广大民众以游击战争的军事训练。《意见》书还特别强调加强部队中抗战政治工作，泯除任何党派成见，共同担负起保卫江西的伟大任务。《意见》书驳斥了江西"朝不保夕"的谬论，强烈抨击了恐日病分子"缺乏民族自信心"和"对抗战前途悲观"的情绪，号召发扬"不甘向异族屈服的民族正气"，尽"一切力量来保卫我们的江西""保卫我们最后一个政治经济中心——武汉"。①

李烈钧第一个发言说，此次盛会表现了我们的团结。曾、黄、涂三位所提出保卫江西意见很好，希望党政当局能采纳实行。李提议由党政当局召集各方人士，共商保卫江西大计，群策群力，更有效地保卫大江西，保卫大武汉。国民党中央监委、老教育家熊育钖发言对共产党的艰苦斗争精神，极端羡佩。熊育钖认为，在目前这样紧急关头，应团结一切力量，争取抗战胜利，对共产党不应有丝毫的歧视。李中襄、程时煃、彭程万、杨不平、许德珩、王造时、王枕心等纷纷发言，对曾、黄、涂的意见予以赞同，表现了同仇敌忾、为保卫江西而战斗的爱国精神。参加招待会的施新华回忆说："这次招待会对各界人士的影响是巨大的，反映极为良好。他们对中共江西省委负责人曾山等同志为保卫江西而提出的具体建议，一致予以好评，要求国民党高度重视和采纳实行。"②

曾山初回江西时，南昌地区的抗日救亡气氛还不浓。江西省政府对抗日团体的态度是：允许存在、严加限制，准予一般性的宣传、慰问和募捐等工作；对各界知名人士的态度是：处处设防、横加阻挠；对沦陷区流亡来南昌的青年的态度是：敷衍搪塞，拒之门外，甚至还把来南昌进行抗日救亡工作的青年当作难民遣散。江西抗敌后援会主任委员许德珩，是熊式辉专门邀请来南昌工作的。许德珩原籍江西九江，是北京大学著名教授。许德珩在一次战地记者招待会上，就曾牢骚满腹地说：南昌有的是热血沸腾的青年学生，有的是爱国爱乡的民众，有的是热心救亡的工人，只要当局贤明地领导，放手大胆地来动员，一定可以增加抗日的力量，直接帮助保卫江西，保

① 曾山、黄道、涂振农：《我们对于保卫江西的意见》，《新华日报》，1938 年 7 月 4 日。

② 政协江西省南昌市委员会文史资料研究委员会编：《南昌文史资料》第 3 辑，洪出字（八五）第 15 号，1985 年 9 月印，第 40 页。

卫武汉。

上海、南京沦陷以后，北平、上海及津浦、沪宁、沪杭铁路沿线成千上万的知识青年和流离失所的难民，流亡到了南昌，加之本地已聚集的为数众多的爱国青年教师、学生，南昌便成了东南半壁救亡青年、流亡难民的汇集点。为此，曾山征得项英同意，决定将南昌作为东南各省开展抗日救亡活动的重点地区来抓。由于第二次国共合作和全国抗日救亡新高潮的推动及各方面人士的共同努力，一大批抗日救亡团体如雨后春笋般地涌现，如：许德珩等领导的江西省抗敌后援会，王枕心等领导的江西省青年服务团，王敏仪等领导的妇女生活改进会，程宗宣等领导的江西乡村抗敌巡回宣传团，国际友人路易·艾黎创办的东南工合，等等。曾山及东南分局、中共江西省委采取的办法是：建立联系，充实骨干，加强指导，扎扎实实地推动其工作，迅速掀起声势浩大、如火如荼的群众性抗日救亡高潮。

1938 年 1 月 10 日，在东南分局、新四军驻赣办事处的推动下，江西最大的职业性抗日救亡团体——江西青年抗日救国服务团（简称江西青年服务团）在南昌成立。江西青年服务团是抗日民族统一战线的产物，是国民党江西省政府和新四军驻赣办事处合办，国民党江西省政府主席熊式辉任团长，王枕心任总干事，实际主持工作，成员有共产党员、国民党员、第三党人士和无党派人士。王枕心联络夏征农、薛暮桥、朱克靖等共产党员共同参与组织工作，开展救亡运动。服务团编为 11 个大队，共有千余人，有一批中共地下党员在各大队工作，在 5 个大队设有党支部。它是全省最大、人数最多的群众性青年抗日救亡职业团体，是江西青年运动和救亡工作的支柱。

东南分局切实重视加强服务团中党的力量，副书记曾山亲自组织余昕、郭敏、廖劲知、倪志坚成立临时总支委员会，以团结广大青年积极开展思想教育工作，① 使青年服务团生气蓬勃，取得了积极的工作成效，很快发展了 30 名新党员，在全省各地开展抗日救亡运动。为加强对其领导，东南分局在第一、三、四、五、六等五个大队中建立了党支部。尽管工作十分繁重，曾山对流亡青年、青年团体和难民的工作仍非常关心，常亲自听取汇报、了解困难、布置工作。当年江苏一位流亡青年救亡团体的负责人感慨地说："江苏青年难民取得的每个胜利，都是与分局的正确指导分不开的。"②

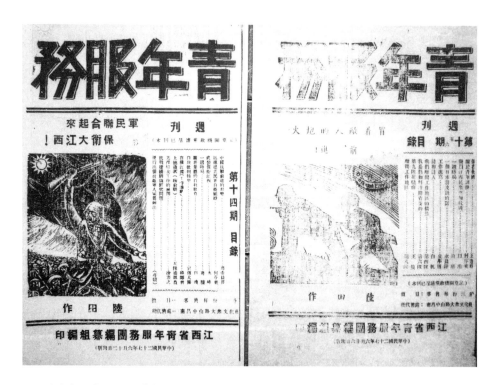

江西省青年服务团团刊《青年服务》

① 中共江西省委党史研究室编：《中国共产党江西历史》第一卷（1921—1949），中共党史出版社 2016 年版，第 471 页。

② 黄宗林主编：《铁军出山风云》，赣出内局字（1991）第 083 号，江西省新四军研究会 1992 年印，第 270 页。

　　青年服务团成立后，夏征农邀请各党派知名人士来给大家作报告，黄道做国内外形势报告，新四军派员讲《抗日民族统一战线》《游击战的战略和战术》，蒋经国也应邀讲《抗日战争形式和团结》。各大队采取演话剧、街头剧、地方剧，以及墙报、演讲、歌咏、漫画等方式宣传抗日主张，激发民众的爱国热情。

　　东南分局成立后，曾山派罗孟文等到赣江流域船工中进行建党工作。同年5月，在南昌石头街成立了中共赣江河流总支委员会，李昭贤为书记，李祺德为组织委员，叶其初任宣传委员。不久，即建立南昌、吉安、万安、赣州4个码头支部。10月，重建被破坏的赣江河流总支，王贤选为书记，黄耀亮任宣传委员，叶忠来任组织委员，又恢复新建了吉安、万安、泰和、赣州等码头支部并在有3名党员的大船上建立党小组，开展活动。

　　为了调动船工的抗日积极性，更好地发挥水上交通特殊功能，1938年7月，中共赣江河流总支直接领导成立了赣江木船工人救国会。救国会设主任、副主任、组织委员、宣传委员，均由中共赣江河流总支负责人兼任，办公地点设在南昌石头街一缝衣铺中。赣江木船工人救国会的宗旨是："团结赣江木船工人，改善工人生活，参加抗战动员工作，为中华民族的彻底解放奋斗到底。"入会条件是："凡属赣江木船工人，不分帮口派别宗教信仰，赞成本会宗旨，履行本会一切决议，在本会领导下参加一切抗战动员工作，努力民族与阶级事业。"9月1日，救国会印发《赣江木船工人救国会简章》，提出"有钱出钱，有力出力，共赴国难，抗日救国"的号召，船工奔走相告，报名参加者非常踊跃，会员很快发展到3000余人。吉安、万安、樟树、赣州、于都、会昌、九江等地，先后成立了赣江木船工人救国分会。救国会的工作主要包括两方面：（1）宣传抗日救亡，支援前线作战。如在赣江流域广大船民中宣传中共《抗日救亡十大纲领》，宣传中共抗日救亡的一系列主张及前方胜利消息，揭露日军种种暴行。先后组织掩埋队、战时服务大队，公开声明拒绝搬运仇货，及时运送前线军需物资，热心、主动地为抗日将士服务。此外，还积极输送新四军物资。如 1939 年赣州"工合"为新四军赶制了一批棉衣、雨具、军鞋，都由救国会组织船只安全运抵指定地点。（2）负责交通联络，掩护各级中共领导机关。南昌沦陷后，赣江木船工人救国会按照中共江西省委部署，赶制两艘木船，均为夹层结构。大的用于放置电台、文件；小的用于接送过往同志、传递文件。省委主要领导人曾在这两艘船上隐蔽活动达两个多月，往返于清江县寡妇桥至万安县鸟子阁间，领导斗争，直到年底方才移岸上武功山驻地。中共赣西特委、遂万泰中心县委的一些活动，诸如会议、学习、短训班亦在船上进行。

　　1938 年 5 月，东南分局青年部领导成立抗日民族解放先锋队东南总队，陈丕显任书记，总队长杨斌，副总队长于光远，组织部长刘烈人，宣传部长廖元豫。创办了刊物《青年团结》，广泛宣传抗日主张，在各单位吸收了一批积极从事抗日救亡活动的先进青年如余仲言、程应等人加入，经过党的教育培养和斗争锻炼，后来许多民先队员成为共产党员，参加新四军工作。8 月 13 日，民先队东南总队公开发表致第二次世界青年大会贺词，向世界青年大会强烈控诉日本强盗侵华暴行，报告中国青年在抗战烽火面前不分党派，不分信仰，不分阶层，空前地团结起来了，在战时后方城市工厂、农村田庄积极加紧生产，以增强抗战物质力量；在前线，在敌占区，则猛烈地与敌人进行血肉的搏斗！贺词还呼吁世界青年伙伴们：在反法西斯的共同行动上，给我们抗战的中国青年积极地援助，推动广泛的援华运动；同时也要求本国政府实行强硬外交，决心用武力阻止正在进行而且日益扩大的日军侵华战争！

1938年初，根据东南分局青年部的指示，在省民教馆开展青年工作的地下党员杨洪、邹文宣、程一惠等，以新建大塘青年读书会会员40余人为基础，联合流亡来南昌的青年学生100多人，准备筹组"南昌市青年抗战建国协会"，当局未予承认。1938年5月，杨、邹等与四川来赣的解国生、艾文风率领的战地服务团200多名青年座谈，会上一致通过成立"江西省青年战时工作团"。青战团成立后，立即举办了抗战知识讲习会，开展抗日救亡、团结御侮教育。大部分团员在团部领导下，先后组织了伤兵工作队、工人工作队、难民工作队，还设立了青年读书室，做了大量颇有成效的工作。

1938年3月初，地下党员潘咏流、吴伟在东南分局妇女部支持下发起成立妇声社，许德珩夫人劳君展任社长。它是东南分局妇女部直接领导下的一个以青年妇女为主体的群众性妇女团体，实际是妇女部的外围组织。内设有识字班、缝纫班、歌咏队等。妇声社党内负责人是潘咏流、胡道坷、吴伟、左诵芬。社员由开始的120人发展到后来的近500人，出版《妇声》双月刊，大力宣传党的政策、宣传抗日、发动群众、发展党员、建立党的组织。妇声社吸收大量的女工、女学生、女职员参加，为前方抗日将士制作急救包、鞋子、军衣、袜子等军需品，支援前线，影响很大。

江西省各界民众抗敌后援会（简称"省抗敌后援会"）是国民党江西省政府组织的抗日团体。东南分局遵照党中央关于"共产党员不应拒绝去参加国民党所包办的、有群众的抗敌后援会"[①]的指示，积极派人加入江西省各界民众抗敌后援会，并利用一切机会宣传、发动和组织群众，争取后援会的群众走上积极抗日道路，团结

①　《中央关于开展全国救亡运动的指示草案》（1937年10月17日）。中央档案馆编：《中共中央文件选集》第10辑，中共中央党校出版社1991年版，第360页。

其中左倾的积极分子在自己的周围，并利用后援会的合法组织与其中的积极分子去开展群众的救亡运动。东南分局派地下党员黄贤度担任省抗敌后援会流亡青年招待所所长，他先后介绍流亡青年 500 余人到各团体从事抗日救亡工作；派遣地下党员周国钧、程时轩担任省抗敌后援会青年界分会负责人，在《抗战月报》上增辟副刊《江西青年》，作为团结教育广大青年抗日的园地。在党的组织推动下，省抗敌后援会还与江西青年服务团、省妇改会等团体联合开展募捐、展览、慰劳军队、救助伤员等抗日活动。

各抗日救亡团体，以多种形式宣传抗日救国道理，启发广大群众的爱国热情，抗日救亡运动一浪高过一浪，极大鼓舞和激发了东南各界群众的抗日士气。青年知识分子成为这一区域民众救亡运动的动力，由青年的救亡运动发轫，乃至推动工运、妇运的开展，由抗日联系到民主（改革政治机构等），建立新的群众组织，改造旧的（如妇改会），运动由城市席卷到乡村，一派奔腾澎湃，激荡着整个区域。党组织在运动中成为领导者与推动者，在抗日民族统一战线总方针下，采取联合与独立的统一的策略，以进行合法与非法的斗争，在群众组织中占绝对优势。[①] 江西抗日民族统一战线和群众抗日团体获得很大发展，曾山及其东南分局的同志们功不可没！

参加中共六届六中全会

为了总结全国抗战以来的经验教训，确定党在抗战新阶段的基本方针和任务，解决党内一度出现的右倾错误，统一全党的认识和步调，1938 年 9 月 29 日至 11 月 6 日，党中央在延安召开扩大的六

---

① 《江西省委抗战两年来工作总结》（1941 年 6 月 17 日），中共江西省委党史资料征集委员会、中共江西省委党史研究室编：《江西党史资料》第三十五辑（抗日战争时期的中共江西省委），中央文献出版社 1995 年版，第 57 页。

中共六届六中全会代表合影

届六中全会。9月29日，六届六中全会举行第一次全体会议。出席会议的除中央委员17人外，还有中共中央各部门和全国各地区的负责人38人，这是六大以来出席人数最多的一次中央会议。曾山作为东南地方党的代表出席了会议，并向大会提交了书面报告《谈东南分局工作》，详尽回顾了东南分局的基本状况，全面总结了东南分局的工作成绩。

10月23日，曾山在会上作了发言。曾山首先表示"同意毛、洛、陈等同志的报告，给我们将来的工作，更有许多办法，更克服许多困难"，"在遵义会议以后党中央更加强大起来，像北冰洋船一样，勇往直前地前进"，"全国二百万军队与将近一千万民团，过去打我们，现在与我们联合，共同打日本，我们军队，党的组织达到空前的发展"。接着，曾山依次汇报了"江西的工作情形""浙江的情形""统一战线的工作方法""党的工作情形""群众工作"等问题。曾山说："国民党现在控制联保，保甲采取两面派，不夺取保甲，则不能夺取其群众"，"东南党思想统一，对党中央绝对信任。党员恢复60%，支部工作能经常开会者占1/3"。曾山认为，要善于利用国民党灰色团体，如座谈会、歌舞会、学生会、青年服务团等来开展工作；要加强领导青年工作，对于三民主义青年团，要从内外去影响它。①

这次会议，在党内主要是贯彻党中央和毛泽东主席提出的抗日民族统一战线中独立自主的原则，发动群众开展游击战争，独立自主地发展革命力量，建立敌后根据地。当时，王明主张"把军队开到湖北去保卫武汉"，"一切经过统一战线"，会议批判了这种右倾错误的观点。②会议基本上统一了全党的步调，为实现党对抗日战争的领导进行了全面的战略规划，推动了各项工作的迅速发展。

会议期间，组织上给过去受"左"倾路线打击迫害的同志平了反。毛泽东说，对萧劲光公审和开除党籍是"岂有此理"；对瞿秋白、何叔衡等的处罚"皆不妥当"；对周以栗、余泽鸿在政治上组织上的打击是不对的；对邓小平的打击"亦应取消"；对陈毅、曾山、张鼎丞等所受的批评、处罚"皆应取消"。③洗雪了莫须有的罪名，曾山心情愈加舒畅，精神愈发振奋。

大会结束前，日军已占领汉口、岳阳，徐特立、曾山、张文彬、高文华等只能由西安绕道重庆、贵阳等地返回。不料，途中遭到国民党当局的阻挠和刁难。到贵阳时，曾山、徐特立所携带中共六届六中全会决议及政治经济书籍全被没收，以至六届六中全会精神无法迅速传达贯彻。④1939年1月19日，曾山、邓六金及饶守坤等抵

---

① 《曾山在六届六中全会上的发言》（1938 年 10 月 23 日），存中央档案馆。

② 《访问曾山同志记录整理》（1960 年），存江西省档案馆。

③ 中共中央文献研究室编:《毛泽东传（1893—1949）》，中央文献出版社 1996 年版，第 520 页。

④ 中共中央文献研究室编:《周恩来书信选集》，中央文献出版社 1988 年版，第 168 页。

达皖南新四军军部。曾山向项英汇报了工作，并和邓六金一同看望了赖传珠、孙湘夫妇。① 邓六金随后被分配到东南分局妇女部任巡视员，曾山返回南昌。

1939 年 2 月 18 日，周恩来偕叶挺等离开桂林，拟经赣北赴皖南新四军军部，代表中央向新四军传达中共六届六中全会精神，确定新四军的战略方针，并视察东南地区党的工作。2 月 19 日，曾山等在吉安受到周恩来秘密接见。② 曾山向周恩来汇报了江西的形势和地方党的工作，聆听了周恩来对江西工作的重要指示。此前，中共中央书记处会议决定，南方局管辖华南、西南各省党组织，江西、上海工作亦归南方局管。周、曾会晤，实际上是东南局向南方局移交江西党组织工作。

2 月 23 日，周恩来到达皖南新四军军部及东南局视察，受到项英、陈毅、曾山、袁国平等人的热烈欢迎。周恩来传达了党的六届六中全会精神，并在新四军活动分子会上做《关于统一战线工作》的报告，论述统一战线的性质、特点、形式、原则、方法及其发展前途；向部队和地方干部做《目前形势和新四军的任务》的报告，分析武汉失守后的形势变化。周恩来指出：我们抗战的中心放在敌后，在敌人占领地区开展游击战，实施新的施政纲领，整理地方武装，跟敌人在政治上、经济上、文化上、军事上争胜负。

1939 年 3 月中旬，曾山回到南昌后，立即召开省委扩大会议，传达党的六届六中全会精神。曾山向省委全体成员传达周恩来的指示，改组省委并布置今后坚持斗争事宜。省委书记本拟由东南局委员、新四军驻赣办事处主任黄道担任，后因黄道即将赴皖南，改由

---

① 赖传珠著：《赖传珠日记》，人民出版社 1989 年版，第 148 页。
② 中共中央文献研究室编：《周恩来年谱（1898—1949）》（下），中央文献出版社 2007 年版，第 444 页。

郭潜担任，副书记涂正坤、组织部长曾金声、民运部长邓振询、妇女部长李坚真。由于日军飞机经常到南昌轰炸，城内秩序异常混乱，会议时断时续，后转至丰城举行。曾山要求与会同志根据党的六届六中全会精神，在一个时期内注意反对党内出现的右倾错误，指出党在敌占区和国统区的地下工作，要认真贯彻中央"隐蔽精干，长期埋伏，积蓄力量，等待时机"的方针。

为在组织上做好武汉失守后的工作部署，党的六届六中全会同时决定在中央长江局管辖范围内分设三个中央局，即中共中央南方局，书记周恩来；长江以南地区，将东南分局改为东南局，书记项英；长江以北另设中共中央中原局，书记刘少奇。1939年三四月间，东南分局正式改为东南局。东南局委员为项英、曾山、黄道、陈毅、袁国平、饶漱石，项英任书记，曾山任副书记，兼任组织部长。3月17日，日军大举进攻南昌。国民党军政当局撤离南昌时，故意不通知新四军驻赣办事处，幸亏在国民党江西省保安处工作的黄贤度（中共秘密党员）及时通报其老师黄道，曾山等才获悉此事。曾山、黄道等立刻指挥东南局、省委、办事处所有人员，分乘5部汽车，仓促撤出南昌城。到向塘后分两路，一路往吉安，一路去上饶。曾山、黄道及谭启龙等去上饶。行至河口，曾山主持会议，决定赣东北所属组织分别划归皖南和闽北，即赣东一块归福建省委，赣北一块归东南局直接领导。

亲身经历了这次"胜利大逃亡"的李坚真回忆道："我们在南昌沦陷前三天分两批撤离，邓振询和我还有薛尚实、谭启龙、严永洁、郭潜是第一批撤出的，曾山、涂振农等第二批撤出。我们从南昌乘火车到浙江金华，火车上人很多，秩序很乱。在金华下车时，发现我们随身所带的行李，包括衣服和日用品等物，全部被人偷走了。在撤离南昌时，谭启龙和严永洁两人经组织批准，宣布结婚。他们的婚礼就这样在战乱中举行了。到了金华，我们两手空空，连条洗脸的毛巾都没有了，弄得我们好狼狈。第二天，曾山来了，幸好他带有钱，给我们每人买了一套衣服，一条毯子和洗漱用品。"①此后，曾山等到浙江金华，准备经此赴皖南抗日前线。

4月1日，周恩来到浙江金华视察工作。在金华期间，曾山向周恩来汇报了东南局工作的最新情况。周恩来指出，党的任务是坚持抗战，坚持持久战，坚持抗日民族统一战线，反对投降，打击汉奸、亲日派。②曾山参加了周恩来召集的东南局及闽浙赣三省党的领导人会议；专门约浙江省文委负责同志、著名作家葛琴等汇报文委的党组织和工作情况。会后，周恩来看到黄道和他二儿子黄知机，关切地询问他今后的打算。黄道说准备请曾山同志带他到军部教导队学习一段时间，然后到前线去锻炼。黄道的话，体现了他对老战友、老同志曾山的高度信赖和尊重。谁曾料到，金华一别，竟是曾山与黄道这位患难战友、亲密同志的永诀！

①　李坚真著：《李坚真回忆录》，中共党史出版社1991年版，第149页。
②　中共中央文献研究室编：《周恩来年谱（1898—1949）》下，中央文献出版社2007年版，第446页。

第八章
在东南抗战前线

主管东南局党务

东南局迁到皖南后，领导机构很不健全。书记项英军务繁忙，陈毅在前线指挥作战，黄道于1939年5月被害，实际主持东南局日常工作的只有曾山一人。1939年3月，曾山到达皖南泾县，任东南局副书记兼组织部长，分管民运部、敌占区和国统区地下党的工作，十分繁忙。

曾山到达皖南后，首先花了很大精力处理黄道被害事件和平江惨案。国民党五届五中全会确定了"溶共""防共""限共"的反动方针，国民党顽固派仍然不断制造摩擦，妄图破坏统一战线，各地接连发生袭击、杀害共产党领导的抗日军民的反共事件。这其中，黄道被害事件和平江惨案就是较为典型的两起惨案。革命同志的牺牲使曾山悲痛万分，他投入很大精力参与处理善后工作，并积极做好烈士后代的安抚工作。

1939年4月下旬，黄道送周恩来离开江西后，即由吉安赴皖南新四军军部。黄道途经上饶时染病，住进铅山县河口镇大同旅社治病。5 月 23 日，黄道不幸被特务买通的医生毒害而死。[①]曾山获悉此事后，十分震惊和悲愤，立即通知在青阳的皖南特委青年部长、黄道长子黄知真。黄知真自青阳赶到东南局驻地丁家山时，曾山安排他立刻赶往河口，安排其父安葬事宜。同时，曾山派东南局青年部长陈丕显代表东南局、新四军军部前去吊唁，并建议以东南局名义举行隆重的追悼会。黄道次子黄知机，刚由曾山带到新四军教导总队青年队学习，闻知噩耗，号啕痛哭，不能自已。曾山反复宽慰，劝其节哀。黄道幼子黄知深年仅 9 岁，尚在横峰老家。为免遭反动派迫害，项英和曾山交待陈丕显、黄知真把他带到新四军来。

　　5 月 25 日，中共中央东南局讨论通过了由曾山亲自起草的《关于悼念黄道同志的通知》，并下发所属各级党组织。《通知》指出，黄道同志的死"不但是党的损失，而且是全中国人民的损失，但我们不落泪，谨向死者致无限的哀悼，并号召东南党的同志，在前线在后方更加忠勇地奋斗而完成黄道同志未竟之功"，号召全党同志"学习黄道同志一贯来忠实于党的利益的布尔什维克的作风，和艰苦奋斗的精神，继续黄道同志为民族利益而奋斗的精神，加倍努力争取抗战彻底胜利"。《通知》强调"追悼黄道同志，必须坚持党的统一战线的政策，坚持持久作战与一切战争动员参战工作实际的联系起来，反对妥协，反对悲观失望，严密党的组织，巩固党的领导，只有这样，才是真正的继续黄同志的奋斗精神而奋斗"。[②]陈毅高度评价了黄道同志，称赞黄道是"江西人民革命领袖，中共优秀的领导干部，马列主义活动家，抗日的新四军的创造者之一"，"黄道同

---

　　①　陈群哲等著：《黄道传》，江西人民出版社 1992 年版，第 212 页。

　　②　《中共中央东南局关于悼念黄道同志的通知》（1939 年 5 月 25 日），《黄道文集》，江西人民出版社 2017 年版，第 212–213 页。

志停止了呼吸,留下革命尸体,造成我党及我们民族的巨大损失!"①

　　黄道事件余波未平,紧接着又发生平江惨案。1939年6月12日,国民党第二十七集团军杨森部特务营1个连,突然包围了驻湖南平江县嘉义镇的新四军通讯处,枪杀了新四军高级参议涂正坤和新四军司令部少校秘书曾金声。当晚,又将八路军少校副官罗梓铭、通讯处秘书吴渊、少尉军需吴贺泉、妇女干事赵录莹等人杀害,将通讯处财物抢掠一空,这就是震惊全国的平江惨案。曾山与涂正坤、曾金声、罗梓铭等都是很好的战友。涂正坤原任湘鄂赣省苏维埃政府执行委员,中共湘鄂赣省委组织部长,代理湘鄂赣省政治保卫局局长。红军长征后,涂正坤奉命留在湘鄂赣边区,与傅秋涛等人率领红军游击队坚持了艰苦卓绝的三年游击战争。1937年2月,任湘鄂赣省委书记。抗战初期,江西省委成立后,曾山任江西省委书记,涂正坤任副书记,积极配合曾山开展工作。曾山参加六届六中全会时,涂正坤一度代理省委书记,全面主持工作。南昌沦陷后,涂正坤以江西省委副书记、新四军高级参议身份重返平江,主持湘鄂赣特委工作。曾金声是江西省委刚恢复时的组织部长,也是曾山朝夕相处、患难与共的得力助手。罗梓铭是1937年12月底随曾山一同从延安派往东南分局工作的。曾山对涂、曾、罗等同志的遇难,异常悲愤。1939年7月中旬,湘鄂赣特委统战部部长黄耀南到江西省委汇报。江西省委根据东南局指示,要求黄耀南迅速恢复重建湘鄂赣特委。8月,湘鄂赣特委成立,平江县委书记骆其勋任书记,特委原青年部长罗其南任组织部长。翌年6月间,黄耀南来到东南局。曾山要他写了关于平江惨案的书面报告,并多次听取他的口头报告。8月,曾山分配黄耀南到东南局直属的皖南特委任副书记。

---

　　①　陈毅:《纪念黄道同志》(1939年),《黄道文集》,江西人民出版社2017年版,第1页。

曾山对烈士后代非常关心，经常询问黄知机、涂凤英的生活等情况。涂正坤独生女儿涂凤英当时年仅 18 岁，在皖南新四军教导总队女生队学习。曾山说："你们的父亲为党为人民牺牲了，你们要好好学习，继承父志，为抗战胜利努力工作。"[1]1940 年冬，曾山离开皖南前，安排黄知机去江苏、黄知深去福建。黄知深年幼，常到曾山家里玩，与曾山夫妇感情很深。黄知机走后，黄知深不肯去福建。曾山耐心地对知深说："现在形势紧张，你祖母在福建，你父亲有很多老战友、老部下在福建，那里群众条件好，你回福建安全。"[2]曾山为黄知深做了两套衣服，派罗华丰把他送到福建。到福建后，黄知深就成了一名小游击队员。黄知机、黄知深兄弟一谈起曾山，就说："我们三兄弟都是在曾山同志关怀下成长起来的。"[3]

曾山在东南局期间，坚决执行中央的指示，经常讨论决定具体的决议，发给各地党各部门遵照执行；派出巡视团，到各地巡视检查党组织建设和支部工作情况，纠正其中的错误做法，推动各级党组织执行东南局的决议，取得了积极的成效。这期间，曾山协助项英调整了新四军驻赣、闽、浙、湘等地的办事处、留守处、通讯处等机构，大部分予以撤销和缩并，一部分人员调新四军军部，一部分转入地下斗争。

1939 年七八月间，新四军第一次党代表大会在皖南泾县云岭召开，出席大会的党员代表 260 余人。中共中央东南局书记、新四军军分会书记项英主持会议，并在会上作了重要讲话，新四军政治部主任袁国平作了题为《过去党的工作总结及今后党的建设报告大纲》，军分会副书记陈毅和第三支队副司令员谭震林作了《对三年

① 刘勉钰著：《曾山这一生》，江西人民出版社 2015 年版，第 118 页。

② 刘勉钰著：《曾山这一生》，江西人民出版社 2015 年版，第 119 页。

③ 刘勉钰著：《曾山这一生》，江西人民出版社 2015 年版，第 119 页。

游击战争的总结报告》。曾山出席了这次代表大会，并被选为大会主席团成员，始终参与了大会的领导和筹备工作。大会回顾了新四军自成立以来在党的工作中所取得的成绩，指出新四军能发展壮大成为坚持大江南北抗战的唯一坚强的军队，是由于党中央的正确领导和全军一致坚决为党的任务而斗争的结果。大会具体讨论了抗战的形势和任务，明确了新四军党组织当前的任务，号召全军党员学习与接受三年游击战争的经验教训，保持和发扬革命传统，为完成党的一切决议和指示而奋斗，争取抗战的最后胜利。会上，全体代表一致通过了给中共中央政治局的致敬电和对三年游击战争基本总结的决议。8月1日，中共中央给大会发来贺电，盛赞新四军在两年中坚持大江南北的抗战，为沦陷区群众指出了一个光明的奋斗目标。同日，中共中央军委副主席周恩来也给大会发来了热情洋溢的祝词。中央党校和中国女子大学向大会敬献了"东南保障"和"抗战前锋"的光荣旗帜。这次大会是新四军历史上唯一的一次党代表大会，对新四军的建设，保证党对新四军的绝对领导和党的路线、方针、政策的落实，都有重要意义。这是中共中央东南局、中央军委新四军分会在领导新四军过程中的一个重要贡献。[①]

东南局所属党组织处于敌、伪、顽夹击中，斗争形势严峻。曾山要求党员提高警惕性，加紧党的秘密工厂支部建设，建立由上至下直线指导，禁止横的关系；突出下层工作，深入党的支部，党的组织建立到生产部门、农村与学校工厂中去；争取进步分子，坚持团结与抗战的方针；加紧党内阶级与党的历史、顽强斗争精神传统与马列理论教育，反对动摇，坚决洗刷混入党的坏分子，保证党的领导在忠实党的可靠同志手里。[②]在曾山等人的领导下，东南地区

---

① 王辅一著：《新四军简史》，中共党史出版社1997年版，第133页。
② 曾山：《关于巩固党指示的补充》（1939年10月），存中央档案馆。

党的力量发展较快，"无论是党领导下的群众组织与斗争，以及党员数与质，都增加了四五倍"，"除极少数县无党组织外，均有了这样繁大的组织"。①1939 年 9 月 8 日，曾山致电李富春、陈云，报告东南局党务情况。其中，浙江省委党员到 6 月止共有 15483 名，皖南特委党员 7543 名。②受国民党顽固派摧残，各群众组织和青年组织时起时落，需经常改头换面，变换名称才能生存，各地青年组织发展不均衡。其中，浙江最好，皖南、福建次之。青年组织中，党能起领导作用的有：浙江青年组织 42838 人，皖南青年组织 2970 名，福建青年组织 2350 人，苏南特委下青年组织 455 人，苏皖特委下青年组织 240 名，东南局直管的浙西特委下青年组织 618 人，另外青年团员 49471 人。③

　　1939 年秋，为贯彻中央"发展华中"的战略方针，曾山前往苏南，指导敌后地区的工作。10 月 27 日，曾山率东南局妇委书记章蕴和党训班干部 30 余人到苏南。11 月 4 日，曾山一行到达江苏溧阳县新四军第一支队司令部，受到陈毅等人的热烈欢迎。陈毅向曾山介绍了苏南的斗争形势和工作经验，提出新开辟根据地的工作基础还很薄弱，要求曾山多派干部来协助工作。鉴于苏南抗日根据地斗争形势发展较快，为加强对根据地斗争的领导，中共中央东南局决定成立中共苏皖区党委。曾山代表东南局赴苏南金坛，主持中共苏皖区党委成立大会。12 月 19 日，中共苏皖区第一次代表大会在金坛蔡家口召开。出席这次会议的有苏南、苏皖、苏北三个特委的

① 《曾山致李富春、陈云电——闽省群众自发经济斗争渐转我党领导》（1940 年 3 月 26 日），存中央档案馆。

② 《曾山致李富春、陈云电——皖南的党员青年组织情况》（1939 年 9 月 8 日），存中央档案馆。

③ 《曾山致李富春、陈云电——皖南的党员青年组织情况》（1939 年 9 月 8 日），存中央档案馆。

代表吴仲超、陈洪、王丰庆、刘烈人、程一惠、周苏平、任迈、彭炎、钱敏、李广、周婉如、姜杰、陈辛、谭启龙、韦一平、陈扬等人，东南局章蕴也出席了这次会议。曾山请陈毅作政治报告。陈毅分析了斗争形势，明确提出苏皖党要坚决执行党中央坚持抗战、坚持团结、坚持进步的总方针，团结一切可以团结的抗日进步力量，扩大抗日民族统一战线，巩固和扩大抗日根据地，坚持大江南北的抗战。吴仲超代表苏南特委做工作报告，苏皖特委和苏北特委的代表分别作了补充报告。三个特委的报告一致肯定党在大江南北所取得的伟大成绩，也对工作中存在的缺点和问题作了自我批评。根据中央的决定，会议撤销了苏南、苏皖、苏北三个特委，另成立中共苏皖区党委，统一领导 3 个特委所属党的组织，吴仲超、谭启龙、韦一平、章蕴、陈洪、刘烈人等为委员，王丰庆、任迈为候补委员，吴仲超为书记，谭启龙为副书记。会议通过了《苏皖区党的第一次代表会议决议》，提出了苏皖区党的七项任务，这次会议对于大江南北根据地的巩固与发展具有重要的意义。①

东南局工作人员在六中全会后，全部集中在前线，使皖南等地党的工作有了相当发展。皖南方面，共有太、南、铜、繁、青、芜、宣、旌、贵、绩② 及敌后等 14 个县委，有党员 11502 人。群众组织方面，共有工抗会员 1912 人，农抗会员 14798 人，青抗会员 574 人，妇抗会员 230 人，商抗会员 250 人，儿童 540 人，其他会员 737 人，合计共有组织群众 21116 人。总体来看，群众组织发展较慢，普遍组织只到保级，而乡级有组织的只有几个区，县级全无组织。群众

---

① 中国人民解放军历史资料丛书编审委员会编：《新四军·回忆史料》（1），解放军出版社 1990 年版，第 222 页。
② 太、南、铜、繁、青、芜、宣、旌、贵、绩，即安徽的太和、南陵、铜陵、繁昌、青阳、芜湖、宣城、旌德、贵池、绩溪等县。

武装方面，有组织县份为太和、泾县、旌德、青阳、铜陵、繁昌、南陵等县，名称为自卫队、游击队、猎户队等，部队人数共计3761人，大部为鸟铳及其他武器。① 南昌沦陷后，赣北党组织遭受打击，暴露的干部虽已撤退，但该地下层组织仍未脱离危险。到1940年9月，赣北特委下辖鄱阳、乐平、彭湖3县委，景德镇市委，祁门、弋阳2工委，合计9个区，共126个支部，一千零五六十个党员。江北（彭泽对岸）有党领导下的地方武装部队近百人，政府人员中，有一区长、一乡长、一副乡长为共产党员，三个地方武装中有党组织，共有党员114个，小学中有党员24人。其他群众组织如农民兄弟会，有会员百余人。②

党组织的发展推动了群众斗争的开展。抗战期间，敌人发行伪票，并利用汉奸大肆收购农产品，国民党的贪官污吏利用战时统治政策大发国难财，加上奸商囤积居奇，市场物资短缺，通胀严重。如"福建省米价一元只买到一斤半"，"其他物价，突涨几倍"，民众生活在水深火热之中。福建曾连续几个月发生抢米风潮和反捐税、抽壮丁等群众自发斗争，参加斗争的群众达九万人以上，且"斗争一战，就进入武装冲突"。东南局及时加强了对群众斗争的引导，群众自发的斗争逐渐转入我党的领导下。曾山提出"由非法斗争，争取合法地位，不让群众冒斗争失败，而握住初步胜利，待机再击进"③的策略，收到了较好的效果。

① 《曾山、饶漱石给中央电：皖南党与群众组织状况》（1940年10月2日），存中央档案馆。

② 《曾山、饶漱石给中央电：赣北党和群众组织概况》（1940年10月1日），存中央档案馆。

③ 《曾山致李富春、陈云电——闽省群众自发经济斗争渐转我党领导》（1940年3月26日），存中央档案馆。

指导对敌斗争

除了领导根据地党的工作外，曾山对敌战区和国民党统治区的工作也给予了悉心指导。曾山多次与江苏省委负责人刘晓、沙文汉，福建省委书记曾镜冰，浙江省委书记刘英等讨论工作。曾山与项英、袁国平、周子昆、李一氓等，在云岭接见了中共江苏省委（上海地下党）负责人刘晓和沙文汉。刘晓向项英、曾山等汇报了上海地下党组织遭到破坏以及重建的情况。项英向刘晓、沙文汉介绍了东南各省党组织的恢复和新四军敌后工作情况。由于苏南陈毅部正在向东、向北发展，项英希望上海地下党组织予以配合。①

福建方面，项英、曾山向曾镜冰传达了党的六届六中全会的精神，讨论了在日军侵占武汉、广州后的福建抗战形势，研究了新形势下如何开展党的工作。项英指出：福建的形势还会有变化，要有在沦陷区开展武装斗争的准备；闽北原红色区域的工作要继续加强，可作为将来斗争的基本地区；鉴于国民党顽固势力摩擦事件增多，党的领导机构要预防不测。后来，福建党组织在局势逆转时，在闽北武夷山等地建立武装，恢复斗争，长期顽强坚持。到1949年，发展成为拥有4600余人的人民解放军闽浙赣边纵队，由曾镜冰任司令员兼政治委员，配合解放军主力解放福建。②

1939年10月，刘英率参加党的"七大"的浙江代表团来到东南局驻地集中。曾山和项英、袁国平等多次到他们住处看望，刘英汇报了浙江党的情况。项英要求刘英就坚持闽浙边三年游击战争和浙江斗争的情况写个书面材料，带到延安向"七大"汇报。于是，

---

① 中国人民解放军历史资料丛书编审委员会编：《新四军·回忆史料》（1），解放军出版社1990年版，第222页、第89页。

② 王辅一著：《项英传》，中共党史出版社1995年版，第418页。

刘英开始撰写《北上抗日与坚持浙闽边三年斗争的回忆》。不久，时局发生逆转，党中央来电指示浙江的主要领导干部不能离开，并指明刘英要留在浙江。刘英离开云岭前，项英要求他提高警惕，做好应付局势急剧变化的准备；凡在地方或在国民党机构中暴露目标的党员，均应尽快调离，转到新四军来，或转移调换到其他地区；党的组织要加强巩固工作，严格遵守秘密工作规定，严防特务混入；领导机构应注意分散，不能过于集中。1940年夏，刘英再次来到云岭，向东南局汇报请示工作。项英、曾山同刘英一起分析形势，研究了浙江党的工作。项英、曾山指出，在国民党顽固派推行反共政策的情况下，浙江和东南地区的党组织将面临严峻的考验。为此，对于干部要加强应变的思想教育，增强做好应变工作的自觉性；对原已布置的应变准备，应按照党中央规定的"隐蔽精干，长期埋伏，积蓄力量，以待时机"的方针，认真检查落实；要讲究斗争艺术，发展进步力量，争取中间势力，孤立顽固势力；对浙南红色区域，应注意加强工作，为武装斗争做准备。

此间，中央给东南局、新四军下达了扩军1万的任务，东南局、新四军军分会联席会议决定，东南局分管地区扩军6800人。曾山等人坚决执行中央的指示，积极扩军。到1940年5月下旬，"扩军工作正在战区与敌后采取急进的执行"，皖南完成300人，苏皖地区并苏北，完成4224人，[1]并决定再扩大主力5000人，皖南六、七、八等区扩大1000人，在无党及党弱地区发展扩大自卫队4000人。[2]尽可能普遍建立地方武装，扩大自卫队组织，积极同敌伪及国民党顽固派开展斗争，广泛争取中间阶层来发展抗战力量。经过努力，皖南六七八三个月原定扩军1060人，实际扩军1603人，超过原计

---

① 《曾山给陈云、李富春转中央电》（1940年5月25日），存中央档案馆。
② 《曾山给陈云、李富春转中央电》（1940年5月25日），存中央档案馆。

划 76%，党员占总数约 30%。①

因国民党顽固派不断制造摩擦，破坏抗日民族统一战线，皖南局势日益严峻。1940 年 1 月中旬，项英主持召开东南局和新四军军分会联席会议，讨论新四军皖南、江南部队发展方向问题，曾山、陈毅等均参加会议。1 月 19 日，中央指示陈毅应努力向江北发展。陈毅回到新四军江南指挥部后，立即着手准备，迎接皖南主力东移和布置江南主力北渡工作。

1940 年七八月间，第三战区派出特务 500 余人，分配皖南各县，配合军队及地方武装到处绑架捕杀共产党员及农抗会员，集中力量向我党及群众团体进攻。7 月 21 日，太平经阳乡发生第 144 师特务连围捕共产党事件，区委书记叶明馀当场被杀，共产党员及进步群众十余人被捕。7 月 24 日，旌德县孙村乡模范队 40 余人包围分区书记，修方迁同志当场被杀，另有 14 人被捕，县长通令收缴民间所有土炮、大刀等。8 月 2 日，国民党第五十二师以打土匪名义派兵到泾县汪村武装示威，公开撕毁国共合作标语，声言要武装进攻共产党，其他地区也连续发生特务人员绑架、引诱党员叛变及压迫群众自首事件。

为应对国民党的进攻，曾山指示各地党组织坚决执行中央关于巩固党的决定，采取措施加紧反奸细斗争，坚决实行自卫。首先，在新四军驻军较远的地方，加紧进行组织隐蔽，将暴露了的干部撤回。在反对逮捕平民、保障地方安宁的口号下，发动群众要求释放被捕人员，并制止暴行。其次，在新四军驻地临近边界、工作较强的区域，广泛动员群众实行自卫；在武装队伍下乡捕人时，号召群众上山逃避等。再次，在新四军驻区，一方面要求国民党立即停止种种暴行，

———————————

① 《曾山、饶漱石给中央电：皖南党与群众组织状况》（1940 年 10 月 2 日），存中央档案馆。

以免引起人民不安；另一方面动员群众力量，肃清特务奸细，孤立、甚至驱逐那些最反动的乡长、保长，而代之以民选的下级政权，如顽固分子侵害我军驻区压迫我党，则以军事力量制止之。①

国民党顽固派在华北进行的第一次反共高潮遭到失败以后，把反共中心逐渐转向华中，企图以武力消灭长江南北的新四军。在局势日趋险恶、国民党第二次反共高潮即将到来之际，中共中央东南局召集浙江、福建两个省委及皖南、浙西、赣东北三个特委领导人，在安徽泾县云岭新四军军部召开紧急会议。福建省委书记曾镜冰及浙江省委的代表汪光焕、杨思一、朱辉、周义群等参加了会议。会上，项英、曾山等分析了华中、华东地区的形势，传达了中央关于反对国民党顽固派第二次反共高潮的指示，强调要独立自主搞武装，坚决执行"长期隐蔽、积蓄力量、等待时机"的方针，并决定将党委制改为单线领导的特派员制，部署了东南局北撤后东南各省的工作。如指示福建省委要"背靠山头，面向群众"，开展反顽自卫斗争，尽快撤退城市干部，建立政治交通和省委电台，与东南局保持电讯联系。② 要求浙江省委机关上山隐蔽，不要住在城市。省委上山后，在丽水或温州设立交通站，与上下联系。省委在山上办一个干部训练班，办一份党报，帮助干部提高政治理论水平。为了保障东南局与浙江省委的交通联络，曾山挑选了一位县委书记到刘英身边，担任特殊联络任务，还调了一部电台给浙江省委使用。③ 为加强对浙西工作的领导，曾山派朱辉、黄炎参加浙西特委，另外还征得项英

---

① 曾山：《三战区顽固分子大肆反共，我所采取对策》（1940 年 8 月 9 日），存中央档案馆。

② 中共福建省委党史研究室著：《中共福建地方史》（下），中央文献出版社 1993 年版，第 994 页。

③ 中共浙江省委党史资料征集研究委员会编：《中共浙江党史大事记》（1919—1949），浙江人民出版社 1990 年版，第 157–158 页。

同意，从新四军教导总队和战地服务团调了一批干部去浙西工作。

1940 年 11 月，中共中央决定新四军军部及驻皖南部队全部北移，同时要求皖南地方党长期隐蔽，积蓄力量，等待时机。根据中央指示，东南局撤销了原皖南特委，成立新的秘密的皖南特委。新特委下辖铜繁、徽州、南芜宣和泾旌太四个中心县委，并管辖宣城、泾县、旌德三个县委，特委书记黄耀南。随后，曾山反复做宣传、动员工作，积极组织转移，并安排陈丕显、谭启龙等一批干部先期移往苏南。

皖南事变前后

全面抗战初期，中央在华中地区的派出机构有中共中央东南局和中共中央中原局。东南局领导华中长江以南地区的苏南、皖南新四军和地方党组织，并指导东南地区的浙江、福建、赣北的党组织；中原局领导华中长江以北地区的皖中、皖东、豫皖苏边、鄂豫皖边、苏中、淮海和盐阜等敌后抗日根据地的新四军、八路军和地方党组织。随着皖南局势日益严峻，中央决定东南局北移，与中原局合并。

1940 年 10 月 12 日，中原局书记刘少奇致电毛泽东称："为巩固华中，应付摩擦与扫荡，军部及三支均以即速北渡为有利。"[1]10 月 14 日，毛泽东复电刘少奇，同意陈毅统一苏北军事指挥，同意胡服（刘少奇）去苏北与陈毅汇合。[2]刘少奇随即率领中原局机关离开皖东，前往苏北。11 月 7 日，刘少奇到达新四军苏北指挥部驻地海安，与陈毅、粟裕和黄克诚等汇合。11 月 17 日，华中新四军八路军总指挥部在海安成立，叶挺任总指挥，刘少奇任政治委员，

————————————

① 中共中央文献研究室编：《刘少奇年谱》上卷，中央文献出版社 1996 年版，308–309 页。

② 中共中央文献研究室编：《刘少奇年谱》上卷，中央文献出版社 1996 年版，310 页。

陈毅任副总指挥。11 月 6 日，东南局召开最后一次会议，决定停止工作，派副书记曾山率领东南局机关，经苏南渡江，到苏北与中原局机关汇合。新四军军部和所属皖南部队，亦准备撤出皖南，北上抗日，以巩固华中。11 月 11 日，东南局向中央建议，将中原局扩大为华中局。12 月 11 日，中央决定东南局合并于中原局，江南所有战斗区域之党与部队统归中原局领导。①

　　根据东南局的安排，1940 年 12 月 13 日，曾山率东南局机关和党校的一批干部，先行撤往苏南，再由苏南区党委负责组织，分批过江到苏北去。12 月 25 日，曾山到达溧阳，参加中共苏皖区党委会议。会议研究分析了苏南面临的严峻形势，确定了"向外发展和坚持原地斗争"的方针，决定廖海涛率领新四军第二支队主力四团 1 个营与独立二团会合，打通东路，与谭震林部联系，开辟浙西地区。同时，曾山召集东南局和皖南特委撤出人员开会，决定除少数几人北上外，其余人员均留下，由苏皖区党委分配工作。随后，曾山通过苏南区党委秘密交通路线去上海，指导敌占区和国统区地下党斗争。

　　1941 年 1 月 4 日，叶挺、项英奉命率领新四军军部及其所属皖南部队 9000 余人，从皖南云岭驻地出发，绕道北上。6 日在安徽泾县茂林地区，突遭国民党军队七个师 8 万余人包围袭击。新四军英勇奋战七昼夜，终因寡不敌众，弹尽粮绝，除 2000 余人突出重围外，其余大部壮烈牺牲或被俘。军长叶挺在同国民党谈判时被扣押，政治部主任袁国平牺牲，副军长项英、参谋长周子昆在突围中被叛徒杀害，这就是震惊中外的"皖南事变"。

　　1941 年 1 月 20 日，中央军委决定重建新四军军部，任命陈毅为代军长，刘少奇为政治委员。1 月 25 日，以华中新四军八路军总

_____

① 《中共中央东南局》编辑组编著：《中共中央东南局》上卷，中共党史出版社 2006 年版，第 7 页。

指挥部为基础，在苏北盐城正式成立新四军军部。华中地区新四军、八路军统编为新四军，全军共7个师1个独立旅，共9万多人。华中根据地划分为苏中区、苏北区、苏南区、淮南区、淮北区、皖中区（后改为皖江区）和鄂豫皖区等七个战略区。

"皖南事变"后，东南局被迫停止工作，华中局的筹备工作也不得不推迟，相关工作由中原局代为负责。中央原决定由饶漱石、曾山在上海重建东南局。3月20日，中央书记处决定取消东南局，"小姚（即饶漱石）曾山去苏北，姚为中原局副书记，曾为中原局委员"，"东南党的干部不能立足及有危险者，均可撤退到苏北、东南，此事由小姚、曾山组织之"。3月27日，中央书记处又决定"中原局由刘少奇、饶漱石、曾山、陈毅四人组织。新四军军分会由刘少奇、陈毅、邓子恢、赖传珠、饶漱石五人组织"。①3月28日，曾山、梁朴（饶漱石）联名致电中央书记处转胡服（刘少奇），请求刘少奇立即派东南局青委委员杨斌来主持新四军驻沪办事处，派谭启龙赴苏南布置苏浙交通与组织东南暴露干部撤退工作，并赴浙江传达中央关于皖南事变指示；与刘晓商妥在沪布置党的交通联络站，安排全部皖南经沪干部去苏北。②随后，曾山在杨斌的周密安排下，由交通员荣健生护送去苏北。③4月26日，曾山抵达新四军军部所在地苏北盐城。

4月27日，根据中央指示，刘少奇在苏北盐城主持召开华中局高干会议，探讨皖南事变的经验教训，分析政治、军事斗争形势，对华中和新四军党组织建设提出新要求。刘少奇在会上作报告和总

---

① 中共中央文献研究室编：《刘少奇年谱》上卷，中央文献出版社1996年版，第339页。

② 《梁、曾致书记处并转胡服电》（1941年3月28日），存中央档案馆。

③ 曾山：《关于我历史上的几段情况》（1968年11月28日），存中央档案馆。

结，饶漱石、陈毅、曾山分别发了言。曾山在发言中对与项英的关系作了分析和检讨。曾山在东南局工作期间，同项英在发展党员、分局经费等问题方面存在不同意见。[①] 对此，曾山感到十分困惑，"常感力不胜任时刻威胁着，确不像开始时那样敢作敢为，而是事非请示后，不敢勇敢去做"，"在工作过程因碰到某些钉子，畏受打击，能力也确不及"。[②] 曾山虽然同项英在工作中存在分歧，但在发言中并没有推卸责任，而是从一个坚定的共产党员的立场出发，做了深刻的自我批评。曾山说："东南分局成立起，我就在东南分局工作"，"六中全会以后一般的是一直和项、袁在一起的。因此，在这点上，我对项、袁所犯的错误，要负较大的责。"[③] 曾山从中总结了三条教训："一、谁能彻底贯彻执行中央指示，谁就能取得胜利，采取两面派手段是会失败的。二、军队必须认真执行中央指示，不能故意与地方为难，军队同志应该主动帮助地方同志，要重视在军队中进行这种教育。三、项英的家长制作风是不对的，但我怕他也是不对的。"[④]

会议决定将东南局与中原局合并，成立华中局，刘少奇、饶漱石、陈毅、曾山任华中局委员，刘少奇任书记，饶漱石任副书记，曾山兼任组织部长，饶漱石兼任宣传部长。此后，曾山开始了在华中的战斗生活，直至 1947 年调华东局为止。

---

① 《曾山同志在华中局高干会议检讨皖南事变的报告》（1941 年 5 月 17 日），《中共中央东南局》编辑组编著：《中共中央东南局》下卷，中共党史出版社 2006 年版，第 905-907 页。

② 《曾山致李富春、陈云电——闽省群众自发经济斗争渐转我党领导》（1940 年 3 月 26 日），存中央档案馆。

③ 《曾山同志在华中局高干会议检讨皖南事变的报告》（1941 年 5 月 17 日），《中共中央东南局》编辑组编著：《中共中央东南局》下卷，中共党史出版社 2006 年版，第 905-907 页。

④ 《曾山同志在华中局高干会议检讨皖南事变的报告》（1941 年 5 月 17 日），《中共中央东南局》编辑组编著：《中共中央东南局》下卷，中共党史出版社 2006 年版，第 905-907 页。

第九章

战斗在华中

组织工作的楷模

华中局高干会议后，1941年5月1日，陈毅、刘少奇、曾山、饶漱石联名向中央建议改中原局为华中局，并报告各委员分工，决定成立中央革命军事委员会新四军分会。[①] 不久，中央书记处复电同意中原局改组为华中局及委员分工，指示以刘少奇为新四军军分会书记。5月20日，华中局正式成立。华中局的成立统一了党对华中各根据地的领导，标志着华中根据地进入巩固发展的新时期。华中局成立后，曾山为华中局委员，继续担任组织部长，主要负责所辖地区党的建设、干部工作、财经工作和政权建设，为华中抗日根据的巩固和发展做出了重要贡献。

华中局下辖陇海铁路以南广大地区，包括苏中、盐阜、淮海、皖东北、津浦路东、津浦路西、豫皖苏边、鄂豫边及苏南九个区党委。苏中区党委书记刘炎，副书记陈丕显；盐阜区党委书记刘彬；淮海

---

① 《陈毅、刘少奇、曾山、饶漱石关于中原局改华中局诸建议致中共中央电》（1941年5月1日），中共江苏省委党史工作办公室、江苏省档案馆编：《中共中央华中局》，中共党史出版社2003年版，第61页。

区党委书记金明，副书记李一氓；皖东北区党委书记刘子久，副书记刘瑞龙；淮南津浦路东区党委书记刘顺元，副书记方毅；津浦路西区党委书记黄岩，豫皖苏边区党委书记吴芝圃；鄂豫边区党委书记陈少敏；江南区党委书记谭震林，副书记邓振询。在曾山的领导下，各区党委坚决贯彻执行中央及华中局的指示，建立健全了下级地委、中心县委、县委和区委等各级党组织，华中局各基层组织逐渐发展并完善。

　　这一时期，对敌斗争形势严峻，敌伪顽等势力加紧了对根据地渗透、瓦解和打击，浙江、皖南、福建等地方党组织先后遭到不同程度的破坏。作为组织部长，曾山倾注了大量精力指导各地党组织建设和巩固。浙江党自刘英被捕后，即取消省委组织。曾山指示各地实行分区坚持，斩断省委及各特委间一切互相联系，各区暴露的干部撤退至附近根据地。浙江平阳、龙泉等基本区域，以龙耀、张其林负责，并与福建省保持便衣交通关系。浙西特委顾玉好、朱辉撤到汝南、宁屯等地，坚持浙西敌后党的工作。皖南特委原设铜陵县敌后根据地，书记黄耀南，特委委员胡明在旌德领导游击队，做大后方联络工作。皖南事变后，皖南党组织遭到很大破坏。经过努力，原有地区均建立或恢复了隐蔽组织。皖南特委与新四军第七师巢芜地区党委合并，未另设机关。皖南郎溪、广德一带党组织则与新四军六师根据地取得联络。福建方面，国民党地区各下层党组织均有破坏。日军占领福州时，闽东地区党员组织七八百人抗日游击队，隐蔽生存。赣东北特委书记黄先于皖南事变前后暴露，特委干部率领小股部队到彭泽建立据点，与新四军五师、七师汇合，掩护工作，后在顽军进攻下失败。黄先及部分干部转移到七师，其他各地党组织也不同程度遭到破坏。

　　1942 年 9 月以后，华中各区遵照中央指示，实施了一元化领导，华中各区党委加强了领导力量的配备，主要领导人有：苏中区党委书记粟裕，副书记陈丕显；淮南区党委书记谭震林，副书记刘顺元；苏北区党委书记黄克诚，副书记金明；淮北区党委书记邓子恢，副书记刘子久、刘瑞龙；豫鄂边区党委书记李先念（后郑位三），副书记陈少敏；苏皖区党委书记江渭清，副书记邓仲铭；皖江区党委书记曾希圣；浙东区党委书记谭启龙。随着一元化领导的实行，华中敌后各抗日根据地的力量，更紧密地团结在党的周围，形成整体合力，对敌人形成了更有力的打击，更有效地推进了根据地建设。[①]

曾山是组织工作的楷模，他常对组织部的干部说："组织部是党员之家，是干部之家，我们必须用我们的工作，我们的行动，使到组织部的人感到这里是他们最温暖的家。"组织部经常接待来自各地各方面的干部。他们有汇报工作的，有要求安排工作的，有申诉的，有检举的，也有闹家庭矛盾的，等等。曾山都认真听取他们的意见，详细询问情况，耐心开导，并积极想办法为他们解决问题。许多华东、新四军的干部说："最不愿对别人说的话也能对曾山说，最不愿意透露的秘密也能让曾山知道，因为曾山关心爱护同志。"干部们来组织部时，有的怒气冲冲，有的满腹怨气，有的垂头丧气。曾山与他们谈过话后，问题很快解决了，气也消了，都高高兴兴地回到自己的岗位上。1999年，原华中局和新四军的一些老战友在纪念曾山诞辰100周年时，均深情地回忆了曾山在华中局组织部长任上的风采与贡献。

原中顾委常委、国务委员，时任新四军第二师政治部副主任、第四旅政治委员的张劲夫，在《怀念曾山同志》一文中写道：

1941年底至1942年1月，我和罗炳辉、刘顺元同志一同出

---

① 王辅一著：《新四军简史》，中共党史出版社1997版，第303—304页。

席华中局在苏北盐埠区单家港召开的华中局扩大会，曾山同志当时任华中局组织部长，他亲到我们住处看望我们，一同照了相。在一个多月的会议期间，他经常来看望，而且来后即坐下畅谈。他把会议要讨论的问题，事先向我们打了招呼，要我们在会上畅所欲言。曾山同志热情、谦虚、诚直，堪称典范。记得他来时也不带警卫员，身穿灰棉布大衣，戴有耳朵的棉帽子，脚上穿一双芦苇花编织的棉草鞋，平易近人，毫无架子，一见面就留给我一位忠厚长者的老革命印象，永久难忘。

1942 年，华中局、军部转移到淮南路东新四军第二师地区，驻在盱眙县的黄花塘，我有时去看望他，他总是热情地接待，亲自拿着小板凳，让我和他一起坐在一小桌子的两旁谈话。在这样的组织部长面前，一个干部可以无顾虑地畅所欲言，无话不谈。我和一些同志把曾老负责的华中局组织部，看成是党员之家，干部之家，到了他那里，就好像到了自己家一样，感受到真诚而又亲切温暖。①

原国家计委副主任、时任淮北行政公署审计处处长兼新四军第四师供给部政治委员的李人俊，在《回忆曾山同志的生平片段》一文中赞扬曾山是"我们的好组织部长"。文中记述道：

曾山同志作风民主，和蔼可亲，平易近人，没有一点架子，同志们都喜欢与他谈心。他对干部既坚持原则，又实事求是。尤其是对有缺点或犯了错误的干部，从不严词申斥，而是耐心帮助干部分析情况，找出犯错误的原因，使人家心悦诚服，接受教训，继续积极工作。他曾对一位犯有严重政治错误的干部，在其向党坦白交代后，帮助他全面分析犯错误的历史原因，并考虑其多年在解放区的工作表现，在搞清此人的政治问题后，仍适当使用，而不是一脚踢

---

① 张劲夫：《怀念曾山同志》，王青争主编：《永留正气在世间——纪念曾山诞辰100周年文集》，江西人民出版社 1999 年版，第 8 页。

开不管。他对干部的考察了解，从不偏听偏信。所以许多干部都愿意在他领导下工作。在一些干部的谈论中，都认为曾山同志是我们的一个好组织部长。[①]

原对外经济贸易部副部长、时任华中局经济情报处处长徐雪寒，称赞曾山"识人善用"，是"华中局组织工作的好'伯乐'"。徐雪寒说：

曾山同志是一个革命资历深，党内职务很高的领导干部。我们每个同志与他一接触，无不感觉到他是一个质朴亲切、工作做得很细的人。当时，大家对他都不称呼官名，而称曾山同志。当时的干部来自各个方面，既有根据地和军队的干部，也有从国统区、沦陷区来的党的干部。作为组织部长，曾山同志善于用干部，发挥各类干部的专长。他作风民主，在他面前，各种不同意见都能讲。

在淮南、山东、上海等地的斗争中，曾山同志注意选拔、任用和积累了一大批从城市来的知识分子干部，如陈国栋、汪道涵、络耕漠、孙冶方、李人俊、顾准、陈穆等，他们以后都担任了行政方面和经济方面的重要工作，成为党的宝贵财富。曾山同志有识人的慧眼，并敢于大胆提拔重用，为党的事业准备了治国安邦的人才，他在这方面的贡献是不可磨灭的。[②]

那时，组织部的工作之一就是接待安排白区来的干部，接转组织关系，安排住宿吃饭，建立干部档案。干部档案是党的核心机密。当时处于战争年代，干部流动变化很大，档案不全。所以组织工作的一个重头是抄写建立团以上干部的档案。东南局、华中局、新四军一开干部会议，就找干部了解情况，考察干部，建立组织档案。

---

① 李人俊：《回忆曾山同志的生平片段》，王青争主编：《永留正气在世间——纪念曾山诞辰 100 周年文集》，江西人民出版社 1999 年版，第 44—45 页。
② 徐雪寒：《功勋卓著，光照后人——深切怀念曾山同志》，王青争主编：《永留正气在世间——纪念曾山诞辰 100 周年文集》，江西人民出版社 1999 年版，第 50 页。

建立档案用的是上海美陇纸，这种纸很轻，很薄，几乎透明，便于携带。在艰苦的转战中，曾山要求大家，行军不便时，自己的东西可以丢掉，但是党的组织档案，一件都不能丢，必须像保护自己的生命一样保护好组织的档案。

在曾山等的正确领导下，华中地区的党员人数由原来的6.9万多人，增加到1942年的13万多人，各地党组织建设"得到大的收获"。[①]到1943年底，苏北、淮南、皖中、淮北4个地区，共有地委9个，县委55个，区委709个，支部3144个，党小组13591个，党员人数达75866人。党员成分中，工人（产业与手工业工人在内）占2%弱，雇农占5.2%强，贫农占51.4%，中农占11.6%，富农占2.94%，地主占0.7%，独立劳动者占1.5%，教职员占0.26%，店员占0.46%，学生占5.7%，其他占4.6%。这其中，党龄不满一年者占27.8%，一年以上占33.4%，两年以上占17.7%，三年以上占7.9%，四年以上占5.3%，五年以上占2.5%。[②]从党员成分来看，工人相对较少，农民占绝大多数，其中贫农占半数以上，地主、富农占3.6%强；从入党时间来看，党龄两年以内的占62.5%，超过6年党龄的不及1%，说明绝大多数党员是近一两年发展而来的。根据地中心普遍建立了党的组织，为根据地建设打下了坚实基础。

曾山非常重视吸收和团结知识分子、特别是社会名流学者到根据地工作，极大地提高了根据地的科学文化水平。在盐城时，很多进步的知识分子，如范长江、邹韬奋、吕振羽、贺绿汀、陈穆、薛暮桥、顾准、徐雪寒、彭康、孙冶方、骆耕漠、李人俊等，纷纷聚集在根据地。曾山模范地执行党的组织政策，关心、培养、爱护知识分子。曾山常对组织部的同志说："要好好照顾知识分子，他们是党的宝

①　曾山：《华中各地党组织和工作情形》（1942年7月28日），存中央档案馆。
②　饶漱石、曾山：《华中地方党的统计》（1943年12月15日），存中央档案馆。

贵财富，革命需要知识分子干部。我们将来要靠他们开创工作。打鬼子，建政权，搞生产，收公粮，发钞票，都要靠他们出点子，想办法"，"党的事业需要文化人来参加，所以，我们要热情接待他们，使他们能了解党的政策，为抗日为党的事业做贡献。"在刘少奇、陈毅、曾山等领导下，华中局组织部对从敌占区来的知识分子都非常重视，关心他们的生活，合理安排他们的工作。为了安排好这批知识分子的生活，陈毅、曾山等还建了个"文化村"，专门优待这批知识分子。当时根据地条件比较艰苦，生活很困难，但是曾山等对"文化村"的知识分子却十分照顾，让他们吃细粮，还经常有荤菜。陈毅、曾山等经常到文化村看望大家，交流谈心，征求他们的意见。曾山不但关心知识分子的生活，还大胆提拔使用知识分子干部。曾山在组织部开会时就说："知识分子干部有文化，有热情，有能力，他们从大城市来到根据地，是来抗日的，是来革命的。对知识分子干部要充分信任，热情关心，积极培养，严格要求，大胆使用，使英雄有用武之地。"要求组织部门对知识分子干部一视同仁，不准搞区别对待。大批知识分子干部参加革命，使以农民为主的新四军和华中各级党政机关的干部素质起了重要变化，为革命队伍增加了新鲜血液，这也从一个侧面说明党的知识分子政策是正确的。

1942 年至 1945 年间，曾山作为华中局委员、组织部部长，还重点参与领导了华中的整风审干运动。1942 年 4 月中旬，新四军军部举行干部动员大会，组织整风学习。6 月 4 日，成立新四军直属队整风学习检查总委员会，在陈毅代军长领导下，由曾山、赖传珠、彭康、邓逸凡、薛暮桥、宋裕和、刘毓标、崔义田、张闯初为委员，曾山为主任，彭康为整风文件研究总指导员。整风总委员会成立时，陈毅代军长报告了党中央整顿"三风"的意义。曾山要求"三风"检查要针对着每个党员、干部在思想方法、观察事物和执行任

新四军军部人员在听整风报告

务时，对事对人对同志是否犯有主观主义、宗派主义、党八股的毛病，要充分发挥自我批评的精神，洗刷"三风"不正的余毒，以整顿"三风"作为推动实际工作的武器。随后，新四军各师组成整风学习检查委员会，粟裕、谭震林、黄克诚、邓子恢、李先念、曾希圣等为主任，负责组织和指导整风学习。经过将近一年的整风学习，部队的思想面貌发生了很大变化。亲自经历了华中整风的著名经济学家孙冶方回忆说："曾山像老前辈一样关心我们，对我们体贴入微。当时，他是华中局组织部长，分配我到宣传部任教育科长兼党校教员。刘少奇兼校长，曾山管组织工作，彭康管党校的常务工作。曾山同志爱护干部是非常突出的，但也不是无原则的。他从来不搞戴帽子、打棍子。"[1]

　　1943 年 4 月 3 日，中共中央做出《关于继续开展整风运动的

---

　　[1]　孙冶方：《一个财经干部也不许失散》，王青争主编：《永留正气在世间——纪念曾山诞辰 100 周年文集》，江西人民出版社 1999 年版，第 63 页。

决定》。根据中央的决定，华中局于 6 月重新部署了整风运动。华中根据地、新四军的整风运动转入联系实际、检查思想和工作、开展批评和自我批评阶段。军直干部自 1943 年 7 月起全部参加整风，并另外开办华中高级整风班（各师派出学员 200 余人），电讯整风班（80 余人）。经过三次时事讨论和时事整风，至 1943 年底，军直整风班已进入反省阶段，党校对整风的组织准备与思想准备也已完成，开始进入局部反省中。

华中局、军部直属队和各师分别成立整风审干总会，在整风的基础上进行深入普遍的干部审查。华中局对于坦白分子"一面当宽大处理，但另一方面仍当随时予以必要的监视和注意，以免其继续做破坏的活动。对一切坦白分子，当给以适当工作和生活与安全的保证。"[①] 华中局党校举办了几期县团级干部整风学习班，曾山负责每期学习班的审干工作。曾山对同志的政治生命极其珍视，在干部做组织鉴定时，从团结爱护干部出发，强调坚持实事求是原则，在文字措辞上注意分寸，坚持"思想批评从严，组织处理从宽"，不戴政治帽子，结论要同本人见面，采纳本人的合理意见。自传和鉴定一式两份，一份交组织存档，一份个人留存。当时，有人怀疑新四军政治部保卫部部长杨帆（他是第一个在皖南事变中突围到苏北，向党汇报皖南事变情况的新四军干部）有问题，就把他抓起来。曾山不同意，立即布置深入调查，结果证明杨帆是清白的，曾山及时组织平反，并仍然给予重用。陈光不幸被俘，经营救出来后，曾山亲自找他谈话，弄清情况后，很快就恢复了他的组织生活，并请医生为他治病。当时由于处在敌后环境，对有些较复杂的问题，不能做广泛调查，就根据个人认识和平时一贯表现，相信本人意见，自

---

① 《华中局张饶曾致谭曾李电：对坦白分子处理的原则》（1944 年 2 月 27 日），存中央档案馆。

已负责。对于一些犯过错误的同志，也不搞逼供信和乱打乱捕，而是动员他们主动交代坦白，组织谨慎处理，或者观察一段时间，没有问题便重新启用，而不是一脚踢开不管。对一些确实有问题，但问题较小的同志，曾山要求在搞清楚问题之后，及时给出结论，使他们能放下包袱，继续工作。有些被诬为"特务、反革命分子"的同志，是在逼迫拷打之下，为了早日过关而胡编乱说的。对于此类同志，曾山指示整风审干委员会认真审查，并报上级批准，给这些过错较轻的同志平了反。对在整风运动之前被错误定为所谓"托派分子"的人，经过审查，也为他们彻底平反。

　　针对有些同志之间因沟通不畅而造成误会的情况，曾山等根据中央的指示，在各区党委、各师干部中间开展了"打通思想"的工作。曾山亲自参加了淮南区党委会议，"结果非常良好，过去二师不团结现象已经克服，经过一年来之整风，区党委与师部一级党政军各负责同志已达到和洽无间之地步，罗炳辉、刘方均有很大进步，并均能愉快工作"。① "打通思想"工作解除了同志之间的思想顾虑，增进了同志感情，推动了工作的开展。

　　随着整风审干工作的深入推进，锄奸工作也取得了进展。据饶漱石、曾山等报告，至1943年底，已有淮南行署秘书长等五六人正式向党自首；区委党校有10人向党自首是国民党员，且有国民党派来暗杀郑位三的特工自首。华中局及淮南区党委整风干部中，向党坦白自首及判断是奸细分子者总计三四十人。为慎重起见，避免引起恐慌，曾山等决定一面给已经向党自首者以鼓励安慰，暂不作公开坦白运动；一面对未自首坦白者继续审查，收集材料，等审查大体清楚，再来举行坦白运动，集中进行清除奸细的工作。②

---

① 《张饶曾致刘少奇电：华中财经会议已结束》（1944年5月20日），存中央档案馆。
② 饶漱石、曾山：《华中各地区四三年工作概况》（1944年1月9日），存中央档案馆。

曾山在整风中始终保持冷静头脑，不随风倒。康生搞"抢救失足者"运动，曾山不同意在华中搞，因此对华中的影响不大，没有造成什么太大的案子。因为陈毅、曾山等人稳健的作风，华中整风没有受到"左"的太大影响。整风审干期间，曾山认真贯彻执行党中央和毛泽东制定的"惩前毖后，治病救人"方针，既严肃认真，又实事求是，使运动平稳推进，没有发生逼供信的错误，"没有发生大的偏差"①。曾山的做法和成功经验，受到华中局和军部肯定。

积极推动华中抗日民主政权建设

华中抗日根据地开辟初期，并没有随着军事的推进而建立各级政权，只是建立了一些带有政权性质的"抗敌自卫委员会"或"各界民众抗战动员委员会"等，临时行使政权的职能。到1940年春，在中原局领导下，淮北、淮南、鄂豫边、苏南、苏中、苏北等地逐步建立起抗日民主政权。华中抗日根据地的政权主要由参议会、政府和法院三部分组成。参议会是华中各抗日根据地的权力机关，依据"三三制"的原则选举产生。参议会既是各根据地的民意机关，又是根据地的立法机关，拥有立法权。政府由参议会选举产生，拥有行政权；法院在参议会的监督和政府的领导下工作，是根据地的司法机关。华中抗日根据地的各级政权，是各抗日阶级的联合政权，代表各抗日阶级的利益，反对日本帝国主义的侵略。

1942年1月20日至3月5日，中共中央华中局在苏北阜宁城西北的单家港召开第一次扩大会议。会议听取各战略区党政军负责人的工作汇报，刘少奇、陈毅分别就华中抗日根据地建设中的政治

---

① 徐雪寒：《功勋卓著，光照后人——深切怀念曾山同志》，王青争主编：《永留正气在世间——纪念曾山诞辰100周年文集》，江西人民出版社1999年版，第50页。

和军事斗争作了报告。刘少奇在报告中指出，开辟华中敌后抗日根据地的任务已经完成，今后的任务是坚持和巩固华中根据地。会议确定了坚持华中敌后的总任务是："继续坚持华中敌后抗战，完全巩固各根据地，加强与聚集力量，以便在适当的时机反攻敌人，争取中国抗战的最后胜利与中国人民的彻底解放。"①

　　曾山在会上就华中抗日民主政权的建设问题做了主题报告。曾山指出，华中抗日民主政权的建立主要有四种形式：一是由动员委员会领导发动群众建立政权；二是由军队委任成立的政权。如管文蔚在杨中的时候，杨中的县长是国民党委任的，杨中的区长则是管文蔚委任的；三是在摩擦战争之后，召集各界代表产生政权，如苏中的行政委员会就是这样产生的。这些政权在未产生摩擦以前已经有了一点影响，在顽固派进攻之后，随即陆续成立起来。这样的政权有一个最大的特点，就是摩擦当中产生出来的政权比一般的政权会更有力量，更巩固，更坚强，斗争也更顽强；四是由地方党委主动成立起来的政权。曾山充分肯定了建立抗日民主政权的必要性，他说："现在我们华中在华中局领导下把政权建立起来了，在皖南时，我们没有建立政权，就只靠国民党的十三万块钱作为全军的经费，假如我们今天依靠国民党的十三万块钱，那我们全军吃开水都不够，所以这些说明政权的重要。"②

　　曾山从财经政策、土地政策、劳动政策、政府与群团关系等方面，对抗日民主政权的建设进行了积极探索。曾山指出，抗日民主政权财政经济政策的中心首先应放到与敌人作经济斗争，争取税源，努力发展根据地的建设，使农民可增加收入，也可使我们增加税源；

---

① 中国人民解放军历史资料丛书编审委员会编：《新四军·文献》（3），解放军出版社 1994 年版，第 86 页。

② 《曾山同志报告政府工作》（1942 年 1 月），存中央档案馆。

其次，要实行减租减息，使封建剥削减弱，在基本区域内求得资本主义的发展，要保障公民有财产权、佃田及商人自由贸易。只有工商农业各方面都发展起来，才可使我们财政经济更加活跃起来。再次，要实行简政节约，在各经济部门开展反贪污浪费的斗争。只有这样才能保证我们一个钱当一个钱用，并且保全了我们干部，否则钱丢掉，干部也去掉了。复次，财政经济各部门要建立正规制度，收支要统一，要普遍建立金库制和会计审计制度，一切开支经过预决算制度，要经过检查、批准等手续，非有支票才可到政府金库领钱。这些制度须党政军各级首长特别注意。如各级领导人在这些方面疏忽，则下面漏洞越搞就越大，不仅影响政府，而且影响各方面，同时很好的财政经济干部，往往因财政手续不清被发觉，影响了他的革命意志。这里，曾山强调了建立正规财经制度的重要性，以及要开展反贪污浪费的斗争以保护干部的思想，是十分有远见的。

土地政策方面，曾山指出减租是为了削弱封建势力，改善农民生活。减租的重心是要发动群众自己起来斗争，不能用强迫命令的方式来实行减租。关于劳动政策，曾山指出，劳动合同应双方遵守，没有充分理由、未经工会农会同意，不得随意更改合同，曾山还特别强调要注意保护女工的权益。总之，曾山对政权建设的思考很有深度，也很有远见。他的这些看法和观点，具有重要的历史意义和现实意义。

为了完成会议提出的总任务，华中各抗日根据地的党政军民，在粉碎敌顽的"扫荡""清乡""蚕食""清剿""治安肃正"及摩擦等各种形式进攻的同时，发动群众减租减息，建立抗日民主政权，加强根据地党的组织建设、军事建设，开展拥政爱民活动，等等，开始全面建设华中抗日根据地。到1944年底，华中各解放区有了较大的发展。据不完全统计，华中根据地总人口（含游击区）已增长到 31540311 人，其中：苏中区 10649493 人，淮南区 2808128 人，苏北区 4500000 人，淮北区 6173470 人，苏南区 2980000 人，皖中区 2140300 人，浙东 2288920 人。[①]

主管华中财经

自 1943 年起，曾山奉命兼管华中财经工作。由于日军占领城市，控制水路交通枢纽，对根据地实行严密的封锁，不断进行"扫荡"，抢夺粮食和财物，使根据地经济十分困难。各种军用、民用物资器材较战前价格上涨数十倍、数百倍以上不等，并仍持续飞涨。在根据地周边，有国民党发行的法币和日伪发行的伪币，法币、伪币日落千丈，根据地群众深受其害。皖南事变后，新四军军饷、弹药主要靠自筹。根据地有主力部队，有县、区、乡地方武装，还有党政机关、群众团体的工作人员，这就加重了华中财政的负担。华中平原地区因敌情关系，又不能多储藏粮食。根据地生产时常遭到破坏，加之遇到严重干旱，许多地区财力困难，军需民食严重不足，难以长期支撑。

为了争取华中财经状况的好转，减轻根据地民众负担，保障对敌斗争的物资需要，华中局领导发动了"大生产运动"，组织根据地广大干部和群众大力发展生产，克服物资短缺的困难。1943 年初，随着春耕来临，华中局连续发出多个通知，要求各地大力发展生产。2 月，华中局要求各地参考陕北和华北各地生产经营，加紧生产运动，"凡是军队机关所需用的一切东西都设法自己动手，各级党政机关及群众团体应立即有计划有组织发动群众开展生产运动，采取各种妥善与积极的方法帮助贫苦群众解决种子、耕具与肥料问题，鼓励

---

① 《华中各地解放区人口统计》(1945 年 1 月 11 日)，存中央档案馆。

群众多生产军需有关的东西，多开办制造农具与纺纱织布等小规模生产合作社"。①

发展生产运动，不光要动员群众积极参与，协助群众生产，华中局还要求各级党政军机关人员参与其中。1943 年 3 月，华中局在《关于开展生产运动的指示》中强调"这是当前敌后军民为克服目前日益严重的物质困难的重要环节，是我华中全体军民当前严重的政治任务"，"过去解决经济困难的主要办法是依靠开辟税源，增加税收。今后必须从积极方面打算，必须放到依靠自己动手，自己劳动的生产上面。"1944 年 4 月，曾山等人研究决定，提高军直属队及第二、三、四师的生产任务，其他各师全面开展生产运动。特别是军直属队的各机关、部队的生产要解决 8 个月的伙食费，每人种植青麻 3 斤，自织草鞋 2 双。此后，各机关干部和部队指战员纷纷开荒种植粮食、蔬菜，饲养家禽家畜，纺纱织布。各部队机关不但自己完成了生产任务，还带领、帮助周边群众发展生产。

为了抵制敌伪利用伪币到根据地掠夺物资，保护人民的利益，巩固根据地的财政经济基础，曾山召集一些知识分子干部研究对策。大家集思广益，很快制定了一套财经政策，对付敌人的经济"蚕食"。各根据地都发行地方性的货币，如新四军在苏北、苏中、淮北、淮南等地设有 5 个银行（三师有两个银行），各自发行自己的票子，同敌人做经济斗争，把根据地的损失降低到最低。为了增加财政收入，1945 年 5 月，华中局成立了财经委员会，统一领导根据地财经工作，曾山任华中局财委书记。② 曾山把李人俊、陈国栋、汪道涵、

---

① 江苏省财政厅、江苏省档案馆编：《华中抗日根据地财政经济史料选编》（第二卷），档案出版社 1987 年版，第 9 页。

② 中共中央党史研究室第一研究部编：《中国共产党第七次全国代表大会代表名录》下，上海人民出版社 2005 年版，第 831 页。

方毅、孙冶方等财经骨干都调到财办协助工作。曾山提出要稳定华中的税收，但也不能加重群众的负担。华中根据地实行征收公粮的合理负担制度，把负担的重点放在中上层阶级方面，加征田赋也是如此，另外征收货物检查税。这样就减轻甚至取消了部分贫苦工农的负担，有助于工农生活的改善。中央认为，这些办法在初期均是必要的，而且适合当时的情况，"保证了抗战经费之供应无缺，对根据地之创立和巩固起了积极作用"①。

华中财经最初是各地管各地，自给自足，华中局与军部用协款的办法维持，各地亏空约 1.5 亿元法币。华中局不但要筹集自己的经费和补给，还要支援华北和八路军的补给。曾山做财经工作，非常有大局观。虽然华中财政已十分困难，他仍然尽全力支援八路军。曾山要求各地顾全大局，抽肥补瘦。比如苏中比较富裕，就把那里根据地的物资抽一部分支援七师和江南的六师。兄弟部队突围到根据地，曾山一视同仁，给他们补充了很多物资。曾山很重视开辟根据地的财源，认为"只有广泛开辟财源，才能支持革命，支持战争"，安排专人筹集盐、棉花、烟叶等物资，拿到敌占区去换回急需的物资。为此还成立了专门的对外贸易机构，任命李人俊为货管局局长，并在香港、上海等地成立贸易公司，开展地下贸易。

由于新四军各师都有自己的银行，发行各自的钞票，导致根据地货币不统一，一个地区的货币到另一个地区就无法流通。由于地区分割及经济条件不同，无法实现全华中范围内的统筹统支，无法统一边币和统一税收，极大增加了华中的财政经济困难，也与华中根据地逐渐统一的客观形势不相适应。为了加强对敌伪经济斗争的

① 《关于改订华中财税政策给饶漱石、张云逸、曾山的指示》（1944 年 5 月 31 日），中共江苏省委党史工作办公室、江苏省档案馆编：《中共中央华中局》，中共党史出版社 2003 年版，第 344 页。

力量，使华中货币不受敌占区、国统区通货膨胀的影响，必须统一华中财经。曾山认为，统一财经，必须首先抓银行，抓钞票，要把五个银行统一起来。1945 年 3 月，曾山领导成立了华中银行筹备处。6 月间，曾山和工作人员一道，往返穿越敌寇封锁线，到安徽天长县、苏北射阳县选定印钞纸，确定厂房，组建印钞厂。曾山亲自制订印钞规程，部署生产任务，布置安全保卫工作。8 月，华中银行在盱眙县张公铺正式宣告成立，由陈穆任行长，徐雪寒任副行长，发行统一的"华中币"。华中各解放区原有的地方银行，一律改为华中银行的分行。华中银行在各县市设立了 14 个支行和 32 个办事处，共有工作人员千余名。"华中币"是在先前"抗币"的基础上

华中根据地发行的货币

发行的统一的本位币。华中币的发行拥有足额的黄金及白银和雄厚的粮、油、盐、布、棉等实物准备，因而在人民群众中有很高的威信。华中币开始发行时，与各地抗币等价互相流通，后来逐渐收回各种抗币。50 多年后，原对外经济贸易部副部长、时任华中局经济情报处处长徐雪寒撰文，称赞曾山"为华中财经工作立下卓越功绩"。文中写道：

> 他十分重视经济情报工作。当时的经济情报处由组织部管辖，曾山同志直接领导这项工作。为了加强这项工作，他从华中党校调来了干部，给我做助手。在他的领导下，经济情报处广泛搜集各种情报，深入研究敌我顽三方的经济状况，及时、准确地把情报提供给华中局领导机关和各部队，对我军的后勤保障和根据地经济建设发展，起到了积极的作用。当时，国民党发行法币，日本侵略者发行伪币，来掠夺我根据地的物资，使我们根据地经济受到了损失。在曾山的领导和部署下，华中各根据地都先后发行了自己的货币，与敌、顽作经济斗争。为统一华中货币，使之免受敌占区、国统区通货膨胀的影响，他领导成立了华中银行，设立了华中印钞厂，这样对敌斗争的力量就大多了。华中银行成立时，我被任命为副行长，行长是陈穆。曾山同志对这项工作很重视，许多事情都亲自抓。在反扫荡斗争中，他多次冒着危险，率领干部战士和工作人员，做好印刷厂的安全转移工作。"[1]

华中银行的成立和华中币的发行，统一了华中根据地的财经，增强了对敌斗争的力量。曾山为稳定华中金融、统一根据地财经、保障党政军机关供给做了大量工作，取得了积极成效。

---

[1]　徐雪寒：《功勋卓著，光照后人——深切怀念曾山同志》，王青争主编：《永留正气在世间——纪念曾山诞辰 100 周年文集》，江西人民出版社 1999 年版，第 51 页。

反"扫荡"斗争

皖南事变后，华中地区的形势更加严峻。党中央对华中工作做出一系列指示和部署，其总的精神是，在日军、伪军和国民党顽军的夹击中，长期坚持华中敌后抗战，继续贯彻抗日民族统一战线政策，巩固华中抗日根据地，积蓄力量，待机反攻，争取抗战的最后胜利。[①] 刘少奇、陈毅离开华中后，华中局只剩饶漱石、曾山，新四军军部只剩下张云逸和赖传珠，华中局和军部许多重大事情，包括军事行动，几乎都由4人共同研究决定。这期间，曾山作为华中局委员，参与了许多重要军事决策，参与指挥对敌斗争。

1941年5月下旬，华中军分会召开扩大会议。陈毅在会上作建军工作报告。会议根据中共中央和毛泽东的指示，检查和总结了新四军成立三年来的建军工作，分析斗争形势，发出了将新四军建设成为正规军的号召。其基本要求是：绝对服从党的领导，成为党的政策的宣传者和执行者；有高度的军事素养和坚强的战斗力；有模范的军事纪律和群众纪律；有严格的管理制度、积极负责的工作精神和科学的工作方法；有积极热情、好学上进的作风及先声夺人的革命气魄。会议强调从三方面加强部队建设：一是加强政治委员制度和政治工作制度，健全党的组织，加强党的领导，充分发挥连队党支部的堡垒作用，加强政治思想教育，增强干部的党性；二是加强军事训练和司令部工作建设，健全司令机关，提高干部的组织指挥能力，提高部队的战术、技术水平，建立严格的政治、军事纪律，养成坚决服从命令的作风；三是加强行政管理，健全后勤工作。会议还对地方武装建设进行了讨论，确定建立军区和军分区，以加强

---

① 中国新四军和华中抗日根据地研究会编：《华中抗日根据地史》，当代中国出版社2003年版，第183页。

对地方武装的领导,建立地方兵团,大量发展自卫军,担负保卫地方、配合主力作战的任务。组建三年的新四军,在组织上、军事指挥上终于完全统一起来。

新四军在苏北盐城重建军部后,立即成为日伪军重点"扫荡"的对象。1941年7月,日军出动第十二混成旅团全部,第十五师团、第十七师团各一部,以及伪军一部,共1.7万余人,携装甲汽艇100余艘,在飞机、大炮的掩护下,对苏北盐城地区进行一个多月的大"扫荡",妄图一举围歼中共中央华中局、新四军领导机关和第三师主力。7月20日,日伪军从东台、兴化、射阳、陈家洋分四路直扑盐城,其特制的装甲汽艇利用苏北水网地区夏季水涨易于行驶之便,往来冲击,同时以飞机低空轰炸扫射,使新四军部队难以行动。新四军代军长陈毅、政治委员刘少奇指挥第三师第七、八旅各一部在盐城外围阻击敌人,饶漱石、曾山等率领华中局、军部机关和三师师部机关迅速移至敌之侧翼。日伪军7月22日占领盐城,接着占领阜宁、东沟,继而采取梳篦战术,在"扫荡"圈内反复"清剿",烧杀掳掠。

为粉碎日伪军的"扫荡",第七旅、第八旅在盐阜区各地与敌周旋,寻隙打击敌人,并派小分队袭击东沟、益林等地。与此同时,根据军部的指示,第一师于7月下旬在苏中地区发动攻势,围攻泰州、泰兴,连克蒋垛、黄桥、古溪、姜堰,破坏东台至盐城的交通线。苏中军民的行动,有力地牵制了"扫荡"盐城地区的日伪军,迫敌抽兵南援,转向苏中地区。第三师和位于盐城以南的第一师第二旅的部队趁机反击,收复阜宁、东沟、益林和裕华镇、秦南仓等地。日伪军又被迫从苏中调兵北返,以保持其占领区。敌人南北折返,被动挨打。在一个多月的"扫荡"中,苏北、苏中军民在刘少奇、陈毅、饶漱石、曾山等的领导下,经受了严峻考验,作战130余次,毙伤俘日伪军 3800 余名，击沉敌汽艇 30 余艘，取得了重要的战果，增强了坚持斗争、夺取胜利的信心。

鉴于苏中区敌情严重，据点密布，为保存力量，巩固群众抗日情绪，坚持长期斗争，1941 年 10 月，曾山等致电苏中区党委指出，不要采取针锋相对的方式同敌人斗争，而要善于采用两面派的方式，利用一切关系与可能去开展敌伪工作。除了那些坚决反共的分子应给以坚决打击外，对于其他伪军、伪组织，不应一律采取打击方针，而应根据具体条件与对象，分别采取分化争取与利用的政策。曾山要求苏中区立即组成党政军统一的敌伪工作委员会，并在敌人各重要据点附近组织敌伪工作站，由各级委员会统一领导敌伪工作，并决定谁当打谁当拉的原则，通告各地执行，严厉纠正上下不一致、党政军各部行动不一致的现象。对敌伪的工作不可由政府群众团体或锄奸部出面接洽，必要时可用当地部队名义进行。①

在华中局的正确领导下，到 1941 年底，华中抗日根据地发展到 4.5 万平方公里、人口 1500 万的规模，初步建立了基层民主政权，开展了群众工作，发展了党的组织，壮大了武装力量，逐步形成了苏北、苏中、苏南、淮北、淮南、皖江、鄂豫皖、浙东 8 个战略区，并组成了相应的区党委、行政公署。除浙东、苏南区外，其他区相继建立了军区。华中抗日根据地的创建和发展，使新四军有了基本的阵地和可靠的后方，并为长期坚持华中敌后抗战，争取最后胜利奠定了基础。

1942 年 12 月中旬，泰州、镇江等地敌军增兵至 8 万余人，向苏北盐阜区实施第二次大"扫荡"。为了保存有生力量，华中局、新四军军部于 12 月 25 日向新四军第二师驻地淮南黄花塘转移。进

---

① 《刘饶曾致苏中区党委电》(1941 年 10 月 28 日)，存中央档案馆。

入 1943 年，华中地区的斗争更加激烈和紧张。三四月间，国民党军王仲廉部向根据地进攻；六七月间，国民党军 52 师又向新四军江南根据地进攻，并持续至年底。12 月间，桂系龙炎武部又进攻新四军七师。此外，浙东地区也遭受顽军屡次进攻。敌伪还对三师、四师、七师驻地及淮南、江南等地区发动"扫荡"，对苏中不断实行清乡。日军为了提高"扫荡"的效果，加紧对伪军的控制，将作战不力的李长江、闫秀武等撤职，代之以项致庄来改组与统一苏中伪军。

为应对日伪军的"扫荡"，1943 年 1 月中旬，曾山奉华中局之命，赴新四军第七师巡视指导工作。新四军七师主要活动在巢南山区和无东一块。巢南山区以董家大山为中心，长约 30 里，宽约 10 多里；无东是白茆洲、六洲、田家桥附近等区域。另外，繁昌、铜陵、宁国、绩溪、桐东、宿松、望江、太湖，各有一小块游击区。上述地区处于敌、伪、顽三方夹击之中，地域狭小，很难立足。2 月 9 日，曾山一行抵达无为县，见到新四军七师副师长傅秋涛，政治委员曾希圣等人。根据华中局和新四军军部的指示，曾山同傅秋涛、曾希圣等商定，成立了中共皖江区委和皖江军区，以曾希圣为皖江区党委书记兼七师政治委员，以傅秋涛为七师副师长兼皖江军区代司令员；对七师进行了统一整编，成立了含和支队、皖南支队、沿江支队、巢湖支队及独立团。

七师部队刚刚整编完毕，即遭遇敌伪的"扫荡"。3 月 17 日，曾山出席皖鄂赣边区党委扩大会议，并在会上做了讲话。会议正在进行中，忽然日军第十五师团、第一一六师团各一部，伪军一部，共约 5000 人，从东、西、南三面合击七师师部。当时，七师主力大部分分散在各地斗争，师部只留下一个直属独立团，兵力悬殊。独立团虽然仓促应战，但作战十分勇敢，同日伪军激战了一整天，成功护卫师部和边区党委到达银屏山。第二天晚上，电闪雷鸣，大雨倾盆，伸手不见五指。曾山和七师政治委员曾希圣召开会议，分析敌情，提出保存实力，跳出敌人包围圈，从外线打击敌人的策略。特务连和独立团一起突围。曾山骑着一匹马，和警卫员张育山往外冲，敌人的机枪追着他们扫射，曾山顺势滚下马，躲进沟里。随后，曾山和曾希圣等带领少数人员，在当地群众的掩护下，化装成普通群众，翻山越岭，最终跳出了敌人的包围圈。在残酷的反"扫荡"作战中，曾山与傅秋涛、曾希圣等一起积极收集整理部队，紧接着又赴七师皖南支队黄火星部视察指导工作。①1943 年 4 月底，曾山返回华中局驻地黄花塘，向华中局、军部汇报新四军七师情况及反"扫荡"的经过。此次"扫荡"，虽然敌我力量悬殊，但敌人伤亡比我军更大。敌伪共伤亡 300 余人，我方损失 200 余人。②

在饶漱石、曾山等人的正确领导下，经过根据地军民的英勇反击，至 1943 年底，华中地区的对敌斗争取得了积极进展。国民党韩德勤部被逐出苏北后，华中地区敌、我、顽三方关系发生明显变化，除津浦路西与长江南岸仍继续坚持敌、我、顽三角斗争形势外，苏中、苏北一带基本转成敌、我对立局面，"从而在军事上、政治上与敌后阶层人民心理上引起了对我有利的变化"。③敌伪顽虽然不断向根据地进攻，但各地并无重大损失和变化。经过反"扫荡"战斗后，各地区均未缩小，个别地区反而扩大，如七师曹甸地区，一师江、高、宝地区，十六旅发展到郎溪、广德一带，浙东根据地则发展到四明山一带，三师地区基本上恢复到 1941 年底的状态。经过反"扫荡"

---

① 中国人民解放军历史资料丛书编审委员会编：《新四军·文献》（3），解放军出版社 1994 年版，第 871 页。

② 中国人民解放军历史资料丛书编审委员会编：《新四军·文献》（3），解放军出版社 1994 年版，第 868 页。

③ 饶漱石、曾山：《华中各地区四三年工作概况》（1944 年 1 月 9 日），存中央档案馆。

斗争的锻炼，各师主力并无削弱，而且信心和情绪都有提高；各地民兵力量均有发展，一师、三师、淮海民兵战斗力日益提高。[①]

1944 年 5 月，饶漱石、曾山等致电粟裕，就苏中区反清乡做出指示，认为"主力部队适当配合民兵打击敌人是必要的，但须严格估计当时情况，如我有胜利把握，即可进行，反之即应避免战斗"。[②]1944 年 12 月上旬，日军调集第六十五师团一部，连同伪军共 6000 余人，向涟水、阜宁、滨海等地大规模"扫荡"。华中局以新四军第三师配合地方部队进行有力反击，消灭日伪军 3000 余人，赢得了反"扫荡"作战的胜利。1945 年春，日军开始向京、沪、杭等重要据点地收缩兵力，将一些据点交给伪军守卫。华中局决定趁机集中力量向敌人守备薄弱的城镇和交通要道发动进攻，以扩大解放区。新四军第三师主动攻击伪军孙良诚部，解放了灌河以北广大地区，并在苏北盐阜、淮安等地攻克敌人据点数十处。七师收复至德县城和至德、彭泽间的部分地区。至 1945 年夏，新四军共拔除日伪军据点 100 余处，歼灭日伪军 3 万余人，争取 4700 余名伪军反正。新四军连续发动两淮、盐城、高邮等战斗，相继解放了淮阴、淮安、盐城和高邮等地，使淮北、淮南、苏北、苏中解放区连成一片。

浙江方面，自东南分局组建起，到后来的东南局、华中局时期，党的工作一直由曾山分管。皖南事变后，尤其是浙江省委书记刘英牺牲后，曾山对浙江的工作，特别是开辟浙江东部抗日根据地更加重视。浙赣战役后，浙江大片国土沦陷，华中局决定进一步发展浙东敌后游击战争，并以长江以南、沪宁、沪杭路以东地区成立区党委，以谭启龙为书记。这一时期，国民党顽军加紧了向浙南地区的进攻，派出正规军一个团，外加浙江省保安团第三团，以及各县民

---

① 饶漱石、曾山：《华中各地区四三年工作概况》（1944 年 1 月 9 日），存中央档案馆。
② 《对苏中区反清乡指示》（1944 年 5 月 27 日），存中央档案馆。

兵团和便衣团，共约 4 个团的兵力，将浙南分为景云丽、青泰、瑞平太、鼎平泰四个"清剿"区，实行分区"清剿"，采取的策略主要有：一是逼迫"自首自新"。利用乡保长及亲属威胁、劝说共产党员及干部"自首自新"，许诺可保其本人及家属安全，或由县政府、县党部等写信引诱欺骗。如果不从，则逮捕家属，以威胁干部本人去调换，并限期到案。二是欺骗宣传。宣传共产党都在西北，本地共党是冒牌的土匪，等等。三是移民并村。将红区群众移到白区，小村并大村，山上移山下，群众如果不移则放火焚烧。四是封锁清乡区。在重要据点架设电话，筑碉堡，设群众步哨，检查行人。发现目标，即派军队搜索，动员壮丁配合搜山、烧山。五是逮捕烧杀。对嫌疑群众实行大批逮捕，轻者逼迫"自首"，重者杀害，到处抢粮勒索，并通过训练自首分子，利用老关系，找线索搜捕共产党员和革命干部。

1941 年 6 月，华中局为加强浙江工作，致电谭启龙，要他去无锡会见谭震林，接受任务。谭震林在分析形势后，决定将路南特委、浦东工委，包括我党在伪军十三师五十团里的关系，全部都交给谭启龙领导。任务有两个，一方面，是以浦东作为跳板，向南发展，开辟浙东的抗日游击战争；另一方面是敌伪在浦东"清乡"时，部队可以向南转移，以便保存力量。这次会见后，苏南区党委即指示路南特委、浦东工委组织力量向敌后挺进。不久，浙东抗日武装就在"三北"（余姚、慈溪、镇海三县的姚江以北）地区初步站稳了脚跟，打开了局面。

1942 年 3 月 15 日，华中局决定在长江以南沪宁、沪杭路以东地区，建立一个区党委，并决定谭启龙为书记。[1]5 月 31 日，陈毅、

---

① 中国人民解放军历史资料丛书编审委员会编：《新四军·文献》（3），解放军出版社 1994 年版，第 889 页。

曾山指示谭启龙立即去浙东主持工作，在金华失守，敌军扩张战果或巩固已得阵地情况下，浦东、浙东地区武装立即向浙江敌后发展，凡是敌军到达的地方，我军即应前去大量组织民众，注意发展武装，发动游击战争。[①]6 月 3 日，陈毅、曾山决定由谭启龙率领张文碧、刘亨云及一师抽出的一批中、初级干部去浙东，组织浙东行动委员会，以谭启龙为书记，以争取有利时机，扩大与发展武装，创立敌后抗日根据地。[②]6 月 7 日，陈毅、曾山再次指示谭启龙、张文碧、刘亨云等尽可能抽调部分干部，随同所抽调的武装、电台，立即挺进到浙东敌后，以配合国军作战与保家保乡为口号，广泛开展敌后统战工作。采取各种各样名称和形式组织群众，特别是武装民众，努力发展党领导下的武装力量，创造敌后抗日根据地。曾山等特别叮嘱："近闻江西党已'自新'，全部在国民党特工控制，请通知浙省与福建党不应与江西党发生任何联系与接受组织关系，你们也应如此注意为要。"[③]

　　谭启龙到达浙江后，于 1942 年 7 月 18 日在慈溪北部宓家埭召开浙东敌后第一次干部扩大会议，传达中共中央、军委和华中局、新四军军部关于开展敌后游击战争，建立巩固的敌后抗日根据地的指示。谭启龙分析了形势，确定了工作部署和各项政策。7 月 28 日，中共浙东区委成立，谭启龙任书记。8 月，第三战区"三北"游击司令部成立，何克希任司令员，谭启龙兼任政治委员，连柏生任副司令员，刘亨云任参谋长，张文碧任政治部主任，随即将浙东部队

---

　　① 中国人民解放军历史资料丛书编审委员会编：《新四军·文献》(3)，解放军出版社 1994 年版，第 890 页。

　　② 中国人民解放军历史资料丛书编审委员会编：《新四军·文献》(3)，解放军出版社 1994 年版，第 891 页。

　　③ 中国人民解放军历史资料丛书编审委员会编：《新四军·文献》(3)，解放军出版社 1994 年版，第 893–894 页。

统一整编为第三、四、五支队（简称"三五"支队），作为巩固"三北"和发展四明、会稽地区的基本力量，加上南进支队、特务大队、新国民兵团、海防中队、教导队和特务连，共约 1500 余人。8 月 19 日，陈毅、曾山批准了以何克希、张文碧、刘亨云、连柏生 4 人组织军政委员会，以何克希为书记，统一领导浙东部队。[①] 浙东党政军领导机关的建立，对进一步发展与巩固浙东敌后抗日根据地有重要意义。

1942 年 9 月 5 日，陈毅、饶漱石、曾山及赖传珠就浙东游击区的斗争发出重要指示："浙东工作应根据各种不同地区采取不同的活动方式。在我比较可以控制的地区，可以采取华中游击区、边区的工作方式，求得在长期斗争中稳定下来，变为自己的基本阵地。在与国方接壤的地方，党与部队亦采用游击办法，并部分采取精干隐蔽政策。在国之后方地区，则应运用三年游击战争经验，采取长期的精干埋伏政策。"[②]10 月 28 日，陈毅、曾山指示以谭启龙、何克希、顾德欢、杨思一等四人组成浙东区党委，谭启龙为书记，"对外应以一般的抗战面目出现，浙江党的组织仍应采取秘密组织形式，在我军活动地党的组织亦宜保留一部秘密，以便适应情况变化"。[c] 在陈毅、曾山等的指导下，到 1944 年春，以四明山区为中心的浙东抗日根据地得以发展扩大，公开树起了新四军浙东游击纵队和浙东敌后临时行政委员会的旗帜，建立了"三北"等 4 个行政区和 14 个县级政权，成为浙东敌后的战略支点。

在巩固发展敌后抗日根据地的同时，中央还十分注重大城市的

---

① 中国人民解放军历史资料丛书编审委员会编：《新四军·文献》(3)，解放军出版社 1994 年版，第 903 页。

② 中国人民解放军历史资料丛书编审委员会编：《新四军·文献》(3)，解放军出版社 1994 年版，第 905 页。

③ 中国人民解放军历史资料丛书编审委员会编：《新四军·文献》(3)，解放军出版社 1994 年版，第 909 页。

抗日战争时期和曾山（左一）与陈毅、赖传珠、饶漱石

工作，指示各地要"争取城市及交通要道的千百万群众，争取伪军、伪政权，准备武装起义，一俟时机成熟，就可使二者相互配合，里应外合地进攻日寇，占领大城市与交通要道"，一再强调各地"必须把争取占领一切大中小城市与交通要道及准备群众武装起义提高的极重要的地位"。华中局所辖上海、南京、杭州、宁波等大城市不但为全国中央的政治、经济、文化中心城市，而且为全国水陆交通要道，是敌伪统治华中乃至统治我国后方的重要战略基地，战略地位十分重要。为此，华中局于1944年8月26日发出指示，要求认真布置上海、南京、杭州、宁波四大中心城市及沪宁、沪杭与长江和沿海一带交通要道的工作；责成苏中、浙东、苏南、淮南四个

区党委配备训练干部，直接负责该区大城市与重要水陆交通要道的工作。具体分工为：上海由上海党主要负责；南京浦口、南京至镇江一段长江和铁路，由淮南区党委负责；宁波、吴淞至宁波沿海、浦东及沿沪杭甬铁路一带，由浙东区党委负责；苏南区党委除加强南京城内与近郊工作外，还负责开展杭州城内与近郊工作，派遣精干武装部队，向苏、嘉①、沪、杭一带开展游击战争；苏中区党委除加强从镇江到吴淞，及从吴淞到苏北沿江、沿海一带工作外，还须派遣精干部队，向镇江至上海沿江及沿铁路一带开展游击战争。要求各区党委分别派遣干部，组织城市与交通要道工作委员会，利用各种社会关系，打入各城市及交通要道机关内部建立秘密党与群众工作。此外，还要派遣大批武装部队，组织武装工作队及游击队，向上海、南京、杭州、宁波的大城市及沿沪杭、沪宁铁路线一带，广泛开展游击战争，以便为将来收复上海、南京、杭州、宁波打下基础。

日军进占衢县、丽水、温州等地后，苏浙皖地区的战略地位更加重要，华中局以浙江为工作重心，决定浙东地区相机恢复四明山根据地，对南采取稳重、逐渐发展的方针；指示龙跃向温州及温州以北敌占区一带发展，以便与浙东相呼应；福建曾镜冰部负责向闽浙交界海岸线发展。华中局派粟裕率领两个主力团南下，配合十六旅，首先打开苏南、浙西局面，并进一步与浙东打通联系。

新四军部队南下，引起了国民党方面的注意，国民党调集十几个师的主力，配合地方武装，加紧进行反共、反新四军内战。1945 年，华中局工作任务主要是控制东南地区，发展闽浙皖赣，确保在抗战反攻开始时占领上海、南京、杭州、宁波等地。为此，华中局加强

---

① 苏、嘉，即江苏苏州、浙江嘉兴。

了对浙江力量的部署,决定派 12 个团南下开展工作,即粟裕 3 个团,张翼翔 1 个团,谭震林 3 个团,叶飞 3 个团,谢详军 2 个团。[①]

1945 年 1 月,张云逸、饶漱石、曾山、赖传珠等召集新四军一、二、三、四师负责人在黄花塘开会,决定派谭震林、叶飞等率部南下,并准备抽调干部到江南工作。粟裕随即率领苏中主力 3 个团南下,在浙江长兴与第十六旅会合。1 月 13 日,苏浙军区成立,粟裕为司令员,谭震林为政治委员。经过艰苦作战,粟裕率领的部队最终占领临安县城,控制了浙西十余个县的广大地区。4 月 7 日,根据中央指示,叶飞率领苏浙军区一部分武装南下,在浙江长兴地区与苏浙军区汇合。五六月间,国民党第三战区出动 14 个师、42 个团 66000 余人,向天目山苏浙军区部队大举进攻。粟裕、叶飞等率领部队经过激战,共歼敌 9000 余人,开辟了苏浙皖敌后根据地。到抗战胜利时,浙东根据地发展到北起京沪铁路,南至安吉、孝丰,东起太湖,西至宣(城)芜(湖)公路,总面积约 10 万平方公里,人口约 400 万的广泛的敌后根据地。

1945 年 3 月,华中局高度赞扬浙南党"在龙跃同志领导下,艰苦坚持已有很大成绩。浙南为我党将来打通闽、浙联络与配合盟军作战有重大战略意义的地区"。[②]6 月 8 日,饶漱石、曾山再次肯定浙南党的工作成就,认为浙南党在刘英同志牺牲后的艰苦情况下,坚持了革命斗争,保存了南会基地,建立了重要据点。曾山等指示浙南党到敌后与顽后薄弱地区去广泛发展我党力量,去动员组织群众,扩大游击战争,建立隐蔽游击根据地,对沿海敌后地区应开展

---

① 中共中央华中局:《关于华中部署给中央的报告》(1945 年 2 月 3 日),中共江苏省委党史工作办公室、江苏省档案馆编:《中共中央华中局》,中共党史出版社 2003 年版,第 413—414 页。

② 中国人民解放军历史资料丛书编审委员会编:《新四军·文献》(4),解放军出版社 1995 年版,第 600—601 页。

游击战争与加强伪军工作，在浙南国民党地区，沿重要交通与重要山脉与一切群众条件较好的地区，便衣武装工作队以背靠山地、面向群众的方法，建立地下党与群众工作，尽量创造许多新的隐蔽游击基地。对原有老基本地区，应采取一切可能的方法保持群众联系，作为将来大发展的可靠基础。①在此期间，浙江根据地发生粮食恐慌，曾山等指示粟裕必要时可以将主力撤到敌后地区，但须留下部分武装在天目山各地开展游击战争任务。②

福建方面，皖南事变后，国民政府军事委员会认为闽浙赣边区是新四军总后方，密令第三战区司令长官顾祝同对这一地区的中共组织及其领导下的武装队伍进行全面"清剿"。蒋介石又分别以急电密令三战区和福建省府，彻底"清剿"福建的共产党，在建阳设立"闽浙赣三省边区绥靖指挥部"，召开三省边区绥靖会议，制订绥靖工作方针和督导要则，将闽浙赣三省边区划分为五个绥靖分区，实行分区"清剿"。③

1941年4月日军占领福州后，福建的党组织及其领导下的抗日武装受到日伪军和顽军的两面攻击，处境困难。中共中央和华中局对福建的工作给予了高度重视。华中局转达中央书记处的指示，要求福建省委"坚决而且迅速地撤退红干部，撤退的方向是沦陷区，军队民团土匪中，基本地区，新四军活动区域，但应着重派遣到沦陷区军队中与基本地区去工作"。④华中局还指示福建省委要"实行隐蔽精干，如隐蔽不了就转移，转移不了就打，如打不了或转移不

---

① 中国人民解放军历史资料丛书编审委员会编：《新四军·文献》(4)，解放军出版社1995年版，第632–633页。

② 《张饶曾赖致粟叶并报中央电：粟地粮食恐慌把主力分散敌后》(1945年6月)，存中央档案馆。

③ 郑锦华主编：《中共闽浙赣边区史》，厦门大学出版社1993年版，第147页。

④ 郑锦华主编：《中共闽浙赣边区史》，厦门大学出版社1993年版，第154页。

了还是隐蔽，党组织要改变组织形式，在党内取消委员制，实行特派员、联络员制。"①华中局派刘英为闽浙赣三省特派员，负责指挥三省的工作，并与福建省委直接联系工作。福建在曾镜冰的领导下，在闽江沿海组织长乐抗日游击队，人枪约400。②为了安全起见，游击队对外不以党的面目出现。日军退出后，为避免国民党的打击，改编为"长乐抗日游击总队"，对外用国民党福建省保安司令部的番号，仍在我党领导之下。长乐抗日游击总队取得合法地位后，不断发展壮大，队伍增至1000多人。这样，党通过合法形式，控制了长乐县各方面的抗日工作。③此外，贵溪县保安队也有党的组织，可掌握的约6000人，隐蔽武装及大刀会、土匪中有党的领导及活动的，闽北、闽东有人枪共千余，建立同盟者计闽北800人左右，宁洋县200余人，县游击队百余，安溪8000余，正在工作中共约2000人。④1942年，鉴于国民党不断以武装进攻、胁迫自首或派遣奸细破坏等方法，向闽浙基本地区进攻，华中局于5月份对闽浙基本地区的工作作出指示：首先，隐蔽组织，避免打击。一切行政、经济、文化、民运团体，以不做过分刺激国民党的活动，多做对民众有好处的公益事业与文化教育事业，以巩固党员干部的社会地位，提高在群众中的威信。其次，党领导下的武装，基本上采取隐蔽的方针，避免和国民党接近，一般不同国民党作武装斗争；发动地方开明绅商军政学等等，制止国民党的内战，以分化和打击顽固反共分子，武装自己。再次，基本地区党的组织，也应当按照隐蔽精干

---

① 郑锦华主编：《中共闽浙赣边区史》，厦门大学出版社1993年版，第154页。

② 《中共中央华中局转报福建武装工作报告》（1942年2月6日），福建省档案馆等编：《闽浙赣党史文件资料选编》（上册），福建人民出版社1987年版，第44页。

③ 郑锦华主编：《中共闽浙赣边区史》，厦门大学出版社1993年版，第136页。

④ 《中共中央华中局转报福建武装工作报告》（1942年2月6日），福建省档案馆等编：《闽浙赣党史文件资料选编》（上册），福建人民出版社1987年版，第44—45页。

的原则，加以整理和改造。自上而下建立基本地区绝对秘密的党的活动组织系统，各级党的领导机关要短小精干，一般不采取区县支部等组织形式，不开会议，只采取个别联系。一切暴露的党员和干部撤退到武装中或集中到山上受训学习。①

1943 年秋，闽北地区的军事斗争和政治斗争更为残酷，省委驻地建阳县太阳山附近驻扎大量顽军，省委机关与党中央、华中局，以及闽中、闽东、闽西北等地区的电讯联络亦被切断。为了恢复同中共中央华中局的无线电联络，福建省委派政治交通章志廉和孙竹云去华中局汇报工作。他们到了华中局后，受到了饶漱石、曾山、张云逸、赖传珠等的接见，汇报了福建的工作情况。此时，日军经过太平洋海战之后，海军力量损失惨重，海上运输能力已大为减弱，为了打通陆路，日军有可能在东南沿海一带登陆，而且将占领某些沿海城市。华中局指示福建党组织的工作应当向沿海地区发展，但是必须以灰色面目的武工队形式出现，以利于转移和隐蔽，要以做生意来解决经济困难问题。为了开辟省委与华中局联系的新路线，华中局组织部长曾山指示福建政治交通跟随华中局党校的一位同志，一起经宁波抵慈溪县的浙东区党委机关驻地。区党委书记谭启龙根据华中局指示，决定把坐落在舟山群岛的桃花岛西南端沈家门港的一处绝密联络站，作为福建省委与华中局的中转联络点。②

这期间，顾祝同对闽北发动大规模进攻，总兵力约 2 万人，包括正规军、保安团、警察、民团等。顾祝同在浦城设闽浙赣边区"清剿"指挥部，下设浙江、福建、江西三个"清剿"区，通令老百姓

---

① 《中共中央华中局对闽浙基本地区工作的指示》（1942 年 5 月），中共浙江省委党史研究室等编：《浙南——南方革命的一个战略支点》，中共党史出版社 1991 年版，第 104—106 页。

② 郑锦华主编：《中共闽浙赣边区史》，厦门大学出版社 1993 年版，第 217 页。

迁走并村，逾期不迁者，以"抗顾"罪处死，"通共"者一律枪杀，如发现哪一家有一个共产党员，则全家处死。哪一保甲发现共产党，则杀保甲长。在敌伪顽的夹击下，共产党领导的敌后抗日武装处境艰难。曾山对坚持闽浙赣边的斗争同样给予极大关注，多次指示福建省委书记曾镜冰、浙南特委书记龙跃等对敌斗争的策略。首先，"隐蔽转移"，竭力避免打仗，万不得已时，只作速战速决的迂回抵抗。将武装力量集中古田、福州附近及闽南等地，灰色干部则分散到各地发展秘密工作，以保存实力。其次，加紧群众工作。动员全体党员干部做群众工作，与敌人争夺群众。再次，加强统战工作，派同志打入顽军及政府内部，与其中的中间分子建立友谊，争取对我方的同情，利用他们获取情报，建立交通站，掩护我方活动。最后，加强伪军工作。抓住其上层，争取下层，相机扩大自己队伍。① 在曾山等人的指导下，福建省委"在过去三年中，常与二百倍于自己力量之顽军相周旋，基本保存了有生力量（包括主要干部）"。② 在福建 35 个县，赣东 8 个县，浙江 2 个县，均有我党隐蔽活动。③

1944 年 10 月 5 日，日军再次占领福州后，福建形势更加严峻。为此，华中局指示福建省委深入和加强沿海敌后工作，对福州及沿海敌后一带采取各种方式蔓延发展；特别是向宁德、福安、福鼎、闽浙交界海岸线发展，以打通闽浙联系；以各老基本地区作基础，沿山区一带向大后方开展武装工作队的活动，建立隐蔽游击基点，建立党与群众的基础；加强福州、厦门等中心城市的工作。华中局特别强调："主要军事干部与党的领导机关，应适当向沿海山地集中，但不可过早转入敌后，免遭损失。利用山地作隐蔽基地，以便

---

① 《张云逸、饶漱石、曾山致毛泽东、刘少奇电》（1944 年 5 月 21 日），存中央档案馆。
② 《张云逸、饶漱石、曾山致毛泽东、刘少奇电》（1944 年 5 月 21 日），存中央档案馆。
③ 《饶漱石、曾山致刘少奇电》（1944 年 10 月），存中央档案馆。

集中力量，审查干部，教育党员，培养大批干部及就近指挥敌后工作。"①1945年4月，华中局指示曾镜冰等设法跳到国民党顽军包围圈外，即跳到其守备较弱，群众条件较好的山地或敌后，或任何沿海靠山可以坚持的地区，以隐蔽游击战争方法去组织群众，扩大组织，求得生存和发展。②工作重心一是在沿海敌后地区开展游击战争与加强伪军工作，二是在国民党地区沿重要交通线、重要山脉与一切群众条件较好的地区，建立地下党与群众工作，对原有的老基本地区，采取一切可能方法，坚持与保持群众的联系，作为将来发展的可靠基础。三是加强福州、厦门及敌后沿海交通要道工作，尽量用一切社会关系，派遣与当地群众有联系的同志和同情分子，建立秘密党与群众工作。③在华中局的正确指导下，曾镜冰领导福建的对敌斗争，粉碎了敌人的进攻，党领导下的敌后武装活动范围从泉州至福州，从宁波、龙泉至浙西、广昌、广丰，南城至闽西、宁化、漳平，共十余万平方公里。④共成立了7个区的党组织，并发展了一批地方武装，根据地得到进一步的巩固和发展。

闽浙之外，华中局在抗战后期还加强了对河南工作的指导。1944年5月11日，中央指示华中局加强对河南的工作，组织抗日武装。刘少奇、陈毅命令新四军第四、五师向河南敌后发展。7月11日，曾山和赖传珠等人向毛泽东、刘少奇汇报了西进河南敌后的方案，并准备派第四师首先恢复豫皖苏边根据地，与睢杞太打成一

① 中国人民解放军历史资料丛书编审委员会编：《新四军·文献》（4），解放军出版社1995年版，第295–296页。

② 中国人民解放军历史资料丛书编审委员会编：《新四军·文献》（4），解放军出版社1995年版，第604页。

③ 中国人民解放军历史资料丛书编审委员会编：《新四军·文献》（4），解放军出版社1995年版，第619页。

④ 《饶曾致毛朱刘陈电：福建发展情形》（1945年4月），存中央档案馆。

片，沟通新四军与八路军的联系；派第五师北上，打通与八路军的联系。7月25日，中央复电基本同意这一方案，并指示配备100多名地方干部协助工作。曾山作为组织部长，负责抽调和培训地方干部的工作。经过慎重研究，确定了第四师的干部配备名单，1945年1月4日，张、饶、曾、赖向毛泽东、刘少奇、朱德作了汇报。西进部队经过4个多月的战斗，至1944年底，共歼灭日伪军和国民党顽军13000多人，建立了8个县的抗日政权，组建了抗日团体和地方武装，完成了恢复豫皖苏边抗日根据地的任务。

1945年4月23日至6月11日，中国共产党第七次全国代表大会在延安召开。大会选出了以毛泽东为首的新的中央委员会。中共中央委员44人，候补中央委员39人。曾山虽然因公未能出席大会，但在大会选举时，同样被选为中共中央委员。在华中抗日根据地和新四军中，被选为中央委员的有10人，即刘少奇、饶漱石、张云逸、陈毅、郑位三、曾山、邓子恢、张鼎丞、李先念、谭震林，可见中央对华中工作的肯定。

指导华中土改

抗战胜利后，中共中央根据局势变化，确定了"向北发展，向南防御"的战略方针，决定"发展东北，巩固华北，坚持华中"，并相应调整了战略部署，决定罗荣桓率山东分局和山东军区机关大部及山东军区主力开赴东北；新四军调兵8万到山东和冀东；华中局移至山东，与山东分局合并，组成华东局，饶漱石任书记，黎玉任副书记；另在淮安设立华中分局，领导陇海路以南的苏北、苏中、淮北、淮南抗日根据地以及国统区的地下党组织。

为了实施中央关于坚持华中的战略部署，做好成立华中分局的准备工作，1945年10月6日，张云逸、饶漱石、曾山致电中央，从华中实际和精简机构角度出发，建议组织华中分局与苏皖军区，统一领导江北党政军工作，华中分局及军区分工为：邓子恢任书记兼政治委员，谭震林任副书记、副政治委员兼政治部主任，粟裕任司令员，取消区党委及军区一级，华中分局直辖9个地委，苏皖军区直辖9个军分区，各师主力脱离地方，各行政公署采取联合办公办法，或筹备组织苏皖行政最高机构；在华中分局下组织财经委员会，以邓子恢为书记，组织政权工作委员会，以李一氓为书记，以便贯彻和统一华中财经及党的各种政策。[①]对于机构合并以后曾山的去留和任职问题，华中局向中央报告说："新华中局集中华中各主要负责人参加，并吸收大批党政军干部参加军区及边区政府工作，老华中局财经干部亦全部留下，故各地情形与领导无不熟悉之困难。映宾（即曾山，引者注）同志似无留下之必要，如果要留下，曾同意留下。此间同志提议以曾山任书记，如何？盼速示。"曾山非常谦虚，不同意担此大任。他当日就以个人名义给中央发出电报称："你们认为留我在华中有点帮助的话，我完全同意，一定能在邓张谭粟同志领导下，努力工作。至于有同志谈到需留我即提议我在华中负主要责任，这是绝对不妥的"，"请求中央最好批准我到地委以下去工作，这是我诚恳的要求。"[②]

10月24日，中央复电华中局，同意以邓子恢、谭震林、粟裕、张鼎丞、刘晓5人为华中分局常委，以邓子恢为书记，谭震林为副书记。成立苏皖军区，以粟裕为司令，张鼎丞为副司令，邓子恢为政治委员，谭震林为副政治委员兼政治部主任，钟期光为副主任。

---

① 《关于组织华中分局、苏皖军区致中共中央电》（1945年10月6日），中共江苏省委党史工作办公室、江苏省档案馆编：《中共中央华中局》，中共党史出版社2003年版，第459—460页。

② 刘勉钰著：《曾山这一生》，江西人民出版社2015年版，第166—167页。

10月26日，张云逸、饶漱石、曾山、赖传珠联名致电中央，报告华中分局及苏皖军区即日成立，华中局及军部机关于各方交待及部署完毕后，即起程赴山东。[①] 至此，华中分局和苏皖军区的领导人员基本确定，并得到中央批准。然而，粟裕十分谦虚，坚持以张鼎丞为苏皖军区司令，自己任副司令。10月29日，中央复电华中局，同意以张鼎丞为华中军区司令，不称"苏皖军区"，粟裕为副司令，兼华中野战军司令。同时，中央要求原华中局负责人须有一人留华中工作，并建议曾山仍留在华中。[②] 华中局根据中央这一指示，再次对华中分局常委、委员名单及其分工进行了讨论，决定增补曾山为华中分局常委，并于11月20日向中央作了汇报，很快得到了中央的批准。11月26日，华中分局正式公布委员名单，以邓子恢、张鼎丞等21人为委员，以邓子恢、张鼎丞、谭震林、粟裕、曾山、刘晓6人为常委。华中分局常委由原来的5人，增加为6人。邓子恢任书记，谭震林为副书记，曾山为组织部长。此后，曾山留在华中协助邓子恢领导华中土改和财经工作。留在华中的新四军部队，统归华中军区指挥；华中分局、华中军区分别隶属于华东局、华东军区领导；撤销苏北、淮北区党委和军区番号，保留苏中、淮南区党委和军区；与此同时，领导华中解放区的苏皖边区政府也在淮阴成立，李一氓任主席。华中局和新四军军部由江苏淮阴分批移至山东临沂。至此，华中解放区的党、政、军机构调整工作顺利完成。

1945年11月和12月，中共中央先后发出了《减租和生产是保

---

① 《张云逸、饶漱石、曾山、赖传珠关于华中分局及苏皖军区成立致中共中央电》（1945年10月26日），中国抗日战争军事史料丛书编审委员会编：《新四军·文献（15）》，解放军出版社2016年版，第104页。

② 《同意粟裕提议以张鼎丞为华中军区司令员致华中局等电》（1945年10月29日），中共江苏省委党史工作办公室、江苏省档案馆编：《中共中央华中局》，中共党史出版社2003年版，第467页。

卫解放区的两件大事》和《1946 年解放区的工作方针》等指示，强调要抓紧做好减租、生产等项工作，使农民普遍获得减租利益，改善人民生活。毛泽东指出："只有生产和减租两件大事办好了，才能克服困难，援助战争，取得胜利"，[①]"减租和生产两大任务是否能够完成，将最后地决定解放区政治军事斗争的胜负，各地切不可忽视。"[②] 华中分局成立后，遵照中央指示，立即着手减租减息，发展生产，以尽快改善群众生活。

华中解放区约有三分之一的土地和人口是从日本帝国主义手里收复过来的新解放区。新区农村中占统治地位的不是一般的封建生产关系，而是带有殖民地性质的生产关系。压榨人民最重、为恶最多的是那些依靠日伪政权、加倍榨取农民血汗、迅速发家的地主。这些地区解放以后，敌伪公开的军事力量和政权机构被摧毁，但日伪残余、汉奸地主的政治势力一时还未被打垮。他们制造谣言，恫吓、威胁群众，希图维持过去的权威。广大群众虽然痛恨汉奸恶霸，希望摆脱他们的残酷剥削，但是受到反动派的威胁和旧思想的束缚，不少人对减租运动还有顾虑，犹豫观望。针对这种情况，1945 年冬至 1946 年春，华中分局普遍开展了反奸清算运动。反奸清算运动是政治斗争和经济斗争相结合的一种斗争方式。它既是群众性的打击日伪汉奸及其统治基础的政治运动，又是初步的土地斗争。在反奸清算斗争中，各地从惩办罪大恶极的汉奸卖国贼入手，控诉他们的罪恶，开展清算奸伪迫害凌辱，清算贪污霸占，清算地主转嫁的敌伪负担，清算黑地等斗争。这样就抓住了新区主要的社会矛盾，

---

① 毛泽东：《减租和生产是保卫解放区的两件大事》，《毛泽东选集》第四卷，人民出版社 1991 年 2 版，第 1172 页。

② 毛泽东：《1946 年解放区的工作方针》，《毛泽东选集》第四卷，人民出版社 1991 年 2 版，1176 页。

最广泛地发动了群众，使清算运动成为声势浩大和具有广泛的群众性的运动。仅淮安市就有 3 万群众控诉公审两名大汉奸，而整个华中解放区在 1946 年初的一个半月中就有 40 万群众参加斗争。通过斗争，新区的社会秩序逐渐恢复，人民初步取得了胜利的果实，开始认识到自己的力量。

反奸清算斗争取得初步胜利后，农民思想觉悟有了很大提高，进一步提出了减轻封建剥削的要求。1946 年春，华中许多地区发生严重灾荒，更增加了减租减息的迫切性。只有实行减租减息，才能从经济上削弱封建势力，使农民普遍得到民主革命的利益，渡过难关，从而积极参加解放区的生产及建设工作。因此，减租减息已成为华中各项工作的基础。为领导开展好减租减息工作，1946 年春，华中解放区抽调了数千名干部到各县，发动群众向地主清算，并将减租减息运动同反奸斗争联系起来。华中各县普遍开展了减租减息运动，仅五分区（包括淮安、盐村、射阳、滨海、建阳、盐东、涟水、阜宁、阜东、洪泽、淮室等 11 个县）就有 10 万佃户组成减租大队，联合对大地主进行说理斗争，要求算账、退租、订立减租合同。经过几个月的反奸清算、减租减息，到 1946 年 4 月底，华中地区有 200 余万群众参加斗争，30 多万农民收回了被剥夺的土地，100 万灾民度过了春荒。解放区农村发生了巨大变化，地主和富农的土地减少了，贫雇农和中农的经济条件得到改善，阶级地位迅速上升，更加拥护党的领导。在反奸清算、减租减息斗争中，曾山作为华中分局的组织部长，不但大力选拔、培养优秀干部，使其成为领导各地土改的中坚力量，而且自始至终协助邓子恢，亲临农村第一线，具体指导运动的开展，为华中的反奸清算、减租减息斗争做出了重要贡献。

随着反奸清算和减租减息运动的深入发展，曾山注意到，华中解放区的农民群众，尤其是广大的贫雇农，已不满足于仅是减租减息，而是迫切希望彻底废除封建剥削制度，实现耕者有其田。中共中央亦从各解放区了解到农民的这一正当要求，感到有必要研究制定新的土地政策。于是，中央决定召开一次有各中央局、中央分局和解放区主要领导人参加的工作会议，专门研究土地问题，曾山出席了这次重要会议。1946 年 4 月 1 日，曾山随同华中分局书记邓子恢等 5 人，由淮阴乘坐飞机前往北平，向"军事调处执行部"委员叶剑英汇报了国民党军队不断侵犯华中解放区的情况，研究了有关"军调"工作。

4 月 7 日，曾山等人从北平转飞延安。到达延安第二天，曾山就同邓子恢一起向毛泽东、刘少奇汇报了华中的情况。当时，全面内战还未发生，是和是战，仍是两种估计，解决土地问题也还只能着眼于减租减息。所以毛泽东、刘少奇指示邓子恢、曾山，无论如何必须在年内把全部群众完全发动起来，确实做到减租减息，建立群众优势，以便应付以后的合法斗争或突然事变。① 在延安期间，毛泽东和中央其他领导人又多次与邓子恢、曾山谈话，向他们分析形势，详细阐述了党的方针政策。4 月 25 日，邓子恢、曾山向张鼎丞、粟裕、谭震林传达中央的指示。首先，时局在相当长的时间还有突变的可能，不能过于乐观，国家民主化不是一下子就可以实现，今后斗争形式虽不是武装斗争，但保存强大武装，随时准备应付任何突然事变，还是基本条件；其次，部队必须把主要力量放在地方军和隐蔽部队内，不被敌人化掉。此外必须大量发展民兵，加强民兵，充实民兵武器；再次，部队的复员方针是为了将来更便于动员，而不是消极的裁兵，今天复员是为了缩小财政开支，减轻人民负担；

---

① 《邓子恢、曾山致张（鼎丞）、粟（裕）、谭（震林）、刘（晓）电》（1946 年 4 月 11 日），存中央档案馆。

左起：黎玉、滕代远、曾山、邓子恢

最后，在减租减息、清算斗争中，农民实现了耕者有其田，并不等于消灭地主，并不会多树敌人，并不会影响到他的生存，华中目前群众发动应大胆放手，不应束手束脚，不要过早纠正过左，不要害怕改变土地关系，但不得侵犯中农利益，不得过分打击富农，并照顾中小地主及抗日分子和军人家属的生活，工人斗争则应该十分慎重，及时克服过左现象。① 于此可以看出，中央这时考虑更多的是准备对付国民党发动全面内战，对于满足农民要求的土地问题，也已从减租减息、从向地主阶级算账，发展到不要害怕改变土地关系，逐渐废除封建剥削制度的阶段。同 4 月初相比，中央对时局严重性的估计和解决土地问题的决心，都大大前进了一步。这些意见给华中的工作指明了方向。

　　曾山和邓子恢在延安参加了刘少奇主持的汇报会，汇报了华中地区发动群众反奸清算、彻底减租减息等情况，并参与了起草《中共中央关于土地问题的指示》（即《五四指示》）。参加中央会议讨

_____

① 《邓、曾致张、粟、谭电》（1946 年 4 月 25 日），存中央档案馆。

论《五四指示》的领导同志有：毛泽东、刘少奇、任弼时、林伯渠、徐特立、康生、薄一波、邓子恢、曾山、黎玉、胡乔木等。为了提高群众的生产积极性，中央工作会议经过深入讨论，于5月4日以中共中央名义通过了《五四指示》。这个文件指出："根据各地区最近来延同志报告，在山西、河北、山东、华中各解放区，有极广大的群众运动，在反奸、清算、减租、减息斗争中，直接从地主手中取得土地，实现'耕者有其田'，群众热情极高。在群众运动深入的地方，基本上解决了和解决着土地问题"，"各地党委必须明确认识解决解放区的土地问题是我党目前最基本的历史任务。党必须坚决地站在农民方面实行土地改革，支持农民一切正当的主张和正义行为，批准农民在反奸清算、减租减息斗争中从地主手中获得的土地"。①《五四指示》通过之后，曾山当天就和邓子恢致电张鼎丞、粟裕、

土地法大纲公布后，解放区农民行动起来，为实现"耕者有其田"而斗争

---

① 《中共中央关于土地问题的指示》(1946年5月4日)，《解放战争时期土地改革文件选编》，中央党校出版社1981年版，第327页。

谭震林等称："关于土地政策，中央已有新指示，决定在今年内要各地在减租减息算旧账中解决农民土地问题，基本上达到耕者有其田的目的。此指示是新民主主义中（具有）历史意义的文件，收到后望详细讨论执行。"①

此时，国共合作尚未完全破裂，新的土地政策还不能无条件地没收一切地主的土地，而是既要满足农民对土地的要求，又要适当照顾中小地主、富农和开明士绅的利益。《五四指示》在这些方面都作了规定。曾山认为，实现耕者有其田最有效的办法是清算旧账和没收汉奸土地。华中对没收汉奸土地应加紧进行，没收来的土地无价放领，并首先分给贫苦抗烈属。这其中有两点需要注意：一是算旧账中，新解放区主要是算"伪款"及地主仗敌伪势力对佃户额外剥削之款。老解放区则清算因高利滚剥而被夺之土地，年限可照各地习惯法，但不要算到中农、富农。二是在减租中必须坚决发动佃户向地主清算，全部退租（必要时可加利息），退回押租（有些可照当时粮价计算）及某些苛酷的额外剥削。总之以达到把地算完为标准，而后再留一些地给地主过生活。在调整土地的过程中，邓子恢、曾山强调应使算账果实落到贫农、中农、雇农手上，使他们各得其所需要的土地。中农利益决不可丝毫侵犯，富农也只限于减租减息，一般不算旧账。②曾山认为，太行一带曾有过分田行为，但华中地区一般不要以这种方式出现，应以彻底减租，保障佃权，没收汉奸土地，清算旧账等形式进行。在清算旧账中，所得果实并不是独归算账者本身，而是应该照过去那样，由参加算账的群众公平合理分配，这样做并不会使雇农、佃农吃亏。算旧账以乡为单位进行，先查明该乡有地主户数，应该拿出来多少土地。然后发动群

---

① 《邓、曾对解决华中土地问题意见》（1946 年 5 月 4 日），存中央档案馆。
② 《邓、曾对解决华中土地问题意见》（1946 年 5 月 4 日），存中央档案馆。

众与地主算账，或没收等方式，把地主土地拿出来，但也要留够一部分给地主自耕，然后分配给群众，首先分给地主的佃户。①

5月24日，曾山回到淮安，立即协助邓子恢召开华中分局委员及各地委书记联席会议，传达贯彻中央《五四指示》精神，部署华中解放区全面展开土地改革运动，加紧进行没收分配大汉奸的土地，包括汉奸原有土地及倚仗敌势欺压、霸占、侵吞及购买的全部土地，进一步推动华中农民没收日伪土地的运动；鼓励、发动农民同地主清算旧账，算出地主阶级的土地。清算对象主要是汉奸、豪绅、恶霸、地主及高利贷者。清算内容主要是算租、算剥削、算霸占、算敲诈、算侵吞。清算步骤是以乡为单位，先查明该乡有几家地主，土地有多少应该拿出来，然后发动群众与他算账，或没收或不准抽地等方式，把他土地拿出来（留一部分给他自耕），由群众分配。②此外，对于出身于地主的抗日干部的家庭和开明绅士，则采用献田方式，即鼓励其自我革命，主动解决土地问题。如苏皖区政府的民政厅长陈荫南就将1135亩土地交给了当地农会。

为了积累土改经验，1946年5月18日，曾山派李坚真带领工作组，到鹅钱乡进行土改试验。通过试验，邓子恢和曾山等总结了对土地的没收分配采取"中间不动两头平"的方针，即对中农、自耕农土地不动，而将地主、富农的土地同雇农、贫农按人口平分。中农的利益绝不侵犯，富农和地主分开处理，对富农不算旧账，对恶霸地主、汉奸的土地则全部没收。5月28日和6月9日，华中分局两次发出指示，要求各地"在分配土地上力求其平，不分男女老少一律平分"。③这一经验在华中得到推广，推动了土改的顺利开展。

---

① 《改革土地中的方式问题》（1946年5月18日），存中央档案馆。

② 《邓曾致谭电：土地改革中的方式问题》（1946年5月18日），存中央档案馆。

③ 《邓政委在华中土地会议上的总结纪录摘要》（1948年1月），存中央档案馆。

这一经验上报到党中央，得到中央的肯定，被称为"最坚决的土改路线"。①

当鹅钱乡土改试点还在进行时，华中上空已是战云密布。为了争取时间，邓子恢决定面上的土改不再分阶段，各地不再试点，而是全部推开。曾山等华中分局领导人纷纷下到第一线领导土改。华中解放区东临黄海，西与晋冀鲁豫相邻，南濒长江，北达山东，威胁着国民党统治中心沪宁杭地区，国民党感到如芒在背，必欲先除之而后快。1946 年 6 月，国民党悍然发动全面内战。7 月，蒋介石集中了 31 个旅 27 万人由南向北，由西向东发动了对华中解放区的进攻。因此，华中地区的土地改革是在紧张的自卫战争环境中进行的，农民群众"一手拿枪，一手拿算盘"，"前方打仗，后方分田"，"白天打游击，夜里分田地"。

华中群众在抗战结束后进行过惩奸清算斗争，政治觉悟大大提高，在这个基础上实行耕者有其田政策，立即得到广大农民群众，特别是无地少地农民的热烈拥护，仅仅用了三四个月的时间，就给封建土地制度以沉重打击。如苏中一分区泰兴、泰县、如皋、东台、紫石等 7 县 1005 个乡，除被国民党占领的 189 个乡外，其余 816 个乡至 1946 年 9 月底已有 743 个乡全部完成了土地改革，100 多万贫雇农得到了土地，仅东台一县就有 17 万多人分得了田地。

由于战争影响，各地土地改革时断时续，发展也不平衡，加上指导方针上"力求其快"的影响，土地改革工作不免草率粗糙，如对地主斗争不彻底，贫雇农的要求有些未能满足。所以，从 1946 年 9 月起，华中地区土改进入复查阶段，复查内容，一是看是否满足了贫雇农的土地要求，二是补偿中农损失，三是纠正分配上的富

---

① 李坚真：《1946 年鹅钱乡土地改革实验的回顾》，《江苏党史资料》1987 年第 2 期。

分田

农路线，四是彻底消灭封建剥削制度。[①] 由于当时苏北大部分地区处于战争状态下，复查开始主要在中心区进行。

1946 年，华中解放区遭到严重灾荒，灾民达 700 万之多。曾山带领干部深入基层，了解情况，慰问灾民，并要求各级干部全力以赴，帮助灾民生产自救，还发动机关人员节约粮食，支援灾区。为了发展生产，整个华中解放区开展了当时少有的水利建设，仅 1946 年，就筑堤加固、拓宽疏浚了全长 600 公里的大运河，疏浚大小河流 96 条，挖土 1000 多万方，受益农田 200 万亩。1946 年 6 月 21 日，曾山得知苏北苏中河流缺水，致使稻田无水，农民无法插秧的严重情况，立即致电华中分局领导，要求淮北方面迅速将顺河集附近三条大坝拆除。由于应对及时，苏北、苏中大部分农田缺水的问题得到

---

① 何东等著：《中国新民主主义革命时期的农民土地问题》（初稿），中国人民大学出版社 1983 年版，第 356 页。

解决，当年粮食生产没有受到影响。

随着土地改革的深入推进，苏皖解放区到处掀起了轰轰烈烈的参军和支前运动。苏中一分区在 1946 年 8 月、10 月、12 月等 3 个月中，就有一千多农民参军，其中土地改革最彻底的泰兴某区参军青年达 943 个，父母送儿、妻子送郎上前线的动人情景比比皆是。群众还积极参加地方武装，保卫自己的胜利果实。在半年时间内，华中解放区各地方武装与民兵单独作战 1617 次，俘虏国民党官兵及"还乡团"员 4173 人，打死打伤 7410 人，缴获火箭炮、迫击炮等大量军用物资，有力地配合和支援了主力部队作战。

曾山在指导华中土改的同时，还继续负责华中财经工作。他采用军事动员的办法，集中一切财力物力，坚持斗争，为统一华中财经做出了重要贡献。华中军政统一后，新四军第一、二、三、四师统一领导，地方上成立苏皖边区政府，李一氓任主席。华中各地区打成一片后，开始实行财政统筹统支。因军队调动频繁，各种装备补充开支浩大，华中分局财政收入有限，财政上面临极大困难。据统计，自 1945 年 9 月 9 日到 1946 年 2 月 12 日，华中分局财政共支出 3.2152 亿元，其中军务费占 90% 强，政务费占 7% 稍多，民运与党务费仅占 0.58%。[①] 此外，华中分局还要协款中央 150 亿元法币（法币 30 元折边币 1 元），协款五师 3.7 亿元。到 1946 年 2 月中旬，华中共亏空约 4.1 亿元。另一方面，公粮分散保存在群众家中，反攻后没有及时集中，加上 1945 年荒歉，共计"损失公粮数百万担左右"。为此，华中分局成立财力动员委员会，邓子恢任主任，曾山任副主任，积极应对财政困难。

3 月初，华中局召开高级干部会议，讨论解决财政困难的问题。

① 《曾山关于华中财政经济工作报告》（1946 年 3 月），存中央档案馆。

会议决定缩减人员 6 万左右，华中银行在重要出口商岸，供给法币汇兑（按华中币 1 元兑法币 50 元比价计算），但绝对禁止伪币在根据地内流通。1946 年 4 月，由于法币倒灌、银元复活，刺激解放区物价上涨，华中分局决定"排法、排银"，在解放区禁止使用法币和白银。1946 年春，华中基本完成了统一货币的工作，华中币成为华中根据地统一的流通货币，使得法币、伪币无法在根据地市场上流通。这样，华中币就成了对敌经济斗争、保护人民财产、稳定金融和物价的有力武器，这对于解决华中经济困难，统一华中财经起了举足轻重的作用，有效地维护了根据地军民的利益。

1946 年 6 月，国民党发动全面内战，7 月，华中解放军主动北撤。9 月 10 日，蒋介石命其嫡系第五军和第七十四师向华中根据地中心淮阴、淮安发起猛攻，并出动数十架次飞机狂轰滥炸。由于敌我力量悬殊，敌军相继侵占淮阴、淮安。撤离两淮时，华中分局的干部和群众思想准备不足，行动仓促，物资供应尤其困难。曾山指出，由于产粮区大部分已经丧失，加上旱灾影响和敌人封锁，各路财源几乎断绝，现存粮食只够维持到 1947 年 1 月，而战费扩大，两个月军工费一项即需要抗币 13 亿元，购买材料与兵工生产都接济不上。全年所积蓄物资在数月自卫战争中消耗殆尽。到 11 月份为止，华中抗币已发行出 70 亿元以上，与法币的比例降至 1 比 2，个别地方甚至降到 1 比 1，从而导致信用大降，确实到了军事上能坚持继续保卫华中，但财粮上难以长期支持这样大规模战争的局面。[①]

为了克服财政与粮食困难，支持长期战争，曾山除了向山东借粮外，同时要求华中分局转变过去那种不顾一切的作风和毫无长期打算的思想。曾山忧心忡忡地说："华中这样做就不仅是错误而已，

[①] 《曾山致刘晓电》（1946 年 11 月 28 日），存中央档案馆。

苏北人民欢送向山东撤退的部队

是有罪过了"。[1] 此外，曾山还从有关单位调集得力干部组织经济情报处，广泛收集敌、伪、顽等各方面经济情报，加以深入研究，为华中局机关和各地制订正确的经济斗争策略提供决策信息。曾山根据中共中央和华东局的指示，加强对大城市的工作，在大城市发展党的力量，开展合法斗争，支援根据地的发展。为了缓解物资紧缺，曾山通过地下党组织，从上海等敌占区秘密购买大批军火、药品、生活用品等急需物资运进根据地，以保证新四军部队机关和根据地广大群众的急需。他指派徐雪寒到上海开展活动，筹办企业，资金由华中银行提供；要求上海地下党选调干部，培养党外民主人士，配合徐雪寒工作。经过努力，他们在上海开办了一个银行、两个钱庄、一个对外贸易公司等六七家企业，共计有 1 万两黄金的资产。这些企业的活动范围涵盖上海、台湾、香港等地。局势紧张时，曾山就

① 《曾山致刘晓电》（1946 年 11 月 28 日），存中央档案馆。

指示他们把资金由上海转移到香港，在香港建立机构。事实证明，曾山此举是富有远见的。当年在香港设立的贸易机构，一直延续到70年代，业务扩大了许多倍。

1946年12月25日，根据华中战场形势变化，中共中央同意华中分局与华东局、华中军区与山东军区、华野与山野机关合并，使华中与山东完全统一领导、统一收支，以击破国民党军进攻，收复失地。同时，为坚持华中游击战争，华中分局不立即宣布取消。1947年1月，曾山奉命带领一批财经骨干前往山东，参加中共华东局工作。曾山在苏北战斗了多年，对苏北的土地和人民有浓厚的感情。他恋恋不舍地离开苏北时，交待孙冶方负责收容华中后撤的财经干部，强调"一个财经干部也不许失散！"陈穆回忆说，"曾山非常重视收留、保存财经干部。"①曾山当了十年的组织部长，为党培养、储备了许多干部，徐雪寒、卢绪章、吴雪之、许涤新、孙冶方、陈国栋、汪道涵、李人俊、陈穆等人，后来都成为华东和新中国财经工作的领导骨干。

---

① 陈穆：《统一华中、华东财经立下功勋》，王青争主编：《永留正气在世间——纪念曾山诞辰100周年文集》，江西人民出版社1999年版，第67-68页。

第十章

在解放战争中

扭转华东财经困难局面

1947 年 1 月下旬，为适应战争形势的需要，便于集中统一指挥，华东解放区调整党、政、军领导机构，部队实行统一整编。华中分局并入华东局，饶漱石任书记，陈毅、黎玉、邓子恢任副书记，张云逸、张鼎丞、曾山等为委员。撤销苏皖边区政府，正式组成华东军区、华东野战军、华东野战军前委，陈毅任军区司令员、野战军司令员兼政治委员，并任前委书记，饶漱石任军区政治委员，黎玉任军区副政治委员，粟裕任野战军副司令员，谭震林任野战军副政治委员。华东野战军下辖 12 个纵队，共 27 万人。

3 月 23 日，华东局决定成立财经办事处，隶属华东局财委领导。黎玉任财委书记，曾山任财委副书记、财办主任，方毅、艾楚南为财办副主任。由于华东局未设同级政权机构，华东财办带有政权性质。它在华东局及财经委员会总的政治路线、财经政策、原则精神指导下，执行财经方针、任务，统管华东财经、工商、粮食、银行收支审核等工作，并有督促检查各战略区、各纵队财经工作之责。

财经工作是一项非常复杂的工作，它管的是钱、财、物，关系到党、政、军和地方。华中分局并入华东局后，华中的机关和大量部队撤退到山东，"供给成了问题，需要大批粮食、布匹、经费。开始，地方上有本位主义，个别负责人不大合作，不愿把物资交给华中，后来中央派人来解决"，"华中的钞票在山东解放区本来应该通用，但是山东不准用；而渤海自己的票子又不够用"。① 在这种情况下，要把财经统一起来很不容易，曾山工作起来非常困难。6月，华东局决定成立财经工作研究委员会，曾山为召集人。曾山认为解决财经问题，除了发展生产、增加收入、统一货币外，更要统一思想认识，服从全国大局，加强组织纪律性，反对地方主义和本位主义。曾山的意见得到中共中央和华东局的肯定和支持。

此间，为策应刘邓大军千里跃进大别山，华东野战军组成东、西两个兵团。西兵团由陈毅、粟裕率领，挺进豫皖苏，进行外线作战，转入战略进攻。东兵团由许世友、谭震林率领，留在山东境内，坚持内线作战。这时，国民党对山东的重点进攻仍在加紧，山东战场的形势十分严峻。华东党、政、军机关以渤海为后方，统统撤至渤海地区。为了更好地领导后方工作，支援西兵团作战，华东局决定成立华东工委，曾山任工委委员。

自1947年底至1948年夏，山东财政发生严重困难。由于敌人的重点进攻，除渤海黄河以北地区外，山东其他地区的经济受到严重摧残，特别是大鲁南区域，十室九空，田园荒芜，庐舍为虚，农民嗷嗷待哺，而战争仍在紧张地进行，战费紧迫，开支扩大。由于农民无力交纳田赋，华东局决定停征1948年的田赋，财政收入减少四分之一以上。华东局剩下的收入仅有出口税、产销税及零星杂税与粮食变价等几项收入。而物价飞涨，反过来又将扩大财政开支，

---

① 陈穆：《统一华中、华东财经立下功勋》，王青争主编：《永留正气在世间——纪念曾山诞辰100周年文集》，江西人民出版社1999年版，第67页。

威胁财政，破坏生产。

为了克服财政危机，扭转困难局面，华东工委提出"三大方案"：
（一）厉行精简，人数初步缩减到 24 万人，第二步缩到 20 万。紧缩后方，充实前线；压缩机关，充实连队。（二）大大降低待遇标准，肃清贪污，提倡节约，但须保持战士与伤员必需的待遇水准。（三）清理大大小小公家资财，点滴归还，完全禁止机关营业。经过 5 个月努力，"三大方案"成效显著：渤海吃饭人员减为 24.5 万人，清理出资财 70 亿元，每月经费开支节减一半以上，由 25 亿减为 12 亿元，从而缓解了财政困难。

1948 年 1 月，华东局决定曾山任财经委员会书记兼财办主任，方毅、艾楚南为财委副书记兼财办副主任。这时，中央军委为了改变中原地区的拉锯局面，决定成立以陈毅、粟裕为正副司令员的东南野战军，向闽浙赣进军，形成第二个战略跃进。2 月，粟裕率第一兵团到达黄河以北濮阳地区整训，为渡江南进做准备。为配合粟裕部队行动，中央要华东财办在经济上给予支援。曾山接到中央指示后，在"现存金子也不过万两"的情况下，顾全大局，积极筹措，立即向粟裕部队拨出"5000 两黄金，华中票 10 万元，现洋 5 万元"[①]，大大缓解了粟裕部队的困难。

为发展生产，增加收入，在"不荒一亩地"的口号下，曾山发动群众开展大生产运动，号召群众纺织土纱、织土布，制作军装；调李人俊回华东财办，组建工矿部，恢复山东淄博煤炭、电力等项生产，并决定将从华中撤来的军工干部、技术人员、工人等和山东渤海、胶东、鲁南三个区的军工厂合并，统归工矿部管理，集中力量生产军工产品，及时送往前线。这批军工力量后来又成为接管城

---

① 《华东财办来电》（1948 年 2 月 24 日），存中央档案馆。

市工业的骨干力量。据李人俊回忆，"曾山同志对工作抓的及时，抓得准，真是难能可贵"，"是支援全国解放战争的好后勤"。①

在争取华东财政好转的过程中，华东局实行了严格的财经制度，要求各机关坚决执行华东局财办的方针和财经制度，照顾需要和开支，并向全党深刻动员，提倡全党当家，大家想办法，取得了积极成效。华东局上半年不仅减少了透支（只透支 94.9 亿，不到估计的四分之一），而且积蓄了一些物质力量（仅银行就掌握 3 万 5 千两黄金,60 万两白银和近 7000 万斤粮食）②。这使全体财经部门同志更有信心做到 1948 年全年收支平衡，并有可能拿出大量财粮扶助生产。在曾山等人的努力下，华东华中财经逐步统一，山东财政状况根本好转。1948 年 7 月，曾山向中央报告说："山东财经全部统一，已进到了相当程度，本位主义基本克服，到九月以后即可走上全省统一"，"只要今年山东不遭干旱灾荒，秋粮征收顺利，今年可能做到少亏空，直至不亏空，使中央 1949 年便于统一山东，以利支援全国作战"。③中共中央对华东局的做法表示满意，并将其成功经验在党内通报指出："可见我们的财政状况虽极困难，但只要正视困难，从最坏的情况出发，健全制度，坚决执行，我们是有足够的办法渡过财政难关的。"④

由于战争原因，各地区尚处在被敌人分割包围的状态，各区

① 李人俊：《回忆曾山同志的生平片段》，王青争主编：《永留正气在世间——纪念曾山诞辰 100 周年文集》，江西人民出版社 1999 年版，第 45-46 页。
② 《中共中央关于山东克服财政困难经验的通报》（1948 年 7 月 15 日），中国社会科学院经济研究所编：《革命根据地经济史料选编》下册，江西人民出版社 1986 年版，第 929 页。
③ 《曾山关于财政情况报告》（1948 年 7 月 24 日），存中央档案馆。
④ 《中共中央关于山东克服财政困难经验的通报》（1948 年 7 月 15 日），中国社会科学院经济研究所编：《革命根据地经济史料选编》下册，江西人民出版社 1986 版，第 928-929 页。

财政经济都是"自力更生，自求发展，自收自支"。中共中央为使各大区财经工作走向统一，决定成立华北财经委员会，董必武任主任，薄一波为副主任，先把华北、华东、西北的财经统一起来，然后再统一东北和中原的财经工作。华北财委成立后，曾山经常向董必武、薄一波汇报情况，请示工作。中央提出集中统一全国财经任务时，许多干部总想着留点小钱自用，以便机动，但曾山不同意，说服大家要坚决拥护中央的决策。在他的教育下，大家最后都同意全部上缴，分文不留，体现了曾山政治觉悟高，大局观念强的品质。[①]

中共中央对曾山在华东财办的工作十分满意。1948 年 11 月 22 日，周恩来在代表党中央给饶漱石、康生、张云逸的电报中，高度评价说："曾山同志对统一华中及统一华东两地财政均有很大功绩，值得赞许。他积极拥护与坚决执行集中的方针，也为中央所深悉，并予信任。凡他在执行中央政策和进行各项工作上如遇有困难，只要为中央所知或经过华东局或他自己向中央报告后，无不助他解决，不仅中央，目前华北财委会也采取同一精神"，电报重申"中央及军委完全信托""曾山同志对于华东财经后勤的领导"。[②]

进驻潍坊

人民解放军在转入战略进攻的一年中，共歼灭国民党军队 152 万人，收复和解放拥有 3700 万人口的 15.6 万平方公里土地和 164 座中小城市，为进行战略决战创造了有利条件。[③]在山东战场，华

---

①　李人俊：《回忆曾山同志的生平片段》，王青争主编：《永留正气在世间——纪念曾山诞辰 100 周年文集》，江西人民出版社 1999 年版，第 48 页。

②　《中央对华东财经后勤的复电》（1948 年 11 月 22 日），存中央档案馆。

③　中共中央党史研究室著：《中国共产党历史》第一卷（1921—1949）下册，中共党史出版社 2011 年版，第 780 页。

东野战军山东兵团取得胶河大捷，标志着山东内线战场转入进攻。1948 年 3 月，华野内线兵团以 29 个团的兵力，在胶济铁路西段发起了春季攻势，全歼国民党军 3.86 万人，收复了张店、周村至莱芜、蒙阴等 14 座城镇，控制了东起淄河、西抵龙山的 150 公里胶济铁路，使鲁中和渤海两区连成一片，为解放潍县（今潍坊市）奠定了基础。

潍县人口十多万，是山东省重要的粮棉产区和较大的工商业城市之一，也是国民党重点进攻时期山东战区的六大战略据点之一，战略地位十分重要。攻占潍县不但可以获得丰富的战略物资，巩固后方，还可以西攻津浦路，逼迫济南和徐州。潍县城高逾 13 米，有新老二城（东西城），白浪河横贯其间，筑有坚固的防御工事，其基本特点是高大围墙结合子母群，构成半永久性工事，利守不利攻。国民党军在此作了周密的防御部署。当时，驻守潍县的是国民党整编第四十五师一部及保安部队，连同周围十几个县的地主武装，共 4.7 万余人，由国民党整编第九十六军军长兼整编四十五师师长陈金城指挥。

1948 年 4 月，华东野战军山东兵团经中央军委批准，发起了潍县战役。山东兵团采取"稳扎稳打"的方针，集中了 22 个团的兵力向潍县开进。4 月 8 日，完成对外围敌人的分割和对县城的包围。经过 10 天激战，攻占外围据点 50 多处，肃清了四关敌人。随后解放军又隐蔽地进行攻城准备。在许世友、谭震林指挥下，内线兵团于 23 日夜以优势炮火猛攻西城，突进 5 个连，在城墙上与敌人展开激战。24 日晚占领西城。26 日又激战 15 小时，突破东城，歼敌大部。国民党整编第九十六军军长陈金城中将和九十六军参谋长李友尚少将等 6 名高级军官被俘。4 月 27 日，潍县解放。

在潍县战役中，解放军总共歼灭国民党军一个整编师的主力，两个保安旅及大批反动地主武装（包括打援），共 4.6 万多人[①]，并争取潍县自卫总队 1500 人起义。潍县战役是华东野战军一次重要的攻坚战，也是华东战场上第一次攻占国民党坚固设防的城市。它的胜利使国民党在青岛和济南之间失去了地面联系而更加孤立，使山东解放区的渤海、胶东、大鲁南连成一片，进而威胁徐州和济南。

　　敌伪统治潍坊较久，长期对人民进行欺骗宣传，例如说八路共产党要杀尽 50 岁以上的老人，青年妇女要裸体跳秧歌舞，肉体慰劳八路，小孩要煮熟吃掉，实行五家联保等。国民党还威胁群众不准接近八路，违者将来杀全家。解放军入城时，确实见到不少群众相信敌伪的这种欺骗与威胁，竟然有一位老太太穿好寿衣等着解放军来杀她。青年妇女更是不敢与解放军和工作干部接触，有的躲在飞机洞内达两个礼拜之久。这表明接收工作必须慎重，要努力争取群众，稳定人心，用实际行动打破敌人的欺骗宣传。

　　中共中央、华东局对潍县的接管工作非常重视。1948 年 4 月 1 日就成立了中共潍坊特别市委员会和军管会，任命曾山为中共潍坊特别市委书记、潍坊特别市警备司令部政治委员，任命许世友为军管会主任，并从华东局机关、党校和山东各地抽调 3000 多名干部，准备接收潍坊。军管会下设军械、军实、军粮、工矿、财政、交通、文教、行政等 8 个部门。具体接收工作由军管各部负责，"对于整个城市政策和许多重大事件，特别是没收与发还、捉人、杀人、市场金融、自由贸易、排法（即排挤法币——引者注）、救济与组织群众、宣传工作等问题均统归潍坊特别市委领导，军管会也应执行特别市委主张"。[②] 因为当时干部不够，所以又决定将市政府各部与

---

　　①　中共中央党史研究室著：《中国共产党历史》第一卷（1921—1949）下册，中共党史出版社 2011 年版，第 779 页。

　　②　《关于潍县工作曾山同志给中央的报告》（1948 年 6 月 19 日），存中央档案馆。

军管各部门合在一起办公，入城后担负全部接收工作，并决定入城后短期内不用市政府名义，完全用军管会管理城市。公安机关专任肃清国民党特务与反动组织，清查户口，安定社会秩序等任务。

在曾山的领导下，特别市委和军管会一成立，就立即着手准备潍坊的接管工作。曾山认为，接收者素质的高低是决定接管工作好坏的重要因素。所以在入城前，曾山先将干部集中起来，组织他们学习接收周村、张店、淄博等地区的经验教训。在潍北的牟家温庄，曾山委托中共滨海区委潍城地下工作组的丁友鲲撰写潍县的情况介绍，发给接管干部参考。将市委的政策主张、工作步骤向每个接收干部和攻城部队详细讲清楚。除将中央的有关城市政策、指示印发给每个干部学习外，市委还专门召开会议，由曾山对这些政策、文件进行反复解释和说明，使每个干部都做到对有关政策、指示烂熟于心。曾山着重阐述如何分清阶级、分清官僚资本与非官僚资本、主要战犯和非主要战犯等问题，规定协从者不应算战犯；说明城市存有私人工商业是有利的。曾山还要求对每个接管干部的私人财产进行登记，杜绝贪污、侵占等行为的发生。

潍坊刚刚解放，秩序混乱，谣言四起，人心惶惶，特务奸匪时图捣乱破坏。为打击敌特，巩固治安，安定秩序，4月底，姚世峰、曾山以潍坊特别市警备司令部名义，发布《戒严条例》，① 规定潍坊市每日下午 7 时至翌日晨 6 时为戒严时间，除持有特别通行证及口令者外，所有人严禁通行；一切哨兵为执行任务有权制止任何人员之行动，党政军民一切行人都应服从听命，否则哨兵有开枪射击之权；戒严时期内，组织纠察队，严查旅社、茶楼、酒店、戏院、电

---

① 《山东省潍坊市特别市警备司令部命令——警字第一号》（1948 年 4 月）。中共山东省委党史研究室、山东省党史学会编：《山东党史资料文库》（第 24 卷），山东人民出版社 2015 年版，第 193—194 页。

影院及一切游艺场所，是否严格遵守民主政府法令、革命秩序及本条例，违反者则按破坏治安论罪。解放军入城后，军管总会立即对潍坊进行军事管制。5 月 1 日，曾山率部进驻潍坊，坐镇指挥潍坊的接管工作。曾山发布各种公告、命令，进行户口清查。命令一切国民党敌特组织及反动会道门派立即解散，其成员必须在限期内速向公安机关自首，坦白交代一切罪行。人民政府实行宽大与镇压相结合的政策，对坦白交代罪行、积极检举揭发者从宽；对负隅顽抗，拒不遵令者，严惩不贷。同时，由军管会派武装保护仓库、学校、孔庙、旧衙门、旧公馆等一切公共建筑，严禁趁火打劫等一切打砸抢行为，违者严惩。经过人口清查，揪出了一批反动分子，初步稳定了治安，安定了人心。

曾山带领干部到城内各处检查工作，发现衣不蔽体、食不果腹的灾民充斥大街小巷。他们有的是因为房子被国民党纵火烧毁，成为无衣无食无住的灾民，有的是被国民党捉来修筑工事的城外农民，生活万分困难。曾山认为必须立即结束军管，恢复市民生活秩序。他向中央报告说，若不迅速结束军管，允许农民出城和市民自由往来，"不仅违背入城前市委已定下争取多数市民，孤立少数坏人，以使达到消灭敌人残余特务武装和一切反动组织，并以迅速复工复业，建立新秩序的主张，难以达到目的，并眼见到无衣食住一万多市民的困难，若不解严，势必引起人民对我不满，甚至反感"。[①] 于是，在曾山的坚持下，市委立即结束军管，并宣布潍坊特别市政府成立，解除戒严，废除盘查制，允许人民自由出入。曾山强调不乱没收，不乱捉人，更不随意杀人。一般市民完全自由出入城市，不受盘查，从而保障了人权。市委还出版《潍坊日报》，统一规定各

---

① 《关于潍县工作曾山同志给中央的报告》（1948 年 6 月 19 日），存中央档案馆。

工作队的宣传要点和宣传口号，用实际行动有力回击了国民党的欺骗宣传，得到广大市民的称赞。

入城第三天，曾山主持召开了潍坊工、农、学、商、贫民各界群众300余人参加的座谈会，宣传党和政府的方针、政策，并听取群众意见。大会首先由山东省政府代表冯平宣布姚仲明为潍坊市市长。然后，由曾山和姚仲明分别阐述共产党和民主政府对潍坊建设的总方针和各种政策。接着，与会群众纷纷发言，有的控诉国民党对潍坊工商业的摧残，民族工商业纷纷倒闭，没有出路；有的控诉国民党苛捐杂税重，甚至连丁家大地主都因纳不起钱粮而被国民党逼死；教职员控诉国民党摧残教育，杀害青年学生。如在解放军攻城期间，国民党军队把潍城师范200多学员关在一个集中营内，不准其离开半步；还以打信号枪等莫须有的罪名枪杀了两个不到20岁的青年学生。国民党军队还焚烧了城中最繁华的街道、商店、工厂等，共烧毁3300多栋房子，使两万多人无家可归。总之，他们深切表达了对国民党政府的无比痛恨和仇视，希望政府对困难者予以帮助和救济，迅速安定社会秩序等。曾山认真听取了他们的意见，表示将立即采取措施解决这些问题。

会后，市委立即召开各有关负责人会议，商讨解决市民最迫切的无房住、无饭吃的困难，决定在四关组织善后委员会，吸收各界市民中较公正者参加，共同来商讨解决市民的生活问题。曾山从缴获的粮食中拿出近50万斤，按灾情轻重不同分发给各关，专供救济难民之用。其中33万斤粮食用作以工代赈，如雇人打扫街巷，掩埋尸体，拆洗衣服，填平各种工事、陷阱，修补公路、大道及公共住房等，做一天工得4斤粮食。不但使贫民劳力及一部分失业者有事可做，并能得到维持生活的报酬，而且使市容、街道得到清理。另外17万斤粮食纯用来发放救济粮，使无劳力的难民也得到救济。

此外，潍坊市政府还发放贷款，开设油、盐、粮食、煤炭商号，活跃市场，便利市民生活，帮助市民渡过难关。市政府还调拨了大量建筑材料，先后建房 1 万余间，解决了 3000 多户居民无家可归的问题。① 曾山提出以此为契机，深入了解、动员群众，进一步吸收他们中的优秀分子，作为街道和乡镇政权的工作人员和发展党员的对象，以逐步建立和巩固基层党组织和政权组织。曾山等人的努力，得到了全城市民的称赞。群众纷纷反映说"我军纪律好，不拿群众一针一线，说话和气，真规矩（即不调戏女人）"，"潍城真解放了，这种政府真是为人民办事的政府"②。曾山认为，群众之所以相信、支持政府，"是因为我们不仅口头宣传，而是实际做到了"。③

接收与处理敌产是接收工作的重中之重。入城后，各接管部门按照预定分工，有条不紊地开展了各项工作，基本上做到了既分工负责，又相互配合。国民党军遗弃在潍坊城内的弹药、军械到处都是，军械部人手很少，无法在预定时间内完成收拾弹药、军械任务。曾山及时指示其他各部门尽可能给予军械部最大的支持，协助军械部按时完成了任务。

在没收官僚资产过程中，很好地执行党的城市政策，保护城市，不许有任何破坏。④ 曾山吸取了周村、张店在接收过程中政策不明的经验教训，明确规定：除最明显的国民党党政军机关及张天佐等主要战犯的财产，应立即没收全部归公外，一切私营工商业、店铺、工厂、作坊，不管是何人所有，均应保护，未经详细查清楚，并得

---

① 周庆元：《曾山同志》，政协山东省潍坊市潍城区委员会编：《潍城文史资料》第 20 辑，2004 年印，第 3 页。

② 《关于潍县工作曾山同志给中央的报告》（1948 年 6 月 19 日），存中央档案馆。

③ 《关于潍县工作曾山同志给中央的报告》（1948 年 6 月 19 日），存中央档案馆。

④ 许世友：《坚持在内线的山东兵团》，《星火燎原》（九），战士出版社 1982 年版，第 473 页。

市委批准，不准随意没收。待调查清楚后，再将应没收的宣布没收，以免一般工商业者发生恐慌。根据这一指示，工矿部除对明显属于官办的工厂立即没收外，凡公私分不清的工厂、作坊、商号，都进行详细调查，不急于没收，从而避免了因错误没收而产生的不良影响。

在军管会的统一领导下，潍坊接收工作取得重大成绩，总计接收敌产有：

（一）军械：1.各种子弹192万发；2.各式轻重机枪538挺；3.各式步枪11219支（包括周村战役缴获一部在内）；4.手榴弹13.5万多枚。以上还仅是打扫战场收集的，部队缴获的未算在内。

（二）西药、器械等800多大箱。

（三）粗细粮400多万斤，外有仓上缴获粮120多万斤。

（四）法币60多亿，银元1.8万多元，军衣9万多套，被毯约3万条，布匹2000多匹，其他军用品也很多。

（五）接收铁工厂15处，煤矿2处，电气厂4处，烟草厂3处，麦粉厂2处，航空修理厂1处，共25（27）处。

（六）大量电池、电器材料，汽油300多大桶，总计除枪弹、工厂、煤矿不计算价值外，约计价值100亿北币"。另外还接收了大量火车头、车厢与汽车。[①]

华东财办将一切食品（粮食除外）与日常必需品，如衣服、鞋袜、皮带、干粮袋等，有计划地分发给所有参战部队，共计约有20万指战员分得了战利品，特别是最有功者与先期攻入潍城的九纵队的两个团享受的慰劳品最多。得此丰厚慰劳品，参战部队士气高昂。

曾山还非常重视文件、档案的收集工作，"收集文件档案，应

---

① 《关于潍县工作曾山同志给中央的报告》（1948年6月19日），存中央档案馆。

与收集金银同等看重"，① 从而使潍坊许多重要文件都得以保存，为日后处理各种问题提供了有力证据。

因为事先有充分的准备和详细的计划，分工明确，并严格执行相关政策和纪律，潍坊接收工作开展的较为顺利，基本做到了缴获归公，又未发生乱没收、乱抓人现象。这些物资接收后，大大充实了华东局的财政经济，也给部队补充了大量的作战物资。

没收官僚资产后，恢复和发展潍坊经济就成为一切工作的中心。曾山有计划地召开各行各业座谈会，着重解释我党政策，具体帮助和推动各行各业工商业者复工。曾山从潍坊的实际情况出发，采取了一系列具体措施恢复发展经济。

首先，大力恢复和发展潍坊的公营企业，使其成为潍坊经济重建的火车头。凡一切有助于公营经济恢复和发展的行为，曾山都给予一定的奖励，如对保护了工厂机器的电灯厂工人、煤矿工人发奖励粮，极大地调动了广大企业职工的积极性。对一切破坏生产的行为均严厉制止和惩罚。如曾山发现坊子煤矿盲目宣布提高职工工资标准的错误做法，便立即予以制止和纠正。由于措施得当，坊子煤矿接收后当天就恢复生产。潍坊火车站在占领潍坊的当晚就通车，潍坊电灯厂只停电一天就恢复了发电。民生麦粉厂、潍坊铁厂、裕中烟草公司等大、中型企业几天内就完全复工。到 5 月底，大型的印刷厂、染织厂、铁厂，甚至连停工很久的华丰、育秀等大工厂都开工了。中小型的工厂如肥皂厂、卷烟厂、染织厂等，基本上完全复工。

其次，发放贷款，帮助私营工商业者迅速复工复业。刚入城时，一般市民，特别是中上层分子，怕批斗，怕打杀，怕没收工厂、商店，

---

① 《关于潍县工作曾山同志给中央的报告》(1948 年 6 月 19 日)，存中央档案馆。

纷纷停工歇业。针对市民这种情绪，曾山等人采取了十分慎重的接收政策，进行广泛深入的解释和宣传工作。曾山派人分头召开各种座谈会，宣传我党的工商政策，打消他们的疑虑。曾山要求工商机关在入城第二天就开设油盐、粮食、煤炭出卖商号，低价售卖市民日常生活用品，满足市民生活需要。同时，还三次制止乡下农民进城批斗工商业者的错误行为，用实际行动调动了工商业者的积极性。市政府划分了零售市场，建立新的市场秩序。严禁乱没收工商业者的财产，没收错了的坚决发还。没收的官营工厂中，有不少是之前被国民党强占的私人的车床、机器等，只要查明属实的，曾山都将其发还给私人。接着，曾山等召开各行各业老板、经理、工人、职员、学生等的座谈会，大家对敌人的欺骗宣传再也不相信了，各种顾虑也减少了很多，复工复业的积极性大为提高。经过数天的努力，潍坊市面基本恢复了营业。

再次，迅速用北币（即北海银行发行的货币）占领市场，完成排挤法币的工作，稳定金融。潍坊解放时，在潍坊及其附近流通的法币大约有 260 亿，排挤法币的任务尤其紧迫和艰巨。曾山首先宣布禁止用法币交易，市场全以北币交易。这一方面调剂了市场供应品，同时提高了北币信用，增强了潍城分行兑换与排挤法币的力量。曾山每日根据市场物价的变化和市民的反应，确定北币与法币的兑换比值，逐步将兑换比例从 1∶50 降低到 1∶100。经过十几天的时间，银行兑进并没收 220 多亿元法币，基本上将潍坊及其周围的法币排挤干净，广大市民并未受大的损失。然后再由工商机关将法币封包出口到青岛，购回大量物资，公家及潍城工商业家避免了法币暴跌损失。这些措施既增加了财政收入，保障了市场金融的稳定，又维护了老百姓的利益，赢得了百姓的信任，较好地完成了用人民币占领市场的任务。

在接管潍坊过程中，曾山还非常重视照顾农民的利益。1948年5月中旬，曾山到潍坊飞机场察看，发现这个机场有2000米长96米宽的跑道。国民党为了打内战，在机场周围强占民田1200亩，准备扩大机场，引起广大农民群众强烈不满。潍坊解放以后，农民自动起来开发，准备耕种。曾山同情农民的要求，主张还田于民，但鉴于战争正在进行，不知原机场是否够解放军用。于是，他连续两次给华东局和毛泽东发电报，请示处理办法。中央军委研究了曾山的报告后，决定国民党所强占的民田1200亩，应容许人民收回或分配耕种，不必停种。曾山立即将1200亩民田全部归还机场周围农民，受到农民的称赞。

潍城的接管工作，有完整的组织和严密的分工，形成了一套较为成熟的做法，取得了重要的成绩。曾山总结了很多好的经验和做法：第一，在接收方法上提出了上、中、下三种接管策略：找到原管理人交待接管为上策，比如银行接收即是如此；收集文件、配合给奖，取得情报为中策，比如粮食部门接收，取得存粮的文件，再找线索追缴粮食；见东西就搬为下策，比如军械机关接收即是如此。第二，以工代赈，提高接收效率。比如入城前虽然分成八大部门接收，但是每个部门需要多少人才够用，则只有入城后实际开始接收工作时才能知道。入城后发现，弹药满城街巷都有，而收拾军械的人太少，无法及时完成任务。后采取以工代赈的办法，请市民帮助，才及时收集了满街的弹药。第三，接收要分清轻重缓急，应集中人力首先接收重要物资。比如弹筒弹壳与破碎的铜铁锌等，是重要的战略物资。若不及时收拾，就可能被私商收买去了，从而使兵工厂损失了宝贵的原料，所以应优先接收。而该缓办的，就不能急于接收。比如对于一时分不清公私的厂矿企业、作坊商号，就不要急于没收，应多花时间调查清楚再处理。第四，收集文件档案应与收集金银同等看重。潍城接收了许多宝贵文件，掌握证据，便于打击处理各种反动敌对势力，也大大有利于追缴清理物资。比如市政府根据接收的特务情报文件，抓获了一大批潜伏的特务人员。第五，要预先安排足够的仓库，将各种敌产如炸药、炮弹、汽油等分别存放，以免发生火灾或爆炸；对于不能受潮的物品如电料、药品等更应妥善保存。第六，预先对接管干部的私人物品进行登记，使其自觉遵守"一切缴获要归公"的规定。否则容易使干部犯错误，影响工作。第七，正确处理敌产。潍城接收中，对于能作军用的物资如弹药、汽油、粮食、大宗服装等严格掌握，不轻易分掉，而转为财政收入，一般性战利品首先用于慰劳部队，这既增加了财政收入，又激发了战士的热情。第八，派兵保护仓库、学校等一切公共场所和建筑，比如房屋、家具、陈列品、古书、古董、古迹、仪器、孔庙等。第九，接管会必须有一定的人员看管物资，足够应用的武装和交通运输工具，以备警戒和转运物资之用，以免物资遭到抢劫盗窃。①

华东野战军副政治委员兼东兵团政治委员谭震林，在向部队宣讲城市政策时，就举了解放潍县的事例。他说：

打潍县，我们严格执行城市政策，得到了很重要的收获：一是物资没有破坏，使我们的财政收入增加了一百万万元（北海币），也是给人民减轻了一百万万元的负担；二是机关没有搞乱，国民党的全部文件（包括敌人在山东的重要材料），都被我们得到了；三是由于我们没有乱捕、乱杀，不但在经济上稳定了城市，而且在政治上瓦解了敌人，增强了革命力量。②

在接管潍坊的同时，曾山还主抓了华东军工的生产，取得了重

---

① 《关于潍县工作曾山同志给中央的报告》（1948 年 6 月 19 日），存中央档案馆。
② 《谭震林传》编纂委员会著：《谭震林传》，浙江人民出版社 1992 年版，第 229-230 页。

要成绩。仅 1948 年 6 月，华东各局军工厂即生产了大量炮弹、子弹、炸药等军用物资。其中，鲁中生产六零迫击炮弹 3000 发，手榴弹 5.5 万枚，七九子弹 3 万发。渤海生产八二迫击炮弹 2.3 万枚，六零迫击炮弹 4000 枚，信号弹 2.5 万个，七九子弹 14 万发，刺刀 1101 把，迫击炮发射药、子弹炮发射药 2148 斤，硝铵 16248 斤。胶东生产八二迫击炮弹 3121 发，六零迫击炮弹 13108 发，10cm 迫击炮弹 4812 发，掷弹筒 36934 个，信号弹 767 个，七九子弹 493950 发，六五子弹 8000 发，10.5cm 榴弹炮 141 个，山炮弹 18365 发，九二步炮弹 49481 发。八二炮 75 门，掷弹筒 829 门，步枪 430 支，炸药 16690 斤，刺刀 736 把。[①]

曾山亲自领导和指挥了潍坊接收的工作，他白天深入基层，检查工作，察访民情，晚上又伏案批阅文件，拟订政策，有时甚至通宵达旦，累得又黑又瘦。虽然曾山手握大权，但他从不以权谋私。一天，邓六金从大连赶来，他问邓六金："你有钱么？买一斤肉来吃。"邓六金买了肉，他吃得狼吞虎咽，后来得知他几个月没吃肉了。经过近两个月的努力，潍坊社会秩序逐渐恢复，经济也开始发展。曾山为接收潍坊殚精竭虑，做出了不可磨灭的贡献。潍坊工作走上正轨以后，曾山奉命返回华东局，仍然担任财办主任，负责华东财经工作。

接管济南

1948 年 4 月底，华野山东兵团解放潍县。5 月 29 日，又发起津浦路中段战役，先后攻占泰安、大汶口、曲阜、邹县、兖州、济

---

① 《华东军工生产数字》（1948 年 7 月 17 日），存中央档案馆。

宁等城镇，歼灭国民党军队 6.3 万人。① 至此，山东地区除济南、青岛等少数城市外，都得到解放。国民党军队在战争的第二年中，共损失正规军和非正规军 152 万人。虽然经过大量补充，其总兵力仍保持在 365 万人左右，但大多数是在被歼后重建或受过严重打击，士气低落，战斗力不强。② 国共力量对比发生了越来越有利于我方的变化。

1948 年 9 月 8 日至 13 日，中共中央在河北省平山县西柏坡召开政治局会议。会议依据解放战争两年来的作战情况，提出了在大约五年左右的时间内（从 1946 年 7 月算起），从根本上完成打倒国民党反动政权的总任务，并准备在有利条件下与敌人在长江以北各战场进行战略决战。会议重申必须继续克服某些无纪律、无政府状态，克服地方主义、游击主义倾向，加强党的集中统一领导。曾山出席了这次会议，并在会上做了发言，重点谈了华东执行"军队向前进，生产长一寸，加强纪律性"指示的情况和体会。

济南是津浦、胶济铁路的交会点和连接华东、华北地区的战略要地，也是国民党山东省政府、第二绥靖区所在地，地势险要、易守难攻。济南是一座历史悠久的名城，又是华东重镇之一，政治、经济地位十分重要。为确保济南安全，屏障徐州，隔断华东、华北解放区的联系，并钳制华东野战军南进，8 月中上旬，蒋介石调重兵防守济南，并制订了一个 27 万人的"会战计划"。

华东野战军根据敌情制订了周密的攻城计划，确定以 14 万人组成攻城兵团，其中以三个纵队主力组成攻城西集团，首先攻占机

---

① 中共中央党史研究室著：《中国共产党历史》第一卷（1921—1949）下册，中共党史出版社 2011 年版，第 779 页。

② 中共中央党史研究室著：《中国共产党历史》第一卷（1921—1949）下册，中共党史出版社 2011 年版，第 781 页。

场，断敌空援，并抓住一切有利战机攻占商埠；以两个纵队为攻城东集团，首先肃清济南东郊各点敌人，然后再协同西集团攻城，并组织东西两个炮兵群，配合攻城作战。另以 18 万人组成阻援、打援兵团，在金乡、城武、巨野、嘉祥地区，构筑若干道防御阵地，坚决阻击可能由商丘、砀山地区北援的敌人；在官桥至滕县之间构筑防御工事，以阻击可能由徐州北援的敌人，并以六个纵队的兵力分别集结于济宁、兖州和滕县以东地区，待机歼击沿津浦路北援的敌人，还以一个纵队和各军区地方武装在民兵配合下，积极向正面的敌人出击，破坏津浦路、陇海路，牵制敌人，配合主力作战。

一切部署停当之后，保证几十万大军的粮食和各种物资供应，成为华东财办的当务之急。华东局抽调了千余名干部，组成各级支前委员会，参加支前工作。曾山和华东财办干部一起，站在支前第一线。他们不辞辛劳，深入农村，发动和组织农民，为"打到济南府，活捉王耀武"出工、出力，共调集了上千万斤的粮食，保证每个指战员每天 1.5 斤的粮食供应；组织了 51 万民工，担负前方的运输、担架、押送俘虏、警戒及养路破路等工作。各村充分发动群众，成立了生产互助组，参战民工的土地由专人代耕、代种、包耕、包种，做到了支前推动生产，支前、生产两大任务同时开展。

9 月 16 日，华东野战军执行中央军委关于"攻济打援"的指示，在粟裕的指挥下发动济南战役（也称济徐战役）。经过八昼夜激战，至 24 日黄昏，华东野战军在徐州援敌尚未到达前占领济南，全歼守敌 10.4 万余人（包括起义一个军 2 万人），解放济南城。济南战役的胜利使华北和华东两大解放区完全连成一片，并为解放军南下歼灭徐州国民党重兵集团创造了有利条件。济南战役揭开了解放战争战略决战的序幕，是人民解放军大规模围歼敌军主力和解放敌人重点设防大城市的开始，也是蒋介石以大城市为主的"重点防御"

体系总崩溃的开始。

济南接收工作的好坏直接影响到上海、南京、北平、天津等大城市的接管工作和城市政策的贯彻，中共中央、华东局对此高度重视。早在济南解放前一个多月，华东局就开始着手准备接管济南，并指定由华东局常委、华东财委书记曾山主持这一工作。1948年7月18日，华东局向中央汇报了接收济南工作的准备情况。7月19日，中央批复同意华东局的报告，同时要求所有进城人员及机关部队必须定出纪律，保持廉洁，不许抓取任何东西。

曾山立即在青州组建了济南市委、市政府、市警备司令部联合筹备处。为了保密，对外称"青州建设委员会"，积极为接管济南做准备。曾山清醒地认识到，人民解放战争正在走向全面胜利，接收和管理济南的工作，是迎接新中国到来的前哨站，是实现更远大目标的基本条件。尽快医治战争创伤，迅速恢复正常社会生活秩序，在国民党长期统治的大城市建立人民政权，对绝大多数干部来说，都是一项陌生的工作。所以必须严肃纪律、加强学习，才能适应新工作的要求。他亲自主持济南城市情况调查，机构配套，人员培训等工作，对统治济南的国民党的党政军系统的概况、城市社会各阶层状况等进行了详尽的调查研究，周密细致地分析研究了接管任务和可能出现的问题，组织编印了《济南概况》《济南概况补充调查》《济南人物调查》等资料，以便解放军攻城部队和接管干部了解和掌握济南情况。曾山严格执行中央关于接管工作的指示精神，多次向接管干部作报告，要求他们执行政策，遵守纪律，制定《入城守则》《约法七章》等，向他们讲解郭沫若的《甲申三百年祭》，防止干部腐化变质。他强调接管济南后，要"爱护济南，建设济南"，要"尽可能完整地保护好这座城市"。① 华东局抽调大批干部进驻济南，其中潍坊市 800 名，军政大学 2500 名，党校 500 名，教师研究会 3000 名；从华东野战军东兵团调 3 个团到济南维持治安。

战后的济南城到处是一片废墟，社会生活陷入混乱之中。9 月 26 日晨，曾山不顾敌机的狂轰滥炸，进入济南城内，领导和指挥济南的接收工作。曾山进城后，立即同谭震林一道召开会议，宣布成立济南军管会。军管会主任谭震林，副主任曾山，下设工矿、公安、军械、军实、军粮、财政、交通、文教、行政等部门。军管会成立后，曾山立即公布各接管部门的组织与工作，提出第一个礼拜的中心工作任务，规定各部门每日汇报制度，整顿与建立军管会本身工作。

国民党在济南城内遗留了大量武器弹药、西药、汽油、电器材料等战略物资。军械部的同志冒着敌机的轰炸，奔波于济南城大街小巷的每一个角落，将散落于各处的武器弹药迅速收集起来，防止这些武器流落到民间，同时用以补充我军弹药。到 10 月 2 日，济南城市内发现的弹药均已运走。军实、军粮部的同志入城当天，就侦获、接收敌人 13 个完整的医药、通讯器材仓库和 1 个地下汽油库，接收粮食近千万斤，西药 2500 多大箱，加上其他地方发现的药品，足够华东解放军东西两兵团用半年。曾山令军管人员严格执行纪律，将缴获的大量军火弹药及军需物品，全部交给军委派来的总后勤部长杨立三，真正做到了"一切缴获要归公"。这些军火被用于支援中原、华北、西北战场（仅支援中原解放军就有步枪 5000 支，轻机枪 200 挺，重机枪 50 挺，六〇炮 50 门，八二迫击炮 18 门）。

曾山针对实际情况，合理分配接管干部，尽量争取旧人员交代式接管。比如银行、邮政全体职员均做了正式交代，账册、物款俱全，

① 谢玉堂：《丰功伟绩，高山仰止——纪念曾山同志诞辰 100 周年》，王青争主编：《永留正气在世间——纪念曾山诞辰 100 周年文集》，江西人民出版社 1999 年版，第 173 页。

大大方便了接管。在处理敌产过程中，曾山制订的基本原则是：应该没收的坚决没收，不应该没收的，原则上发还；一切权属不明敌产事业，都采取保护、协助或代营等方式经营，极力帮助复工复业，并在恢复生产的过程中，加强调查研究，查找相关证明文件，并结合市民调查，等确有十分把握了，再宣布处理结果。比如济南华丰铁厂，其中有公家机器，一时难以弄清公私权属，所以采取公私合办的方式，以迅速恢复生产，以利于解放区经济建设。曾山指出，敌产处理时间久一点不要紧，如果草率处理，哪怕处理错了一件事，影响都很坏。

行政部的同志广泛发动群众，准备足够的民工，入城第一天即迅速掩埋尸体，拆除街道堡垒，填平壕沟工事，加紧赶修电灯厂、供电厂、自来水厂等，恢复供电供水，以使城市迅速恢复常态。到10月1日，济南城就恢复供水；10月2日，城内大部分街道恢复通车；10月4日，济南市又恢复了供电。在工作中采取以工代赈的办法，吸收城市贫民、工人参加，这样既加快城市清理工作，又可以救济大量市民。同时，散发部分救济粮给城市贫民和失业人员，再配合一定数量的救济贷款，以救济劳力少或者无劳力者的生活，为群众提供基本生活保障。

为恢复社会秩序，保障社会安宁，谭震林、曾山联名发布了一系列军管会布告，令国民党、三青团、特务机关及其他一切反动组织立即解散，停止任何活动，迅速到公安机关登记，听候处理；蒋匪、散兵游勇、还乡团等反动武装人员须自动向政府交出武器、弹药及军用品等；对于蒋匪秘密留下的或分散于民间的武器、弹药及一切军用物品、文件物资等，存户应自动报告，主动如数交出的给予奖励，知情者均须报告军管会，报告属实者有奖，隐匿不报者处罚。严禁对一切公私工厂、商店、仓库、学校等公共设施、建筑的任何破坏、抢掠、盗窃等违法行为。^①这些措施打击了蒋匪特务的嚣张气焰，有利于迅速安定社会秩序，稳定人心。

同时，曾山又在济南开展肃清伪币的斗争。1947年，随着国民党军事上的节节败退，国民党统治区的经济急剧走向崩溃。蒋介石集团加紧了对人民的掠夺，法币发行额由1945年6月的3978亿元增至1948年8月的663万亿元，增加1666倍之多。济南的中央银行存有法币9万余亿，而黄金仅百余两，银元才5万余枚。此外，蒋介石运到济南的金圆券共1800万元左右，济南解放前已兑出金圆券600万，存"中央银行"1200万元。兑出的600万元金圆券绝大部分流落私营钱庄及商号之手，市民手中很少；济南及其附近地区还有法币10万亿到20万亿在流通。^②因此，肃清伪币任务十分艰巨。

经过周密调查，曾山决定按物价比例换算出北币与金圆券、法币的比值，以每2000元北币兑1元金圆券，以后再按市面情形适当压低金圆券价格。考虑到济南纱布价格便宜，按洋纱布价计算，北币4000元比1金圆券；但如果按洋纱价计算，北币7300元比1金圆券，如以此标准自由兑换法币，则纱布交易可获得暴利2~3倍，容易引起市场混乱。为此曾山又对济南市内现有洋纱布征收平衡税，从而保证了北币与金圆券比价的相对稳定，同时建议省工商局从市场收购一批洋纱布，以平衡市场供需。对于法币的处理，第一步宣布法币一律封包出口，只兑换金圆券，但亦不宣布不兑法币。待法币大量封包出口以后，再根据市面情形，拿出部分北币，将群众手中所存的法币适当兑换一些，迅速排挤出去，以保护群众的利益。华东局对曾山肃清伪币的政策措施表示赞同，认为曾山的处置措施

---

① 《济南特别市军事管制委员会布告第二号》（1948年9月27日），存中央档案馆。
② 《对济南蒋币的处置》（1948年9月27日），存中央档案馆。

与中央和华北财委会的方针是一致的，要求曾山迅速肃清伪币。①

9月27日，曾山向华东局及中财部报告处理蒋币（即法币）的具体方案：没收伪中央银行1200万金圆券及9万亿蒋币，分三路推销。金圆券分配如下：胶县750万元，沧县250万元，石岛200万元；蒋币分配如下：胶县3万亿，济宁2万亿，沧县4万亿。送济宁、石岛、胶县三处的金圆券及伪币，一律交当地工商局推销。曾山决定，送工商局的金圆券按每元折北币2000元，蒋币按照1500元折北币1元，兑给工商部。送沧县的金圆券及蒋币，按每1元金圆券折2000元，蒋币1500元折北币1元，抵华东局解中央任务。②9月29日，董必武、薄一波复电曾山等指出：目前敌区物价激涨，黄金、美钞均超过官价的一倍，法币比金圆券跌价更加厉害，敌人又封锁物资出境，在敌区推销法币和采购物资均有很大困难。冀中、北岳法币比价一般为1:1500，高的达到1:1700，再加上是商业进出口旺季，进行"推法"可能加剧蒋币跌价，比价可能升至2000元以上。为此，董必武和薄一波建议大力压低法币价格以利推出，济南运送沧州的敌币按照实际出价结算，华东局解缴中央的现金任务暂不作价。③

曾山一方面大力压低法币、金圆券的比价以利推销，另一方面又在胶县等地首先集中力量推销法币，然后再推销金圆券，另留一部分供南下部队使用。10月1日，曾山公布了法币的兑换措施，当天就兑出北票4亿多元。到10月20日，济南的法币基本上就被排挤干净，较好地完成了排挤法币的任务，稳定了济南的财政和金融。曾山还要求石岛、胶州两公司减少进口汽油、西药和电器材料，多

① 《同意迅速肃清济南之伪币》（1948年9月29日），存中央档案馆。
② 《对济南蒋币的处置》（1948年9月27日），存中央档案馆。
③ 《冀中北岳推出法币困难》（1948年9月29日），存中央档案馆。

进油墨、印钞、制版器材，以及工业化学材料，以免过多浪费外汇。

　　排挤法币的工作尚未结束，恢复工商业的工作又开始紧锣密鼓地进行。由于市内警卫部队和警察尚未完全到位，不少商人怕被偷盗或抢劫，故未营业，市场还未完全活跃。10 月 1 日，曾山主持召开工商业座谈会，具体阐述保护和发展济南工商业的各项政策。曾山说：保护正常工商活动是我党一贯政策，决不允许任何打、砸、抢等破坏生产力行为的发生，目前正在采取各种措施解决这一问题；同时他真诚希望济南工商界人士放下思想包袱，积极复工复业，为济南经济的恢复和发展做出积极的贡献。此后，曾山经常召开各界别、各行业座谈会，商讨复业复工的问题，但不单纯强迫他们开门，而是积极开办各种公营的和合作的商店，引导商民自动开门复业。曾山指出，只要政策正确，有利可图，多做些宣传解释，商民自然而然要开门营业，这样不但效果好，而且发展迅速。相反，周村解放时，商家不愿意开门营业，市政府就用命令方式要商民开门，但效果很小。曾山还要求复工复业时处理好工资问题。工资的处理，采取从慢、防止马虎、力求适当合理的原则。曾山组织广泛的调查研究，吸收大量工人参加讨论，先订出草案，进行试验，并加以改正完善。在草案未订定以前，则根据原职原薪，算出应得工资额，然后用借粮、借钱的办法发给。然后一面复工生产，一面争取时间，讨论正确的工资标准，以便各公营企业按照具体的生产能力、作用大小，制订正确的工资标准。曾山等人的努力打消商人的种种疑虑和不安，他们开始积极复业，工厂也开始复工。在曾山的正确领导下，不到一个月，济南的工商业就得到全面恢复。

　　在这场没有硝烟的战争中，程度最激烈、持续时间最长的是稳定物价斗争。这一时期，华东市场物价出现"东贵西贱、南贵北贱"的现象。这是因为战争爆发后，战区附近因物资消耗多，货币发行量大，物价必然上涨。由于济南长期处于解放军围困之下，煤、粮、盐严重不足，特别是煤十分紧缺，"一斤煤比一斤麦子还贵"。[①] 解放后数天内，济南的物价就上涨了3倍，严重威胁着济南市民的生活。由于没有足够的煤粮准备，煤粮价格带头暴涨，并带动其他物价在数天内陡涨三倍以上。如小米涨到北币2400元一斤，猪肉一万元一斤。振华县集镇上所卖的馒头，早上每斤800元，下午则涨到1100元，小贩怕今天卖了明天就买不到，不敢继续卖，只好推起车子回家；卖油条的既怕卖不出去困着本钱，又怕卖了赔了本钱。有的市场交易停止，要物不要钱，导致各行商贩、副业作坊纷纷歇业。曾山指出，如不加整顿，灾区群众将无以为生。[②]

曾山迅速动员周围群众及工商机关、工矿、部队大力组织运输粮煤接济济南。接收济南当天，曾山就要求工商部门抽出一部分没收的物资出售，但由于有关部门未及时运到物资，致使新设立的工商局无货可售。同时，曾山致电华东局，请华东局指令渤海区立即组织运送粮、盐来济南接济，并请工矿部立即从淄博运煤到济南。[③] 曾山对济南市场货物外运做出限制，规定济南旧存货在市内出售，一律不需任何手续；运往市外者，不论其为何物，在经过免税报验盖戳后，才准予运往华北、冀南、冀鲁豫地区。这些举措一定程度上缓和了济南物价暴涨的形势。鉴于形势严峻，10月2日，曾山再次致电华东局，要求华东局催令渤海、鲁中以及省工商局工矿部，赶快运粮煤接济济南。曾山说："若我们不能解决，就会大大不好，并且这种不好影响传到上海、南京、北平、天津，将可能增加我们

① 《济南接管情况》(1948年9月26日)，存中央档案馆。
② 《渤海一分区物价猛涨》(1949年3月2日)，存中央档案馆。
③ 《济南接管情况》(1948年9月26日)，存中央档案馆。

困难。请华东局特别是财办各部门努力供应济市粮煤与油盐。"[1]10月3日，工商部门开始出售物资，平抑物价，缓解市场压力。10月4日，济南煤粮价格开始下跌，并带动其他物价也开始下跌。

这期间，有些外地公私机构未经济南工商局批准，即开始在济南委托商人私自买卖物资，从而推高了济南的物价，加剧了市场的混乱。例如，冀南区党委所属的建华公司未向济南市政府和工商局登记，即私自交订金1000万，在济南购买税局房屋，并花2100万元购得汽车一辆，类似查实者还有四五家单位。曾山对此现象严加制止，并登报通告各地公营企业机关和生产单位到济南经营工商业时，均须向工商局登记接洽，接受工商局指导经营，并按照贸易和机关隶属关系，各建立一个总的机构统一领导。对于临时来济南买卖物资的，则向济南贸易公司信托部协商，或由其代为办理。[2]此举对于稳定济南的市场秩序，保障军需供给和市场需求，具有积极意义。

然而，由于平津、淮海南北两个战场大军云集，战争供应与战费开支浩大，货币发行数量骤增，再加上投机商人操纵市场，特务造谣，公营经济部门缺乏统一领导与具体对策，未能发挥公营经济对市场的领导作用，人民银行发行钞票以后，没有进行普遍深入的宣传工作，许多人对新币持怀疑态度，济南、潍坊等铁路沿线城市物价普遍上涨。以1948年12月上旬为基数，至1949年1月中旬，济南物价上涨指数为221。从物价种类来看，黄金上涨最厉害，上涨指数为273.3；棉纱次之，上涨指数为273；食盐上涨最少，但上涨指数也达到178。为稳定济南物价，1948年11月22日，曾山提

---

① 曾山：《关于济南接收工作情况向华东局的报告》（1948年10月2日），存中央档案馆。

② 《济南旧存货物外运办法》（1948年10月19日），存中央档案馆。

议中财部与华北财总会用人民票与冀票在华北收购 5000 万方尺布和 500 万斤棉花运到山东，使山东能拿出更多款项收购土产出口，换回重要军用物资，供中央统一调用。曾山认为这不但有助于解决物资"东贵西贱，南贵北贱"的问题，对于支援战争也具有重要意义。[①]

实际上，物价上涨除了战争因素外，还有一个重要因素就是缺乏统一领导和指挥，各地所发行的地方钞票比价不一。曾山指出："中州票硬性规定 1∶50 的比价，就将北海票无形中降低 25%，此种损失使公家吃亏，而给投资者制造了机会，并且将附带降低人民币的比值。"[②] 为此，在曾山的主持下，军管会采取了一些针对性的措施控制物价：第一，以粮棉价格为基准，确定其他物资的价格，防止相互之间刺激上涨。第二，加强公营经济统一领导，反对无组织无纪律状态，规定：凡工商、贸易、银行、公营工厂、生产推进社等一切公营经济部门与合作社在市场上的活动，必须严密结合一致行动。禁止公营经济部门的购货人员随意居住私行及委托私商代购物资；各城市贸易公司设信托部，代理外区与其他经济单位到该市采购物资；各城市贸易公司在收购物资时要与合作推进社相结合，禁止合作社之间相互抢购。第三，进一步加强物资调剂工作。各主要城市的贸易公司对粮食、油类、食盐及其他有关日常生活的重要物资负有调剂的义务，普遍实行粮食调剂，并对纱布实行专营，以保证 1949 年上半年物价稳定。第四，广泛宣传发行人民币的意义。第五，管理市场、管理黄金交易，制止商人投机。黄金输出由进出口公司代理，任何私商均不得输出。黄金交易只能在银行负责的黄金交易所中进行。最后，建立严密的行情报告制度，对物价及时跟踪报道，及时分析市场活动。曾山还指示在胶济线、津浦线重要市场抛售粮

---

① 《对调剂物价的提议》（1948 年 11 月 22 日），存中央档案馆。
② 《印钞生产数量日内当有详报》（1949 年 1 月 27 日），存中央档案馆。

油、猪肉、黄金，从而一定程度上平抑了物价。经过一个多月的斗争，1949 年 1 月下旬，济南物价开始下跌，各种物资价格之间比例也趋于相对平衡，稳定物价的斗争取得了初步成效。

在曾山等人的正确领导下，济南社会秩序逐渐恢复，接管工作取得重大进展。接管过程中，曾山坚决贯彻执行党中央与华东局各项方针政策，并同破坏党的政策的行为做坚决斗争，"华东局为接管工作准备最周到的约法七章布告和军管会各种布告内容，得到市民一致呼声"，"一般市民对我约法七章布告众口同声皆曰好"①。

1948 年 11 月初，曾山向华东局和中央汇报了接管工作情况，并详细总结了接管济南的工作经验②：一是要由军政机关和高级接管机关加强对攻城部队、警备武装与接管干部的政策教育与纪律教育，以迅速纠正乱抓、乱搬、乱打枪等现象。二是要预先了解接管城市一切机关、学校、工厂及仓库数量，并应针对实际情况，合理分配接管干部，最好是争取旧人员交代式接管。三是必须准备足够的民工，迅速掩埋尸体，拆除街道堡垒，恢复供电供水，以使城市迅速恢复常态。四是正确处理蒋币。五是全力以赴确保煤、粮供应，以平抑物价，保障人民生活。六是正确处理敌伪家属人员。七是应加紧复工复业宣传，慎重处理工资问题。八是慎重处理敌产。最后，着重搜集文件和证件，以利于处理敌产，搜捕国民党组织及特务。

1948 年 12 月中旬，曾山派方毅到华东局汇报济南接管工作情况。曾山指出，济南接管顺利，社会秩序很快稳定，生产已开始恢复，人民普遍拥护共产党和新政权。为更好地集中精力抓生产支前，

---

①　曾山：《关于济南接收工作情况向华东局的报告》（1948 年 10 月 2 日），存中央档案馆。

②　曾山：《接管工作总结——关于接管济南经验的报告》（1948 年 11 月 7 日），中共山东省委党史研究室、山东省中共党史学会编：《山东党史资料文库（第 25 卷）》，山东人民出版社 2015 年 5 月版，第 286–288 页。

方便人民生活，特向华东局请示结束济南军管。华东局开会研究后，批准了曾山的建议，同意早日结束军事管制，具体结束时间由曾山根据情况决定。此外，曾山关于组织敌产清理委员会、津浦胶济两路管理总局，成立华东研究院以及团结各种专门人才的建议，也获得了华东局的批准。结束济南军管，社会生活回归正常秩序，为济南各项建设的开展创造了条件。

在济南接收过程中，曾山任劳任怨、尽职尽责，为济南市的恢复和重建做出了重要贡献。曾山指导培训了数千名干部，为徐州、南京、上海等地的接管工作打下基础，同时也为接管平津等大城市积累了宝贵的经验。由于准备充分，执行严格，济南的接管工作进行的比较顺利，受到中央的高度评价。1948 年 11 月 21 日，周恩来将曾山所提交的《关于接管济南经验的报告》转各局参考，并指出："关于接收济南经验的报告已收阅，甚好。当转发各局供他们参考，其中有些问题，如接管城市的事前准备，入城干部不忙工作而忙接收房屋家具、汽车和乱抓物资，发救济粮，排挤蒋币，粮煤供应，处理敌伪反动分子、反动党派团体的党员、会员和失业军人，组织各界座谈会与各界代表大会，建立革命秩序，收缴武装，处理敌产，开市、开工、开课及学校教育等。中央正在根据你和各地的报告，利用准备进入平津的布置，起草与此有关的党内指示和军管期间的各项政策，以求解决这些问题"。①

原中顾委副主任，曾任华北局第二书记、华北军区政治委员、华北人民政府副主席的薄一波，在中国共产党诞生 70 周年前夕，专门回顾了这一段历史，对曾山在城市接管方面创造的新经验给予了高度肯定："1948 年下半年，我们陆续接管了若干较大的城市。

---

① 《中共中央关于接管济南的经验报告转各局参考》（1948 年 11 月 21 日），存中央档案馆。

其中，济南和沈阳的接管工作创造了许多新经验，对我们做好平津的接管工作大有裨益。接管济南，是曾山同志主持的。"[1]

12月8日，中央军委决定聂荣臻、彭真、叶剑英、黄敬率领接收人员及工作干部乘车出发，接收平津，并指出："此次接收平津，影响中外，你们务必办到如同沈阳、济南那样的接收及管理成绩，不要落在沈阳、济南之后。"[2] 华北局根据中央有关政策和接管济南、沈阳经验，制定了《华北局关于进入平津的政策与作风》等文件，顺利地接管了北平、天津。

领导华东战场的后勤支前

济南战役揭开了人民解放战争战略决战的序幕，淮海战役、渡江战役是济南战役的胜利发展。济南接管工作尚未结束时，曾山又奉命领导华东战场的后勤支前。曾山带领华东财办的同志们，先后为淮海战役和渡江战役筹备了大量作战物资，组织动员大量民工支前，为争取两大战役的胜利做出了重大贡献。

淮海战役以徐州为中心，在东起海州，西至商丘，北起临城（今薛城），南达淮河的广大地区进行。我方参加这一战役的是中原、华东两大野战军及地方部队共60万人。敌方是刘峙、杜聿明统率的徐州"剿总"集团精锐部队80万人。这是一次规模空前的以少战多的战役，中央对此十分重视，要求华东局、中原局、华北局共同负责淮海战役的后勤支前。中央军委也要求"必须对全军作战所需包括全部后勤工作在内有充分之准备，方能开始行动"，且"须

---

① 薄一波著：《若干重大决策与事件的回顾》（修订本）上卷，中央党校出版社1997年版，第7页。

② 薄一波著：《七十年的奋斗与思考》上卷，中共党史出版社1996年版，第501页。

准备两个月至两个半月的粮秣用品"。①为了统筹淮海战役前线作战，中央军委决定成立总前敌委员会，由刘伯承、陈毅、邓小平、粟裕、谭震林组成，邓小平任书记。曾山作为华东局常委和财办主任，参与领导这一战役的后勤支前工作。

10月2日，曾山在接管济南的百忙之中，召开了专门会议，拟定了淮海战役后勤支前工作的初步意见。曾山在会上指出："此次战役，无论在时间上、规模上都将远远超过济南战役，各项支前后勤工作，都须要有精确计算，与各方面的密切协同，特别对整个战役部署和野战军行动前后必需的供应，须要提前了解和准备。"②会议确定在20日前，必须完成各种准备工作，包括：赶送冬衣；百万人3个月以上的粮草供应；弹药补充；民夫、担架、运输工作；医院调整；伤兵及俘虏收容等。曾山代表华东局领导后方动员，组织和调度解放区人力、物力、财力支援前线工作，从多方面为华东解放军战胜敌人创造了物质条件。华东局对工农业生产和支前工作及时作了全面部署，提出"全力以赴支援前线"，大力整顿财政和粮食工作，加强对重要物资的管理，以保证前线供给。1948年10月下旬，为加强和统一领导华东的支前工作，全力支援淮海战役，华东局决定以山东支前委员会为基础，成立华东支前委员会（简称"华支"），原鲁中南区党委第一副书记兼鲁中南军区司令员傅秋涛任主任委员，梁竹航任副主任委员，唐少田、白备伍、张雨帆、张劲夫、魏思文等任委员。

在华东局的领导下，华东支前委员会和华东野战军后勤部都做

---

① 《中共中央军委关于发起淮海战役后勤工作需要有充分准备致饶漱石、粟裕、谭震林电》（1948年9月28日），中共中央党史资料征集委员会编：《淮海战役》（三），中共党史资料出版社1988年版，第9页。

② 曾山：《淮海战役后勤支前工作初步意见》（1948年10月3日），存中央档案馆。

出了全面的支前工作安排和后勤计划，布置了以淮海战场为中心的庞大的运输供应网，设立许多民工站，抢修了铁路、公路，加强民工的思想教育，对伤员的转运、诊治及军需物资的供应作了具体安排。10 月间，"华支"已调集粮食 1.5 亿斤，可保证部队 3 个月的供应，组织民工 14 万，担架 1.6 万副，挑子 1.7 万副，小车 2.1 万辆，按粟裕要求配给各纵队。中央还要求华东局负责筹备东西两兵团 1949 年夏衣，"所需棉衣和夏衣数目浩大，单夏衣一项，全山东在内约需要 250 万~300 万套，需款在 1200 亿元左右"。[①]虽然任务艰巨，但曾山接到指示后毫不畏惧，为完成任务积极奔走。

11 月 6 日，淮海战役发动。中央军委指示华东局、中原局和华北局等"全力保证我军的供给"，"中原、华东两军，必须准备在现地区作战 3 个月至 5 个月（包括修整时间在内），吃饭的人数连同俘虏在内，将达到 80 万人左右，必须由你们统筹解决"。[②]为了贯彻和落实中央军委及华东局指示，保障淮海战役的顺利进行，11 月 16 日，华东局决定在常委会下设军务、党务、政务三个委员会，曾山任政务委员会主任，负责掌管财经、粮食、职工及政府民政、司法、教育等工作，核心还是协调各方，支援前线。为了更好地适应前方战场需要，华东野战军后勤部和"华支"移至曲阜，"华支"前方办事处设在临沂，并随战局发展不断迁移。

战役之初，华东局在后勤支前方面已经做了较为充分的准备，曾山提出："部队打到哪里，我们就支援到哪里！"他在致粟裕、谭震林等的电报中说："我们决以全力支援你们作战，如我军深入

---

① 曾山：《东西兵团夏衣由华东局供应》（1948 年 11 月 4 日），存中央档案馆。

② 《中共中央军委关于吃饭人数将达八十万人需统筹解决致刘伯承、陈毅、邓小平等电》（1948 年 11 月 16 日），中共中央党史资料征集委员会编：《淮海战役》（三），中共党史资料出版社 1988 年版，第 11 页。

华中，则山东粮食及民工亦随军南下协助华中，保证前方供给。我们已令傅秋涛准备足够粮食及民工交前线调度。"①华东财办及时为部队发放了冬装，下发了4万件殓衣、殓被，18万尺包尸布，以及近10万名俘虏的被服。11月9日，因战争情况变化，华东局特规定，后方一时赶运不上部队粮食时，各部可以团为单位就地征借；巩固民工队伍，从缴获物资中解决其棉衣、棉被；除苏北兵团外，其余部队所需民夫担架，全由山东负担。

当战役进到第二阶段，特别是攻下徐州以后，由于华东野战军日夜追击敌人，华东后勤运输跟不上部队的行进速度，造成粮食等物资供应发生困难。华东局为解决部队补给，允许部队将徐州所缴获的弹药、汽油、粮食、鞋袜及其他军用品先提用，后报告。曾山、方毅等人还根据中央的指示，组织车辆将东北野战军所缴获的一批军火弹药，调来支援淮海战场。12月26日，在总前委领导下，召开了四方支前联合会议，统一解决了中野、华野两军粮食供应、支前民工及继续南进的机构等有关问题，保证了作战部队的物资供给。1949年1月10日，淮海战役胜利结束。此役歼敌55.5万人，解放了长江以北中下游地区，为解放国民党统治中心南京、上海奠定了基础。

淮海战役是人民战争的胜利。淮海战役需要动用的人力之多和所需物资数量之大是空前的，在我军支前后勤的历史上是没有先例的，而当时我们还没有现代化交通工具，大量的支前物资全凭人力、畜力运输。据统计，整个淮海战役共动员民工543万人（其中随军常备民工22万人，二线转运民工130万人，后方临时民工391万人），牲口76.7万余头，担架20.6万余副，大小车88.1万辆，挑子30.5

---

① 曾山：《决全力保证前方粮食供应》（1948年11月12日），存中央档案馆。

万副，汽车257辆，船8539条，设粮食供应站110余处，筹运粮食9.6亿斤，运送物资弹药1000余万吨，转伤员11万余名，抢修铁路、公路1000余公里，桥梁300余座。支前群众长途跋涉，冒着飞机轰炸、炮火杀伤的危险，夜以继日地用肩担挑、小车推、大车拉、毛驴驮等办法把粮弹送到前线，坚决完成了任务。他们还担负了加工军粮、制作军鞋、接待部队、护理伤员、保护物资、看押俘虏等工作，对争取淮海战役的全胜起了巨大作用。陈毅无限感慨地说："淮海战役的胜利，是人民群众用小车推出来的！"

　　大量民工的组织动员，大量作战物资的筹集、调配和运输，任务极其复杂和繁重，曾山为此日夜操劳，做了许多卓有成效的工作，为争取淮海战役的胜利做出了重大贡献。徐雪寒说："淮海战役中，曾山同志负责领导对华东、中原野战军后勤保障和地方支前工作。兵马未动，粮草先行。他夜以继日地在淮海战场上奔忙。大量的弹药、粮食和各种军用物资，全靠组织群众肩挑、人扛、车推运上前线，组织管理工作极其繁重，曾山同志花费了巨大的心血。"[1]淮海战役结束后，曾山以华东财委名义向野战军发出了祝捷电："淮海战役彻底歼灭了敌人的空前伟大胜利，鼓舞了后方工作同志，一面向前方坚决贯彻毛泽东主席战略意图及英勇善战的指战员们祝捷，同时加紧为人民为前线供应而努力工作。虽然如此，但往往许多供应前线需要上常发生不及时，以致不够前线部队应用，此种事情固然原因很多，其中主要是我们工作上努力不够的缺点。"[2]曾山这种谦虚谨慎和勇于自我批评的精神，赢得了大家的赞扬。

---

　　① 徐雪寒：《功勋卓著，光照后人——深切怀念曾山同志》，王青争主编：《永留正气在世间——纪念曾山诞辰100周年文集》，江西人民出版社1999年版，第49页。

　　② 刘瑞龙著：《我的日记——淮海、渡江战役支前部分》（1949年1月12日），解放军出版社1985年版，第158页。

解放区农民组成浩浩荡荡的支前队伍开赴前线

1949 年元旦，毛泽东在新年献词中向全国发出了"将革命进行到底"的号召，提出了人民解放军继续向长江以南进军，把解放战争进行到底的战略任务。1 月 8 日，中共中央政治局召开会议指出：今年基本打倒国民党，明年全部消灭国民党；要立即准备渡江，争取南方作战的胜利；掌握全国政权。因此，淮海战役尚未结束，曾山等人又根据中央的指示，开始为渡江战役的后勤支前工作做准备。

1949 年春，遵照中央军委关于人民解放军实行统一整编的决定，中原野战军改称为第二野战军，华东野战军改称为第三野战军。中共中央、中央军委决定：以二野、三野全部 24 个军 100 万人，以及四野一部，在总前委领导下，在长江中下游渡江作战。中央要求华东局（包括华中安徽在内）担任渡江战役的后勤支前工作。支前工作的好坏，直接关系到部队渡江南进的作战条件，也影响到渡江战役的进程。1 月 21 日，华东局开会传达和讨论中央政治局会议精神，强调加紧一切准备，不容丝毫松懈轻敌。华东局认为，渡江战役的支前工作规模可能比淮海战役还要巨大，其任务比过去还要艰难，要求大家对支前任务的重要性与可能遇到的严重困难必须有充分的认识，预作必要的思想准备与组织准备。

渡江战役是在春夏之交，作战地点是在敌占区域，而且首先必须强渡敌人重兵防守的长江天堑，渡江以后则向江南水网和丘陵地区连续作战，因此给支前工作带来更大的困难。为配合渡江作战，华东支前委员会制定《关于我军南渡的支前计划》。粮食方面，按渡江战役两大野战军及有关前线人员 150 万人计算，每人日需粮 2 市斤，每月需粮 9000 万斤，从 2 月至 6 月共需粮 4.5 亿斤。而"华支"手中仅有粮食 2.9 亿斤，尚缺 1.6 亿斤。为此，华支提出在江淮、皖西征借及豫皖苏存粮中补足，并在江南新区就地征借一部分。另外，针对部队燃料困难问题，提出通过加大淮南煤矿生产及推广烧稻草的办法解决。在交通方面，大力修复被战争破坏了的道路，赶修津浦铁路固蚌段和蚌滁段。组织渡江船只，向每军拨船 80 只作为训练之用，架设和抢修长途电话。在人力组织方面，为"华野"所属 22 个单位，每个单位配给 1 个担运大队，包括担架 500 副，挑子 500 副，干部、勤杂人员在内共 3500 人。其中 19 个单位由山东配给，3 个单位由苏中配齐。另组织半劳动力从事向导、碾米、缝补、修船、架线、撑船等勤务。财政方面，由于战区货币复杂，物价波动，影响部队供应及人民生活，华东局决定由财办派出机构负责，统一使用人民币。此外，还进一步健全和加强了"华支"的组织领导，除原有的粮食、交通、人力、政治、财政等各部外，增设了船舶管理部，以适应渡江作战的需要。

1949 年 2 月 5 日，粟裕在总前委会议上提出，要加速准备部队渡江所需的装备、器材、船只等。百万大军过长江，仅靠支前部门在民间征集的小木船是不够的。为此，曾山一面从各地调来大量木材修造船只，一面不惜花费黄金 1.3 万两，定造了一批机帆船。建造机帆船需要大量引擎，曾山多方联系，在大连定做了一批 60 至 80 马力的引擎，又把淮海战役缴获过来的许多汽车引擎利用起来，组装了数百条机帆船，从而解决了机帆船引擎不够的问题。曾山非常认真地抓支前计划的落实，不仅抓大项，而且抓"小事"。当得知部队吃饭的饭碗不够时，曾山立即指示在香港做地下工作的财办干部陈明，要他在香港和上海购买洋瓷碗 60 万个送往前线。

支前工作的开展，需要大量的资金，作为华东局常委兼财办主任，曾山为此做了大量工作。随着战争的推进，华东局面临严重的财政和物资困难，"除了兵员比较有准备外，后勤本身所存弹药已全部运往前方；财办所存西药原认为可以使用半年到一年，自经淮海战役大量消耗后，现已不足春季三个月之用；所存电料也不足用。财办因筹码不足，经费已感困难，势难大力进行南进准备工作；且西药、电料等物资，即使有钱也很难买到"。[①] 此外，华中局迁往山东后，华中地区因长期处于敌后，遭受国民党摧残，粮食不足，财力税收仅能应付经常性开支，处境至为困难，这些都对渡江战役产生不利影响。曾山指示各地加紧清理仓库、发展生产、尽力采购、厉行节约。面对财政困难，曾山深知只能通过增加纸币发行来解决，但华中每月仅能印二百亿元，且绝大部分用于财政开支。为此，他向中央财部建议增加华中币发行，山东改印五千元券，华中仍印二千元券，这样山东、华中共可月产 950 亿元。[②] 这一建议很快得到中央同意，并指定"由华东局代印华中币，供华中发行"[③]，从而

① 康生、张云逸、曾山、舒同：《军队南进后勤准备意见》（1949 年 1 月 4 日），存中央档案馆。

② 曾山、艾楚南：《建议目前华中须增加发行》（1949 年 1 月 1 日），存中央档案馆。

③ 《中央关于同意增发华中币供华中发行致曾方艾电》（1949 年 1 月 7 日），存中央档案馆。

缓解了华中的财政困难。

　　1月22日，鉴于军队即将南进，曾山请求中财部协助解决部队的经费，并指示将来攻占南京、上海等大城市后排挤蒋币的方针，准许流通的货币种类等，以便华东财办早做准备。[①] 根据中央指示，曾山等决定停印山东解放区的"北海票"，改印中国人民银行的人民币，在新解放的地区，一律使用人民币。由于华东印刷能力有限，所印钞票不足使用。曾山又多次向中财部、人民银行请求拨给巨款。经过争取，中央决定拨400亿给华东局，作为部队渡江后的费用，拨20亿补助山东，另拨20亿给华中，并停印华中票，共计拨给华东局440亿元。[②] 2月25日，中央下拨华东财办第一批人民币50亿元运送至蚌埠。3月19日，根据邓小平指示，曾山首先拨发2亿元人民币给中野，专门用于兑换中州票、北海币、冀票等货币。[③] 经过曾山的不断努力，既满足了部队的需要，又没有加重人民负担，还使人民币在群众中逐渐建立起信用。

　　1948年12月至1949年1月间，市场物价普遍暴涨，从而给后勤支前工作带来巨大压力，如青州粮食上涨两倍，猪肉涨两三倍，潍县、济南金价由190万涨到230万，布涨一倍以上。[④] 济南物价上涨指数为271，潍县为259，渤海为260，胶东为181.5，山东全省平均物价上涨指数为251.8。其中，以黄金上涨最高，面、纱次之。[⑤] 曾山认为，导致物价上涨的原因主要有：一是货币发行量的增加，特别是"北票"发行量较大。二是战争供应与战费开支浩大，市面货币流通量增加。三是人民币发行后，缺乏深入细致的宣传工

---

① 曾山：《请示渡江后之经济工作以利准备》（1949年1月22日），存中央档案馆。
② 曾山：《给华东山东华中拨款事》（1949年3月20日），存中央档案馆。
③ 曾山：《发给中野人民票二亿》（1949年3月19日），存中央档案馆。
④ 曾山：《物价上涨情况》（1949年1月17日），存中央档案馆。
⑤ 《华东财办关于当前物价问题的指示》（1949年3月3日），存中央档案馆。

作，人们对新币产生疑虑。四是投机商人操纵市场及特务造谣。五是公营经济部门缺乏统一的领导与具体对策，未能发挥对市场经济的领导作用。六是新解放的城市物价较低，商人多收黄金到新解放的城市办货，从而刺激金价暴涨。这些原因互相联系，刺激物价暴涨。稳定市场经济秩序，改善人民生活，保证战争的顺利进行，是华东财办的主要职责。曾山以华东财办的名义发出《关于当前物价问题的指示》，制订了多项有针对性的具体措施：一是以粮棉为基本标准，重点稳定粮棉价格，其他油、布、纱等以粮棉为基准规定比例，维持价格相对稳定；二是利用商人座谈会、群众大会、集市宣传等方式，广泛宣传人民银行钞票的意义，并照常使用北海银行钞票；三是加强公营经济的统一领导，反对无组织无纪律状态：首先，由各地党政领导召集会议统一布置，所有公营经济部门与合作社在市场上活动，必须严格结合，一致行动。其次，各城市贸易公司设立信托部，凡外地经济单位到本市采购物资，统由当地贸易公司信托部代为购买，不准自行采购。再次，各地贸易公司在收购物资时，应与合作推进社结合，农村地区可由合作推进社代收。合作推进社应服从贸易公司统一步骤牌价；四是加强物价调剂工作，重点城市普遍进行粮价调剂，各地政府所有的经费、粮食，是稳定物价供应城市的主要力量，各贸易公司对粮食、油类、食盐等有关日常生活的重要物资，要有计划地掌握调剂，并组织供销工作。各主要城市均设百货公司，负责出售一般杂货及工业原料。出售工业原料应先满足公营工厂的需要，以便调剂物价。加强纱布管理，统由贸易公司供给原料，以保证军需与市场调剂之用。管理黄金交易，制止商人投资，凡黄金输出由进出口公司统销，不准私商自由输出。由银行负责，设立黄金交易所，管理黄金交易。曾山还要求各地经常注意市场情况，根据物价变动情况，灵活运用对策，并建立严密的行情报告工作，工商、贸易、银行系统均建立及时的行情报导，重要城市建立每日报告制度，以便华东局随时掌握各地情况，做出科学决策。① 在曾山等人的领导下，华东财办积极采取措施，一定程度上控制了物价暴涨的势头，为支前工作奠定了基础。

1949 年 3 月 5 日至 13 日，中共中央在河北省平山县西柏坡召开了七届二中全会，曾山出席了会议。毛泽东在会上宣布："从现在起，开始了由城市到乡村，并由城市领导乡村的时期。党的工作重心由乡村转移到了城市。"② 曾山坚决拥护毛泽东的报告，拥护中央关于工作重心由乡村转移到城市的决策和一系列方针政策。会议结束后，曾山回到济南，积极在财办系统贯彻七届二中全会精神。七届二中全会闭次日，中共中央对华东局人事作了调整，邓小平任第一书记，饶漱石任第二书记，陈毅任第三书记，曾山任华东局常委。同时，中共中央决定成立上海市委和上海市人民政府，做好接管上海的准备。饶漱石任上海市委书记，陈毅任上海市市长，曾山任上海市委常委、副市长，这为渡江战役后解放和接管上海奠定了基础。

随着作战日期的临近，二野、三野司令部及总前委机关移驻安徽蚌埠，曾山与饶漱石等率领华东局、华东军区机关也随部队南下蚌埠。鉴于支前任务繁重，各机关又陆续南下，3 月下旬，华东局决定"由常务委员曾山同志负责领导华东财办、华支及后勤司令部三方面工作，以加强互相联系及统一调剂支前物资"。③ 曾山工作任务更加繁重，责任更加重大。

渡江战役发动前夕，为确保作战部队燃料供应和战区人民群众

---

① 《华东财办关于当前物价问题的指示》（1949 年 3 月 3 日），存中央档案馆。

② 毛泽东：《在中国共产党第七届中央委员会第二次全体会议上的报告》（1949 年 3 月 5 日），《毛泽东选集》第四卷，人民出版社 1991 年 2 版，第 1427 页。

③ 中共中央华东局：《华东支前由曾山负责》（1949 年 3 月 29 日），存中央档案馆。

生产生活的正常进行，曾山又于 4 月 8 日到达淮南煤矿，领导对淮南煤矿的生产整顿工作。淮南煤矿在 1949 年 1 月 18 日接收时，共有工人和职员 12000 多人，矿区内机器厂房均未破坏，技术设备等均较为先进，但由于接收工作未做好，导致矿区经济困难，生产下滑。首先，接管人员政出多头，矿区党的领导薄弱。淮南煤矿的接收人员，既有江淮区党委派出的，也有华中工委派出的，还有华东财办工矿部派出的。各方人员思想不统一，意见纷纷，缺乏领导中心。江淮区党委所派接收人员在矿区成立"下特区党委"①，但只管矿区周围乡村工作，不过问矿区工人运动；华东工矿部派去的党员则另组织矿区支部，直属山东工矿部矿山局，相隔千里，无法具体领导。矿区接收三个月，工运尚未开展，党员一个未发展。其次，干部中享乐思想蔓延，内部不一致，缺乏领导中心。对于原有比较好的规章制度随意取消，对旧职员缺乏正确的政策，使他们不安心工作，管理异常松懈。再次，生产资金缺乏，阻碍生产发展。4 月 8 日早上，发生部分矿工怠工、不愿下井工作的情况，并有数百工人拥到门口，提出要饭吃，要求发工资。工人生产积极性非常低，刚接收时，日产煤 4500 吨，接收以后降到 900 吨。②

曾山到达矿区后，首先召集接收干部开会，克服干部们的错误思想，纠正他们在生产和政策上所犯的错误。要求接管干部正确执行党的政策，依靠和团结工人，争取新旧职员、工程师，共同努力，克服生产中的困难；立即发放工人三月份工资，并保证每月月底前发清工资；发起组织工人合作社，维护工人利益。对旧有管理规章中有利于提高生产的内容，不随便取消。加紧组织工人和有步骤地帮助旧职员进步，使其决心为人民服务。从皖北筹集到的公

---

① 原文如此。
② 曾山：《淮南煤矿之情形报告》（1949 年 4 月 20 日），存中央档案馆。

粮中，拨出 1250 万斤给煤矿，作为工人、职员的生活保障。接着，曾山又召开高级职员座谈会，向他们做了解释说服工作，要求他们与工人站在一条线，一样来为人民服务，从而消除了他们的许多误会和顾虑。曾山还给矿区拨补大量粮款，前后共计拨 1.4 亿元现款，1600 万斤粮盐，合计约 3 亿元人民币。[①]

在初步整顿好煤矿生产和管理的基础上，曾山从煤矿长远发展的角度考虑，向中财部和党中央提出了几项十分重要的建议：首先，在优先保证作战运输需要的前提下，认真贯彻中央不打乱生产机构的原则，将淮南铁路建制归还淮南煤矿，以保证运销与生产；尽快修好裕溪口到合肥铁路，以利京沪地区煤炭供应。其次，煤矿特区党委应统一领导矿区职工运动和矿内党的工作，把提高工人、职员的觉悟和生产积极性、保证完成生产计划，作为特区党委的首要任务。地方党委不得随意调用矿区煤和其他资产。再次，矿区尚缺 30 万~50 万根密木，严重影响生产进度，建议皖北区党委继续大力号召各地帮助矿区采购密木，以利生产。复次，工矿部应派得力干部领导淮南煤矿，否则请山东分局解决，或由华东局解决。最后，该矿公司基金与实物，由华东财委会调度，以保证矿区使用和建设八公山新矿事业。[②]经过曾山的大力整顿，淮南煤矿很快恢复生产。

经过曾山等人的努力，到 4 月初，华东支前物资已经准备就绪，部队粮弹充足，粮食约 1.5 亿斤，可供部队过江用；每人两套夏衣也已经发到部队；各种渡江船只 2 万余条，足够渡江使用。随军南下的民兵达 18 个团，2 万余人；另准备有一线、二线民工 178 万人。4 月 12 日，曾山、傅秋涛到达安徽合肥，向总前委汇报工作，并召

①　曾山、粟裕等：《淮南煤矿情况》（1949 年 4 月 19 日），存中央档案馆。
②　曾山：《淮南煤矿之情形报告》（1949 年 4 月 20 日），存中央档案馆。

开会议，讨论前线物资补给问题，决定再给二野调运大批粮食和油盐。4月15日，曾山向中央军委报告渡江作战"汽油基本够用"。至此，渡江作战各项后勤准备工作基本就绪。

4月20日夜，人民解放军第二、三野战军在西起九江湖口、东至江阴长达千里的战线上，发起渡江作战。21日，毛泽东、朱德下达《向全国进军的命令》。人民解放军在长江北岸千船竞发，万炮齐鸣，迅疾摧毁国民党军苦心经营的长江防线，奋勇越过长江天险，解放了大片土地。4月23日，人民解放军攻占南京，曾山随军进入南京，参加了对南京的接管工作。南京解放后，中央和华东局又开始准备上海的接管工作，决定曾山和华东财办随军进驻上海。5月1日晚，曾山率华东财委移驻镇江，一方面继续筹集部队作战经费和物资，一方面积极筹划接管上海。

渡江作战时期，华东局独立负责二野、三野的后勤支前，因形势发展很快，工作前头万绪。曾山总是以大局为重，兢兢业业，任劳任怨，从没有为难退缩情绪，把后勤支前工作做得十分出色，得到了前方作战部队的普遍好评。[1] 据华东军政委员会统计，"自1947年国民党军向山东作重点进攻到华东全境解放，华东每年献出近40亿斤公粮，出动民工人数最多时竟达数十万以至百万以上"[2]，曾山将这些组织得井井有条，为争取华东战场战略决战的胜利做出了重大贡献。

---

① 胡立教：《一个真正共产党人的典范》，《文汇报》，1999年8月11日。

② 王青争、赵永希：《无产阶级的忠诚战士——曾山同志》，《人民日报》，1979年7月15日。

第十一章
转战大上海

接管上海财经

1949 年 5 月 27 日，中国人民解放军以雷霆万钧之势，痛歼负隅顽抗的国民党军队，解放了我国最大的城市和工商业中心——上海。

上海的解放，震动了整个世界。被赶出上海的帝国主义分子和国民党反动派，怀着极度仇视的心理，预言"共产党打得下上海，管不了上海"，"在这里维持不了三个月"。他们埋伏大批匪特，伺机破坏和捣乱，甚至出动军舰封锁海岸，派遣飞机狂轰滥炸。刚刚获得解放的上海面临着严峻的考验。

中共中央十分关心上海的解放与接管工作，早在上海战役打响之前，就指示总前委、华东局，要求接管上海比接管北平、天津、南京搞得更好，要充分做好入城前的接管准备，并把是否完成接管准备工作，作为进攻上海的先决条件之一。遵照中共中央的指示精神，4 月底 5 月初，邓小平、陈毅、饶漱石、粟裕、张鼎丞、曾山等总前委、华东局、华东军区领导率各部人员 3 万人，以及参加接管上海的各部干部 3500 余人在江苏丹阳集中，进行接管上海的准备工作，主要是思想准备、组织准备和物资准备。

思想准备是最重要的准备。主要是学习中共七届二中全会精神和中央有关城市工作的指示，学习华东局关于接管江南城市指示以及接管沈阳、天津、北平等城市的经验，进行接管上海的准备工作。5月6日，饶漱石作了政策报告。5月10日，陈毅作入城纪律报告，明确进入上海后必须全心全意依靠工人阶级，主要做好三大工作：第一，安定人心；第二，接管工作；第三，恢复生产。

组织准备是接管准备工作的一项主要工作。5月6日，华东局到丹阳不久，就召开了180多人参加的各部主要干部会议，将人事、组织安排问题列为重要议题。当时，中央已决定陈毅任上海市军事管制委员会主任、上海市市长，粟裕为军管会副主任，曾山、潘汉年、韦悫任上海市副市长。会议对上海市军事管制委员会和市政府的机构设置、干部配备、接管对象和范围都作了认真讨论。决定军管会下分设财经、文教、政务、军事4个系统，并分别建立接管委员会。其中，财政经济接管委员会，以曾山为主任，许涤新、刘少文为副主任，委员有骆耕漠、龚饮冰、顾准、陈穆、徐雪寒、孙冶方、黄逸峰、吴雪之，下辖财政、金融、贸易、工商管理、轻工业、重工业、铁路、航运及敌产调查等15个处，接管对象是官僚资本主义企业和国民党市政府的财经机构及所属企业。①

物资准备着重抓了粮食、煤炭等重要物资的筹备和调运。上海是一个拥有500万人口的大城市，由于工农业生产和商业贸易遭受国民党政府的破坏和摧残，粮、煤供应十分紧张。在丹阳期间，负责此项工作的曾山，日夜奔波，调动物资，共计准备好粮食1.2亿斤，食油700万斤。另外，淮南煤矿存煤12万吨，并每日可产煤2500吨，

---

① 中共上海市委组织部等编：《上海市政权系统地方军事系统统一战线系统群众团体系统组织史资料》（1949.5—1987.10），上海人民出版社1991年版，第6—11页。

贾汪矿每日产煤 2000 吨。为解决运输困难，曾山还将四五千名支援前线的干部转做煤粮供应工作，并建立了煤粮供应运输部。①

经过充分准备，5 月 26 日凌晨，曾山率财经接管委员会部分同志告别丹阳，乘汽车开赴上海。许多年后，时任"资源委员会随军服务团"副团长谢佩和，撰文回忆了曾山带领大家向上海进发的情景：

大约在 1949 年 5 月上旬，孙冶方率领"资源委员会随军服务团"由南京出发，直驶丹阳，5 月 26 日凌晨，我们"随军服务团"和程望、李文采等率领的接管上海重工业的队伍约三四卡车人一起，参加了曾山同志率领的"财经纵队"，由丹阳驶向上海。经过无锡时，曾山同志整顿了车队。他亲自在无锡通往上海的公路口，注视着每一辆车。每辆车都要停一下，领取一张驶入上海的通行证。我们的卡车驶到距曾山同志数十公尺处，停了车，我即跳下卡车，向他走去。曾山同志笑着迎上来，将一张通行证送给我，并说："谢工程师，你上下卡车要小心呀！"我接过了通行证，道谢后回到卡车上，继续向上海驶去。②

5 月 27 日，上海解放的当天，中国人民革命军事委员会发布命令，宣告上海市军事管制委员会成立。28 日，上海市人民政府亦宣告正式成立。随即，在军管会统一领导下，遵照"按照系统，整套接收，调查研究，逐渐改造"的方针，各系统立即开始了接管工作。

接管和改造国民党财税机构，是建立社会主义财政经济的一个重要组成部分，是巩固新生的人民政权的一项政治任务。军事接管

---

① 中共上海市委党史研究室编：《接管上海》下卷（专题与回忆），中国广播电视出版社 1993 年版，第 13 页。

② 谢佩和：《我们坚持留在宁沪》，全国政协文史资料研究委员会工商经济组编：《回忆国民党政府资源委员会》，中国文史出版社 1988 年版，第 285 页。

1949 年 5 月 27 日，第三野战军解放上海

伊始，曾山即委派财政经济接管委员会委员兼财政处处长顾准等进驻国民党财政局。5 月 27 日上午 9 时，在地下党员、纠察队长王伟鼎等的引领下，顾准率接管专员朱如言、谢祝珂和有关人员蔡兆鹏、彭斌、谢胥浦等准时到达财政局，会见了静候接管的国民党财政局长汪维恒和张兴国、俞忠栋等。随后，顾准等人又接管了直接税局、货物税局、市府会计处、审计处和市地政局等。①

对官僚资本企业的接管，财政经济接管委员会采取了"自上而下、原封不动、按照系统、整套接收"的方针和"快接细收"的办法，以保证企业接收后生产正常进行，或者尽快恢复生产。但"原封不动"不是长期政策，是暂时"原封不动"，以便于调查研究，逐步改造。

---

① 罗银胜、梁倩婷著：《顾准画传》，团结出版社 2005 年版，第 147 页。

至于有些明显的不合理制度，如压迫工人的禁闭室、抄身制度，在接管后很快就取消了。"快接细收"就是接要快，收要细，自上而下按照系统去接，审阅其登记材料并签字盖章，责成单位代为保管，并宣布保护有功者奖，怠工破坏者罚。快接细收、先接后收，避免了有些城市曾出现的解放军入城后很多单位无人接收，以致被破坏分子钻空子，假冒军管会名义去接收，或被流氓洗劫。

由于接管方针政策正确，全体接管人员的积极工作，相关企业的接管和复工都是很快的。据《人民日报》报道，上海解放的当天："国民党官僚资本企业中国纺织公司沪西各厂已有十二厂全部复工，并静候接收。只有梵王渡路第五棉纺厂因受战争的激烈震动，稍受损坏，尚待修理。已复工各厂中，有棉纺、毛纺、制麻机械等数种。沪市其他棉纺厂已有十分之六开工。永安纱厂，除在吴淞地区的第二、第四两厂情况不明外，其他三个厂，在解放前后，均未停工。申新纱厂的三个厂及新裕沙厂的第二个厂，也照常开工。"解放上海的第二天，荣毅仁家族的企业和上海最大的百货商店——永安百货就都复工开业了。①

为动员和鼓励更多的工程技术人员留下来，参加新中国建设。5月29日，陈毅、曾山在重工业处正副处长孙冶方、程望、李文采等陪同下，专程到原国民党资源委员会总会所在地——资源大楼，会见了资委会各部门主管、所属单位和工矿企业负责人。陈毅指出：资委会是主管工、矿、电等企业的一个全国性的企业管理机构，毛泽东主席很重视你们这个机构。希望你们都能安心留在原工作岗位，积极工作，为人民作出贡献。曾山主要讲了工矿企业的工程技术人员、管理人员和工人的辛勤劳动，都有极其巨大的意义，不久的将

---

① 燕婵：《从"银元之战"到"两白一黑"，1949 年夏的激烈市场搏击》，《中华读书报》，2019 年 7 月 31 日。

来我国即将进行大规模建设，迫切需要各种人才，鼓励大家安心工作，作出贡献。会后，大多数工程技术人员都表示服从军代表的接管，愿意为人民服务，为国家建设出力。[①]

上海是旧中国垄断金融发号施令的总枢纽，设在这里的中央银行、中国银行、交通银行、中国农民银行、中央合作金库、邮政储金汇业局、中央信托局、中国建设银行、中国通商银行、中国国货银行、中国实业银行、新华银行、四明银行、亚东银行、上海市银行、江苏省银行、浙江省银行等数十家官僚资本银行均是各机构的总行、总管理处，因而上海金融接管工作的好坏，对各地各方面的影响都较大。党中央早已注意到了这点，上海解放的第二天，即 5 月 28 日，就在上海设立了中国人民银行华东区行，并任命曾山兼经理。5 月 30 日至 6 月 1 日，按照愈快愈好的"快接"办法，曾山指示金融处分头召集各银行全体员工会议，传达军管会接管命令，阐释接管政策，希望旧有人员负责保护资财、账册、档案等，听候接收和清点。凡愿继续服务者，在接管后，准予量才录用。并限原有经管人员在一星期内移交清册缮制完毕送军代表办公处，将应移交各件分别加封，作为初步接管。6 月 17 日，曾山召集财经接管委员会全体委员会议，再次讨论和审议了银行接管工作。会后，接管官僚资本银行工作进入"细收"阶段。由于军代表办公处的工作人员少，而官僚资本中央、中国、交通、农民四大银行机构庞大，物资、房屋、档案文件多，军代便将原职工联合会改组为职工福利委员会，组织了职工协助接管小组 12 个，成员 135 人，协助点收；又组织 5 个协

①《接管上海亲历记》，上海市政协文史资料委员会编辑部：《上海文史资料选辑》1997 年第 4 期，第 277 页。

助稽核小组，成员 63 人，协助稽核各项移交报表。①

　　曾山在上海的接收、接管工作中，要求所有财经干部严格执行财经纪律。他自己更是以身作则，一丝不苟，一尘不染。当时，他领导的部门，经手各种资产，从大小仓库到各种金银财物，吃的、穿的、用的、玩的，应有尽有，他从不利用职权拿取一丁半点。有些财经干部提议在接收和接管物资中拿些急需用的如毛巾、牙膏、钢笔之类的小物品，分给大家使用。他听后总是谆谆告诫，严厉批评。他说："如果我们财经干部都可以利用职权，带头破坏财经制度和财经纪律，那就对不起党和人民对我们的信任，那就是严重的失职和犯罪。"② 由于曾山带头严格遵守财经制度和财经纪律，在接收和接管工作中，没有发现财经干部违犯财经制度和财经纪律。

　　在军事接管上海的过程中，国民党反动派采取各种手段，大肆进行破坏活动，甚至派出特务暗杀共产党的高级领导干部。他们狂言："要让共产党白的进去，红的出来"。曾山就曾两次经历险情。据他当时的警卫员张俊 1999 年回忆：

　　上海刚解放时，形势特别紧张。当时首长住在复兴路一栋小楼里，敌人想派特务来刺杀首长。先派个女特务混入小楼，要挟首长的生活管理员（他哥哥是国民党特务的大队长），要他用毒药毒害首长。在下毒过程中，一条狗被毒死引起了我们的警惕。生活管理员经过剧烈的思想斗争，以请假为名回家自杀了。女特务见机不妙逃跑了。敌人首次失败后，又酝酿第二次暗杀阴谋。后来华东公安部获悉敌人又要行刺，于是通知警卫加强巡逻。首长看到警卫加强

---

　　① 《接管上海亲历记》，上海市政协文史资料委员会编辑部：《上海文史资料选辑》1997 年第 4 期，第 215 页。

　　② 中共党史人物研究会编：《中共党史人物传精选本》（第八卷·政治经济建设篇）下，人民出版社、中央文献出版社 2001 年版，第 836 页。

巡逻时笑着说："我又不是银行行长，又没有钞票，他们刺杀我干吗？"果然不久，敌人又派出特务深夜跳入小楼院子，妄图炸毁小楼刺杀首长。但特务刚一行动即被警卫发觉，特务仓皇逃跑了。[①]

经过两个月的艰苦工作，至7月底，上海各种接收任务基本完成。其中，曾山负责的财经系统接收银行、工厂和仓库411个单位，员工15.3万余人；接收黄金2.46万两、银元36万枚、金圆券21亿元，食糖3.5万吨、粮食47万石、新旧汽车1.8万辆、汽油4887万加仑；接管官僚资本企业157家，掌握了全市五分之二的纱锭、三分之一的机器制造设备、五分之一的钢铁冶炼设备，使社会主义国营经济迅速建立了起来。[②]

打击银元投机

旧上海是"冒险家的乐园"，也是国内外投机资本的聚集地。国际垄断资本勾结中国官僚资本，操纵与垄断着上海的工商业。带有半殖民地化的上海工商业充满着买办性、依赖性、投机性，而投机性更是上海市场的主要特点。由于构成了投机商业多于正当商业的畸形发展，形成了以官僚资本为主的，私营工商业参与的投机势力。此外，专以"踢皮球"搞买空卖空等投机活动为生者达20多万人。国民党统治期间，长期恶性通货膨胀，物价如纸鸢上天，扶摇直上，指数如天文数字，人们说"走过马路二三条，物价已经跳三跳"，给人民带来了空前的灾难。

上海解放后，旧政权虽然被打垮了，但物价飞涨和投机活动的遗毒并没有消灭。为尽快建立新的经济秩序，稳定物价，安定民心，

① 《1999年5月采访张俊同志记录》，存中共江西省委党史研究室。

② 中共上海市委党史研究室编：《中国共产党在上海（1921—1991）》，上海人民出版社1991年版，第371页。

在中央的支持下，华东局、上海军事管制委员会和上海市委、市人民政府决定采取一切办法，使人民币进占上海。

发行人民币，是实现财经统一的头等大事。人民币能否进占上海，关系到党在上海乃至全国的财经工作能否顺利开展。军管会对人民币的发行极为重视，5月27日上海解放当天，即颁布公告，规定自即日起使用人民币，限期收兑金圆券，明令严禁金银外币在市场上自由流通，由人民银行挂牌收兑。6月1日，中国人民银行上海市分行挂牌，并开始以人民币兑换金圆券，比率为1∶10万。兑换金圆券的最小面额应在10万以上。后来，为了照顾车夫、小贩等底层民众手中的5万元小票子，曾山又请示陈毅放宽了面额的限制收兑。其实，当时国民党为了攫取财富搞的金圆券改革已经失败，金圆券基本上是一张废纸。但为了不让老百姓受损失，才给了15天的兑换时间和10天的流通时间。①

国民党的金圆券毫无信誉，兑换工作进行得还算顺利，不过这项工作结束时，人民币并没有真正占领市场。人民币白天发出去，晚上很快又倒流回银行，商人不留人民币，他们还是信银元。原来，盘踞沪上的投机商人利用老百姓担心纸币贬值的心理，和人民币玩起了他们擅长的金融游戏。他们先是用废纸一样的金圆券兑换人民币，然后马上倒手换成黄金、白银，再有就是利用人民币倒卖银元。老百姓也不敢存人民币，到手后马上换成粮食等生活物资。这样，造成了人民币进了上海，但是马上就开始大幅贬值。

上海遍地都是银元贩子，在西藏路、南京路和外滩一带的主要马路上，到处可以看见许多人两手敲着"大头""小头"银元，叮叮当当，沿街叫卖。5月28日当天，100元人民币可换一块银元，

① 燕婵：《从"银元之战"到"两白一黑"，1949年夏的激烈市场搏击》，《中华读书报》，2019年7月31日。

银元大战胜利后，上海市民在中国银行门前排队等候将外币兑换成人民币

到 6 月 2 日银元就涨价到 660 元人民币，4 日晨已涨 1400 元人民币。如此发展势头，新生的人民币在上海将无立锥之地。[①]

投机奸商的猖狂活动，直接影响人民群众的生活，激起广大市民极大愤慨，纷纷要求政府采取措施。6 月 5 日，《解放日报》发表题为《扰乱金融、操纵银元的投机者赶快觉悟》的社论，向不法分子提出警告。同日，为稳定人民币与银元的比价，曾山紧急调集 10 万块银元投放上海市场。但这些投机奸商自恃见过大风大浪——上海是啥地方，当年蒋经国"打老虎"何等的声势，最后还不是铩羽而归？因此，依然故我，继续肆无忌惮地大搞银元投机，哄抬物价。结果投入的 10 万块银元被奸商们一口吃进，不起任何作用。7 日，

① 中共上海市委党史研究室编：《浴火新生：上海解放图录》，上海辞书出版社 2009 年版，第 174 页。

银元价格竟然上涨到 1 块银元兑换 1800 元人民币。当时有人扬言：解放军进得了上海，人民币进不了上海。

这时，地下党员、同庆钱庄总经理陈其襄了解到，上海证券交易所已经成为金融投机者的大部营，并通过徐雪寒、陈穆，及时向曾山作了报告，认为只有把证券市场、银元市场打掉，人民币才能占领上海。几十年后，当事人徐雪寒追忆道：

上海一解放，人民政府即宣布，人民币为统一流通的合法货币。但上海解放之初，不仅国民党的货币完全没有信用，我们的货币也没有信用，人民币刚发出去，很快又回到了银行。人民币与银元的比价，起初为一比一，过不了几天就贬到十比一，还不断下跌。为什么出现这个情况，开始我们不清楚，比较被动。这时，曾山同志以前在上海布置建立的党的企业就发挥了作用。这些企业的同志对上海经济活动的状况比较了解。我以前奉曾山同志指示在上海办了同庆钱庄，总经理是陈其襄同志。陈其襄向我反映，人民币发不出去的主要原因，在于上海证券交易所不法分子操纵银元、黄金投机活动。证券交易全部买卖银元，银元仍然是市场上的主要流通手段，人民币当然无法占领市场，站稳脚跟。有人扬言，解放军进得了上海，人民币进不了上海。地下党的同志认为，只有把证券市场、银元市场打掉，人民币才能占领市场。听了这些反映后，我和陈穆同志立即向曾山同志作了汇报。①

曾山非常重视这一情况，紧急报告了中共中央华东局。6 月 7 日晚，华东局举行会议，研究如何取缔上海银元投机活动。即将西征的邓小平、刘伯承也参加了会议。会上，曾山报告了银元投机的严重情况，指出如不采取断然措施，人民币不仅不能占领市场，而

① 徐雪寒：《功勋卓著 光照后人——深切怀念曾山同志》，王青争主编：《永留正气在世间——纪念曾山诞辰 100 周年文集》，江西人民出版社 1999 年版，第 55 页。

且还有被挤出上海的危险。经研究后，会议决定报请中共中央批准，采取以政治打击为主的手段——查封上海证券交易所。陈毅在会上还强调："一定要把这次行动当作经济战线上的淮海战役来打，不打则已，打就要一网打尽。"会议还就这次打击行动进行了具体部署：金融处负责调查，掌握应扣押处理人员的名单和罪行；公安局负责抽调人员全力配合；华东警卫旅负责对证券大楼实行武装包围。[①]

经党中央和毛泽东主席批准，华东局、上海军管会和上海市委、市人民政府决定于6月10日采取查封行动。是日上午10时，在上海市公安局局长李士英、华东警卫旅副旅长刘德胜等的带领下，出动1个营的兵力，外加400名便衣公安人员，分5路出击，分乘10辆大卡车，封锁了位于九江路的证券大楼，2000多人被围堵在大楼里面。经过两天多时间的逐个盘查，那些情节轻微的，像厨师、茶房、小贩、店员、学徒、正当商人、一般访亲问友的人，被发还各自的财物放行，先后释放了1800多人，剩下的银元投机主犯238人被扣押起来，抄没大量黄金、白银、美元、人民币，并收缴手枪2支。《解放日报》及时作了报道："检查投机中枢证券大楼，投机奸徒大批落网。"消息传出，上海市民拍手称快，打心底里叹服："共产党就是厉害！"[②]

在查抄证券大楼过程中，曾山对干部要求非常严格。上海市工商局一位副局长，替他的一个搞投机的亲戚说情，违反了规定，曾山马上把他撤下来。[③]

---

① 中共上海市委党史研究室编：《历史巨变：1949—1956》，上海书店出版社2001年版，第61页。

② 中共上海市委党史研究室编：《浴火新生：上海解放实录》，上海书店出版社2009年版，第177页。

③ 徐雪寒：《功勋卓著 光照后人——深切怀念曾山同志》，王青争主编：《永留正气在世间——纪念曾山诞辰100周年文集》，江西人民出版社1999年版，第56页。

投机奸商与共产党打银元战的大本营被端掉后，他们继续利用小商小贩，在各非主要街道和里弄里贩卖银元。这些零星的倒卖活动成不了气候，但也对上海市民造成了一定的负面心理影响。因此，曾山对这一情况仍然十分重视，组织了大批财经干部分赴各区、街道开展广泛的"反对银元投机，保障人民生活"的宣传活动。在广大群众的配合下，经过一个星期的努力，零星的银元投机贩卖活动被彻底取缔，4万多名银元贩子从此销声匿迹。

接着，上海市人民政府和中国人民银行华东区行加强了对私营银行、钱庄的管理监督，取缔了地下钱庄。这一仗打得干净利落，人心大快。银元价格顿时下跌了近50%。到6月22日，物价下跌8%。从此，人民币就在人民中树立了信用，在上海站稳了脚跟。

"两白一黑"之战

打击银元投机的斗争刚刚平息不久，上海的投机势力便转向同生产与生活密切相关的"两白一黑"，也就是大米、棉纱和煤炭，三者都跟空气、阳光与水一样，是一日不可或缺。由于解放前工农业和商业贸易遭受严重摧残，尚未结束的战争又使交通阻隔，再加上国民党对上海口岸实行封锁，投机商疯狂吃进相关产品，囤积居奇，在上海接连掀起了三次大的物价涨风。

第一次是在1949年7月。这次涨风首先从棉纱市场开始，6月10日与6月1日相比，上海龙头细布的价格上涨了1倍。6月21日至25日，上海纱布的价格又上涨了34%。接着，涨风开始转向粮食和煤炭。6月25日至30日，米价上涨69%。7月11日至16日，米价又上涨了96%。7月16日以后，涨风又转向棉纱市场。由于投机商人循环哄抬，造成了上海物价的大混乱。从6月23日至7月21日，纱价由32.5万元上涨至61.5万元，上升89%；从6月23

日至 7 月 16 日，米价由每石 1.17 万元涨至 5.9 万元，上升 404%。7 月份上海物价指数上升到 204.61，比 6 月份增长 104.6。各种主要商品的 7 月份平均价比 6 月份上涨 50%~200% 以上。[①]

二三个月之后，投机商又从花纱布突破，掀起了比上次来势更为凶猛的"十月涨风"。这是上海解放后最为严重的一次物价波动。随后又发生了 1950 年的"春节抢购风"。

上海的经济关系到华东，关系到全国。当时，上海的市场由华东局直接领导，具体由负责华东财经工作的曾山主管。[②] 面对近乎失控的涨价风潮，曾山坚持认为，单纯用行政力量冻结物价，是难以稳定市场的。要运用经济的办法，同投机商作斗争。

为解决"黑"的问题，曾山电告陈云反映情况，陈云指示从东北、山东给上海调运煤，但煤还是不够，加上东北、山东路程太远，最好的办法是就近解决。曾山亲自到淮南，与工人一起直接下到淮南煤矿的矿井。那时，煤矿很落后，出煤巷道也低，不到一人高，工人是爬着把一筐一筐煤拉出来的，曾山也学工人，爬着拉煤试试，掌握第一手资料。他那时已经是 50 来岁了。他调查后知道，煤矿产量上不去，是因为坑木跟不上。于是，曾山调运大量坑木到淮南煤矿。煤被大量开采出来，及时运往上海，为解决"黑"的问题奠定了基础。[③]

为解决"白"的问题，曾山又带队到浙江、江苏、山东、江西、湖南等粮、棉产区调集粮食和棉花。他还动员和组织江西、湖南等地的进步粮商往上海赶运粮食。有位米商，一次往上海运粮途中出

① 中共上海市委党史研究室编：《历史巨变：1949—1956》，上海书店出版社 2001 年版，第 64 页。

② 徐雪寒：《功勋卓著 光照后人——深切怀念曾山同志》，王青争主编：《永留正气在世间——纪念曾山诞辰 100 周年文集》，江西人民出版社 1999 年版，第 56 页。

③ 邓六金著：《我与曾山》，新华出版社 1999 年版，第 113–114 页。

了事，米被江水冲走了不少。曾山了解情况后，为了鼓励他们继续
与政府合作，就对他说：你途中损失的米我们不好办；你抢出来的米，
已经运到上海的，虽然霉变了，不管有多少，我们都算钱给你，以
减少你的损失。这个商人听了很受感动，认为共产党讲道理，办事
实在。通过这件事，进步商人们对人民政府的支持与合作更积极了。
大批的粮食源源不断地运进上海，为粉碎投机粮商的囤积投机活动
创造了条件。①

在狠抓物资调运的同时，曾山与华东局其他领导还有针对性地
组织实施了三项政策，打击投机商的活动。

首先，实行配售制度，保证劳动人民的基本需要。从 1949 年 6
月初开始，上海国营粮食公司就向产业工人、公职人员和学生约 32
万余人平价配米，每人每月 15 公斤，价格仅及市价的三分之二。7
月份又进一步扩大配售面，总人数达 91 万人。8 月至 10 月，上海
粮食公司还先后建立了 86 个国营零售店，94 个特约代销店，另有
180 个消费合作社受托代卖粮食，扩大了对机关、团体、工厂、学
校及广大市民的直接供应范围，从而有效地保障了职工的基本生活。

其次，加强市场管理，限制投机活动。在市场活动中，投机商
利用旧上海"当日成交隔日付款"的交易制度，在市场购进货物后
并不提货，而是转手出售，钻交易制度空子，大做"踢皮球"生意，
从中牟利。工商行政部门加强了对这方面的管理，对集中交易的商
品批发市场实行统一交易时间，实行成交登记和当日交割等制度，
有效地限制了投机活动。

再次，发挥国营经济优势，大量地集中抛售物资。从 6 月下
旬开始，上海粮食公司和贸易总公司直接参加粮食和纱布交易市

① 邓六金著：《我与曾山》，新华出版社 1999 年版，第 114 页。

场，抛售物资，平抑涨风。7月份的第一周，抛售棉纱849件、棉布17904匹，分别占市场成交量的81.4%和76.9%；第三周，抛售面粉45450袋，占市场成交量的4.9%；第四周，抛售大米19136石，占市场成交量的55.7%。到11月底，"两白一黑"之战已呈白热化。投机商大口吞进的粮食、棉花和煤炭至此已满到了喉颈，他们资金用尽，开始举债硬挺。11月25日，在中央财经委统一领导下，上海与全国主要大城市一起，大量抛售纱布、粮食、煤炭等重要物资，边抛售边降价，迫使投机商赶快低价出货，政府又乘低价进行收购。其间，"华东花纱公司抛多少纱，粮食公司卖多少面粉，曾山同志都亲自过问。"① 投机商终于撑不住了，市场规律发挥神奇的作用，"两白一黑"投机生意就此崩盘，米、棉等价格一泻千里……

投机商被彻底打垮了，上海的物价得到了稳定，全国物价也稳定下来。当时上海的一位大资本家感慨道："银元风潮，中共是用政治力量压下去的。此次则仅用经济力量就能稳住，是上海工商界料不到的"，这"给上海工商界一个教训"。② 此战胜利，基本终结了自抗战胜利以来一直蔓延恶化的恶性通货膨胀局面，不仅让投机的资本家输得心服口服，而且进一步赢得了上海民众对共产党执政的信心。

毛泽东对"两白一黑"之战的胜利给予了高度评价，称意义"不下于淮海战役"。③

① 徐雪寒：《功勋卓著 光照后人——深切怀念曾山同志》，王青争主编：《永留正气在世间——纪念曾山诞辰100周年文集》，江西人民出版社1999年版，第56页。

② 冀纯堂、楚序平、江英：《曾山关于新中国经济建设的思想与贡献》，王青争主编：《永留正气在世间——纪念曾山诞辰100周年文集》，江西人民出版社1999年版，第225页。

③ 中共上海市委党史研究室编：《浴火新生：上海解放图录》，上海辞书出版社2009年版，第180页。

统一华东财经

1949 年 10 月 19 日，经中央人民政府委员会第三次会议通过，任命董必武、陈云、郭沫若、黄炎培为政务院副总理；曾山等 15 人为政务委员。政务委员中，民主党派、无党派人士 9 人，占了一半多；中共只有 6 人，即谢觉哉、罗瑞卿、薄一波、曾山、滕代远、李立三，占一小半。12 月 2 日，中央人民政府委员会第四次会议决定成立华东军政委员会，并任命饶漱石为主席，曾山、粟裕、马寅初、颜惠庆为副主席。依据中央人民政府的规定，华东军政委员会为中央人民政府政务院领导地方政府工作的代表机关，行使华东人民政府的职权，统一领导山东、江苏、安徽、浙江、福建五省人民政府和上海市人民政府及台湾省工作。华东军政委员会下辖财政经济委员会、文化教育委员会、人民监察委员会、土地改革委员会及若干部、局，曾山兼任财政经济委员会主任，自此全面担负起领导华东财经工作的重任。

解放初期，中国共产党和人民政府面临的困难很多，但最大的一个困难，就是财经问题。新中国所继承的是一个十分落后的千疮百孔的烂摊子，生产萎缩，交通梗阻，民生困苦，失业众多。特别是由于国民党政府长期滥发纸币，造成物价飞涨，投机猖獗，市场混乱。在华东，随着解放军进入上海，需要供给的人数猛然增加，二野、三野与华东局共 145 万人，各地地方武装共 120 万人，总共 265 万人，财经工作临着更大的挑战。

面对极其困难的财政经济状况，曾山及所领导的华东财政经济委员会在领导华东的经济工作中，始终坚持全局观念、发展生产观念和群众观念，取得了许多令人注目的成就。

1950 年 3 月 3 日，政务院颁布《关于统一国家财政经济工作的决定》，这是争取全国财政收支平衡，稳定金融物价，改造国民经济，建设新民主主义的一个非常重要的步骤，是中央人民政府成立后的重大施政之一。为保证这一决定在华东区贯彻实施，华东军政委员会颁布了《关于保证贯彻执行〈中央人民政府政务院关于统一国家财政经济工作的决定〉的指示》。在曾山和华东财经委员会的积极领导和组织下，华东各级人民政府积极贯彻执行以上决定和指示，取得了显著的成效。在整顿收入方面，各地 1949 年公粮征收 85.1 亿斤原粮，完成应征数的 98%。曾山多次深入农村，指导征粮工作，并纠正征粮工作中的错误偏向。城市税收 1 至 5 月实收 3.25 万亿元，完成计划数 88.9%。公营企业与私营企业同样依法纳税。至 5 月底，华东认购公债 4895 万份，超过中央分配任务 8.7%，缴款数达 4008 万份，占中央分配任务的 89.1%。在统一收支及现金管理方面，全区普遍建立了金库，共计 472 处，使全区税款均能及时归库。全区机关部队所领经费在能实行现金管理的地区，大部分能做到存入人民银行，还建立了贸易、铁道、邮电等企业金库，使各企业的资金能在全国范围内统一调拨。在节约支出方面，各机关均遵照全国整编方案，初步核实了人数，对需要补充的人员，首先从编余人员中调用；同时广泛开展了节约运动和反对贪污浪费的斗争。在清理仓库物资方面，大批仓库存储物资经过清理估价后，充抵上缴财政任务，便于中央统一调度。这些工作的实施，对于平衡国家财政收支，稳定金融物价，起了有效的作用。[①]

与此同时，曾山和华东财经委高度重视恢复和发展生产，使国家财政经济有更为可靠稳定的来源。在各级人民政府领导下，华东的生产发展很快。农业生产方面，1950 年华东完成春耕春种

---

① 曾山：《关于华东财经工作的报告》（1950 年 7 月 15 日），《山东政报》，1950 年第 8 期。

约 1．3 亿亩，其中植棉上半年便完成 1477 万亩。华东是丝茶特产区域。各地对丝茶生产及收购十分重视。1950 年苏浙两省共发放改良蚕种 84 万余张，产量 36 万担，至 6 月收购蚕茧 25 万担。茶叶收购计划为红绿茶 19 万担。钢铁、电器两业工厂的修建工程，完成计划 50% 至 90%。在交通运输方面，1950 年 1~5 月，上海铁路局完成全年货运任务 50%。公路方面，组织了水陆联运和私营汽车运输业联营，减少盲目竞争。航运方面，组织长江航线煤粮运输。保证了各大城市的供应。在合作社工作方面，至 1949 年底，华东区区以上各级供销合作社增至 1000 多个。生产的恢复和发展，为经济的稳定打下了基础。①

1950 年 6 月，中共中央在北京召开七届三中全会，曾山出席了这次会议。毛泽东在会上作了题为《为争取国家财政经济状况基本好转而斗争》的报告，指出：我们的财政情况开始好转，但还不是根本的好转。获得财政经济状况的根本好转，需要有三个条件：即土地改革的完成，现有工商业的合理调整，国家机构所需经费的大量节减。毛泽东提出，用三年或多一些的时间，达到这个目标。

七届三中全会后，曾山为贯彻落实中央提出的任务，进行了艰苦细致的工作。7 月 15 日，在华东军政委员会第二次全体委员会议上，曾山作《关于华东财经工作的报告》，提出：今后财经工作的总任务，是坚决贯彻七届三中全会精神，巩固财政经济工作的统一管理和统一领导，巩固财政收支的平衡和物价的稳定。在此前提下，调整税收，酌量减轻人民负担。坚持统筹兼顾的方针，逐步消灭经济中的盲目性和无政府状态。合理调整现有工商业，切实妥善地改善公私关系和劳资关系，使各种社会成分，在具有社会主义性质的

---

① 冀纯堂、楚序平、江英：《曾山关于新中国经济建设的思想与贡献》，王青争主编：《永留正气在世间——纪念曾山诞辰 100 周年文集》，江西人民出版社 1999 年版，第 227 页。

国营经济领导之下，分工合作，各得其所，以促进整个社会经济的恢复和发展。曾山还在报告中具体阐述了华东经济工作的一系列重要任务：

第一，调整税收、完成征粮。对过去在税收和征粮过程中所发生的偏向和错误，必须按照陈云副总理和薄一波副主任在人民政协全国委员会第二次会议上所作关于调整税收报告的精神来改正；同时对于逃税、漏税、隐瞒黑地等不法行为，亦必须坚决加以克服，以保证将粮税征收工作做得更好。

第二，调整工商业，克服当前困难。必须根据陈云副总理在人民政协全国委员会第二次会议上所作关于调整工商业报告的精神，有计划地进行下列各项工作：（1）应根据政务院财经委员会分配的加工定货任务，合理地统一分配给各公私工厂；（2）坚持以销定产的方针，调整公私企业生产的种类和数量，尽量克服产销脱节的现象；（3）调整批发与零售价格、地区与地区间的差价，使零售商人与跨地区商贩获得正当的利润，促进城乡物资交流；（4）推动对公私行业的联合放款工作，并筹设公私合营的投资公司；（5）劝导私营工商业者积极精简内部组织，改善劳资关系，改进经营方法，降低生产成本，以克服当前困难；（6）积极筹集救济基金，并采取以工代赈为主，以生产自救、转业还乡等为辅的办法，将失业工人的救济工作迅速办好。

第三，掌握秋后城乡贸易，稳定市场物价，防止谷贱伤农。夏收秋收之后，各省（市）区政府及贸易机关应特别注意两件事：（1）积极收购农村各种土产，适当调整麦、稻、棉花、花生、黄豆、烟叶等主要农产品的价格，既维护农业利益，又使商贩经营获利；（2）准备充分的日用必需品，特别是纱、布、肥料之类，以适应广大农民的需要，保证城乡物价的稳定。

第四，努力防汛抗旱，保证秋收秋种。夏汛季节已到，各地人民政府与防汛机关要加紧检查堤防，储备抢堵器材物料，组织群众积极防汛。今年霉季初期雨少，应克服麻痹思想，注意发动群众，采取挑塘、筑坝、打井、修制水车等办法，以利灌溉抗旱。

第五，整训财经干部，克服官僚主义和强迫命令的工作作风。我们的财经工作是取之于民，用之于民，是为人民所拥护和信任的；我们的工作方法是说服教育，与人民商量，取得人民的合作。因此必须发扬批评与自我批评的精神，开展整训干部运动，纠正和克服官僚主义和强迫命令的工作作风，反对贪污浪费，发扬财经干部廉洁奉公和艰苦奋斗的精神，全心全意为人民服务。[①]

在合理调整工商业的工作中，曾山认真落实毛泽东在中央人民政府委员会第七次会议上指示，把工作重点放在调整公私企业关系上。根据政务院财经委员会制定的计划，华东财经委对加工、订货、收购、贷款等工作，作了全面布置。曾山在相关会议上多次强调，对于那些发生困难的有利于国计民生的私营生产企业，要给予帮助。至 1950 年 4 月底，国营及公私合营银行对私营工商业的贷款余额达 2644 亿元；国营花纱布公司委托全区私营纺织厂加工纱 3 万余件，布 71 万匹；华东工业部对电器、机器、钢铁、五金等私营工厂的订货，共计约合大米 2000 万斤，占华东工业部总订货量的 31%；国营招商局分出粮煤总运量的 30% 给私营航运代运；国营百货公司和贸易信托公司供给上海私营橡胶厂主要原料 90%，并收购其胶鞋总产量 43%；华东贸易部在 1 至 4 月间私营企业资金周转困难时，前后收购滞销货物 6000 余亿元。从 5 月至 6 月，华东国营花纱布公司委托私营纺织厂加工棉纱 3.05 万件，布 46.23 万匹，染布 91.93 万匹；

①　曾山：《关于华东财经工作的报告》（1950 年 7 月 15 日），《山东政报》，1950 年第 8 期。

棉纱工厂由每年 205 个折实单位增为 224 个折实单位。充分利用私营钢铁业和电机业的生产能力。4 至 5 两月份私营钢铁业承接公家定货总吨位的三分之二,私营电机业承接公家定货合大米 1200 万斤。上海公营百货公司与贸易信托公司在 4 至 5 月内, 收购了私营工厂 1860 余亿元的存货。银行在新的贷款计划下, 贷出近 200 亿元, 并继续放贷。国营零售商店的经营范围、批发与零售物价、地区与地区间的差价, 以及煤价、电价、运价等亦作了初步调整。特别是人民银行调整利率后, 工业放款利息较 2 月份降低了 8 倍, 并消灭了黑市利率。①

曾山高度重视精简节约。在华东局、上海市委召开的机关干部整编节约动员大会上, 曾山提出精简节约的三个重点 : 尽量精简人员, 多余的干部派到农村去, 实行首长负责制, 将经济部门党委会划归市委直接领导;加强对财务部门的领导。上海各部门积极开展精简活动, 有力地配合了经济工作的开展。

在增加财政收入方面, 曾山从全局出发, 领导华东财经工作系统努力增收减支多做贡献。1951 年上半年, 国家财政支出较大, 赤字严重。中央提出增收减支的方针。曾山致电中央, 表示完全拥护这一方针, 提出, "从目前经济发展的趋势来看, 税收工作进一步加深推广, 加强领导, 可以争取完成中央要求的十五万亿元, 甚至超过。"他向中央报告了华东地区税收工作情况 : 农业税增加一成, 公粮任务由 52 亿斤增加至 57.2 亿斤。农业税税率按照政务院公布的原则作了适当调整, 估计年内可保证完成 15 万亿元, 争取到 17 万亿元。曾山说, 财政分成后, 华东地区税收分成在超收中可能有 1 万亿元以上。中央要求地方对超收税款预先控制 50%, 以备中

---

① 曾山 :《关于华东财经工作的报告》(1950 年 7 月 15 日),《山东政报》, 1950 年第 8 期。

央在财政困难时期调用。已经通知各地作好思想准备，实际控制将自 10 月份开始。中央对曾山这份报告十分重视，将报告转发给各中央局、分局参考。①

1952 年上半年，上海和华东地区的财政和经济，已实现了基本统一，并在财政、物资、信贷三方面实现了大体的平衡，社会稳定，人民群众生活改善。同时，在资本主义企业中，推行了加工订货、代购代销的形式，逐步引导民族资本走上国家资本主义的道路，从而使生产得到逐步恢复和发展，促进了全国财政经济的根本好转。

华东财经工作这些成就的取得，与曾山的全局观念、发展生产观念和群众观念是分不开的。正如原国务委员、时任浙江省财经委员会主任张劲夫在《怀念曾山同志》一文中所说：

1949 年全国解放后，我在浙江负责财经工作，曾老此时是华东军政委员会副主席兼财政经济委员会主任，是我的顶头上司。曾老在财经工作方面留给我印象最深的有三点：一是全局观念强，统一全国财经，第一个五年计划建设时期，华东的主要任务是出钱、出人（主要是向全国各地输送科技人才），出轻工业产品供应市场。在华东，曾老表现出共产党人的高尚风格，处处以大局为重，凡要华东完成的任务，都是竭尽全力来完成，从来不讲二话。二是生产观念强，认真贯彻"发展经济、保障供给"的方针。对恢复生产、发展生产、城乡交流、开辟财源、增收节支、多做贡献，曾老是付出许多心血的。三是群众观念强。关心群众、依靠群众。既关心城市居民物资供应情况，更关心农民生活情况。②

① 冀纯堂、楚序平、江英：《曾山关于新中国经济建设的思想与贡献》，王青争主编：《永留正气在世间——纪念曾山诞辰 100 周年文集》，江西人民出版社 1999 年版，第 228-229 页。

② 张劲夫：《怀念曾山同志》，王青争主编：《永留正气在世间——纪念曾山诞辰100 周年文集》，江西人民出版社 1999 年版，第 10 页。

第十二章

新中国治淮事业的开拓者

组织淮河救灾

上海解放的第二年，1950 年夏，淮河流域发生了历史上最严重的一次水灾。在 6 月 26 日至 7 月 25 日的一个月里，雨带始终徘徊在淮河流域，淮河水系的各大支流几乎都同时上涨，上游、中游的干流和支流堤防大多溃决，而淮河中游则是一片汪洋。皖北地区除安庆、巢湖两个专区外，宿县、阜阳、滁县、六安 4 个专区均受到灾害：计有 27 个县被淹，受灾田亩 3160 万亩，受灾人口 998 万，淹倒房屋 80 余万间，死伤人口 489 人。[①]

严重的洪灾引起了党中央和华东局的高度重视。7 月 27 日，华东局对皖北紧急防汛工作发出指示，并向中央作了汇报。指示电指出："皖北水灾严重。请你们责令已决堤地区集中力量排水、补堤，补种晚秋作物及努力救急防疫，劝导农民就地克服困难，不要四散逃灾，以免困难增加。请责令沿河沿湖一带地区迅速检查堤工险工，务求保证不决堤，对河水猛涨的地段，如蚌埠及沿淮河一带地区，

---

① 曾山：《皖北灾情报告》（1950 年 8 月 8 日），存中央档案馆。

请即令党政负责人员亲赴河堤一带指导督促群众进行抢险防水的工作。在目前水汛季节，应动员全党全民集中力量克服当前水患，这是淮北党政军民当前的中心任务。我们决定派曾山同志率领水利干部于明日晚乘京沪直达车经蚌埠转合肥，参加你们防汛紧急会议，请你们对防汛救济作全面的计划和研究。详情由曾山同志面达。"①

第二天，曾山即率水利干部和医疗救护队赶赴皖北灾区，指导抗洪救灾斗争。他深入灾区，了解情况，与地方党政干部一道制定抗洪救灾方案，并于 7 月 31 日将情况报告华东局并转党中央、毛泽东、周恩来和中财委。在这份全面反映皖北灾情的报告中，曾山关心灾民、爱护灾民、同灾民同呼吸共患难的情感，跃然纸上。报告写道：

奉命28日，由沪经蚌埠到皖北接近临淮关时，就开始看到津浦（铁路）两旁皆一片汪洋。到蚌埠市了解一下水情，已知淮河数百公里河堤全失去作用。蚌市堆存有公粮约3000多万斤，经努力抢救，堆在下层的300万斤粮食仍未取出。即令他们发动群众抢救粮食，全数拨作紧急救济之用。此外，召集了蚌市党政与各经济部门负责同志见面，并告他们在市委领导下一致配合救灾工作。因蚌合路被水淹，改乘轮船到田家庵转合肥，更看到淮河两旁村庄均被淹。有的村庄只看见屋顶，有的村庄连屋顶也看不见。怀远城墙城门看不见低的地方，只看到城垛。过了怀城以后，轮船经村庄中穿过。水势凶猛，一片汪洋大海。一眼望去，数十里村庄房屋被淹没。有的被崩倒冲去。抢救难民出来时，那喊叫哭声情景甚惨。有的鸣枪鸣锣呼救。有的挤在一块小高地，与毒蛇蚂蚁争生存。有的爬在树上用麻袋装小孩，吊在树上求生。也有因树木被崩而遭殃

---

① 《对皖北紧急防汛工作指示》（1950 年 7 月 27 日），存中央档案馆。

者。各地遵照区党委指示，不顾一切地抢救，大部分灾民转移到安全高地。严重的灾情，使人人看到都会流泪。我到皖北行署以后，听到各专署负责人，汇报各地灾情，以宿县与阜阳的专区为最重，有好些县大半甚至全县（比如五河98个乡没有一个乡未受淹）受淹，滁县专区比六安专区又重一些，现已知共受灾民约985万人需要人民政府来救济，其中有109万灾民现已断炊，不急行救济生命都难保，受灾田亩约计3147万亩。同时，皖北灾情是灾上加灾，麦子收成不好，还有不少的村庄被洪水冲洗，栖身都难，当然一月粮更无法解决，因此必须要采取急救与比较长期的救济和淮河治本的大批工程粮以工代赈的治水办法才能解决，特别是目前急需救济，否则，不仅灾民本身难以度过，同时会影响皖北社会秩序，甚至逼到灾民往外逃荒，更会减少皖北抢种劳力，也可能造成皖北以外地区不安。①

关于救济灾民的工作和灾后重建、恢复生产的需要，曾山直抒己见，向华东局和中央提出：

估计皖北此次救济不是短期可以解决的，而且也不是一二亿斤救济粮能完全解决的。灾民不饿肚子，除依靠灾民在水退后抢种秋后作物外，最少要有1亿到2亿斤救济粮和种子粮，还要有数亿斤淮河治本工程粮，以工代赈配合起来，才能解决淮北水灾区灾民到明年麦熟前的困难。因此，为照顾到国家财政困难，提议华东其他地区秋季公粮征率按中央规定提高一成，可能征收到6亿斤原粮，以备补助皖北减收公粮数和救灾水利工程不足之用。

水灾区疾病普遍存在和发展着如下几种病症：足肿、寒热症、

① 《曾山同志到皖北后对水情报告的请示》（1950年7月31日），水利部淮河水利委员会编：《新中国治淮事业的开拓者——纪念曾山治淮文集》，中国水利水电出版社2005年版，第134页。

脚气病、痢疾、瘟疫等流行病，请在上海设法组织十小队以上的卫
生抢救医疗队，随带药品前来水灾地区，分到各县去抢治。①

接到曾山的报告后，华东局立即加大了对皖北灾区救济工作的
力度。仅 8 月 5 日一天，就一次性拨付堵口、购种等粮 6000 万斤，
现款 150 亿元。②

为了更好地帮助灾区人民重建家园，8 月 8 日，曾山又在华
东军政委员会第二十二次行政会议上提出了生产自救的三点办法：
（一）组织农业生产，争取水落后抢种晚稻、蔬菜、荞麦、胡萝卜
和来年春种早熟作物；（二）组织各种有原料有销路及有利可图的
副业生产，如榨油、磨粉、代纺、代织、捕鱼、打柴、挖药、织席等；
（三）用以工代赈的方式，组织治淮修埂挖沟。他还号召各地政府、
各地人民尽力支援灾区，帮助灾区人民战胜困难；并提出："为了
救济皖北灾胞，就是增加一些负担也在所不惜"。③

在中央、华东局和有关省市的支持下，曾山积极协调关系，社
会各界迅速开展了向灾区捐款、捐粮、捐衣物的活动。至 1951 年初，
皖北地区接到捐赠原粮 749 万余斤，大米 120 余万斤，面粉 1 万余斤，
黄豆粉 4 万余斤，麦麸 510 余万斤，豆饼 1 万余斤，红薯 24 万余斤，
干菜 29 万余斤，柴火 28 万余斤，现金 31.7 亿元，衣物 3 万件，木
材、药品、棉花、布匹、被子、鞋子等不可计数。捐赠活动为灾区
的生产自救提供了有力支持。

由于各级党委和政府的坚强领导和灾区人民的共同努力，皖北
区迅速建立健全了生产自救领导机构，各专区各县也加强生产自救

①《曾山同志到皖北后对水情报告的请示》（1950 年 7 月 31 日），水利部淮河水
利委员会：《新中国治淮事业的开拓者——纪念曾山治淮文集》，中国水利水电出版社
2005 年版，第 135 页。

②　曾山：《皖北灾情报告》（1950 年 8 月 8 日），存中央档案馆。

③　曾山：《皖北灾情报告》（1950 年 8 月 8 日），存中央档案馆。

力量，使生产自救工作在皖北全区开展起来。通过组织县、区、乡合作社，开展副业经营，寻找代食品等自救措施，皖北地区共解决了 650 万人的生活问题。其中受灾最严重的宿县专区就组织县合作社 9 个，区社 25 个，乡社 190 个；组织副业生产小组 1.24 万个，计 40.67 万人，经营榨油、磨粉、纺织、编席、烧石灰、贩木头等75 种业务。生产草席 34.4 万条，豆油 66 万斤，豆饼 101 万斤，粉丝 292 万斤，土布 13.5 万尺，柴草 12 万斤，麦麸 5716 斤，农具 1.33 万件，生熟铁 5716 斤，均由合作社及贸易公司分别收购。群众获利值杂粮 38 万斤。凭借此项利润维生者达 51 万人。[①]

"一定要把淮河修好"

中共中央、毛泽东十分关心灾区人民，关心淮河治理问题。当毛泽东主席看到淮河灾情的报告后，先后作了四次批示，高瞻远瞩地发出了"一定要把淮河修好"的伟大号召。

毛泽东关于治理淮河的指示传到灾区，极大地鼓舞了灾区人民的信心和斗志。1950 年 8 月上旬，为了落实毛泽东主席的指示精神，彻底解决豫、皖、苏三省淮河水灾问题，确保工农业生产正常进行，曾山组织召开了几次座谈会，讨论治淮问题。根据会议讨论意见，8 月 12 日，华东局向中共中央呈报了《关于治淮问题的意见请示》。文中指出："华东灾荒的主要成因是水灾，而水灾的中心问题，又在淮河"。为"逐步解除豫、皖、苏三省的水灾威胁，确保农业生产，我们认为必须从今年起，即开始全面规划、有计划、有步骤的治理淮河工程，以求在数年内根本治好淮河，免除淮河水灾"。[②]

---

① 皖北区党委：《皖北近三月来生救工作报告》（1951 年 5 月 2 日），存中央档案馆。
② 中共中央华东局：《关于治淮问题的意见请示》（1950 年 8 月 12 日），存中央档案馆。

1950 年 8 月，曾山组织召开治淮座谈会，讨论治淮问题

　　这份凝聚着曾山智慧与心血、承载着灾区人民期盼与希望的《意见请示》，还详细分析了淮河成灾的原因，阐述了淮河治理的计划与措施，提出了要全面规划、有计划、有步骤地治理淮河的意见，建议即速成立治淮委员会，统筹指挥豫、皖、苏三省淮河工程。这些意见和建议得到了中央的肯定，成为中央治淮会议、中财委治淮问题的综合报告以及此后政务院制定治淮政策的基础。

　　8 月 25 日至 9 月 11 日，在周恩来总理的指导下，中财委、水利部、华东局，豫、皖、苏三省区代表召开了治理淮河工作会议。周总理在会上指出："我们人民政府，不能再让淮河压迫我们的同胞了！国家困难再大，也要下决心把淮河治好！""淮河要蓄泄兼筹，三省共保，党中央、毛泽东主席已经决定成立治淮委员会，由曾山同志负责"。①

　　经过充分讨论，会议决定以"蓄泄兼筹"为治淮方针，中游蓄泄并重，下游则开辟入海水道，以利宣泄；制定了治淮工程的步骤，决定 1950 年 12 月以前以勘测工作为重心，中游地区在整个计划内，选择对上、下游关系较小的部分工程，结合以工代赈，于 10 月下旬先行开工；建议以淮河水利工程局为基础，组成治淮委员会，统一领导治淮工作。

　　在党中央、毛泽东主席的亲切关怀和周总理的亲自指导下，10 月 14 日，政务院作出了《关于治理淮河的决定》。为了统筹治淮大业，中央决定成立治淮委员会，并在政务院第五十六次会议上任命曾山为治淮委员会主任。11 月 6 日，曾山在皖北蚌埠主持召开治淮委员会第一次全体会议，宣布治淮委员会正式成立。就任后不久，他即发表了《人民民主制度是治淮力量的源泉》，指出：治淮工程是一项为淮河流域内 5700 多万广大人民谋利益的千秋大业，也是整个国家建设的需要，治淮的出发点是为了人民，治淮必须依靠人民，治淮必须坚持党的领导；治淮要通盘规划、蓄泄兼筹，要上、中、下游统筹兼顾，局部服从整体，小利服从大利，反对完全从局部的观点出发，支离割裂地进行治理；要根除淮河千年水患，必须全心全意依靠人民群众，依靠自己的技术和生产能力。②

　　为大力推进治淮方针的贯彻落实，曾山根据当时的国情、淮河的灾情和治淮建设的实情，坚持治淮为了人民、治淮必须依靠人民的理念，科学地进行治淮机构建设，组建治淮委员会，设立办公厅、

---

　　①　中共安徽省委党史研究室、中共河南省委党史研究室、中共江苏省委党史工作办公室、中共山东省委党史研究会、水利部淮河水利委员会编：《治理淮河》，安徽人民出版社 1997 年版，第 25 页。

　　②　曾山：《人民民主制度是治淮力量的源泉》，《人民日报》，1951 年 10 月 22 日。

政治部、工程部和财务部，并在华东和中南两大行政区中的领导干部和著名水利专家中挑选治水精英，组建了高素质、高水平的治淮机构。原全国政协副主席钱正英就是这个时候被抽调到治淮委工作的。1999 年 4 月 17 日，她在《人民日报》撰文，深情地回忆了这段往事。文中写道：

　　根据中央决定，10 月在蚌埠成立治淮委员会，曾山同志兼任治淮委主任，由豫、皖、苏三省的省委书记或省长任副主任。华东水利部两个副部长，汪胡桢和我，都在淮委工程部兼职，汪兼任部长，我兼任常务副部长。曾山同志又选调了吴觉、万金培两位同志分任淮委的秘书长和财务部长，他们都是从苏北南下的干部，一个来自淮南解放区，一个来自盐阜解放区，他把我们三个人找到一起交代了工作，要我们作为淮委党委的常委，负责淮委的日常工作。我们三人素不相识，但以后合作得很好，由此也可见曾山同志的知人善任。[①]

1950 年 10 月 27 日，中央人民政府政务院任务曾山为治淮委员会主任的任命通知书

---

　　① 钱正英：《待到山花烂漫时——纪念曾山同志百年诞辰》，《人民日报》，1999 年 4 月 17 日。

1950 年冬，治淮工程开工

　　治淮指挥机构成立不久，曾山又主持召开了由豫、皖、苏三省区主要领导参加的会议，决定河南省成立治淮总指挥部，苏北行署成立淮河下游工程局，作为治淮重点的皖北地区治淮业务由淮委兼理，分设阜阳、六安、宿县、滁县4个专署治淮指挥部。同时河南省和苏北区下设的专署又先后成立了治淮指挥部，专署所辖各县也都成立了治淮总队，县辖各区、乡成立治淮大队和中队。截至1951年底，沿淮共成立了两个省级治淮总指挥部、13个专署治淮指挥部、63个县治淮总队和2000多个乡治淮大队和中队，形成了既有分工负责，又有统一指挥调度的完整的治淮建设管理体系，为治淮提供

1958 年，曾山、钱正英在治淮工地上

了强有力的组织保障。[①]

　　1951 年初，为了对淮河治理作出更科学更实际的规划，曾山组织苏联和国内专家和工程技术人员，对淮河上、中、下游作了两个月的实地考察，在此基础上向毛泽东、周恩来，中财委、水利部和华东、中南军政委员会呈报了《关于淮河上中下游工程计划报告》。报告提出的具体计划为：上游贯彻以蓄水为主的方针，中游贯彻蓄泄并重的方针，下游加强泄洪。报告还提出在淮河两岸山区扩大植

_____

　　① 《开拓治淮大业 创治水功勋——纪念淮委第一任主任曾山同志》，水利部淮河水利委员会编：《新中国治淮事业的开拓者——纪念曾山治淮文集》，中国水利水电出版社 2005 年版，第 79—80 页。

被等措施。当年冬季，根据治淮委全面治理淮河的规划，上中下游的治淮工程全面启动。

第一批治淮工程陆续开工后，曾山把党中央根治淮河的伟大决策和治淮为了人民、治淮依靠人民的思想向淮河流域人民进行宣传，广泛动员和发动饱受洪水灾害的沿淮人民群众参加治淮，投身到火热的治淮中去。一时间，参加治淮成了一件无上光荣的事，报告参加治淮的人要像参军一样挑选，"父子齐上阵，兄弟争报告，妇女不示弱，夫妻同出征"的动人场面到处可见。千军万马战淮河，群策群力锁蛟龙，英雄的淮河儿女迸发出无法估量的治淮热情和积极性，犹如烂漫的山花，开遍淮河大地。

在如火如荼的治淮热潮中，1950年就有100多万农工投入到淮河治理中，次年春季，更扩大到156万多农工参加了治淮会战，为了保证治淮工地的粮食和物资供应，还有几十万工人、农民，日日夜夜奔走在千里淮河运输线上，用汽车、马车、独轮车，把来自东北、华东、中南各省20多亿斤的粮食和各类物资运送到治淮工地。"淮河水患"完全陷入了"人民战争"的汪洋大海之中，人民成为治淮的主力军，揭开了华夏治水的新篇章。[①]

相信中国自己的专家

淮河是新中国成立后第一条全面系统治理的大河。在组织领导豫、皖、苏三省区广大干部群众治理淮河的过程中，曾山一贯强调，要尊重科学，尊重专家。他在治淮委员会成立第一天就说，要保证治好淮河，在治淮整个过程之中，必须依靠全体干部、专家、技术

---

① 《开拓治淮大业 创治水功勋——纪念淮委第一任主任曾山同志》，水利部淮河水利委员会编：《新中国治淮事业的开拓者——纪念曾山治淮文集》，中国水利水电出版社2005年版，第80-81页。

人员和广大劳动人民的团结协作，充分发挥他们的积极性和创造性。他认为："淮河水患遗留千年，这不仅是旧社会的反动制度造成的，也与旧社会统治阶级不重视科学技术有关。没有人才，就无法取得治淮工程的胜利"。[1]

　　当时，我们党内一些领导干部刚从长期战争环境中过渡到经济建设，初与知识分子共事，一时还很不习惯。有些同志对知识分子的特点不了解，往往容易看到他们的缺点，对他们不够信任。1950年冬，河南省白沙水库工地，是新中国自己建设的第一个大型水库，由于施工管理不严，隧洞发生塌方，造成人员伤亡。河南省治淮指挥部决定给各级技术负责人严厉处分，但没有追究有关党政领导人的责任。看到这个处分决定，曾山很不安。他找一些干部谈话说："对知识分子要多鼓励，多团结，少责备，不要动不动就处分，这样会伤害他们的感情，不利于发挥他们的积极性。出了事故，我们当领导的应该多承担责任。"[2]曾山认为，我们一部分党员干部，还不能正确理解和贯彻执行党对知识分子的政策，还有不少"左"的倾向。这个问题如果不及时解决，我们就不能充分发挥广大知识分子的作用，治淮事业就不能很好前进。通过这件事情，曾山要求治淮委的干部，特别是领导干部，进一步学习毛泽东在抗日战争期间为中共中央起草的《大量吸收知识分子》的文章。在治淮委党委，他还主持通过了一项关于团结知识分子的决定，发布到治淮系统的各个单位，为知识分子锻炼和成长创造了良好的环境。这以后，来自全国各地参加治淮工作的水利专家、工程师、技术员、大学及专科学生

---

　　① 冀纯堂、楚序平、江英:《曾山关于新中国经济建设的思想与贡献》，王青争主编:《永留正气在世间》，江西人民出版社 1999 年版，第 243 页。

　　② 钱正英:《老组织部长和"黄毛丫头"——回忆曾山同志》，《中国水利》，1981年 03 期。

等专业人才云集蚌埠，总人数达 1.6 万人。[①]

　　曾山还以自己的实际行动来体现对知识分子的关爱。钱正英发表在《人民日报》的文章中，就记述了这样的事例：

　　1950年冬，曾山带领许多领导同志从蚌埠出发，坐船沿淮河向上游勘察。船到正阳关时，正在那里做勘察设计工作的一位助理工程师患了急性阑尾炎。经医生诊断，需要立刻送医院进行手术。但是正阳关没有医院，必须找一条船送往下游的怀远县。在停泊的船只中，我们乘坐的那艘速度最快、吃水最浅。其他船只由于吃水很深，不能开往上游进行勘察。如果用我们的船只送病人，船上的领导必须全部上岸。曾山知道这件事后，立刻决定把船让出，连夜将病人送怀远的东南医学院。次日清晨，病人到达医院。当时阑尾已开始化脓，幸亏及时开刀，才脱离了危险。[②]

　　在治淮工作中，曾山强调尊重科学、尊重专家，不仅体现在对知识分子的关心、爱护上，还体现在对中国专家的信任上。1951 年，为了贯彻政务院蓄泄兼筹的治淮方针，以汪胡桢为首的一批中国专家，提出修建佛子岭水库的方案。经过多次的钻探勘察测量和研究，佛子岭水库工程指挥部决定把它建造在佛子岭以南 200 公尺左右山谷中间的淠河上，这里的地势很适合建坝。根据坝址的具体情况，经过坝型比较，汪胡桢建议采用混凝土连拱坝。当时，在美国才刚建成第一座连拱坝，世界其他地方还没建成。就中国来说，当时才刚开始修建几座土坝，连混凝土重力坝都还没有修建。而连拱坝的设计和施工，比重力坝复杂得多，特别是抗地震性能如何，存在各

---

　　① 《开拓治淮大业 创治水功勋——纪念淮委第一任主任曾山同志》，水利部淮河水利委员会编：《新中国治淮事业的开拓者——纪念曾山治淮文集》，中国水利水电出版社2005 年版，第 82 页。

　　② 钱正英：《待到山花烂漫时——纪念曾山同志百年诞辰》，《人民日报》，1999 年4 月 17 日。

种不同的看法。

为了慎重起见，治淮委征求了苏联专家的意见。苏联专家不赞成这个方案，并以拱坝设计与施工艰难、苏联也未敢建筑拱坝为由，主张改为土坝。后来又召开了专门技术讨论会，虽然汪胡桢、曹楚生等答复了各种质疑，但由于一无经验，二无资料，许多技术人员仍有顾虑。会后，治淮委派钱正英到上海向曾山汇报，并请他对佛子岭的坝型作最后的决定。曾山详细听了各种意见之后，果断地说："既然中国专家对提出的连拱坝方案认为有道理，有把握，就应当相信中国专家，决定采用。"当曾山的决定由无线电传到佛子岭时，工地上一片欢腾，广大技术人员倍受鼓舞，工作的热情更加高涨。①

在曾山的支持下，中国第一座、世界上第三座混凝土连拱坝，只用了两年时间，就在佛子岭建成了。经过多年的运行证明，设计和施工的质量是好的，发挥了很好的经济效益。几十年来，这个坝经过了多次洪水及洪水溢坝的考验，均安然无恙。30年后，曾担任过华东财经委秘书长的李人俊到安徽，还特意去看了佛子岭水库。他后来在《回忆曾山同志的生平片断》一文中，专门记述了这一段，称"我深受感动"。文中写道：

我曾在1982年去佛子岭水库参观，正逢水利部门准备将水坝加高3米，但必须拆掉防浪墙，并且把坝顶面造粗，在现场施工的工人和工程技术人员告诉我，这座混凝土水坝的质量硬度就像花岗岩一样坚韧，钻头打上去都直冒火花。由此可见，凡事只要认真负责，即使在条件很差的情况下，也能建造出高质量的水坝工程。当

---

① 汪胡桢：《沸腾的佛子岭——佛子岭水库建设的回忆》，水利部淮河水利委员会编：《新中国治淮事业的开拓者——纪念曾山治淮文集》，中国水利水电出版社2005年版，第28页。

前淮河工程还没有全面完成，但曾山同志领导建成的水库，在削减淮河洪水期的洪峰方面仍起着重要作用。由此也可以看到曾山同志勇于负责、敢于创新、尊重人才的科学精神。[①]

　　佛子岭水库建成后，邻近支流上又相继建成了梅山水库和响洪甸水库。通过这些水库及在河南省淮河上游的水库建设，初步控制了淮河洪水，发挥了防洪排涝和灌溉效益，初步改变了"大雨大灾，小雨小灾，无雨旱灾"的局面，为下一步治淮奠定了坚实基础。

---

　　① 李人俊：《回忆曾山同志的生平片断》，王青争主编：《永留正气在世间——纪念曾山诞辰100周年文集》，江西人民出版社1999年版，第47页。

第十三章
共和国商业部首任部长

壮大国营商业

进入 1952 年后，在党中央的正确领导下，经过全国人民三年的艰苦奋斗，国民经济恢复任务即将完成，工农业总产值超过历史最高水平，这为有计划地进行大规模经济建设和社会主义改造奠定了基础。

这年 7 月下旬，为迎接即将到来的大规模经济建，党中央决定对中央财经委员会进行调整，从各地抽调得力干部加以充实，以加强对全国经济工作的领导。于是，华东局曾山等 7 人、东北局王鹤寿等 3 人、华北局黄敬等 3 人、中南局刘杰等 3 人、西南局张霖之等人、西北局贾拓夫等 2 人和部队 3 人，调入中财委参与全国财经领导工作。华东局随曾山调中财委工作的其他 6 位同志是刘瑞龙、陈国栋、徐雪寒、汪道涵、李人俊、许涤新。

中财委是代表中央人民政府管理整个国民经济的机关，对国家各个经济部门负有指导责任。当时，中财委的主要任务是，在党中央和政务院领导下，统一领导全国的经济工作，建立健全新的管理体制，全面恢复经济，为下一步的全面发展奠定良好的基础。这次经过充实调整后，中央决定，主任继续由陈云副总理兼任，副主任除薄一波、李富春、马寅初外，再增补曾山、贾拓夫、叶季壮三人。

这个任命宣布后，曾山交代了华东军政委员会和治淮委的工作，但没立即去北京，而是先回江西吉安探亲，看望在老家仍然坚持参加集体生产劳动的老母亲。

就在曾山探亲期间，8月7日，中央人民政府委员会第十七次会议通过《关于调整中央人民政府机构的决议》，决定成立中央人民政府对外贸易部、中央人民政府商业部，并于该两部成立后撤销中央人民政府贸易部①。

为什么要成立商业部呢？早在1952年3月，毛泽东与黄炎培有一次对于经济形势的精彩谈话。毛泽东指出："我们要从经济观点，向大的远的方面看。现在中国的私人资本，在全国工商业经济上，比重还是相当大，向着社会主义走，公私双方都需要发展的。只要不让它向坏的方面发展。要教育改造他们（指工商业者——引者注），中间还要特别重视工业，要在人民政府领导之下，依据国家经济需要，有步骤地把商业资本转向工业，于国家是有利的。"②毛泽东认为要发展经济，商业也需要繁荣，要转向工业发展。这为全国商业的发展指明了方向。黄炎培认可毛泽东的判断和思路。在随后的谈话中，他向毛泽东汇报了"三反""五反"运动后中小工商业发展的一些困难，这引起了时刻关注商业流通的毛泽东的重视。

这次谈话后，为了加强商业工作和国营商业对市场的主导作用，保障大规模的经济建设和人民生活的物资供应，逐步实行对资本主

---

① 中华人民共和国成立时，即成立中央人民政府贸易部，统一领导国内贸易和对外贸易，叶季壮任部长，姚依林、沙千里任副部长。

② 中共中央文献研究室编：《毛泽东年谱（1949—1976）》第一卷，中央文献出版社2013年版，第520页。

义商业的社会主义改造，毛泽东与周恩来、黄炎培等提议在中央人民政府设立一个专门的部来领导和负责这项工作。经过几个月的酝酿，在这次中央人民政府委员会会议上，决定成立商业部，将国内贸易与对外贸易分开出来，两条腿走路，并以此逐渐领导国内资本主义商业进行社会主义改造，建立国营商业大体系，同社会主义工业化和农业合作化发展相适应，达到建成社会主义的目的。

那么由谁来主持这个新组建的商业部呢？毛泽东提议由一位熟悉工商业的同志来负责抓。周恩来提议派新近增补为中央财委副主任的曾山去担任部长。因为上海和华东的工商业在全国一直占据重要地位，并且这几年的工作也很成功。这个提议获得了会议的通过，同时还任命姚依林、沙千里、王兴让为商业部副部长。①

9月3日，商业部在北京东交民巷13号挂牌成立（不久即迁至北京西四砖塔胡同）。10月，曾山结束探亲之行抵达北京，正式担负起中财委副主任兼商业部部长的新使命。

国营商业是全民所有制的社会主义经济，是国民经济在流通领域中的领导力量和国家实现社会主义改造的物质基础。为进一步壮大国营商业，履新伊始，曾山即按照中央赋予商业部的职能职责，立足当下，着眼长远，对国营商业体制、机制进行了较大改革。

首先，对国营商业管理体制进行改革。商业部成立时，接管了原中央贸易部下属的中国花纱布公司、中国百货公司、中国医药公司、中国盐业公司、中国石油公司、中国油脂公司、中国煤业建筑器材公司、中国工业器材公司等商业公司。之后，在曾山等部领导的组织协调下，这支被称为"国家队"的国营商业队伍不断壮大：9月1日，为了加强产品的分配和产销结合，接收了原由财政部领

---

① 陈重伊著：《国务院24部委组建实录》，中共党史出版社2009年版，第222页。

导的中央专卖事业部；12月20日，为了适应大规模经济建设开始后工业器材的组织和供应任务加重的新形势，将中国工业器材公司分为五金机械、化工原料、交通电工器材三个专业公司；是年底，成立中国烟麻公司。对资本主义商业的改造逐步开展后，商业部又增设了中国文化用品公司、中国针棉织品公司、中国钟表眼镜公司、中国食品公司、中国糖业公司、中国水产供销公司等。"到1954年底，商业部系统的这些公司已拥有50万人以上的职工。除少数小城镇和边远地区外，全国各地几乎都设有国营公司的机构，都有我们国营商业职工为完成商业任务而积极努力地工作着。"①

其次，对国营商业组织形式进行改革。这一改革的基本原则，是将国营商业的管理环节和业务环节分开设置，即专业总公司及其所属各省分公司只负责管理职能，不能直接经营业务；同时按照经济区划，分别设立全国性和地区性的批发机构，专门从事商品采购供应业务。按照经济区划建立批发机构，是按照商品流通规律办事，改变了按行政区划设置批发机构所造成的硬性调拨和商品流通环节过多的弊端，使大部分商品流向合理化。②

再次，对国营商业管理体制也进行了改革，即由商品统一调拨和资金大回笼的供给制，改变为建站核资，独立核算，全面实行经济核算制。1952年10月，为了取得经验，商业部在河北省邯郸地区百货系统进行经济核算制的试点，按经济区域建立邯郸百货采购供应站，并核定资金，简称"建站核资"。同年12月，又在华东全区，中南区的32个市、县的百货公司系统试行了经济核算制。1953年1月，全国商业厅（局）长及各专业公司经理会议，决定各公司系统在当年一季度开始全面建立批发站和核定资金，4月1日以前除少

数民族地区与边远地区以外，全部实行经济核算制。会后，各地积极行动，大多数专业公司都按经济区域建立了一、二、三级批发机构，即在工业品生产集中的大城市或进口口岸建立一级采购供应批发机构，称为中央站或一级站；在省内主要工业品生产城市或交通转运中心建立二级采购供应批发机构，称为省站或二级站，在省以下地方市场建立三级批发机构，称为三级批发商店。并调整了零售网。[①]

以上这些改革，既加强了党和政府对商业工作的领导，又发挥了专业系统的经营积极性。尽管也有集权过多的问题，但总的格局是与当时的经济形势及商业的任务基本适应的。组织实施过程中，国营商业进一步得到了加强和发展。

改造资本主义商业

1953 年 6 月，中共中央政治局正式讨论和制定了党在过渡时期的总路线："从中华人民共和国成立，到社会主义改造基本完成，这是一个过渡时期。党在这个过渡时期的总路线和总任务，是要在一个相当长的时期内，逐步实现国家的社会主义工业化，并逐步实现国家对农业、对手工业和对资本主义工商业的社会主义改造。"[②]这是一条社会主义建设与改造同时并举的路线，曾山参加领导了对全国的资本主义商业的社会主义改造。

6 月至 8 月，中共中央召开全国财经工作会议。这次会议的召开，是为了进一步阐明党在过渡时期的总路线，提高和统一全党的思想，解决贯彻执行党在过渡时期总路线中遇到的新情况、新问题，促进社会主义建设和社会主义改造运动的发展。会上，中央统战部部长

---

① 余鑫炎编著：《中国商业史》，中国商业出版社 1987 年版，第 337 页。
② 中共中央党史研究室著：《中国共产党简史》，中共党史出版社 2011 年版，第 80 页。

李维汉作了《关于利用、限制、改造资本主义工商业问题》的报告。周恩来也在会上作了重要讲话，并指定由曾山、杨立三、黄敬等负责拟定一个关于资本主义工商业改造中有关具体问题的方案。

会后，根据周恩来和陈云的指示及全国财经工作会议精神，曾山、许涤新、吴雪之、张锡昌等起草了《关于通过统购、包销、加工、订货，引导资本主义工业向国家资本主义发展的初步意见》。其中指出：国家对资本主义工业进行统购、包销、加工、订货，是过渡时期利用、限制、改造资本主义工业的比较普遍的形式。通过这些形式，可以把资本主义工业的生产纳入国家计划的轨道，从生产和分配上，实现国家的"统计与监督"；可以实现国营企业对资本主义工业的改造与领导，更充分地发挥资本主义转为国家资本主义以后的生产潜力，并克服其盲目性，藉以满足国家建设和日益增长的人民生活的需要；可以使国营商业、合作社商业控制比较可靠的货源，从而巩固批发阵地，增强社会主义经济对市场的领导。这是引导资本主义工商业转化为国家资本主义并逐渐过渡到社会主义的途径之一。

《意见》经中财委领导反复研究讨论后，由周恩来审阅批准实施。在这前后，国营商业首先扩大了对工业品的加工、订货和包销的范围。到年底，国家对全国 10 人以上私营工业企业加工、订货、包销、收购的价值达到了该类企业工业总产值的 70%，已有 60% 以上的资本主义工业初步纳入加工、订货的国家资本主义轨道。

加工、订货形式的国家资本主义，其生产资料仍为资本家所有，企业基本上按资本主义方式经营，劳资矛盾、公私矛盾仍不能得到解决。为此，曾山在全国政协工商界委员座谈会上就国营商业对私营工厂加工订货问题做了专门发言。他认为，加工订货作为引导资本主义工业向国家资本主义发展的途径之一，应继续坚持贯彻让加工订货私营工厂一般有利可图的原则，保证私营工厂按其资本计算，在正常合理经营的情况下，每年获得 10% ~ 30% 的利润。对于因技术改进、提高劳动生产率后所产生的利润增加部分的处理，只要在保证产品质量的前提下，在半年到一年（一般为一年）的期间，应归工厂所有。过了这个期间以后，再协商调整。他还谈到，要加强对加工订货计划的统一安排，以满足人民不断变化的消费需要。他还结合工作实际，实事求是地指出，1953 年下半年以来，虽然我们已经尽了最大努力，注意淡旺季生产均衡安排，工作上虽已有了改进，但仍然是不够的。今后工业方面统一安排后，情况可能会好，但估计仍然不是一下就能做得完全好的。[①]

　　曾山在发言中所体现出来的既掌握政策，又求真务实的作风，给与会者留下了很深的印象。实践证明，党和国家通过统购、包销、加工、订货，将资本主义工商业初步纳入国家资本主义轨道，为后来进一步实现资本主义工商业社会主义改造奠定了基础。

　　1953 年 12 月，曾山在全国工商联[②]会议及在京各省商业厅长联席会议上，作了《关于党在过渡时期总路线中对资本主义商业利用、限制、改造问题的若干意见》的报告。其中分析了中国私营商业的基本情况，指出：在全国，私营商业有 187 万户、摊贩 222 万户、行商 30 万户，共约 720 万职工和大小老板。除了将来排挤淘汰者外，大部分可能经过国家资本主义道路实现社会主义改造。他认为，私营商业既存在有利于生产与消费者的一面，也存在有害于生产与消

---

　　① 曾山：《在私营工商业问题座谈会上的讲话》（1955 年 1 月 5 日），陈文斌、邵纬生主编：《中国资本主义工商业的社会主义改造》（中央卷），中共党史资料出版社 1992 年版，第 742–744 页。

　　② 1952 年 12 月，中共中央批准中财委《关于成立全国工商联党组》的报告，决定由曾山、叶季壮、南汉宸、钱之光、孟用潜、王兴让、赖若愚、龚饮冰、李予昂、许涤新、郑新如等 11 人组成全国工商联党组，曾山任党组书记，许涤新任副书记。

费者的一面。私营商业机动性大于私营工业，人多、店多，经营复杂，处理困难。好处是对于商品推销有极大的作用，特别是在国营商业与合作社商业发展不够的情况下，利用城乡私营小批发商与零售商品可以扩大商品流通。这在目前来说是不可轻视的力量。针对私营商业的特点，曾山提出了对资本主义商业改造的具体办法：

第一，关于对私营批发商的改造。曾山认为：要有效地改造私营商业，"必须首先掌握批发环节，充分掌握商品的货源。"在战略部署上，对私营批发商，应在 5 年内或稍多一些时间 (除少数民族地区另行考虑外)，采取淘汰方针。在策略步骤上，应采取限制、利用、排挤、淘汰的方针。曾山还对被淘汰、排挤的批发商及职工的安排问题作了说明。

第二，关于对私营零售商的改造。曾山说："我所了解的毛泽东主席给我们商业工作者指示的精神中，对于私营零售商，也可以经过国家资本主义，实现社会主义改造的。"他认为对私营零售商，只要他们定期向国营商业批发站或公司提出自己的要货与销售计划，又能严格遵照国家所规定的零售商品牌价出售商品，不惜售，不囤积，不掺杂舞弊，享受国家的零售批发差价，这种零售商符合国家资本主义要求的，是可以继续经营的。曾山认为，对资本主义零售商采取的方针应该是，"基本上维持它，改造它"。要充分利用它们积极作用的一面，严格"防止和克服他们投机取巧，囤积居奇的消极一面"。

第三，关于对城乡小商小贩的改造。曾山认为，小商小贩的改造，应主要采取各种经销、代销等形式，"应在供销合作社的领导计划下，通过合作道路进行改造"。

第四，关于对资本主义进出口商的改造。建国初期，我国实行的对外贸易政策是国家垄断制。对于同苏联等社会主义国家的贸易，由对外贸易部统一经营；对于同资本主义国家的贸易，则有所区别。曾山认为：在国营占了绝大的比重的情况下，应允许私商经营一部分，私营进出口商必须"服从国家政策"，"经营国家需要的商品"，"有利于促进国际贸易与国际和平事业的发展"。[①]

曾山的这些关于对私营商业改造的思想，促进了党的过渡时期总路线的实现。1953 年底到 1954 年初，大规模经济建设展开，市场供求关系更趋紧张。国家在实行粮食统购统销后，首先从粮食批发商的改造入手，加快了对私营批发商的社会主义改造。这一过程基本上是按曾山的设想进行的，即采取排挤的方针，帮助退出批发行业，转入零售，成为国营商业代理批发，代销经销。

1955 年 3 月，党的全国代表会议在北京召开，曾山在会上就建国 5 年多来商业工作所取得的成绩作了发言。指出从 1950 年 3 月至今，社会主义的国营商业和合作社商业，在市场上已经成为各种商业的领导力量。工农业商品的主要货源，已经大部分为社会主义商业所掌握。这样，就能够通过商品的购销计划，组织整个社会商品流通，实现对市场的领导；就能够有效地把城乡私营零售商贩逐步纳入国家计划的轨道，采取各种各样形式，对他们进行社会主义改造。他说，由于实行粮食、油料、棉布统购统销和棉花统购，使这些商品脱离了自由市场，大大缩小了自由市场，扩大了有组织的市场活动范围。因而，一年多来，能在许多商品供不应求的情况下，继续稳定市场，基本上满足广大人民的需要。特别是去年在严重的水灾区域，基本上保证了灾区人民的粮食供应，同时，也保证了城市、

[①] 曾山：《关于党在过渡时期总路线中对资本主义工商业利用、限制、改造问题的若干意见》(1953 年 12 月 3 日)，陈文斌、邵纬生主编：《中国资本主义工商业的社会主义改造》(中央卷)，中共党史资料出版社 1992 年版，第 480—483 页。

工矿区的供应和出口的需要，支援了国家的工业化建设。[①]

1955 年 5 月，随着对资本主义工商业改造步伐的加快，曾山专门到一些省市进行了私营商业改造情况的考察。5 月底，他到南昌，对鸿泰百货专业代销店作了调查。

鸿泰百货专业代销店，原来经营棉布批发兼百货零售，解放时有资金合旧币 3.9 亿元，职工 40 人。解放后经营不善，人员过多，棉布批发业务为国营商业所代替。1951 年经劳资协商解雇店员 11 人，工会调走 3 人，剩下 26 名职工的工资加上其他费用，每月还须支付新币 2200 元。1953 年以后，群众不愿到私营商店里买货，以致营业额日益下降，亏损日增。1954 年五六月间，工资发不出，职工生活发生困难。资方对维持企业失去信心，只想丢掉职工"包袱"。

后来职工看到上海丽华公司为国营百货公司代销后营业好转，纷纷要求资方经理向南昌市国营百货公司申请代销。国营百货公司认为，国家不能白白拿钱给私商做生意，开始不同意，后经南昌市委批准，才接受了鸿泰代销店的申请，于 1954 年 6 月 21 日开始代销。代销后，营业额逐步上升。9 月以后，稍有微利。1955 年虽进入淡季，但每月仍能保持 2 万元左右的营业额，略有盈余。经过代销，资方与职工信心都得到提高，经营情绪也很高涨。

通过调查，曾山认为，私商为国营商业公司代销的做法很有启发意义。于是，他给毛泽东、周恩来、陈云写了报告，建议"各地可作典型试验，经过研究总结，再逐步地有计划地推进"。毛泽东看过报告后批示："少奇、小平同志：此件很有用。请你们看看，可否用中央名义转各省市及中商部、合作总社党组，叫他们通知各

---

① 曾山：《在全国党代表会议上的发言》（1955 年 3 月），存中央档案馆。

地试办。"6 月 3 日，中共中央将曾山的报告转发上海局、各中央分局、各省市委并告五办、商业部、合作总社党组。文件指出："曾山同志 5 月 30 日报告很好，现转给你们参考。同时，望商业部和合作总社党组将南昌鸿泰百货店的经验下达，并嘱各地效仿试验。"①

离开南昌，曾山又到上海考察了私营商业的情况。在考察中他了解到，1955 年上半年，上海私营商业零售额普遍上升，困难面大大缩小，公私比重公退私进，国家资本主义商业成分相应上升。私营零售比重（包括国家资本主义成分）从 1954 年年底的 60% 左右，到 1955 年第一季度上升为 66% 以上，5 月底达到 70%。从趋势看，还在上升。但国营商业通过安排市场，改进批发业务，扩大了社会商品流通。因此，国营零售比重虽然下降，但第一季度总的销售任务还是超额完成了。曾山将这一情况向中央作了报告，指出：私商比重到 70%，已经差不多了，原则上公私比重国营不应再让，虽然个别困难行业还须继续调整，但有些困难户主要应从本身改善经营、降低开支来解决。②这一意见得到中央肯定。

1955 年下半年，在农业合作化的推动下，资本主义工商业改造的步伐进一步加快。11 月 16 日至 24 日，中共中央召集由各省、市、自治区党委代表参加的资本主义工商业改造的会议，讨论并通过了《关于资本主义工商业改造问题的决议（草案）》。③决议认为已有条件有必要把资本主义工商业的改造工作推进到全部或大部分公私合营的阶段。会上，曾山就有关城市私营商业的全面改造问题作了发言。他分析了私营商业的状况，指出，已有接近半数的私营商业分

①　中共中央：《转发曾山同志关于了解南昌鸿泰百货专业代销店情况的报告》（1955年 6 月 8 日），存中央档案馆。

②　曾山：《关于检查上海私营商业情况的报告》（1955 年 6 月 8 日），存中央档案馆。

③　1956 年 2 月 24 日，中央政治局对此决议作了个别修改，追认为正式决议。

别纳入了各种形式的国家资本主义轨道，社会主义性质的商业和国家资本主义性质的商业已经占领了城市商业零售阵地的四分之三。

曾山还认为，除了公私合营的形式外，通过代销把资本家商店直接改造成国营商业的形式也是可以采取的。这种形式包括以下内容：(一)资本家商店全部或极大部代销国营商业的商品，资本家的流动资金以保证金形式存入人民银行或转入公私合营投资公司，给以利息或定额股息。(二)由国营商业派代表参加代销商店内经营管理的领导，进行监督，并由国营代表、资方代理人和职工代表共同组织经营管理委员会，通过这种管理机构掌握这个商店的领导权。

对于小商小贩的改造，曾山认为应当分别采取不同的办法。对小商小贩中间的坐商，可以分别采取吸收他们加入公私合营商店和在国营专业公司的领导下，把几户或更多户数的小商店联合起来，组织成为合作商店的办法。对摊贩，一般可以采取通过合作小组的方式把他们组织起来，经过一个时期，过渡为国营商业的店员或国营摊贩的办法，对他们进行社会主义改造。

关于对私营商业进行社会主义改造的步骤，曾山认为应当从主要行业入手，即：目前商品供不应求的行业，资本家商店较多的行业，关系国家重要建设、国防建设、国计民生与对人民供应等较大的行业。

会上，曾山还谈了对私营商业企业改造和人的思想改造相结合的问题。他认为，在对资本家商店进行改造的过程中，必须从政治上和经济上造成有利于改造的形势，迫使资本家接受社会主义改造；同时，必须采取企业改造和人的思想改造相结合的方法。即一方面要在公私合营以前，对资本家和他们的代理人充分地进行宣传教育工作，鼓励他们守法，接受改造，并在他们中发给养费与选拔积极分子，越多越好，使他们起一定的带头作用、骨干作用和桥梁作用，协助我们推动与组织对私商的改造工作。另一方面要在公私合营以后，给他们以适当的工作岗位，经常同他们接近，对他们进行教育。他们在工作中遇有困难，要协助解决；他们工作做得有成绩，要给以鼓励；他们有缺点，要诚恳地对他们进行批评和教育。[①]

曾山在这次会议上的发言，集中地反映了他自担任商业部长以来，在领导和组织全国对城市私营商业的改造实践中进行的不懈探索和思考，即使在今天看来，仍具有启发性。

这次会议之后，在农业合作化高潮的推动下，全国对私营工商业的社会主义改造很快进入全行业公私合营的新阶段。到1956年底，全国240多万户私营商业企业中，有82%实现了社会主义改造，其中转入国营商业和合作社商业的14.6万户，转为公私合营的40.1万户，基本上完成了对私营商业的社会主义改造。[②]

搞活城乡市场

曾山1952年主政商业部后，随着社会主义改造的展开和第一个五年计划的实行，我国计划经济体制也逐步建立起来，从发展的眼光来看，计划经济体制有其弊端。然而，就当时中国的实际情况而言，建立这样的经济体制也有其客观必然性。在这一历史进程中，曾山非常重视发挥市场的作用。

早在华东军政委员会副主席任上，曾山就对搞活市场作了积极的探索。为了搞活经济，保障供给，他把生产与消费市场挂起钩来，领导和组织了华东地区多次大规模的城乡交流会、商品交易会。交

---

① 曾山：《在党中央召开的资本主义工商业改造会议上的发言》（1955年11月23日），商业部商管局编：《私营商业社会主义改造文件选编（1948.2—1981.11）》（下册），中国商业出版社1982年版，第412–422页。

② 余鑫炎编著：《中国商业史》，中国商业出版社1987年版，第352页。

流会有大有小，不同的季节形式还不一样。比如国营公司的主体搞大宗批发，就叫高级市场交流会；县镇稍小一些的商业单位就叫中级形式；而短距离的、小额的成交，就叫初级市场交流会。他认为："物资交流大会是新民主主义商业活动的重要形式"，物资交流大会"搞活了市场，解决了工农业生产的困难"，并使人们认识到"要搞好生产，必须同时搞好物资交流"。[1]这对恢复和发展国民经济起到了重要作用。

到北京工作后，在华东物资交流会成功经验基础上，曾山组织实施了"召开订货会议"的新形式，组织物资流通。全国性的订货会，一年召开两次，分别于上年度的10月或11月和本年度的4月或5月召开。在订货会议上，生产资料供需双方依据分配到的计划指标具体地商定供货的品种、数量、时间和供货方式等，并签订合同或协议。除了全国性订货会议外，还存在着分区订货、供需双方直接订货和常年性的通讯订货等。由商业部牵头组织的物资订货会议，既是落实物资计划指标、衔接产需关系的组织形式，也是物资商流活动现象新形态。[2]

1953年和1954年，国家分别作出对粮食的计划收购和计划供应，对棉布计划收购、计划供应和棉花计划供应的决定。这既是推动社会主义改造的重大步骤，也是国家经济体制变革的重要表现。曾山参加了这项工作的组织和领导，并在1954年9月9日政务院第二百二十四次政务会议上作了"关于实施棉布计划收购、计划供应和棉花计划收购的报告"。在报告中，他分析了在生产和消费中实施计划的必要性，他说，随着经济的恢复、人们生活水平的提高，

①　曾山：《华东区上半年城乡物资交流工作总结——在华东贸易等五部门职工代表联席会议上的报告（摘要）》，《人民日报》，1952年9月5日。

②　万典武主编：《当代中国商业简史》，中国商业出版社1998年版，第110页。

人们的购买力也相应地提高。但是另一方面，由于大规模的经济建设，导致了市场供应不足，原材料供应紧张造成了供给和需求之间的矛盾。可行的解决问题的办法只能是：由国家把棉花和棉布全部掌握起来，统购统支，实行计划收购，同时实行棉布的计划供应，由国家控制销量，实行合理的分配。[①]

关于粮食的统购统销政策，1955 年 5 月 18 日，曾山在对河北、河南、湖北农业进行考察后，给毛泽东、周恩来、李先念写报告，对这项政策在执行中存在的一些问题，提出了自己的看法。他认为，对粮食的统购统销，中央已决定采取减少收购和城市按户限量供应的方针，是完全必要的。现在武汉市已遵照这一方针，进行按户安排，得到绝大多数市民赞成，也证明中央这一决定是正确的。但有关部门在实行城市粮食按户定量供应办法时，规定供应副食行业的粮食比定量供应市民的价格提高 50%，这必然引起糕点、大饼、油条、馒头等提价，这就难以保持物价稳定，就会影响市民生活，建议慎重考虑这一问题。[②] 江西是农业大省，也是我国重要的商品粮基地。赴江西调查时，曾山发现，对于粮食统销，农民最不满意的是正值农忙时节突然紧缩粮食供应，他们因此感到困难，特别是贫苦的农民，过去因钱少，在供应放松的时候，没有及时购粮，现在供应量突然减少，供应又不及时，难免不发生困难，甚至挨饿。曾山认为，缺少明确供应制度，是引起紧张的根源。有些地区不预先分户公布供应指标，使群众摸不到底；有些地区没有建立供应制度，干部难以恰当掌握。硬性紧缩供应，就会导致真正急需粮食者买不到粮，妨碍春耕，造成混乱。

[①]　曾山：《关于实施棉布计划收购、计划供应和棉花计划收购的报告（摘要），新华社 1954 年 9 月 13 日讯。

[②]　《曾山见闻报告》（1955 年 5 月），存中央档案馆。

就上述问题，5 月 31 日，曾山在写给毛泽东、周恩来、李先念的报告中，提出了三点改进意见：

（一）必须把三定、四留政策贯彻到乡以至每一家农户，其中最重要的是定产。因为产量定准后，统购和供应才有把握得准。比如我家乡（名为胜塘乡）的稻田，有一垅田，每亩产稻子350至400斤；又有一垅田，每亩只产稻子100至150斤。我估计这种产量低的田亩，全乡不过占1/6。现在区里规定不管产量高低，一律要以330斤计算，这样就引起农民呼喊，说定产过高了。很多农户都有少数低产田，这样，喊叫定产过高的人就多了起来。而定产低的农民，却很少人会出来讲话，这就必然使乡干部陷于十分被动的地位。

（二）要有切实有效地鼓励农民多种高产粮食作物的政策和办法。对薯类4斤折1斤的办法是妨碍高产作物生产的，应该考虑改善。南方种旱地的农民多种一些高产作物，如玉米和薯类，这样才不致使他们全吃大米。这是我国目前多增产食粮，保证粮食供应的有效办法。

（三）定购、定销的数字要同时公布。在经过评定购粮数以后，接着评定全年粮食供应数，并向群众公布，发正式供应证。采取一次或分期发证和分期供应缺粮户粮食的办法，这样缺粮户才心中有数。如果受灾，粮食减产，供应减少时，也能促使缺粮户在全年内节约用粮。[1]

商业工作中，曾山也非常重视市场建设，并亲自抓了北京王府井百货大楼的建设。他多次到施工工地视察，听取百货公司领导的工作汇报。他说，王府井百货大楼是"一五"计划中一项重大建设工程，一定要建设好，要建设成为全国第一流的高质量的商业大楼。

---

[1]　曾山：《汇报江西省粮食工作方面存在的主要问题》（1955 年 5 月 31 日），存中央档案馆。

在工人们的日夜努力奋战下，经过一年多的施工建设，1955 年国庆 6 周年前夕，北京王府井百货大楼胜利落成。9 月 22 日、23 日两天，北京王府井百货大楼举办试销活动。曾山与中央和北京市党、政、人民团体及国营、合作社等机关干部数万人参加了试销。试销目的是为了听取社会各界的意见。百货大楼设有意见箱，请大家提出改善百货大楼各方面服务的意见。根据试销情况和顾客所提出的意见，曾山要求各省、市商业行政部门、零售公司、商店，均应设顾客意见箱，并在意见箱位置上备齐笔、墨和本子，以备顾客提出他们的建议和批评意见。更希望各国营公司、商店指定一位经理或副经理负责管理，以便及时改进营业工作。

9 月 25 日上午 8 时 30 分，北京王府井百货大楼正式开张营业，曾山出席了开业典礼并讲话。他说：北京王府井百货大楼是规模较大的一个综合性的百货商店，在经营管理方面也应该成为全国国营百货商店的模范。因此，百货大楼必须吸收全国各地的经验，特别是学习外国的先进经验，建立科学的管理制度，简化购货手续，要既便于顾客又便于管理。陈列商品货柜要美观悦目。要建立为人民服务的良好态度，经常地了解居民需要，密切与生产部门的联系，从而不断地提高服务质量。在这个前提下，努力扩大商品流通与加速资金周转。①

曾山还要求百货大楼的工作人员必须深刻地领会党的政策，认识到为生产者、为消费者服务在国家社会主义建设中的重要意义，努力学习，虚心倾听群众的意见，不断地提高服务质量，改善经营管理，以实际行动在群众中建立信誉，并在全国国营商店中创造范

---

① 曾山：《关于北京王府井百货大楼预展第一天顾客意见给毛泽东主席的信》（1955 年 9 月 25 日），存中央档案馆。

例。①曾山的讲话，给北京王府井百货大楼的干部职工以极大的激励。他们一致表示，要做好本职工作，更好地为社会主义建设服务。

曾山还十分强调从市场需要出发，满足城乡人民的需求。1955年12月下旬，他考察了山东农村市场。经过土地改革和合作化运动，农民的生活水平随之改善，这对农村市场的供应提出了新的要求。曾山了解到农村市场有5个"增长"：文化用品的需求大大增加；妇女用品和儿童用品的需求量大大增加；煤炭的需求增多；卫生保健箱和药品的需求增多；自行车的需要量也随着农业合作化而日益增长。②针对农村市场的新变化，曾山提出，要克服商业系统中的保守思想，保证商品与消费者见面。特别要组织品质优良、价格合适、农民需要的商品源源不断地供应农村。在调查中，曾山还发现一些商业公司管理混乱，在接收粮食部门的油料时不加检查，以致损失严重。于是建议全国各公司系统，普遍推行财产管理责任制，克服目前财产混乱的情况，增加国家的积累。

在当时计划经济体制下，曾山既认真贯彻了中央关于经济工作的重要决策，又实事求是，从实际情况出发，重视运用价值规律，发挥市场作用，搞活经济，满足人民群众的物质需要。事实证明，曾山在计划与市场上的见解及一系列举措，是富有远见和创造性的。

参加党的第八次全国代表大会

1956年9月15日至27日，中国共产党第八次全国代表大会在北京举行，这是我们党成为执政党后召开的第一次全国代表大会。

---

① 曾山：《在北京王府井百货大楼开展典礼上的讲话》（1955年9月25日），存中央档案馆。

② 《国务院转发曾山部长在山东检查工作的报告》（1955年12月26日），存中央档案馆。

出席会议的代表共 1026 人，代表全国 1073 万党员。曾山作为正式代表出席了大会。几十年后，邓六金追忆道：

> 1956年9月的一天早晨，曾山起床后，就忙忙碌碌地收拾东西。我问他，他说要开会，要离开家一段时间，也不说开什么会，就急匆匆地走了。之后，我也不知道他去哪里了，也不知道他干什么，直到会议开完，他回家了，报纸也报道党的八大了，才知道他是去参加党的八大。当时，开会是保密的，没有参加会议的人都不知道。①

会议由毛泽东主持并致开幕词。他在开幕词中开宗明义地指出："我们这次大会的任务是：总结从七次大会以来的经验，团结全党，团结国内外一切可能团结的力量，为了建设一个伟大的社会主义的中国而奋斗。"他还说：已经得到解放的中国人民的力量是无穷无尽的，我们一定能够一步一步地把我国建设成为一个伟大的工业化的国家。为了迎接即将到来的全面建设的高潮，全党"必须善于学习"。"虚心使人进步，骄傲使人落后，我们应当永远记住这个真理。"毛泽东充满激情的话语，表达了中国共产党人的坚定信念和雄心壮志，引起与会者的强烈共鸣。②

在大会上，刘少奇代表中央委员会作政治报告，周恩来作关于发展国民经济的第二个五年计划的建议的报告，邓小平作关于修改党章的报告。朱德、陈云、董必武、曾山等 100 多位代表作了大会发言或书面发言。

曾山的书面发言③从商业工作出发，着重谈了改进日用工业品

---

① 邓六金著：《我与曾山》，新华出版社 1999 年版，第 130 页。

② 中共中央党史研究室著：《中国共产党的九十年》（社会主义革命和建设时期），中共党史出版社 2016 年版，第 472—473 页。

③ 根据大会的安排，曾山代表商业部作大会发言，后来他向邓小平、李先念提出，只作书面发言。

的生产和分配工作问题。他指出，在一般日用品的生产和分配过程中，部分产品的品种减少，若干产品的质量下降、质次价高，某些产品供应不及时，花色品种不对路，这里积压，那里脱销，不能适应人民日益增长的需要。这是商业工作中的一个严重问题。他认为，产生这些问题的原因有四个方面：一是工业部门的产品全部由商业部门加工、统购、包销，使一部分工厂不热心于提高产品质量和不断增加适应人民需要的花色品种。原来多种多样的花色品种，由于加工、包销而简单化了，变成了大路货，不能适合城乡人民各种不同的需要；二是商业部门对产销情况了解不透，加工时原料供应的数量和质量不能严格保证，在价格政策上没有很好贯彻执行优质优价、次质次价，对试制新品种，没有给以必要的推动和支持。核算工缴费的办法有缺点，有时产品的成本降低了，工业部门没有得到应该增加的利润。这些工作上的缺点和错误，也都影响到工业部门对提高产品质量的积极性；三是工业部门和商业部门都各自强调计划性，而人民的需要经常变化，不可能完全纳入计划，有时计划订得过死，不但不能很好满足人民的需要，还会造成产品的脱销与积压；四是国营商业内部自上而下的调拨、分配商品的办法，常常使基层单位不能根据居民需要来组织货源，限制了他们的经营积极性，以致长期地存在着商品调拨不及时，花色品种不对路等情况。①

针对存在的问题及其原因，曾山提出了应该采取的办法：

首先，根据产品的性质、供求情况与人民生活的关系，把日用工业品分成两大类，分别采取不同的经营办法。第一类是人民需要的大宗商品，如食粮、棉纱、火柴等。这一类商品的特点是品种少，需求量大，国家要严格执行统购统销控制；第二类商品是日常生活

---

① 曾山：《改进日用工业品的生产和分配工作》（1956 年 9 月），《人民日报》，1956 年 9 月 28 日。

用品。这类商品种类很多而产值不大。对此，商业部门可以根据市场需要，向工厂择优定购。对于这类商品，在生产数量、品种规格上，不应有严格的计划，并要随时改变品种、花色、规格。

其次，相应改变国营商业制度，实行自由选购的办法。这是日用工业品的生产、分配和工商关系上一个重要改变。为适应这一改变，必须考虑：第一，相应改变现行计划制度。会计制度要简化，财务管理制度要恢复。我国银行要有灵活支付办法，以利商品流通。第二，国营商业系统必须根据商品自然的、合理的流转方向，相应调整各级批发站，规划批发机构、零售机构各自的职责和密切结合的相互关系，以便利选购工作的进行。第三，建议在国务院和各级人民委员会领导下，设立专门的物价机构管理商品的价格。第四，商品的质量，完全由工业部门负责。各商业部门的批发站或公司商店，只根据和工业部门所订的合同或协定规定，验收商品。

第三，加强对商业部门的领导。在实行选购以后，现存加工订货、统一调拨所带来的消极因素会得到很大程度的改善，但选购是商品分配方法上的一个重大变革，对市场必然会有一定程度的影响。第一，选购的商品，在地区之间的差价上，要有一定幅度的调整。第二，实行按货论价以后，商品品质之间的差价要拉大一些，这对激励先进，督促落后工厂改进生产，都是有利的。对于有些生产落后的工厂，因亏本而发生困难，应由工业部门调剂解决。第三，实行选购之后，零售机构向外地进货的情况会有极大程度的恢复和发展，城市的集散作用也将恢复和加强。商品流通的路线会根据自然流转方向有一定程度改组，这都会引起市场一定的变化。这就要求各级党政领导部门要加强对商业工作的领导，加强对物价的管理，加强商业部门和工业部门对稳定市场的责任。第四，要准确地估计到人民需要的经常变化。实行自由选购，必然会促使商业部门加深对人民需要的了解和研究，及时选购对路的商品，以利供应人民的需要。同时，也能促使计划部门提高计划水平和生产部门迅速改进生产。①

曾山发言所讲，都是他曾经直接参与的工作，也是他对自己工作的总结。从中可以看出，他对市场的作用，对价值规律对发展生产和提高产品质量的作用，对计划经济的某些弊端，都有深刻的认识。曾山上述关于改进日用工业品生产和分配的经济思想，体现了他实事求是，一切从实际出发的可贵精神。9 月 28 日，《人民日报》刊登了这篇发言。

大会经过反复酝酿和讨论，在充分发扬民主的基础上，选出 97 名中央委员和 73 名中央候补委员组成第八届中央委员会。曾山再次当选为中央委员。

①　曾山 :《改进日用工业品的生产和分配工作》(1956 年 9 月)，《人民日报》, 1956 年 9 月 28 日。

第十四章

主管交通战线

加强和改善党的领导

1956 年 11 月，为了加强党对工业和交通工作的领导，推动交通事业的迅速发展，使之适应全国社会主义建设发展的需要，中共中央政治局决定，将中央工业交通工作部分设为工业工作部和交通工作部，并任命曾山为中央交通工作部部长。

中央交通工作部是中共中央的一个经济工作部门，其工作任务主要是:（一）管理铁道、交通、邮电系统的干部;（二）检查党的决议、政策在铁道、交通、邮电部门贯彻执行情况;（三）管理铁道、交通、邮电系统党的基层组织工作;（四）指导铁道、交通、邮电部门政治机关的工作。① 履新伊始，曾山着重抓了交通运输系统党的领导体制改革工作。

铁道部、交通部成立之初，均先后建立了政治部及其所属系统的各级政治工作机构，与地方党委分工领导所属企业中党的政治思

---

① 中共中央组织部等编:《中国共产党组织史资料》第五卷过渡时期和社会主义建设时期（1949.10—1966.5），中共党史出版社 2000 年版，第 69 页。

想工作和组织工作。邮电部的各个省管理局和一部分现业局也设有政治副职和政治办公室。这种组织形式和领导制度，在过去地方党委正忙于社会改革工作和交通运输企业内部党的基础还很薄弱的情况下，是起了积极作用的。几年来，各级政治机关在企业中所进行的政治工作是有显著成绩的。

但是，现在客观情况已经发生了变化。通过调查研究，曾山认为，"党在企业中已经有了很大的发展，党的组织绝大部分已经建立，如果继续保留政治机关，不仅在组织上增加一些不必要的复杂关系，而且会影响到企业党委领导作用的进一步发挥。同时，由于社会主义建设事业的全面发展，地方党委也正在全面加强对交通企业的领导，如果继续保持政治部对各个企业垂直领导的办法，也势必会影响地方党委进一步加强对企业的领导，这对于交通运输事业的发展是不利的。"[①]有鉴于此，在充分听取铁道部、交通部、邮电部党组意见的基础上，交通工作部与工业工作部联合向中央提交了《关于撤销铁道、交通、邮电系统中各级政治机关，加强党的领导问题的报告》。

《报告》认为，政治机关的历史任务已经完成，再无保留的必要，并提出了具体建议：（一）撤销铁道、交通、邮电系统中各级政治机关，加强企业党委的组织，实行党委领导下的企业首长负责制。（二）根据交通运输企业的特点，对企业中各级党组织的领导，应按照实际需要实行由企业系统的上级党组织和当地党委双重领导的办法。（三）为了使企业党委成为一个强有力的领导核心，企业党委必须

[①]《中共中央批发中央工业工作部、中央交通工作部关于撤销铁道、交通、邮电系统中各级政治机关，加强党的领导问题的报告》（1957年2月6日），中央档案馆、中共中央文献研究室编：《中共中央文件选集》（1949年10月—1966年5月）第25册，人民出版社2013年版，第67页。

由企业中最有经验和最优秀的党员组成，应尽可能包括各个方面工作的党员干部。（四）为了加强地方党委对于交通、邮电企业的领导，应该适当建立与加强党委管理交通、邮电方面工作的机构。在交通运输任务较为繁重，尤其交通、邮电企业较为集中的地区，可以设立交通工作部，在不单独设立交通工作部的地方，应该在工业交通工作部内建立专管交通工作的机构和指定副部长一人分工掌管交通方面的工作。（五）加强国务院铁道、交通、邮电部门党组负责同志与省委、市委、自治区党委的联系，并直接磋商解决有关企业工作的具体事项。中共中央及时向各省委、市委、自治区党委，铁道部、交通部、邮电部党组和铁道部、交通部政治部批转了该《报告》，并明确指出：在目前交通运输企业和邮电企业内部党的组织绝大部分已经建立的情况下，撤销政治机关是适当的，对于进一步加强党对企业的领导是有积极意义的。①

铁路、交通、邮电企业都具有集中与分散这两个基本特点，因此一般地说，对企业中各级党组织的领导，都应当实行由企业系统的上级党委和当地党委的双重领导制度，但在双重领导关系中必须明确主次，划分领导职责。而这一问题又与党的基层组织设置在哪一级，党的隶属关系在哪里，有着密切的关系。铁路、交通、邮电企业的情况是比较复杂的，在企业规模上，有的大至十万余人，有的则小至数十人。在行政机构的设置上，有的层次很多，分布很广，所属分支机构延伸数千公里，或跨越几个省区；有的则层次较少，分布亦比较集中，和地方行政区划大体一致或完全一致。在生产活

---

① 《中共中央批发中央工业工作部、中央交通工作部关于撤销铁道、交通、邮电系统中各级政治机关，加强党的领导问题的报告》（1957年2月6日），中央档案馆、中共中央文献研究室编：《中共中央文件选集》（1949年10月—1966年5月）第25册，人民出版社2013年版，第66–69页。

动上，有的比较固定，有的则流动性很大。在生产指挥上，有的需要在较大范围内的集中，有的则需要在统一指挥下分区管理。

为贯彻落实好《中共中央批发中央工业工作部、中央交通工作部关于撤销铁道、交通、邮电系统中各级政治机关，加强党的领导问题的报告》精神，在考虑党的组织设置与领导关系的时候，中央交通工作部根据各个企业不同的特点，分别采取了不同的办法：（一）铁路营业线路在经营管理上要求有较大的集中性，在现行的行政体制下，管理局是一个完整的企业管理机关，运输分局则只是担负组织运输方面的业务，为了更好地实现党对整个企业的生产行政工作的领导监督作用，党的基层组织一般的应以管理局为单位建立。即管理局设立党委，分局设立分局党委，段、站根据党员多寡，分别设立党委、总支或支部。管理局党委受所在地的省委、市委、自治区党委的领导；分局党委受管理局党委和所在地的地方党委双重领导；分局所在地的段、站党组织受分局党委直接领导，非分局所在地的段、站党组织根据工作需要同时还可接受所在地的地（市）、县委的领导，或与所在地的地方党委建立工作上的一定联系。（二）航运系统因行政机构的设置与领导情况比较复杂，各个企业也很不一致，因此党的基层组织设置与领导关系，可采取多种办法解决。便于集中领导的管理局可以管理局为单位建立党的基层组织，受所在地的省委、市委、自治区党委的领导，管理局下属机构的党组织受管理局党委和所在地的地方党委双重领导。集中领导不便者，则应以分局为单位建立党的基层组织，受所在地的地方党委的领导，同时在一定工作上接受管理局党委的领导。（三）邮电企业的机构设置，基本上是与地方行政区划一致的，因此应以市、县邮电局为单位建立党的基层组织，由当地市委、县委领导。分散在郊区或广大农村中的分支机构的党组织，除由市、县局党组织直接领导外，并应接受区、乡党组织的领导。（四）各工程局、公司、设计院（包括铁路、公路、邮电、筑港、打捞、航务等工程和设计单位）因其所属各个生产单位集中与分散情况极不稳定，应以局、公司、院为单位建立党的基层组织。[①]

此外，为解决同邮电企业统一经营和集中管理的要求不相适应的问题，在征求许多地方的意见后，并经中央批准同意，中央交通工作部还改变了邮电系统干部管理制度，即除新疆、内蒙古自治区以及云南、贵州、青海等少数民族较多的边远省份外，其他各省、市均应将目前的邮电干部管理制度，由地方各级党委分级（分层）进行管理，改为由邮电系统垂直管理干部，并要求1957年底全部完成。

大力推动交通运输工作

1956年底，三大改造基本完成后，全国掀起了社会主义建设的高潮。在地方工业一日千里、农业生产万马奔腾的形势下，国民经济的各方面对交通运输的要求更加迫切了。随着工农业生产"大跃进"而俱来的，是大量运输任务的增加。过去是百分之几的增长，现在是一倍或几倍的上升。这就促使了交通运输必须迅速跟上，否则就会妨碍工农业生产的进一步大发展。为此，作为交通运输战线的领头人，曾山先后指导召开了南方和北方地方交通工作座谈会。

1958年4月下旬，在武汉召开的南方十三省、市、自治区交通工作座谈会，以整风的精神检查了过去的工作，对今后5年、15年

---

① 《中共中央交通工作部关于铁道、交通、邮电企业中党的基层组织设置与领导关系问题向中央的报告》（1957年4月11日），中央档案馆、中共中央文献研究室编：《中共中央文件选集》（1949年10月—1966年5月）第25册，人民出版社2013年版，第406-408页。

的交通规划交换了意见，并着重总结了交通工作中的宝贵经验。会上，曾山特别强调："我们必须认识到，如果我们交通事业的发展不来一个大跃进，必然会因交通工作的落后而形成社会主义经济的'狭窄地带'，障碍和限制生产的发展，那么我们是难以推脱责任的。因此，我们各级交通部门的领导同志，对今后加速发展水运、公路和民间等运输事业是负有特别重要而光荣的责任的。"①

如何把交通事业搞得更好，在讲话中，曾山有针对性地提出了几点意见：第一，坚决地贯彻执行中央多快好省、鼓足干劲、力争上游的总路线，这个总路线，不仅是对工农业生产的正确指针，同时也是交通事业上的正确指针。第二，积极总结推广交通运输各个方面的发明创造和先进经验，充分发挥职工的积极性、创造性，培养更多社会主义建设事业的技术人才。第三，进一步树立社会主义的整体观念，加强内外协作，务必把运输组织工作做好，使分散、流动、多样的地方交通运输，成为有组织、有计划、有分工协作的运输整体。第四，必须抓紧地方交通企业整风，坚决贯彻党中央一切有关整风的指示，整深整透，绝不可放松和疏忽。第五，在整风的基础上，进一步加强交通运输企业和运输合作社党的支部建设。支部是党组织的细胞，是联系群众，动员组织群众实现党的路线政策的战斗堡垒。每个支部每个党员工作的跃进，是完成交通运输任务的保证。②

紧接着，在6月9日召开的北方15个省、市、自治区交通工作座谈会上，曾山进一步指出："交通部在武汉和这次在北京的座

① 《中共中央交通工作部部长曾山同志在南方交通工作座谈会上的讲话》(1958年4月29日)，《全党全民办交通》(文集)，人民交通出版社1958年版，第26页。
② 《中共中央交通工作部部长曾山同志在南方交通工作座谈会上的讲话》(1958年4月29日)，《全党全民办交通》(文集)，人民交通出版社1958年版，第26-28页。

谈会，都是为了贯彻全党全民办交通的方针，促进交通运输事业上迅速的大发展。""同志们回去以后，要向省委、省府，市委、市府汇报；还可以在各省内开些现场会议，请省的负责同志讲讲话。江西省在莲花县开了一个车子化的现场会议，省委第一书记杨尚奎同志作了报告，对推动交通运输工作影响很大。在武汉的时候，湖北省委书记、省长张体学同志讲了话，他的劲头很大，一开口就要买一万辆汽车，他告诉省里的交通干部说，你们要修那一条路就可以提出来，并马上批准你们修某几条公路。这个情况说明，只要我们能够把会议的精神好好地向党委和政府汇报，他们一定会支持你们的。不这样做就是这次会议的精神体会不深。"①

　　曾山在南方和北方地方交通工作座谈会上的讲话，大大鼓舞了交通运输战线广大职工，并由此在全国掀起了"依靠地方、依靠群众、普及为主"的全党全民办交通的热潮。湖北省利川县汪营区依靠全党全民办交通，只用 4 个月时间竟发展了 4200 辆车子、30 艘木船，建设起 2500 条天线（架空索道）、156 条滑道、1200 多公里的全区道路网，从而迅速实现了"改小路为大路、改人力运输为畜力运输、改肩挑为车船"的交通规划，解决了当时迫切需要解决的田间运输问题。陕西省榆林专区，依靠全党全民修建公路，使一向贫瘠的山区发展了农业生产。湖北省黄梅县东方红木帆船运输合作社，依靠全社努力贯彻民主办社、勤俭办社的方针，以自己的积累发展机动船舶，一年之内将迅速实现全社机械化。②

　　运输过程是生产过程在流通范围中的继续，是整个国民经济联系的纽带。运输落后于生产的需要，就必然给生产的发展造成困难。

为迅速解决运输能力和运输量不相适应的矛盾，6 月 23 日至 7 月 1日，交通工作部在北京召开运输协作问题座谈会。在听取铁道、交通、邮电 3 个部和四川、黑龙江、湖北、河北、山西、北京、上海、内蒙古等 8 个省、市、自治区交通部门有关运输协作的情况汇报后，曾山前瞻性地提出了组织运输协作应当抓紧的几个环节：第一，衔接各个部门的运输计划，使物资部门的托运计划与运输部门的运输计划，以及各个运输部门之间的运输计划互相平衡、互相衔接，协调地进行运输。第二，组织平衡运输，在淡季充分发挥运输设备的效力，在运输繁忙时避免运输堵塞和物资积压。第三，统一掌握货源，有计划地分配运力，综合利用运输工具（包括机关运输工具），充分发挥各种运输工具的效能。第四，组织各企业间装卸、运输作业的协作配合。第五，组织各个部门的联合劳动。第六，组织各种运输工具的联合运输，如铁路和航运之间的水陆联运，铁路、公路、航空、水运的联运等。[①]

这次运输协作问题座谈会的召开和各地对会议精神的贯彻落实，对于缓和当时运输能力和运输量之间不相适应的矛盾，起到了很好的推动作用。

开展以技术革命为中心的群众运动

1958 年 5 月 5 日至 23 日召开的党的八大第二次会议，向全党全民提出了新的伟大的革命任务，这就是技术革命和文化革命。会议还根据人民的要求和愿望，根据社会主义建设的需要，提出了实现技术革命的主要任务，这就是：把包括农业和手工业在内的全国

---

① 曾山：《在总路线照耀下，加强运输协作，为完成更大的运输任务而努力——在运输协作问题座谈会上的讲话》（1958 年 6 月 30 日），存中央档案馆。

经济有计划有步骤地转到新的技术基础上，转到现代化大生产的技术基础上，使一切能够使用机器的劳动都使用机器，实现全国城市和农村的电气化，使全国的大中城市都成为工业城市，并在那些条件具备的地方逐步建立新的工业基地，使全国的县城和很多乡镇都能有自己的工业，使全国各省、自治区以至大多数专区和县的工业产值都超过农业产值；在全国范围内建立一个以现代工具为主的四通八达的运输网和邮电网。在尽可能地采用世界上最新的技术成就的同时，在全国的城市和农村中广泛地开展改良工具和革新技术的群众运动，使机械操作，半机械操作和必要的手工劳动适当地结合起来。[①]

参加了这次会议的曾山意识到，实现这样一个伟大的技术革命，既是全党全民今后一个时期的重大政治任务，也是交通战线各部门摆脱技术落后状态、提高劳动生产率的主要途径。时不我待，6月11日，他在北京市邮电企业全体干部职工大会作传达党的八大第二次会议精神的报告时，着重谈了技术革命的问题。认为，邮电企业广大干部职工要鼓足干劲，大搞技术革命，最主要的一条是"破除迷信，发挥敢想、敢说、敢做、敢为的共产主义风格。"[②]

为坚定同志们的信心，他进一步指出："从有人类以来，劳动创造世界，劳动创造社会。科学技术本来就是劳动人民劳动经验的总结和积累，不是什么神秘的东西。毛泽东主席指出，世界上有好多的伟大发明家都是出身于普通的劳动者。例如发明蒸汽机的瓦特，是一个学徒工；发明电灯、电报机等的爱迪生，只上过3个月小

---

① 《刘少奇在中国共产党第八届全国代表大会第二次会议上的工作报告》（1958 年 5 月 5 日），中央档案馆、中共中央文献研究室编：《中共中央文件选集》（1949 年 10 月—1966 年 5 月）第 28 册，人民出版社 2013 年版，第 11 页。

② 曾山：《在北京市邮电企业全体干部职工大会上传达党的八大第二次会议的提纲》（1958 年 6 月 11 日），存中央档案馆。

学；电报发明家莫尔斯，原是个穷画家；发明第一架飞机的莱特兄弟，是自行车小商贩；机车发明人是个煤矿帮工；电话发明人培尔，是聋哑学校教员。在我国6亿人民中，也蕴藏着无数的具有聪明才智的人才。解放前受半殖民地半封建的压抑，广大群众的聪明才智被埋没了，解放后已经出现了许多群众性的创造。湖南云梦县邮电局在县话机线上装上'汇结两用电线圈'，使广播电话能一齐传播。上海电报局国际报务室在伦敦电路上创造了全世界发送电报最快的速度和最优良的质量。北京市市话局最近试制成功的'投币式电话'，是3个工人在20天内试制成功的。其他如徐水的简易农村会议电话的设备，以及其他工矿、交通、农林、水利技术上的新发明新创造，是非常丰富的。虽然摆在我们面前的已经有许多新的创造和发明，但也还有不少的同志，迷信洋人不相信自己，迷信古人不相信已经解放了的人民，思想上存在自卑感。我们要说服这些同志破除迷信,扫除经验主义和教条主义的影响,坚决相信群众,依靠群众。"①

　　实现技术革命是个逐步的、比较长期的任务。这之后，曾山一直不遗余力地宣传和鼓动技术革命，并不断提出新要求、新见解。1959年11月27日，他在全国铁路局、工程局、厂、院、校领导干部会议上强调："必须及时地把群众的热情和干劲引向技术革新和技术革命，使实干、苦干和巧干结合起来。几年来群众运动的经验证明，在群众发动起来以后，必须把群众的热情和干劲及时地引导到技术革新和技术革命上去。技术革新和技术革命不仅是提高劳动生产率的主要途径，完成和超额完成生产任务的有力保证，而且是使群众的热情和干劲不断高涨，保证深入持久发展的有效办

---

　　① 曾山：《在北京市邮电企业全体干部职工大会上传达党的八大第二次会议的提纲》（1958年6月11日），存中央档案馆。

法。"①1960 年 3 月 28 日，在全国邮电技术表演比赛大会上，他又指出："邮电部门开展技术革新和技术革命运动，必须以实现机械化、半机械化，自动化、半自动化和多路化为奋斗目标。这是适应社会主义建设对通信事业的需要，也是邮电职工从繁杂的手工操作和笨重体力劳动中解放出来的共同愿望。"②

1960 年 5 月中下旬，曾山到交通邮电系统开展技术革新、技术革命运动进展较快的安徽、江苏、浙江三省进行了考察，并就运动中存在的几个带有普遍性的问题致信党中央、毛泽东主席，提请各地注意：第一，必须把技术革命运动同完成当前运输任务紧密结合起来。今年 1 月至 5 月各省虽然都完成或超额完成了运输计划，但不少地方运输情况一直是很紧张的，根据各地估算，下半年的运输情况会更加紧张，这就要求交通运输战线必须以各种革命的手段，迅速地提高运输能力，以满足今后生产大幅度增长的需要。第二，交通系统的技术革新和技术革命，当前仍应以大力提高装卸搬运能力、压缩车船停站停港时间为重点。在前一阶段技术革命运动中，各个港、站和厂矿专用线上的装卸搬运的面貌虽然已有所改变，但仍然是运输中的薄弱环节，装卸搬运能力上，还不能适应大量、大批、大件"三大"物资的需要。必须根据新的需要，继续大力开展装卸、搬运的技术革新、技术革命，特别是各个厂矿企业的专用线和厂矿内部运输方面装卸、搬运的技术革新、技术革命，更要加一把劲。第三，交通邮电系统当前的技术革新和技术革命，应该注意总结经验，大力推广；继续发动群众，攻克关键；土洋并举，配套

①　曾山：《在全国铁路局、工程局、厂、院、校领导干部会议上的讲话》(1959 年 11 月 27 日)，存中央档案馆。
②　曾山：《在全国邮电技术表演比赛大会上的讲话》(1960 年 3 月 28 日)，存中央档案馆。

成龙。经过前一阶段的运动，各地都有许多已经行之有效的发明创造，如果在一个地区内把这些发明创造加以综合和全面推广，那必然会使这个地区内的交通邮电面貌顿时改观。第四，大搞交通邮电工业，自力更生地进行运输通信工具的制造和修理，这是新技术的采用、推广以至整个交通、邮电事业的发展具有决定性的问题。交通邮电事业和技术革命运动的发展，都需要大量增加运输通信的设备和工具，对这些设备工具的修理任务也必然会相应地增大，这就需要大力发展交通邮电工业。第五，要加强科学知识研究和技术管理方面的工作。对已经实验成功但还没有找到理论根据的技术问题，应该组织技术人员进行理论上的分析研究，找出理论根据，以便扩大其使用范围。第六，随着技术革新、技术革命的发展，要及时改变工资制度、劳动组织，妥善安排多余的劳动力，改革不合理的规章制度。[①]

在这次考察的途中，曾山还致信铁道部党组并报中央，积极推介马鞍山钢铁公司货车载重革新技术：

我在马鞍山钢铁公司参加技术革新和技术革命，看到一项增加货车载重量的革新。这就是在货车下面前后轴之间，增加两个轴和4个轮子。这样一来，载重30吨的车皮，可以载重60吨，增载一倍。我看，凡是装载矿石、钢、铁、机械等体重物资的30吨左右的货车，都可以这样做。特别是大型钢厂厂内的专用火车，能这样做，更为有利。在目前车皮缺乏的情况下，这是一项极有价值的革新。建议你们速派人来马鞍山钢铁公司研究，以便在全国各管理局加以

---

① 曾山：《致杨尚昆并报中央、毛泽东主席——关于安徽、江苏、浙江三省交通、邮电工作的报告》（1960年6月10日），存中央档案馆。

推广。①

　　党的八大第二次会议精神和曾山的一系列报告、讲话及建议，极大地激发了全国交通战线广大干部职工冲天的干劲和无穷的智慧，技术革新和技术革命取得了大面积丰收，迅速地改变技术装备的落后面貌，大大提高了生产技术水平。这其中，尤以北京、上海、沈阳、武汉、成都等中心城市取得的成绩最为显著。据中共上海市委交通工作办公室统计："1960 年以来，仅仅 1 至 4 月短短的 4 个月中，广大职工就提出了革新建议 54.8097 万条，实现了 28.38365 万条。全市交通部门实际装卸作业的机械化、半机械化程度有了显著的提高。邮政方面大搞机具化获得了很大的成绩，并建成了我国第一座自动化实验邮电局。电信方面，自动化、半自动化的程度也有了很大的提高，全国第一个全自动化的机房已在本市市内电话局泰兴路分局建成。由于机械化、半机械化、自动化、半自动化程度迅速提高，交通邮电职工的繁重体力劳动和复杂的手工操作已大为减少，劳动条件大为改善，运输和通信效率也随之大大提高，从而使各单位 1960 年第一季度的生产超过了 1959 年第四季度的水平。技术革新和技术革命的深入开展，大大地推动了上海交通邮电部部门的文化革命和科学研究工作，促进了运输'一条龙'的巩固、发展和提高。"②

积极建言献策

　　为了便于了解和指导工作，任职中央交通工作部部长的 4 年里，

---

　　①　曾山：《致铁道部党组并报中央——关于马鞍山钢铁公司货车载重革新的报告》（1960 年 5 月 21 日），存中央档案馆。

　　②　中共上海市委交通工作部办公室编：《骏马添双翼　日行万里程——上海交通邮电部门技术革命的巨大胜利》，上海人民出版社 1960 年版，第 2 页。

曾山经常深入车站、港口、筑路工地、厂矿、院校等基层单位考察，足迹遍及天南地北。每到一地，通过深入细致的调查研究，总能有所发现，进而向中央及有关部门提交了大量的调研报告。

解决运力与运量不相适应的矛盾，一直是曾山心心念念的大事。1957 年 5 月，到上海检查工作时，通过对上海交通、邮电等部门的机构、人员、一般生产情况进行了解，他认为，从上海的运输情况看，运力与运量不相适应的矛盾，依然是目前交通运输上的基本矛盾。这种矛盾，将会存在一个相当长的时期。但如果各方面配合协作得好，矛盾是可以得到和缓的，否则就会扩大。为此，他及时向中央并交通部提交了专题报告，反映了矛盾症结之所在以及解决这些问题的建议：(1)水陆分工似乎还不明确。据铁路局同志反映，去年上半年水运一度活跃，而火车"吃不饱"，下半年则大批货源拥到铁路上来，而铁路又"吃不消"，以致发生货运堵塞的现象。这和分工不明确的关系极大。希望有关部门加以研究并注意解决这个问题。(2)地区之间有矛盾。这主要表现在货源上，淡季互争，旺季互推，造成不必要的紧张。最近上海海运局和铁路局建议召开江苏、浙江、上海地区的货主会议，商量通盘安排货源，相互配合协作等问题。这样做是对的，必要的。(3)运输部门与托运部门之间有矛盾。这主要表现在计划性差。现在托运单位只有月度计划，运输部门就很难作较长时间的通盘规划。有的同志要托运部门最好提出年度托运计划。这是值得托运部门考虑的问题。(4)船、港之间也有矛盾。这主要表现在到船时间不准确，装卸时间过长，影响航船的周转。根据和平二号的经验，只要船上主动与港口搞好关系，装卸工作就会顺利进行。①

---

① 曾山：《视察上海交通运输邮电工作的报告》(1957 年 5 月)，存中央档案馆。

新中国成立后，台湾国民党当局在美国支持下，不断派遣陆、海、空军，以金门、马祖等岛屿为前哨据点，对大陆东南沿海地区进行袭扰和破坏活动，妄图"反攻大陆"。福建地处国防最前线，它的交通基础设施建设与共和国的安危息息相关。带着责任和紧迫感，1958年7月中旬，曾山到福建进行了为期10天调查研究。8月13日，一回到北京，他即向交通工作部并党中央、毛泽东主席提出建议，要求研究解决"厦门建港""公路桥梁"等几个问题。关于厦门建港问题，他认为："鹰厦铁路通车以来，厦门港吞吐量迅速迅速增加。原来每年吞吐量30~40万吨，现在增加到了200多万吨。原有港口由于场地小、设备差、装卸力量不足，已经远不能适应目前运量递增的需要，经常发生堵塞现象。最近福建遭到台风侵袭，有200多吨煤炭堕入海中，使国家物资遭受损失。另外，从政治、经济、军事上看，厦门地处国防前线，鹰厦铁路与内地数省连接，将来是一个进出口物资很重要的海口，自然条件也很好，1万多吨到8万吨轮船可以直接靠岸，确有新建港口之必要。我意可由交通处转请国务院交通部考虑与有关部门共同组织工作组，前往研究，提出具体方案，报中央确定。"①

关于公路桥梁问题，曾山指出："解放几年来，福建由于地处国防前线，鹰厦铁路通车不久，地方党政对于修建公路极为重视，到1957年底，福建全省公路总长6022公里，为解放初的四倍多，公路质量也有显著提高，路面加铺磨耗层的已达全省公路里程的75%，各线基本上都能晴雨畅通。但是，从最近台风、暴雨期间的情况看，公路桥梁还是比较薄弱的一环。我在福州——厦门这样一条重要国防公路上看到许多公路桥梁都是木质结构。据说每年总有

————————

①　曾山：《福建、江西两省交通工作情况和几个问题》（1958年8月13日），存中央档案馆。

一定数量的桥梁被水冲毁，造成一个时期运输堵塞，影响公路畅通。最近几年福建在台风暴雨之后，又有许多公路桥梁被冲毁。晋江公路桥梁被冲毁后，两岸每日堵塞军、民汽车好几千部，严重地影响了公路运输。其他比较次要的公路干、支线上，遇到河流依靠人工或半人工过渡的也不少，影响汽车运输效率的充分发挥。因此，很有必要在今后几年内有计划地首先把公路主要干线上的桥梁，改建为钢筋水泥桥梁，以适应工农业生产大跃进的需要。此意见请交通处转告国务院交通部考虑。"①

在全党全民办交通方针的指引下，全国许多省、市、自治区党委和政府都非常注重抓交通运输工作，纷纷提出要建立交通工作部。对地方上的这种积极性，单从部门工作角度看，当然是好事，理当支持，但曾山却有着不同的思考方向。1958 年 8 月 30 日，在北戴河召开的省、市、自治区党委工业书记会议上，他以更高的政治站位，对此作出了回应："目前有好几省向中央和我们提出在省、市委建立交通工作部，吉林、湖南、广东已经建立，辽宁、黑龙江、江苏、山东等省要求建立，我认为运输任务繁重需要建立的，可以建立，但人员编制要少，干部要精干。如果有的省、市不需要建立，最好在工业交通工作部内设比较强的交通工作处，由副部长兼任处长，经常注意检查交通、邮电方面的工作，反映这方面的情况和向党委提出请示报告，这样对党委加强对交通运输事业的领导会有好处。以上建议是否可行，请各省、市负责同志考虑。"②

内蒙古、宁夏、甘肃都有比较丰富的煤炭资源，内蒙古伊克昭

---

① 曾山：《福建、江西两省交通工作情况和几个问题》（1958 年 8 月 13 日），存中央档案馆。

② 曾山：《在北戴河省、市、自治区党委工业书记会议上关于交通工作的发言》（1958 年 8 月 30 日），存中央档案馆。

盟的鄂托古旗还有大、中、小碱湖 70 多个，估计储量为 1036 万吨，但因为三省（区）的交通运输赶不上生产和建设发展的需要，导致工农业生产急需的煤炭和天然碱运不出来。1959 年 10 月 2 日，在赴这三个省（区）进行实地考察的基础上，曾山向李雪峰并党中央、毛泽东主席递交报告，提出了两点建议：第一，修建短程煤炭铁路支路。除已经列入 1960 年计划的甘肃白银市至宝积山的运煤支线外，建议明年修建中堡至天祝的运煤支线。第二，提前修建内蒙古卡卜齐至白彦淖段铁路，并加强对各省、市派往产地运输的汽车管理尽可能组织回头货的运输，提高车辆的使用效率。[①] 此外，为让内蒙古丰富的自然资源引起中央的重视，曾山还特别致信杨尚昆，将一幅内蒙古资源图呈报中央书记处。信中写道：

> 我九月间到内蒙。当时内蒙工交部副部长韩是今同志为使我们多了解内蒙资源丰富情况，给我看了一幅资源图。我看完后说，内蒙的资源确实丰富，将来开发对整个国家社会主义建设有很大贡献。他们最近把内蒙的资源图送给我。现将资源图给中央书记处。请中央负责同志参看。这对将来开发和发展内蒙以至全国社会主义建设可能有好处。现特将他们送我处的内蒙资源图和说明表一并送上，请查收为要！[②]

曾山的上述调研报告或信函，重视以问题为导向，重视结合实际，提出了许多有针对性的建议意见，彰显了共产党人的扎实作风、担当精神和全局胸怀。这些建议意见极具价值，引起了有关方面的高度重视，不少都被采纳和解决，为新中国交通邮电事业的发展，起了积极的促进作用。

[①] 曾山:《关于内蒙、宁夏、甘肃三省交通、邮电工作的报告》(1959 年 10 月 2 日)，存中央档案馆。

[②] 曾山:《致杨尚昆信》(1959 年 10 月 14 日)，存中央档案馆。

第十五章

共和国内务部部长

凝心聚力再出发

进入 20 世纪 60 年代，国内经济形势十分严峻。为克服"大跃进"等原因导致的严重的经济困难，中共中央和国务院采取了一系列调整国民经济和社会政治关系的措施，其中很重要的一项就是"大力实行紧缩机构和精简人员"①。在这样的背景下，1960 年 10 月，中共中央决定交通工作部和工业工作部、财贸工作部一起并入中央组织部。11 月 5 日，又发出通知：曾山任内务部部长、党组书记。11 月 19 日，根据第二届全国人民代表大会常务委员会第三十二次会议决定和刘少奇签署的中华人民共和国主席令，曾山正式走上了共和国内务部部长这一新岗位。

1949 年 10 月 21 日，中央人民政府政务院宣告成立时，内务部位列 30 个部、会、院、署、行的首位。第一任部长是被誉为"延安五老"之一的谢觉哉，1959 年 4 月由第八届中央委员会的 4 名女

---

① 《中共中央批转习仲勋〈关于中央各部门机构编制情况和精简意见的报告〉》(1960 年 9 月 14 日)，中共中央文献研究室编：《建国以来重要文献选编》第十三册，中央文献出版社 2011 年版，第 505 页。

委员之一的钱瑛接任，曾山为第三任部长。

　　无论是战争年代还是社会主义建设时期，也无论是到什么岗位做什么工作，曾山始终以党和人民的利益为先，服从组织，勇于承担，谦逊实干，团结奋进。1960 年 11 月 26 日，在内务部全体干部大会上，第一次与同志们见面，他就开门见山，围绕如何把内务部的工作做得更好这一主题，畅谈了自己的所思所想。他首先表露心迹："内务部的工作对我来说是一项新的工作，过去我没有做过。虽然在土地革命时期，毛泽东主席也曾经宣布要我担任中华苏维埃政府内务部部长，但实际上我并没有到任。正像建国初期，中央公布了我任中央纺织工业部部长，而当时我实际在华东军政委员会工作一样。所以内务部对我来说的确是一项新的工作。面对这项新的工作，怎么办呢？首先要虚心向同志们学习。在座的同志们当中，有许多是内务部一成立就来了的，你们在内务部工作的时间很长，所以要向你们学习。我决心一面学习，一面依靠部党组，依靠各位副部长，依靠本部全体同志，与大家一起，共同努力把内务部的工作做好。只有依靠大家的努力，发挥每一位同志的长处，才能把工作做好。"①

　　因为有主政苏区江西省的经验以及在华东军政委员会有过分管相关工作的经历，曾山对内务部的工作成竹在胸，依次讲到了"革命残废军人和烈士家属的优待抚恤工作和复员军人的安置工作""社会救济和救灾工作""社会福利工作""政府机关的人事工作"，等等。他尤其关注"社会救济和救灾工作"，强调指出："我们的国家经过11 年多的建设，比过去是好多了，但还不能完全摆脱自然灾害的严重影响，所以这项工作还是要做的，特别是救灾工作当前任务还很繁重。对自然灾害，不仅今天，就是在今后很长时期内也很难完全

---

　　① 《曾山部长在内务部全体干部大会上的讲话记录》（1960 年 11 月 26 日），存中央档案馆。

制止。这两年自然灾害特大，今年农作物受灾 9 亿多亩，成灾 3 亿多亩。这样大的灾害，在我国历史上也是少有的，记得过去在财委时，陈云同志常说：四五千万亩是常灾，七八千万亩是重灾，1.2 亿亩就是大灾害。而今年成灾面积达到 3 亿多亩，应当说是特大的自然灾害了。所以，目前应当特别抓紧救灾工作。"①

曾山还以更高的政治站位，提出了做好内务部工作应当遵循的几个原则："首先，必须依靠各级党委、政府的领导来进行。钱（瑛）部长很强调这一点，我个人在工作中也体会到这是非常重要的。依靠了各级党委、各级政府就能做好工作，否则就会犯错误。所以，要在各级党委和政府领导之下进行工作。凡是位子摆对了，工作就好；凡是摆错了，就会犯错误。只有整个党的工作前进了，我们的工作才能跟着前进。其次，还要依靠全体同志的努力来把工作做好。要把每个同志的长处都发挥出来。再次，为了使我们的工作做好，还必须与有关部门密切协作。例如，发救济款，就必须与财政部联系好，使他们了解我们的工作情况，才能搞好。又如，革命残废军人治病的工作，就要与卫生部门联系。还有许多福利事业与生产部门有关。所以搞好协作很重要。过去我在交通工作部工作，体会到交通部门不与物资部门搞好协作，就不能搞好工作。我们要人家帮助，也要帮助人家，要互相帮助，解决困难。又如邮电部门挂长途电话，双方都要求先打出去，因为只有打出去才能体现自己的工作量，因此过去扯皮的事情很多。后来邮电部门的职工在大跃进中提出'把困难留给自己，把方便让给别人'，这样矛盾就解决了，工作效率也提高了。我们民政部门也要和有关部门密切协作，其中最重要的是支援农业，争取农业丰收。这对内务部的工作来说，有

---

① 《曾山部长在内务部全体干部大会上的讲话记录》（1960 年 11 月 26 日），存中央档案馆。

头等重要的意义。因为农业是一切经济的基础，对整个社会主义建设有莫大关系。吃、穿、用三者的原料，80% 是从农业来的，只有20% 是从矿山和其他方面来的。农业大发展了，不仅对建设有好处，同时对救灾、对优抚等许多工作都有好处，我们的工作就好做了。第四，为了做好工作，提高工作效率，我们大家都要很好地学习。同志们要认真学习中央政策、指示精神，目前首先要学好中央关于人民公社当前问题的紧急指示，到下面去看见不执行和不认真执行中央政策的，就要提出建议，并且必要时还可以向中央反映。同时，要学习毛泽东主席的著作，学习毛泽东思想、方法。毛泽东思想是马列主义理论在中国革命和社会主义建设中的具体运用，并且是当代创造性地发展了的马列主义。我们只有掌握了毛泽东主席的思想、方法，才能做好工作。"[①]

曾山这次用情至深、独具风格的讲话，给内务部全体干部以极大的鼓舞。同志们纷纷表示，要继续努力和创造，战胜各种困难，切实完成好党中央、毛泽东主席交给的为民排难、为民解忧的各项光荣任务。

倾力抗灾救灾

1960 年全国遭受的各种自然灾害，是新中国成立以来最严重的。据有关资料记载：这一年，受灾面积达 9.8 亿亩，其中成灾面积 3.7 亿亩，成灾人口 9200 多万人，缺粮人口达 2.1 亿人，因灾倒塌房屋255 万间，全国收容安置农村外流人口达 600 多万人次。[②]

[①]　《曾山部长在内务部全体干部大会上的讲话记录》（1960 年 11 月 26 日），存中央档案馆。

[②]　中华人民共和国民政部大事记编委会编：《中华人民共和国民政部大事记》（1949—1986），中国社会出版社 2004 年版，第 110 页。

党中央、毛泽东主席非常重视救灾工作，作出了明确的指示，即"生产自救、节约度荒、群众互助并辅以政府必要救济"的方针。作为主管救灾的政府职能部门主要负责人，曾山坚决贯彻执行中央的方针政策，上任伊始即发出动员令："当前我们应当特别抓紧救灾工作，并以这项工作作为重点来部署我们的工作。"首先，要加强与各受灾省的联系，切实掌握灾情。他再三强调："仅仅知道受灾 3 亿多亩还不够，还要说明那些地方是轻灾区、那些地方是重灾区以及灾情的变化等等。现在刚刚秋收，问题还不很大，还有得吃，如果到了青黄不接的时候，有的地方没有吃的，而我们又不了解情况，那怎么得了？所以，我们只有随时了解灾情变化的情况才能做好工作。又如有的地方灾情很严重、很困难，但经过地方党委和广大群众努力想办法，克服了困难，情况就变得好起来，救济款就不一定要原来那么多了。今年晋、冀、鲁、豫、辽五省灾情最重，其中尤以鲁、豫两省特别重。我们应当特别抓紧这几省的救灾工作。但是，灾情较轻的省份也可能有些专、县灾情并不轻，所以轻省份的救灾工作也不容忽视，这就说明掌握灾情很重要。"其次，分批派出精干的工作组，赴各灾区检查生产自救、节约渡荒方针的执行情况，了解口粮安排、寒衣解决、房屋修复、疾病治疗等状况，发现问题，及时向当地党委、政府反映和协助解决。第三，切实发放好救济款。本着勤俭节约和专款专用的原则，他要求："我们必须根据灾情轻重，使救济款发得及时，发得适当，避免贪污和浪费。要集中力量解决突出问题，同时也要照顾一般地区的灾情，使一般灾区也能得到必要的救济。"①

在曾山指挥调度下，一个多月后，即 1961 年 1 月 14 日，内务

---

① 牛国俊：《行如春风唤新绿——记曾山慰问邢台地震灾区》，中共河北省委党史研究室、中共邢台市委编：《邢台地震与抗震救灾》，中央文献出版社 2006 年版，第 298 页。

部党组就向习仲勋副总理并党中央、毛泽东主席报送《关于部分灾区当前生活安排情况的报告》，实事求是地指出了灾区的困境及解决之道：目前，灾区群众生活还有一定困难，要进一步深入实际，把救灾工作作为中心工作，使用好救济款，搞好生产自救。[①] 此后，在内务部协调和指导下，各部门、各有关方面积极联动，汇成了同自然灾害作斗争的巨大力量。经过发动群众生产自救、节约互助并辅以必要的救济，群众不再四处逃荒，而是就地抗灾救灾，为下季、下年度农业生产的恢复创造了有利条件。短短几个月的时间，这场特大灾害给群众生产、生活造成的困难即得到了有效缓解。

我国是世界上自然灾害发生频率最高的国家之一。1963 年 8 月上旬，河北、河南、山东、安徽、江苏等省的部分地区发生了严重的水灾。河南、河北、山东、安徽四省有 9.9 万多个村庄被水围困，有 1.9 亿亩农田被淹，同时由于大清河、子牙河、南运河三大河流河水陡涨，严重威胁天津市和津浦铁路的安全。[②]8 月 16 日，为了支援和鼓舞群众的抗灾斗争，中央派曾山率慰问团到山东指导救灾工作。受命率团始，曾山即不顾个人安危，多次往返于一片汪洋的京、津、鲁地区，听取意见，鼓舞人心，组织力量，抗洪救灾，并及时向中央汇报救灾情况及措施经验。最终，中央根据曾山等提出的建议，分别在天津市的静海县和山东省郓城地区的恩县开凿了两处排水通道，疏导大清河、子牙河、南运河三大河流的洪水入海，从而解除了洪水对天津市和津浦铁路的威胁，取得了抗灾工作的初步胜利。与此同时，曾山非常关心灾区的衣、食、住等民生问题。

---

① 中华人民共和国民政部大事记编委会编：《中华人民共和国民政部大事记》（1949—1986），中国社会出版社 2004 年版，第 116 页。

② 中华人民共和国民政部大事记编委会编：《中华人民共和国民政部大事记》（1949—1986），中国社会出版社 2004 年版，第 140–141 页。

曾山在刑台地震灾区慰问农民

在他的积极争取下，"从 1963 年 8 月灾后到 1964 年 6 月底，中央先后拨给河北、河南、山东、安徽、江苏五省救济款 10. 6703 亿元"[①]，灾区群众因而得以平稳渡过灾荒及 1964 年春荒。

1966 年 3 月 8 日，河北邢台地区的隆尧、宁晋、巨鹿等县发生 6.8 级强烈大地震，有 30 个公社、34 万人受灾，死 8 064 人，伤 38 451 人，倒、坏房屋 500 万多间。这是新中国成立后发生在我国人口稠密地区、造成严重破坏和人员伤亡的第一次大地震。

---

① 中华人民共和国民政部大事记编委会编：《中华人民共和国民政部大事记》（1949—1986），中国社会出版社 2004 年版，第 154 页。

　　震情发生后，遵照党中央的安排，曾山率中央慰问团到灾区慰问。3 月 10 日，中央慰问团直达宁晋县的孙庄。当时，积雪未消，寒气袭人，失去家园的群众露宿在野外，饥饿、寒冷、混乱笼罩着整个灾区。曾山一下飞机，就向不断涌来的群众转达党中央、国务院对灾区人民的关怀与问候，并鼓励大家要"三不怕"：一不怕地震，发扬战天斗地的精神，战胜自然灾害；二不怕无法生活，有党中央关怀你们，缺什么国家给什么；三不怕没了家园，有全国人民的支持和你们的一双大手，定能重建美好家园。在随后的走访慰问中，当得知一位烈士家属被砸成重伤送往宁晋医院时，曾山当即指示："一定要治好这位烈士家属的伤，要特别注意照顾烈军属和娃娃们，保证他们不挨饿不受冻。"为尽快恢复灾区的秩序和人民的生活，他又踏着余震步行 3 华里，慰问了长路村和巨鹿县商店村。当地干部考虑到曾山一路劳累，就安排搭一个临时帐篷，让他稍事休息，喝碗热水。曾山谢绝了，并叮嘱道："不要管我，要把关心用在群众身上。"在场的孙庄村支书听到这句话时，激动地拉住曾山的手说："曾部长啊，我们什么也不怕了。"①

　　慰问了宁晋县的灾民之后，曾山又到了震情最严重的隆尧县白家寨公社，在这里和群众一起度过了震后最艰难的三天三夜。白家寨公社共有 11 个大队、1.2 万余人，震中共死亡 1753 人、重伤 1000 余人，其中最严重的马栏大队死亡 547 人。为使群众从悲痛中解脱出来，尽快恢复正常的生活和春耕生产，曾山召开干部座谈会，研究安排群众的衣、食、住、行。从每家每户防震棚的搭建到日常生活的锅、碗、瓢、勺，从重伤员的输送治疗到五保户、军烈属的照顾及小学生们的上学，都考虑得周到细致并件件得到落实。在白

---

　　① 牛国俊：《行如春风唤新绿——记曾山慰问邢台地震灾区》，中共河北省委党史研究室、中共邢台市委编：《邢台地震与抗震救灾》，中央文献出版社 2006 年版，第 297 页。

家寨村，曾山和群众一样住在防震棚里。震后的前两天，群众生活用品极为紧缺，大家只能喝点水，吃点应急食品。第一批运来的救灾食品是馒头。一位民兵连长给曾山送来4个馒头，曾山望着这位民兵连长说："群众都分到了吗？"当他得知正在给群众分配时说："有一个群众吃不上饭，我也不能吃，喝点水就行了。"说着，便端起盛满水的大碗喝了起来。整整一天，曾山只喝了一碗白开水。①

3月16日，在深入调查研究的基础上，曾山及时向中央报告了灾区急需解决的群众住房、生产自救、孤老孤儿等实际困难问题，并提出了解决办法和建议：首先，进一步改善灾民的居住条件，"各个社队在麦收以前首先争取每户盖一间房子，由大队统一规划，以生产队为单位集体修盖。建筑房子要贯彻依靠群众、自力更生的方针，不能采取由国家全部包下来的办法；对于社队确实难以解决的困难，国家给予适当的补助。其次，农业生产必须抓紧，"除组成修房专业队以外，其余的劳力要全部搞农业生产，要适当扩大高粱的种植面积，以利今后解决盖房子用的秸秆"。第三，受灾后新增加的孤老和孤儿应采取依靠集体、国家扶持的办法，"对于少数孤老、孤儿无依无靠，确实生活困难的，也可以适当收容起来，就地举办孤儿院或分别送往就近的养老院、孤儿院由国家负责教养"。②

半个月后，邢台地区又连续发生了6.7级和7.2级两次地震。震后第二天，即3月23日，曾山再次率中央慰问团到邢台。当他又来到隆尧县的白寨村时，当地群众扶老携幼，齐集村头，热烈欢迎。群众看到中央如此关心灾区群众，发自内心地喊出了"天大地大不如党的恩情大，千好万好不如社会主义好"的心声。在与当地干部

① 邓六金著：《我与曾山》，新华出版社1999年版，第137–138页。

② 牛国俊：《行如春风唤新绿——记曾山慰问邢台地震灾区》，中共河北省委党史研究室、中共邢台市委编：《邢台地震与抗震救灾》，中央文献出版社2006年版，第299页。

曾山（左一）在邢台地震灾区的隆尧县白家寨公社白家寨大队视察灾情

群众座谈时，曾山提议，把群众的防震棚加固成简易房，首先防震，并做到雨季不倒塌，冬季不挨冻，使群众无后顾之忧，集中精力搞好农业生产。待农闲时，再大规模地建造永久住房。他还鼓励说："地震不要怕，你喷沙，我们可以改造盐碱；你冒水，我们可以浇地；你震塌土坯房，我们可以再盖新房。有国家支援，你们一定会拥有自己理想的家园。我们要请北京建筑工程学院和东北建筑学院的教授来设计，给群众建成防震、防冻、防洪的房子。我要亲眼看到你们建造的'三防'房屋。"① 这次座谈会，极大地鼓舞了灾区人民战胜困难的勇气和信心。

1969年秋季，隆尧县马栏村的几位群众到北京，来看望了曾山。曾山那时身处逆境，但见到灾区群众来到身边，还是很高兴。他详细了解了"三防"房子、学校、军烈属等情况，话题不离灾区群众。马栏村民也很激动，像一家人一样谈了很久。

开创优抚工作新局面

20世纪60年代初，全国共有烈属550万人、军属1290万人、残疾军人72万人、退休军官1725人、复员军人和退伍军人713万人。他们有功于国家、有功于人民。做好对他们的优待抚恤和安置工作，切实保障他们的生活，对于鼓舞部队士气，增强国防力量，教育人民群众，具有很大的作用。正如毛泽东所说，"它是巩固人民军队的一项根本工作"。②

对烈属、军属和残疾军人的优待抚恤工作，正是内务部主管的一项重要工作。为了新中国的诞生，曾山至爱的几位亲人和许多战友都成了光荣的革命烈士，对他而言，切实把这项工作做好，不仅是职责之所在，更是其革命情感的依归。为此，主政内务部第一年，在党中央、国务院的关心与支持下，在既有工作的基础上，他积极进取，勇于担当，几项具体的工作就有了长足的发展。

一是对烈属和残疾军人抚恤经费作出了制度性安排。在内务部

---

① 邓六金著：《我与曾山》，新华出版社1999年版，第139–140页。

② 曾山：《关于优抚工作的报告（初稿）》（1962年），存中央档案馆。

的积极争取下，中央财政每年拨出 1.6 亿元专款对烈属和残疾军人进行抚恤。对于烈士家属、病故军人家属，都由当地政府发给一次抚恤金，表示国家对他们的抚慰。对于残疾军人，依据他们的残疾程度和是否参加工作的情况，发给不同的残疾抚恤金。对于回乡的二等以上残疾军人，由国家长期发给抚恤金，使他们的生活有可靠的保障；三等残疾军人，由国家发给一次抚恤金，扶助他们从事生产和建立家务。对于参加工作的残疾军人，也每年发给一部分抚恤金，作为保健之用。在当时生活资料供应比较困难的情况下，为了照顾残疾军人的身体健康，全国多数地区都对二等以上的残疾军人，在粮、油、副食品的供应上作了照顾。

中央财政每年还拨出 0.6 亿元补助费，用来帮助烈属和残疾军人比较多的老区、灾区和穷社、穷队，对孤老烈属、烈士遗孤、生活有困难的烈属、残疾军人，以及无人供养的病故军人家属（在城市还包括现役军士、兵的家属）实行定期定量补助或临时补助。这也是国家抚恤的一种形式。全国享受定期定量补助的共有 75 万人。对于一般地区的烈属、军属和残疾军人因病或者其他意外事故而发生的临时困难，也采取临时补助办法。

二是进一步完善了对烈属、军属和残疾军人进行优待的办法。群众优待是农村解决缺乏劳动力的烈属、军属、残疾军人生活困难的一个重要办法。在各地民政部门的组织协调下，仅 1961 年，全国烈属、军属、残疾军人受到群众的优待，折款 1.2 亿多元[①]。群众优待的办法随着农村生产关系的改变有所改进。在农村个体经济的

---

① 　曾山：《关于优抚工作的报告（初稿）》（1962 年），存中央档案馆。

时候，采用代耕的办法；在农业合作化以后，实行优待劳动日 ① 的办法（有的地方叫优待工分）。对在农村的军官家属，一般地采取优待一部分"虚工分"的形式，使他们能够分到不低于一般社员所得的口粮和副食品。这部分实物由军官家属按照生产队的分配价格或者国家的牌价付款。对于无依无靠的孤老烈属，生产队还组织社员帮助他们种好自留地和帮助他们解决烧柴用水等具体困难。

对于有劳动力或者辅助劳动力的烈属、军属，适当安排他们参加生产劳动，也是改善他们的生活的一个重要办法。农村安排烈属、军属生产，主要是对他们中的辅助劳动力和半劳动力在分工分业上给予适当的照顾，分配他们力所能及的活路。许多地区注意扶助他们喂养家禽家畜和从事家庭副业，增加他们的家庭收入。在城市，有就业条件的，尽量安排就业，一时不能就业的，帮助他们从事分散的家庭副业或临时性的工作，使他们尽可能地通过自己的劳动，搞好自己的生活。

三是退休军官和复员、退伍军人得到了妥善安置。截止 1961 年底，各地共接收安置了退休军官 1725 人。他们多数是土地革命战争时期和抗日战争初期入伍的团级以下军官，有少数是师级以上的军官，其中不少还参加过长征，对革命事业都有过较大的贡献。各地党政军领导机关和有关部门，对他们的安置工作都非常重视。对于他们退休以后的住房、家具以及副食品供应等方面，都给予了一定的照顾。子女多、收入少，生活发生困难的，还给予定期或临时的补助。各地还经常组织他们参加一些必要的社会活动和时事政策学习，对大尉以上的退休军官，一般都安排了荣誉职务。退休军

---

① 优待劳动日，就是对于缺乏劳动力的烈属、军属和享受抚恤金以后生活仍然有困难的残疾军人，由生产队分别补助若干劳动日，使他们的生活不低于一般社员的生活水平。

官一般对安置都感到满意，绝大多数的同志表现很好，保持了人民解放军的光荣传统，受到了群众的尊敬和爱戴。

为适应经济建设和国防建设的需要，从 1950 年开始，人民解放军每年都有几十万人复员。实行义务兵役制以后，每年又有成批的服役期满的义务兵退伍。截止 1961 年底，全国各地接收安置了复员军人、退伍军人共 713 万多人。各地根据国务院有关安置复员军人和退伍军人的指示和规定，对他们作了很好的安置，使他们各得其所，回到各个生产战线和工作岗位上继续发挥积极作用。

四是成功举办了一些优抚事业。为了更好地照顾无依无靠的孤老烈属的生活，使他们安适地度过晚年，在内务部的统一规划和指导下，全国已经开办烈属养老院 1204 所，收容住院的烈属老人 2.3 万人。这些养老院多数是由政府举办的，也有一部分是由公社举办，政府给予补助的。对于入院的老人，当地政府在主副食品方面给予较好的照顾，他们当中有的还从事一些有益于身心健康的生产劳动和文娱活动。对于不便分散安置的特等、一等残疾军人，国家设立了 24 所残疾军人疗养院，负责把他们养好、养到老。截至 1961 年底，住院的修养员达 4500 余人。此外，有 29 个省、市亦设立了残疾军人休养院，共接收残疾军人 2.5 万人住院疗养。国家还开办了 27 所假肢工厂，免费为残疾军人装配假肢和其他辅助器械。①

五是褒扬革命烈士的工作上了一个新台阶。截止 1961 底，全国建成革命烈士陵园、公墓、纪念碑、纪念塔、纪念馆等纪念性建筑物有 12390 处。其中规模较大的有 51 处，如北京人民英雄纪念碑、河北邯郸烈士陵园、石家庄烈士陵园、南京雨花台烈士陵园、江西革命烈士纪念堂、哈尔滨烈士纪念馆、辽沈战役纪念塔、淮海战役

---

① 曾山：《关于优抚工作的报告（初稿）》（1962 年），存中央档案馆。

纪念塔等。在农村，不少地方还建立了烈士祠。这些纪念建筑物每年都有千千万万的群众前往瞻仰悼念。

各地很重视开展纪念烈士的活动。特别是在每年的清明节，党和政府的负责同志和广大人民群众，都依照群众习惯祭扫烈士陵园和烈士公墓，举行纪念烈士的集会或者举办烈士事迹展览会。各地还对烈士进行了普遍的登记，为一些知名的烈士编写了传记。各地还经常在报纸杂志上介绍烈士的事迹，刊载烈士生前的文章和诗词，出版根据烈士事迹编写的小说，演出根据烈士事迹编成的电影、戏剧和曲艺。

在曾山的高度重视下，在内务部的督促与指导下，全国各地民政部门结合当地的具体情况，做了大量卓有成效的工作，使广大的烈属、军属、残疾军人在政治上享受到应有的荣誉，生活得到了比较可靠的保障；退休军官、复员军人、退伍军人一般地得到了妥善的安置，他们也在社会主义建设的各个战线上发挥了积极的作用，不少人被评为先进生产者和工作模范，有些人还担任了基层干部或者被选为各级人民代表。据统计，"江西井冈山地区的烈属、军属、人民武装警察家属、残疾军人和复员军人被评为模范的就有四千九百多人；湖北恩施县烈属、军属、残疾军人、复员军人和退伍军人担任乡级人民代表和基层干部的有二千一百二十七人。"[1]

解决甘、青边界纠纷

1962年6月下旬的一天，正在家中吃饭的曾山接到邓小平副总理打来的电话，说甘肃、青海两省在闹边界问题，那里的少数民族

---

[1] 曾山：《关于优抚工作的报告（初稿）》（1962年），存中央档案馆。

群众有困难，要他马上去解决。[1]曾山放下电话，立即找有关部门商量，第二天即乘飞机前往西北，协同甘肃、青海两省有关方面进行调处。

甘肃、青海两省的边界纠纷，是历史上遗留下来的一个群众性问题。甘肃阿克塞的哈萨克族，早先居住在新疆阿勒泰、哈密、巴里坤一带。1935 年后，因无法忍受新疆军阀盛世才的残酷压迫和民族歧视，先后分多批游牧进入甘肃、青海、新疆三省区边境地区。由于没有属于自己的草场和居住区域，在马步芳匪军的追剿下，长期过着极为悲惨的流浪生活，致使一大批牧民在颠沛流离中，妻离子散，家破人亡。新中国成立时，他们已由最初的 5000 多户 30000多人只剩下 500 多户 4000 多人。新中国成立后，党和政府积极帮助哈萨克族群众在甘肃西部的安南坝、长草沟、海子、哈尔腾等地区安居放牧，结束了流浪生活。1953 年 3 月 23 日至 4 月 3 日，中共中央西北局和西北行政委员会在兰州召开了甘、青、新三省边境民族头人联谊会及各族团结会，会议通过了《甘、青、新边境各族代表关于加强民族团结、安置边境哈族的协议意见》，阿克塞哈萨克族自治区（县级）正式成立，"阿克塞"意为纯洁无瑕的白色山峰。自此，甘肃哈萨克族人民第一次有了属于自己的家园。

从 50 年代后期开始，甘、青边界出现了以资源开发权归属为焦点的地方政府间的边界争端。1960 年，甘、青两省就边界问题达成新的方案，要求将占阿克塞全县面积三分之二的海子、哈尔腾地区划归青海省，要求阿克塞在海子、哈尔腾地区的居民和牲畜到 1962 年底全部迁出，由甘肃省另行设法安置。这引起了阿克塞哈萨克族群众的一致不满，强烈要求维护 1953 年协议，不愿搬家，并

---

①　邓六金著 :《我与曾山》，新华出版社 1999 年版，第 133 页。

多次到省、中央集体上访。

为了甘、青边界地区的民族团结稳定，1962 年 6 月 26 日，国务院派出以内务部长曾山、国家民委副主任谢鹤筹、西北局统战部部长常黎夫等同志组成的工作组重新调查处理甘、青边界问题。7 月 4 日至 10 日，曾山带着党中央、毛泽东主席的重托，与谢鹤筹、常黎夫立即组织甘、青两省负责人和有关人员首先在西安召开了边界问题座谈会，研究分析甘、青边界问题，确定了解决边界问题的几项原则：（一）坚决贯彻执行有利团结，有利生产的原则。怎样有利于民族团结，怎样有利于恢复发展生产，就怎样解决。（二）提倡互助、互谅、互让精神。达到各民族间的友爱合作，亲密团结的目的。（三）从实际出发，既要照顾现实情况和需要，又要照顾历史和习惯，公平合理实事求是地解决问题。（四）充分协商，民主讨论，达成协议。工作组除有关的党员负责同志参加外，还应当吸收各有关民族人民的代表和民族上层人士参加，周密调查，反复协商，最后达成协议，签订协定。①

会议对几个具体问题形成了一致意见：（一）现在应当确定，答复几个地区群众迫切要求解决的几个问题：（1）皇城滩来自肃南的裕固族群众愿意回原住地的和苏吉滩来自皇城滩的群众愿意回皇城滩的，政府允许，并且帮助他们解决在迁回途中的困难。当然，不愿再迁回去的群众，政府也不勉强他们再搬回去，就地妥善安置。搬回与不搬回，完全由群众自愿。（2）住在海子地区的哈萨克群众，继续在这个地区长期居住和放牧；1959 年关于哈萨克群众必须于 1962 年底搬出这个地区的协议，停止执行。（3）各有关地区必须停止纠纷，听候调处。（二）对于这几年因为强迫搬家等错误而受到

---

① 曾山、谢鹤筹、常黎夫：《关于在西安座谈解决甘、青两省边界问题的情况汇报提纲》（1962 年 7 月 11 日），存中央档案馆。

损失的群众和社、队，甘、青两省政府应当分别负责帮助他们解决在生活和生产中的困难，省上解决不了的，报请国务院帮助解决。（三）对于近几年来在解决两省边界地区问题上的缺点、错误，应当在有关的地区就有关的问题向群众说清楚，实事求是地诚恳地承认我们在工作中的缺点、错误，主动承担责任，克服缺点，改正错误，主要责任省上担起来，不追究下边干部的责任。对于群众和党内外干部中的批评意见，应当耐心听取，给他们以充分说话的机会；有些干部因为在解决两省边境问题中坚持正确意见而受到批判、处分的，应当改正。（四）对于纠纷地区有关方面，在过去商量解决问题过程中的缺点、错误，应当启发双方采取自我批评，总结经验的方法加以解决。提倡有利于团结的话就说，不利于团结的话就不说，有利于解决问题的事就做，不利于解决问题的事就不做。①

　　西安座谈会后，为了掌握最基层的第一手情况，曾山亲赴海子、哈尔腾地区，走村串户，深入牧民毡房，与牧民促膝交谈，走访各民族上层人士，召集党政干部座谈，悉心了解边界各民族定居和放牧的情况。曾经给曾山当过向导的毛里大胡马尔老人后来回忆说："曾山同志跟我们老百姓没有什么区别，在当时交通不便的情况下，骑马查看边境，走上一段路，看到我走累了，还让我骑马，自己下来步履行程，还饶有兴趣地说：'我也应该走一走，锻炼锻炼身体'。真是党的好领导。"给曾山当过哈语翻译的夏肯老人也回忆道："曾山同志骑马在海拔4700米终年积雪不化的托逊堡一天奔波6个多小时，行程近百公里，没有说一声苦，道一声累。县上领导劝他休息一下，地势险恶，陡峭的地方不要去了，可他坚持说：'休息什么，大家不都一样走吗？再说我还骑着马，还是抓紧时间查看，地势多

----

① 曾山、谢鹤筹、常黎夫：《关于在西安座谈解决甘、青两省边界问题的情况汇报提纲》（1962年7月11日），存中央档案馆。

险的地方也得去，否则就查不到第一手资料'。使我们真正看到了共产党人的本色。"①

在充分调查研究的基础上，7月24日至8月23日，曾山在兰州组织召开了甘、青边界问题座谈会。同甘、青两省，酒泉、武威、海西、海北四个地州及阿克塞、德令哈等三个县市的负责同志，就边界问题进行民主协商。曾山指出："解决甘、青边界问题，要坚决贯彻有利于民族团结，有利于恢复和发展生产的原则，本着互助、互谅、互让的精神，通过群众路线、周密调查、民主协商的办法进行。要坚决贯彻党的民族政策，必须十分注意各民族团结的问题，尊重少数民族群众的意见和愿望。"他还再三强调，各方面都要把少数民族群众的安居乐业放在心上，有利于团结的话就说，不利于团结的话就不说。在多方面工作的基础上，最后对解决安置哈萨克族牧民问题取得了一致处理意见：继续贯彻执行1953年4月3日《甘、青、新边境各族代表关于加强民族团结安置边境哈萨克族的协议意见》；废除1960年1月16日甘、青两省《关于贯彻执行1959年6月15日甘肃、青海两省边界问题协议的具体方案》中的有关具体规定。②

就这样，在中共中央、国务院和中共西北局的领导下，在甘肃、青海省委、省人委的积极支持下，经过曾山等的不懈努力工作，历时三年的阿克塞哈萨克族自治县边界纠纷终于得到了妥善解决，从而避免了当地哈萨克族群众再次搬迁、动荡的灾难性局面。

---

① 中共阿克塞县委、阿克塞县人民政府：《维护民族团结的典范 促进民族繁荣的楷模——阿克塞哈萨克族人民深切缅怀敬爱的曾山同志》，王青争主编：《永留正气在世间——纪念曾山诞辰100周年文集》，江西人民出版社1999年版，第193-194页。

② 曾山、谢鹤筹、常黎夫等：《关于贯彻执行1953年4月3日"甘、青、新边境各族代表关于加强民族团结安置边境哈萨克族的协议意见"的若干具体问题的意见》（1962年8月15日），存中央档案馆。

情系革命老区

1964 年 2 月 17 日，江西省民政厅厅长谢象晃给曾山写了一份报告，请求中央和内务部帮助解决赣南老区减免公粮和粮食上调任务，并要求拨给江西一笔专款，用于扶助赣南老革命根据地，以促进生产建设能尽快地恢复和发展。

赣南是土地革命战争时期全国苏维埃运动的大本营和中心区域，为中国革命作出了重大贡献。在那段峥嵘岁月里，作为江西苏维埃运动主要领导人之一，曾山与赣南人民建立了生死相依的深厚感情。新中国成立后，他始终忘不了赣南的父老乡亲，一直都牵挂着老区的建设。他经常说："关心和支持老区建设是我们义不容辞的政治责任"[①]。看过这份报告后，正在广东休假的曾山当即决定：结束休假，前往赣南老区考察。这也是他自 1935 年夏被迫突围外出寻找党组织后，第一次重返赣南。

曾山这一次是由谢象晃陪同，从井冈山经泰和、遂川进入赣南的。阔别 28 载重返赣南老区，他的心情格外兴奋。可是，当汽车进入赣县沙地直到赣州城，公路两旁映入他眼帘的不是绿水青山，而是一座接一座的光山秃岭，是严重的水土流失。由赣县的茅店经江口，到兴国县的龙口，直到兴国县城，沿途他又看到河床与粮田一般高，靠河两岸同样尽是光山，流沙十分严重。他的心情逐渐变得沉重起来。为进一步了解情况，他在赣州和兴国，详细听取了赣南区党委和行署以及兴国县委、县人委领导同志关于全区水土流失和群众生产生活情况的汇报，并特地将兴国县林业局局长兼县水保

[①]　中共吉安地委、吉安地区行署：《情系井冈老区　风范光照后人——深切缅怀无产阶级革命家曾山同志》，王青争主编：《永留正气在世间——纪念曾山诞辰 100 周年文集》，江西人民出版社 1999 年版，第 160 页。

办主任王武仔请到他的住所，听他详细介绍兴国县水土流失及治理情况。他又请兴国县领导带路，沿着兴国县城四周走了一圈，看到即便是在县城附近也是一片接一片的光山，水土流失同样非常严重。

通过深入调查曾山了解到，赣南老区在各级党和政府的领导下，经过广大干部群众艰苦奋斗，过去遭敌人破坏轻一点的地方，生产情况有起色，人民生活有改善；但是一些遭受战争破坏严重的地区，特别是兴国、赣县、南康、于都、宁都、广昌、会昌等县，森林破坏，河床淤高，水土流失相当严重，不少粮田减产以至变成沙地，群众口粮紧缺，生活困难。他还了解到，全国解放以后，赣南特别是兴国县的水土流失严重情况已经引起江西省和中央有关部门一定程度的重视，采取了一些措施，如建立水土流失观测站和水保站、水保科研所等机构，对严重的水土流失进行治理，也摸索了一些经验，取得了一些成效，但由于经费缺乏等原因，这些治理措施与水土流失的严重状况相比，力度还远远不够。他觉得赣南老区人民在战争年代为革命作出了巨大贡献与牺牲，眼前严重的水土流失与当年战争的破坏直接有关。目前仍然处于困难境地的赣南老区，仅仅依靠自己的力量，要在较短的时间内治理好水土流失，从根本上改善生态环境是有困难的，中央和省里很有必要对赣南老苏区的建设特别是赣南的水土保持工作给予支援。当然，曾山也深知，要治理好严重的水土流失，更重要的是要靠老区人民发扬苏区的光荣革命传统，自力更生、艰苦奋斗，齐心协力与穷山恶水斗争，才能取得胜利。为此，他专门就这个问题给兴国县三级干部大会作了一场报告，号召兴国县广大干部群众像苏区时那样，振奋精神，拼搏奋斗，在治山治水斗争中努力创造新的第一等工作。

结束在赣南的考察后，曾山回吉安探望了老母亲。这次探亲，给随行的江西省民政厅干部范立涛留下了深刻印象：

我们一进曾山同志家，就看到 1962 年他回来时写的两副对联。曾山同志的母亲和他嫂嫂、弟媳妇（三位烈属）均 70 岁以上，家里没有一个男人，生活清苦。我们看到这种情况，心里很难受，觉得对不住三位烈属，因为我们都是搞优抚工作的，这说明工作没有做好。为了表示对烈士的缅怀，对烈士亲属的关心，经商量后决定，给每位烈属补助 20 元钱，共 60 元。曾山同志的母亲把这件事告诉了曾山同志。曾山同志将 60 元钱收回，交还给我，说："小范，你怎么瞒着我给烈属妈妈钱呀！"又对谢象晃说："老谢呀，你是省民政厅长，应当关心全省的烈士家属。我是内政部长，应当关心全国的烈士家属，我家烈属有困难，我会解决，你们不能给予特殊照顾。"①

探亲期间，曾山走访了敬老院。白沙敬老院有 20 多位军烈属和孤寡老人。他对陪同的乡村干部说："这些老人的亲属为革命牺牲了，我们不能亏待他们，要像孝敬自己的父母那样去关心他们，照顾好他们的生活，否则，就对不起死去的烈士。"②

这次江西之行，曾山听取了吉安和赣南党政领导干部汇报当地农业生产与人民生活情况，到井冈山、泰和、吉安、遂川、赣州、兴国等老区做了调查研究，深入到烈军属特困户家了解情况并与地方党政领导一起商讨了扶助老区脱贫的问题。

回到北京后，3 月 2 日，曾山专门就支援赣南老区经济建设问题，给周恩来总理、邓小平代总理及李富春、李先念、谭震林副总理写了专题报告，字里行间，充满了他对赣南老区人民深深的挚爱和关怀：

---

① 《熊敏访问范立涛同志记录》（1999 年 5 月），存江西省委党史研究室。

② 中共吉安地委、吉安地区行署：《情系井冈老区 风范光照后人——深切缅怀无产阶级革命家曾山同志》，王青争主编：《永留正气在世间——纪念曾山诞辰 100 周年文集》，江西人民出版社 1999 年版，第 160 页。

就江西全省来说，形势很好，赣北、赣东、南昌地区，去年粮食是丰收的。唯吉安与赣南行政区遭到旱灾减产。虽然吉安专区旱灾特重，但口粮仍然比赣南地区为好。我到赣南看了几个县的实际情况，认为确有向你们反映的必要。赣南党政领导干部一谈到赣南生产与人民生活情况时，总是首先说他们近几年工作没有搞好，而实际情况并不完全是这样。他们对生产和人民生活还是抓得比较紧的，过去遭敌人破坏轻一些的地方，生产情况是有起色的。唯有遭受破坏重的地区，特别是兴国、赣县、南康、于都、宁都、广昌、会昌等县，森林破坏、河床淤高、水土流失相当严重，不少粮田减产以至变成沙地，粮食一年一年减产，口粮一年不如一年。我看到由遂川到赣县沙地起直到赣州城，几乎都是光山，茅草很少。虽然山上种了一些小松树，但还是不能阻止山上流沙。从赣县茅店、江口直到兴国龙口、兴国城，河床与粮田一般高，靠河两旁高山破烂不堪，流沙十分严重。如果再不抓紧治理，不仅河床淤高，危害粮田，使群众生活难以改善，而且还有更加恶化下去的危险。[①]

曾山在报告中建议：

从1964年起，支援赣南老苏区几年，每年经费200万元，主要用于保护赣南老苏区粮田，逐步改善被国民党摧残较重到现在还没有恢复的山区人民的生活。此外，如果全国粮食产量有进步的话，建议两三年内减少赣南地区上调原粮（稻谷）几千万斤到1亿斤，以利赣南老苏区人民口粮得到改善，促进赣南农村经济的巩固和发展。[②]

[①] 曾山：《关于赣南部分地区农业生产和人民生活情况的报告》（1964年3月2日），存中央档案馆。

[②] 曾山：《关于赣南部分地区农业生产和人民生活情况的报告》（1964年3月2日），存中央档案馆。

　　3 月 16 日，邓小平代总理和李先念、谭震林、李富春副总理均作出"同意曾山同志的建议"的批示。26 日，也就是这几位领导同志作出批示后的第 10 天，内务部、财政部即联合致电江西省人民委员会，告知："中央已经批准，从 1964 年起，以 5 年为期，每年由内务部救济费内拨 200 万元支援赣南老区建设。"[①] 并随电将支援赣南老区的专项经费 200 万元拨往江西。为了管好用好这笔经费，内务部、财政部还特别强调了"重点使用"的原则，即专项经费"主要用于农田水利方面，防止水土流失，保护粮田；用于植树造林，特别是扶助山区植桐、茶、木梓、竹等经济林；用于扶助山区恢复造纸、榨油等副业，在有条件的山区，也可搞小型水力发电；有余力，

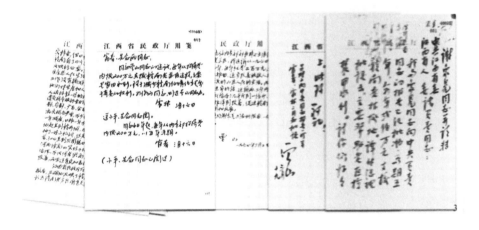

　　1964 年，曾山将在江西考察期间了解到的赣南部分地区农业生产和人民生活情况向中央作了书面报告，先后得到了谭震林、李富春同志同意的批示。随后，他又致信谢象晃同志并转中共江西省委、江西省人民委员会诸负责同志，督促他们好好利用救济款，为民做实事

---

　　①　内务部、财政部：《拨给支援赣南老区建设经费贰百万元》（1964 年 3 月 26），存中央档案馆。

还可以在交通闭塞的山区适当地兴修一些道路。"① 此后连续三年，每年 200 万元的专项经费也都按时拨付给赣南。第五年(即 1968 年)，因 "文化大革命" 动乱破坏，赣南才没有得到这笔经费。

曾山对赣南老区人民的关心和帮助，给正在同穷山恶水作斗争的赣南人民，尤其是兴国人民以极大的鼓舞。赣南人民以此为契机，展开了一场治山治水、绿化赣南的持久战斗，从而使赣南老区的生态和农田水利建设得到了改善，人民生活水平也得到了较大提高。

外交风采

遵照中共中央的统一安排，担任内务部部长期间，曾山多次作为中共代表团和中国政府代表团的正、副团长率团出访，为促进中国共产党与他国共产党党际关系，增强中国与其他国家的团结与合作，加深各国人民之间的了解和友谊，作出了积极贡献。

1961 年 3 月 13 日，应挪威共产党邀请，以曾山为团长的中共代表团经莫斯科飞抵奥斯陆，出席挪威共产党第十次代表大会。这也是曾山第三次率中共代表团外访。

第一次是 1956 年 5 月，受中共中央委派，曾山率中共代表团参加阿尔巴尼亚劳动党第三次代表大会，受到了阿尔巴尼亚人民的热烈欢迎。曾山代表中国共产党向大会致辞，介绍了中国革命成功的经验，加强了中阿人民的友谊。

第二次是 1957 年 12 月，为了增强与瑞典共产党的友好往来，曾山率中共代表团出席了瑞典共产党第十八次代表大会，受到了瑞典共产党中央委员会主席的热烈欢迎和瑞典媒体的高度关注。

---

① 内务部、财政部：《拨给支援赣南老区建设经费贰百万元》(1964 年 3 月 26)，存中央档案馆。

1956 年 5 月 21 日至 6 月 8 日，中共中央代表团应邀参加阿尔巴尼亚劳动党第三次代表大会。图为 5 月 27 日代表团团长曾山在会上致辞

曾山率中共代表团抵达挪威的第二天，访问了挪共中央。3 月 17 至 19 日，参加了挪共第十次代表大会。在大会开幕式上，他作了热情洋溢的致辞，高度肯定了挪威共产党坚持马列主义、保卫世界和平的立场及取得的许多重大成就，并介绍了中国革命和建设成功的经验，受到大会的热烈欢迎。会后应主人邀请，参观了挪共影响下的两个工会和一个工人同志的家庭。

挪共中央对中共代表团的到来非常重视，"如机场迎接和接见都是洛夫林主席亲自出马；副主席利佩亲至使馆拜会。开会期间均由主席、副主席轮流陪同午餐。"离开挪威前夕，代表团向挪共中央辞行，以洛夫林为首的中央书记处的五位同志以家庭晚会的方式接待了曾山一行。大会代表对代表团也很热情，"许多人主动跑来

1961 年 3 月 13 日至 25 日，曾山率中共代表团出访挪威参加挪威共产党第十次代表大会。图为曾山在主席台上

和我们握手。有两位代表在发言中对有中国党的代表参加他们的代表大会表示高兴。"①

60 年代初，中苏两党在一些问题上存在着分歧，关系不太融洽。但这次在挪威，苏共代表团团长米丁对中方代表团很友善，曾山着眼大局，也给予了热情友好的回应，并于事后向中央报告了两次与苏方接触的情况。第一次是为争取主动，中方前往苏联使馆拜访。曾山在报告中指出："苏代表米丁抵挪后即通过使馆向我问候，并打听住址。经我们商量后，由我和徐以新、纪康两同志当晚即去苏

① 《曾山同志关于参加挪威共产党第十次代表大会的报告》(1961 年 3 月 25 日)，存中央档案馆。

使馆访问了米丁，并借机向他解释了我们不拟参加招待会的原因[①]，他对我们表示谅解，同时他也告诉说他们是决定参加记者招待会的，我表示苏联代表参加是好的。"[②] 第二次是苏方来中国使馆回访。曾山在报告中写道："参加挪共（十大）的苏共代表米丁昨晚由苏驻挪大使格立班诺夫陪同来使馆回访（他今晨回国），表现热情友好，频频为中苏两党两国以及为中国人民伟大的领袖毛泽东的健康干杯。我也为以赫鲁晓夫为首的苏共中央同志干了杯"，"临走时米丁向我赠送了礼品：列宁相片、列宁画集和俄罗斯民歌唱片。我们也回赠了礼品。"[③]

作为曾经的中央交通工作部部长，曾山还向中央特别建议："另据利佩副主席告：挪威船只每年闲置吨位约占 10%，其中有些还可以使用的旧船往往被船主摧毁，他建议我们可以稍高于废铁的价格购买这些旧船，稍加修理，即可继续使用。我想这些旧船我国如果收买过来，用上五年、十年，对我交通运输能够解决不少问题，对我们是很划算的。请中央考虑这一建议。"[④]

1961 年 3 月 25 日，应奥地利共产党中央邀请，曾山一行离开挪威，经布达格转赴维也纳，出席奥地利共产党第十八次代表大会。奥共中央主席柯普勒尼希、中央书记处书记费因伯及中央政治局委员多人到机场迎接中共代表团。会前曾山一行拜访了奥共中央，访问了工人家庭，并游览了维也纳市容及多瑙河两岸森林和果木、葡萄特产等胜地。

---

① 由于当地报纸头条刊发了影射苏联和"毛的中国"的新闻，为避免反动势力的挑衅，中共代表团决定不参加开幕式后举行的记者招待会。

② 曾山：《挪共"十大"十七日开幕情况》（1961 年 3 月 18 日），存中央档案馆。

③ 曾山：《报告米丁同志来访情况》（1961 年 3 月 22 日），存中央档案馆。

④ 《曾山同志关于参加挪威共产党第十次代表大会的报告》（1961 年 3 月 25 日），存中央档案馆。

奥共第十八次代表大会于 4 月 1 日至 3 日召开。但这一次，与会的苏共代表团团长尤金不像米丁在挪威那样亲切友好，在会场上只是一般性地与中共代表团打招呼。受此影响，奥共中央也不像挪共中央那样热情周到，在有些场合还故意压低中方以突出苏联，如大会开幕介绍兄弟党代表团时，把中共代表团放在中间偏后，会后宴请各兄弟党代表团时也把中方的席次放在苏、捷、东德以后。

中苏两党关系的不和谐，给中方代表团造成了一些困扰。但曾山不为所动，依然激情从容地向大会传达了中国共产党和中国人民的问候与祝愿。曾山的致辞刚一结束，相当一部分代表自动起立致敬，有一些代表走到中共代表团席前，亲切友好地打起了招呼；还有些代表主动跑上主席台向曾山赠送徽章，并打听《毛泽东选集》第四卷德文版出版消息，并称颂毛泽东主席的伟大。[①]

会议期间，法共代表主动邀请中共代表团共进午餐。席间，法共代表要求曾山向中共中央转达一定要派代表团出席法共"十六大"，并希望中方早日确定名单，以便他们向法政府争取签证。匈牙利代表也通过奥共同志邀请中共代表团参加他们驻奥公使举行的国庆招待会，因日程等原因，曾山婉拒了匈方的盛情。但在一次便餐时，主动向匈牙利同志敬了酒，祝贺他们的国庆。苏方另一代表苏共中央监察委员、列宁格勒州委第二书记波耶可娃，对我代表团的同志较亲切。当一次午餐尤金不在场时，她和曾山一行相互敬酒，一再对刘少奇访问列宁格勒时送她许多礼物表示感谢，并请曾山转达对刘少奇的问候。她还邀请我代表回国时访问列宁格勒。[②]

---

① 《曾山同志关于参加奥地利共产党第十八次代表大会情况的报告》（1961 年 4 月 11 日），存中央档案馆。

② 《曾山同志关于参加奥地利共产党第十八次代表大会情况的报告》（1961 年 4 月 11 日），存中央档案馆。

　　奥地利之行，在错综复杂的国际政治环境下，曾山沉着冷静、机智应变，与各有关方面进行了有理、有利、有节的交流，显示了中国共产党和中国人民的大节大气。

　　1965 年 5 月，陆定一、曾山还率领中国党政代表团访问了德意志人民民主共和国，实现了加强两国人民友谊、加深双方相互了解、促进两国人民交流的目的。

　　1966 年 8 月 13 日至 26 日，带着中国人民的祝愿，曾山率中国政府代表团参加了刚果（布）"八月革命"三周年庆祝活动。刚果（布）政府对中国政府代表团的远道而来表示了特别的热情与友好。刚果（布）国民议会议长穆亚比、外交部部长加奥尔、内政部长翁贝萨以及全国革命运动政治局委员、国民议会第二副议长布坎布·儒利昂等分别与曾山举行了会谈。刚方还特别安排中国政府代表团访问了金卡拉，并由外长亲自陪同，接待十分隆重。曾山的刚果（布）之行，增进了两国政府和人民之间的友谊，推动了两国关系的进一步发展。不久，刚果（布）政府总理、议长、外长相继对中国进行了友好访问。

　　此外，曾山还多次陪同毛泽东、周恩来、刘少奇等党和国家领导人接待到访的外国友人。

　　1964年5月，毛泽东（前排左三）接见肯尼亚内政部部长奥廷加及其率领的肯尼亚
政府代表团成员，陈毅（前排左一）、曾山（前排左五）等陪同接见

　　1963年11月，毛主席接见阿富汗内务大臣卡龙姆率领的政府代表团，陈毅、曾山、
黄镇等陪同接见

第十六章

伴侣与家风

革命伴侣邓六金

在抗战烽火燃遍大江南北、中华民族存亡绝续的危急时刻，1938 年 9 月 29 日至 11 月 6 日，中国共产党在延安举行了扩大的六届六中全会。作为东南地方党的代表，曾山出席了这次在党的历史上具有重要意义的会议。正是此次延安之行，曾山不仅接受了更为艰巨而光荣的战斗任务，而且收获了革命爱情，找到了自己心爱的革命伴侣——邓六金。

邓六金，1912 年 9 月 16 日出生于福建省上杭县旧县乡新坊村，因在兄弟姐妹中排行第六，故取名"六金"。由于家中生活极端贫困，出生十几天就被父母送给临近的石院村一户人家当"望郎媳"。五六岁时，为生计所迫，她开始帮养母下田劳动，养父还带着她走东村、串西村给人剃头。她多次目睹地主、乡丁在年关之夜上门逼债，将家里刚刚上桌的一点过年的肉饭和豆腐连锅端走的情景。家庭的苦难，命运的多舛，使她深感旧社会世道黑暗。

红军的到来，改变了邓六金的命运。1929 年 5 月，毛泽东、朱德率领红四军入闽，三打龙岩，占领上杭，在闽西掀起轰轰烈烈的

曾山与邓六金

土地革命。在红军的影响下，邓六金渐渐懂得了革命的道理，她坚信不合理的社会一定会被推翻，穷人一定有出头的日子，只有参加革命，跟着共产党才有出路，于是毅然打破封建枷锁，在全村第一个剪去辫子，全身心投入组织儿童团、赤卫队、妇女会等工作，成了村里第一个"红军通"。她年小胆大，热情高，工作积极，不久，就被推选为乡妇女会主席。她向群众宣传革命，宣传妇女解放，配合将地主的财物分给穷人；创办识字班，从乡里请来先生讲课，挨家挨户动员大姑娘、小媳妇出来学文化。

由于工作努力，邓六金进步很快。1931年春，她成为村子里第一批宣誓加入中国共产党的女党员，后相继担任中共上杭县旧县区委青年干事，中共上杭县委巡视员、妇女部长。1933年5月，被调到福建省苏维埃政府妇女部，开始时任巡视员，后挑起了部长的重担。这期间，她在宁化、泉上、长汀等县，积极组织妇女识字、唱革命歌曲，宣讲革命道理；发动妇女动员扩大红军，踊跃送子送郎参军，上前线抬担架，慰问红军，掀起扩红热潮。每到一个地方，就发动群众筹集粮食、征集被褥、准备冬衣、筹款、募集草鞋，支援革命战争。

1934 年初，中革军委发出《扩大红军的紧急动员令》，要求迅速"扩红一百万"来保卫苏区。当时正在瑞金上党校的邓六金，听到传达后立即赶回家乡，组织开展"扩红"工作。她认为，要动员乡亲们参加革命，最有说服力的就是动员自己的亲人参加革命。在她的鼓动下，两个姐姐先后参加了红军，从而带动五里八乡的扩红热潮。不到半个月，就完成了扩大红军 100 人的任务，受到表扬。时任福建省苏维埃政府主席张鼎丞对邓六金姐妹的工作表现特别满意，称赞她们是闽西革命中"土窝窝里飞出的三只金凤凰"①。

1934 年 10 月，中央红军被迫实施战略转移，邓六金义无反顾地踏上漫漫长征路，成为长征开始时浩浩荡荡队伍中仅有的 30 位红军女战士之一。起初，她们被分配加入中央机关卫生部的队伍。进入贵州后，被集中编入中央工作团，由董必武任团长，徐特立任副团长。后来中央工作团又被改编为总卫生部干部休养连，侯政任连长，李坚真任指导员，吴仲廉任秘书。这是一支特殊的连队，不仅有中央苏区德高望重的董必武、林伯渠、徐特立、谢觉哉"四老"，还有蔡畅、邓颖超、贺子珍、康克清等红军大姐、领导夫人，以及红军师团级伤病员等。

邓六金和危秀英、吴富莲、王泉媛等 11 人是连里的政治战士，主要任务是照顾伤病员、分派担架、做伤病员和民工的政治思想工

---

①　邓六金著：《我与曾山》，新华出版社 1999 年版，第 14 页。

作，有时还要参加筹粮筹款。邓六金任劳任怨，尽职尽责，还经常把自己的干粮让给民工吃，自己忍饥挨饿；情况紧急时，她经常帮民工抬担架急行军，为此受到董必武的好评："有几次民工把担架从肩上放下来，躺在地上不动，无论如何都不肯走，她们中体力强的，就只好代民工扛肩。经常这样干的有四个女同志。她们是那样的不怕困难，那样去完成他们所负的任务，是许多男子所望尘莫及的！"① 邓六金就是董老称赞的四个女同志中的一个。

长征途中，邓六金有一次染上痢疾，拉肚子，发高烧，身体弱得连骑马都坐不稳。当时部队在急行军，为了不连累大家，她请求大家先走，让她在后面慢慢跟。战友危秀英主动要求留下来陪她，邓六金死活不让，最后组织上同意危秀英留下。她们就以树枝为手杖，深一脚浅一脚地沿着山路艰难前进。她们心中只有一个信念：一定要坚持住，不能掉队。坚强的革命意志和深厚的战友情谊，使她们得以战胜困难，经过四天四夜，终于赶上了部队。

夹金山是红军长征途中翻越的第一座大雪山，海拔 4000 多米，山顶终年积雪，空气稀薄，渺无人烟。邓六金和战友们为了鼓舞伤病员翻过雪山，不顾过雪山不准讲话、不准唱歌的规定，轮流用沙哑的声音唱歌鼓励大家，还搀扶和推着年老体弱的同志和伤病员往上爬。由于用力过度，邓六金累得当时"哇哇"吐了几口鲜血，差点牺牲在雪山顶上。

邓六金和她的战友们，就是凭着对革命的坚定信念和坚强毅力，克服艰难险阻，胜利将中央托付的一些担任重要职务的伤病员和大姐们护送到了陕北。干部休养连连长侯政后来回忆说："邓六金同志是吃了苦头的。她在长征一年中抬担架的日子多，她任劳任怨，

---

① 《长征纪事》（1936 年 10 月），《董必武选集》，人民出版社 1985 年版，第 21 页。

牺牲一切，艰苦奋斗，是一位英勇战士、无名英雄。"①

　　到达陕北后，邓六金先后担任中央组织部妇女部长、庆阳县委组织部副部长、中央组织部妇女部巡视员。针对陕北妇女受旧观念束缚，很少参加劳动的状况，1936 年 2 月 6 日，她撰写《妇女同志到生产战线上来》一文，作为社论在《红色中华》第 254 期上发表，文章响亮地提出妇女参加劳动是最光荣的事业，坚决反对妇女参加劳动羞耻的不正确观点，并要求党团员带头学会耕种，在各乡春耕委员会下成立妇女生产小组，学会各种农活。为了鼓励妇女参加田间劳动，她和妇女部的同志还身体力行，带头学习耕田犁地的本领。到这年夏秋时节，陕北根据地已有 2 万多妇女参加了生产学习小组。"由于忘我操劳，有一段时间邓六金身体非常不好，马海德医生建议她要多休息，她坚决不同意，表示只要让她工作，比吃什么药都管用。"②

　　1938 年，邓六金被派到中央党校学习，分在第十四班。这个班里的学员都是像她这样参加革命较早又文化较浅的团以上干部，主要是识字学文化，还学些理论、修养、历史等方面的知识。教员都是由中央首长和中央机关的一些干部兼任。这一阶段的学习生活特别充实，她后来回忆说："通过学习，我字认得多了，理论上也学到不少东西，对于马克思列宁主义、党的建设、社会发展史有了更多的认识。对比以前，我更感到一个革命干部必须有文化，能看书，能写字，工作才能做好。"③。

　　这年 10 月的一天，中央组织部副部长李富春给党校打来电话，

————————

　　①　中共福建省委党史研究室：《永葆红军本色 撒播人间大爱——纪念邓六金同志诞辰 100 周年》，《福建日报》，2012 年 12 月 7 日。

　　②　中共福建省委党史研究室：《永葆红军本色 撒播人间大爱——纪念邓六金同志诞辰 100 周年》，《福建日报》，2012 年 12 月 7 日。

　　③　邓六金著：《我与曾山》，新华出版社 1999 年版，第 38 页。

要邓六金来组织部谈话。邓六金到后，见曾山也在办公室。原来，为开辟东南地区工作的新局面，来延安参加六届六中全会的曾山，向中央提出了需要要一批包括军事、政治、民运、青年、妇女等各个方面干部的请求。党中央同意了这一要求。于是，中央组织部在延安各单位，主要是中央党校和抗大挑选合适的人选。

李富春对邓六金说："现在抗战虽然打了些胜仗，但东北、华东的广大国土都被国民党给丢了。为了动员各地群众起来抗日，党中央决定抽调一批干部去加强这些地区的工作，中央组织部决定派你去华东工作，那里缺少妇女干部。"接着又说，"你回去准备一下。曾山同志是中央东南分局副书记兼组织部长，到时候去华东的同志就跟他走。"说完，看了看坐在一旁的曾山。[①]

这是邓六金第三次见到曾山。第一次是在 1937 年 11 月。一天，曾担任过江西省苏维埃政府妇女部长的危秀英拉着邓六金说去见一个人，来到延安中央机关的一间窑洞里。邓六金看到一个中年人，眉清目秀，高高瘦瘦，很诚恳的样子，坐在那里。危秀英介绍说："这是我们江西省苏维埃的曾山主席，这是我的战友邓六金。"大家坐下后，曾山讲了中央红军长征后自己在江西打游击，失利后到了上海，又受组织委派到苏联学习等情况。第一次见面，曾山给邓六金留下了很好的印象：老革命，人很稳重，实实在在，还在苏联学习过。

第二次是在 1938 夏末。一次，时任陕西省委书记贾拓夫找正在中央党校学习的邓六金谈话。到了贾拓夫的办公室，又看到了曾山。贾要介绍，邓六金赶忙说，自己和曾山已经认识了。她后来回忆说："当时，我有点害羞和拘谨。"[②]曾山笑着告诉邓六金，他是来

① 邓六金著：《我与曾山》，新华出版社 1999 年版，第 40 页。
② 邓六金著：《我与曾山》，新华出版社 1999 年版，第 39 页。

参加六届六中全会的，并简单讲了在南方组建新四军的情况。这一次，邓六金感觉到，贾拓夫是有意识地安排他俩见面。

邓六金很留恋在党校的学习时光，但作为党员必须服从组织决定，何况能和曾山一起工作，也是令她非常高兴的事。她没有犹豫，坚定地向李富春表示：服从组织分配！

中央组织部共选派了二十多位干部去华东，其中包括涂振农、陈光、饶守坤等领导骨干，女同志则只有邓六金一人。1938年底，他们跟随曾山离开延安，经西安奔赴东南抗日前线。在西安等待国民党发放通行证期间，"经报中央组织部陈云同志来电批准"[①]，邓六金与曾山结为夫妻。从此，二人成为一对生死相依、患难与共的革命伴侣。

在革命战争年代，为了革命工作，邓六金与曾山总是分多聚少。婚后第三天，曾山便先行出发赴重庆，再由重庆经贵阳转赴南昌，传达中共六届六中全会精神。邓六金和其他同志待办妥通行证后，经武汉、长沙、南昌，于1939年1月19日到达皖南。邓六金被分配至东南分局妇女部任巡视员，在李坚真部长、章蕴副部长领导下工作。当时，妇女部负责领导东南8省的妇女工作，组织各地成立妇女抗敌会、妇女协会、妇女救国会，参军参战、发展生产、支援前线，在抗日救亡中发挥了重要作用。李坚真、章蕴、邓六金也被人们昵称为"新四军三大姐"[②]。

结婚生子是人生的大喜事，但邓六金有了孩子也无法照顾。她与曾山共育有四男一女，分别是庆红、庆淮、庆洋、庆源、海生。

老大小名丁儿，1939年农历七月十五日生于皖南泾县丁家山。

---

① 曾山：《我们家庭简史》（1964年9月28日），存中央档案馆。
② 妇女部一位秘书按年龄大小，分别称李坚真为大姐、章蕴为二姐、邓六金为三姐，后来这个称呼就在根据叫开了，说她们是"新四军三大姐"。

皖南事变前夕，曾山奉命率东南局机关先行撤离皖南，邓六金遂将丁儿送回江西吉安老家让奶奶抚养。直到新中国成立以后，邓六金才把儿子接到上海共同生活。

老二生于 1941 年。因为要工作，出生不久，即送给一对没有孩子的夫妇抚养。只因得了抽风病，老乡吓得不敢收养。此时，邓六金在华中党校学习。老二病稍好以后，邓六金又将他送往芜湖托人抚养。陈毅知道这件事后，生气地找到邓六金说："你这个同志，学习，学习，就只顾自己的学习，孩子病得那个样子，还放在老百姓家里。怎么，孩子不带好，只顾你自己学习，出来当皇帝呀！"①在陈毅的督促下，老二才从老乡家里接了回来。

老三 1945 年出生在淮南黄花塘，即新四军军部和华中局机关所在地。最小的老五 1950 年在上海出生。

女儿是 1947 年在海上生的。那时，为了配合全国战局需要，华东局决定将在山东的一些主要党政军领导干部的家属撤往由苏联红军管辖的大连。由于国民党军的重重封锁，她们一行乘坐的小船迟迟不能登陆。连日的劳累和风浪的颠簸，使得已经怀孕 7 个月的邓六金早产了。为不让婴儿的哭声招来敌人，邓六金要求把刚出生的孩子扔进大海。大家不同意，都过来劝慰她，但她还是固执地喊着"扔掉！"最后李坚真大姐说："六金，你别喊了，我去扔！"说完就转身出了船舱。船到大连靠岸后，邓六金却惊讶地看见李坚真抱着孩子上岸了。她把孩子交给邓六金："看看吧，你的孩子，也是我的孩子，叫海生！"直到这时，邓六金才知道生的是个女儿。

邓六金为了革命的大家顾不上小家，关心不了自己的孩子，却关心着无数别人的孩子。1948 年夏，当看到一些烈士遗孤和部队干

---

① 邓六金著：《我与曾山》，新华出版社 1999 年版，第 81 页。

部子女散落在农村和渔民家中无人照管，有的到上学年龄而无学可上时，她毫不犹豫地接受组织赋予的重任，和李静一等战友一道白手起家，在青州大官营村创办了华东保育院。首批接收的 70 多个孩子，多为华东局、华东军区中高级领导干部子女，其中有陈毅、饶漱石、粟裕、谭震林、曾山、黎玉、张鼎丞、罗炳辉、舒同、陈士榘、宋时轮、王必成、刘瑞龙、李步新等领导同志的子女和烈士遗孤。

邓六金先任政治协理员，后来担任了副院长、院长。保育院创办之初，上级配给保育院的只有白薯粉，孩子们因营养不良，面黄肌瘦，邓六金看在眼里，急在心上。她和战友们到华东局、华东军区、地方政府四处求援，不光给保育院争取来了白面、大米、猪肉，还饲养奶牛、奶羊，解决孩子们的喝奶问题。由于缺医少药，当时最担心的就是孩子生病。有一次一个班的孩子传染了麻疹，在保育员全力护理下，多数孩子很快痊愈。但有位一岁多的小女孩却并发了肺炎，高烧昏迷，急需青霉素救治，可整个华东局机关也找不到一支。听人说济南有，邓六金心急如火，当即要来两匹马，带医务员驰奔济南，一口气跑了 300 多里，到济南几经周折，从一家教会医院买到两盒青霉素，又马不停蹄连夜赶回，小女孩终于得救了。上海解放后，遵照华东局的指示，邓六金带领教师和保育员，精心呵护着一百多个孩子，历时一个月，行程 1000 多公里，胜利完成了保育院南迁上海的特别任务。

1953 年调到北京后，邓六金先后任政务院机关事务管理局人事处副处长、总务处副处长和办公室副主任，依然从事幼儿教育工作。当时，管理局有三个幼儿园，两个全托、一个日托，分别在西郊、东郊和南郊。为了孩子们的健康成长，她经常在三个幼儿园之间往返奔波，不遗余力地帮助解决各种问题。1964 年 5 月，任中共中央监察委员会驻国务院机关事务管理局监察组副组长，后还担任全国妇联第四届执行委员、第五届全国政协委员。尽管不再分管幼儿园了，但她仍牵挂着这些幼儿园的孩子们。开始时，孩子们叫她阿姨，后来叫邓奶奶，再以后叫邓老奶奶。她说："孩子们怎么叫都好听，把我的心都叫年轻了。看到他们胖胖的小手，笑眯眯的小脸，我就高兴。"①

离休后，邓六金热心于社会公益事业，担任中国儿童福利事业基金会理事，不遗余力地支持中国妇女和儿童事业的发展。1983 年夏天，她和陈兰、李人俊等老战友，到昔日战斗过的皖南、苏北等老根据地，一个月跑了两个省的 20 多个县，行程上千公里。1984 年 11 月，他们又来到闽西老区的上杭、长汀等县走访调研。回京后，她和陈兰一起向党中央写了报告，如实地反映了老区人民的实际情况，提出应给皖南老区派医疗队，给闽西老区增拨教育经费等要求，受到中央重视。1996 年闽西发生特大洪灾，她又不顾年老体迈，深入灾区了解灾情，为老区争取资金支持，帮助恢复生产，重建家园。

2003 年 7 月 16 日，邓六金在北京与世长辞。2006 年 5 月，孩子们遵照妈妈的遗愿，把其终生积蓄捐献给上杭县实验小学，兴建了一座综合型图书馆——鑫鑫图书馆。鑫鑫由六个金字组成，代表"六金"。这个馆名，体现了邓六金对老区孩子们的桑梓深情，也饱含着家乡人民对不忘初心、奋斗终生的邓妈妈的深切怀念。

---

① 邓六金著：《我与曾山》，新华出版社 1999 年版，第 170 页。

始终保持劳动人民的本色

新中国成立后，曾山先后担任上海市、华东局和中央部委主要领导，以他的资历和职务级别，可以享受较高的待遇，但他始终保持劳动人民的本色，过着艰苦朴素的生活。正如他对家人所说："我们的一切是劳动人民给的，我们永远属于劳动群众。"①

上海解放初期，曾山任主管财经工作的副市长。当时，有关部门给他安排了一处离机关很近的住处。那是一处银行家的洋房，房间很大，还有花园草坪。曾山一看，很不高兴，黑着脸说："这地方不能住。""必须按规定办。"后在他的坚持下，住进了复兴中路一栋小房子。曾山住在楼上，华东财经委秘书长李人俊住楼下。楼上有不少的房间，但他只要了三间，一间是卧室兼办公室，稍大的一间让五个孩子和保姆挤着住，另一间用作吃饭和接待客人。他还把楼上房子原配有的沙发、地毯之类的贵重家具和花瓶、鱼缸等陈设，统统锁在其他房间，不准家里人动用，不久让机关拉走另派了用场。②

作为上海市党政主要领导人之一，到任不久，曾山就被国民党特务列入了暗杀名单。女特务利用色相勾引上了在曾山家工作的管理员，又给了很多钱，要他在饭菜里下毒药。可这个管理员下不了手，因为他看到的曾山根本不是旧社会那种"官老爷"。"曾山对同志对自己都挺关心爱护，晚上工作到深夜一两点钟，早上四五点又起床工作，天天开会、看文件、批文件、谈话，好像从来都不会休息，经常累得眼睛透着血丝；公家的财务他一分一厘都不沾，一点便宜

---

① 王震：《永留正气在世间——纪念曾山诞辰 100 周年》，《人民日报》，1992 年 4 月 17 日。

② 邓六金著：《我与曾山》，新华出版社 1999 年版，第 120-121 页。

都不要。"对这样的人，只要有一点良知，确实很难下毒手。这个管理员思想斗争激烈。他几次想找保卫处马爱真处长坦白，都因为屋里有别人没有谈成。想来想去，实在没有出路，留下"曾市长是好人啊！"的绝命书，自己服毒自杀了。[①]

1952 年，曾山调中央财经委当副主任兼商业部长，全家搬到北京，住进了四合院。机关事务管理部门根据他的级别，在他家的客厅和办公室配备了地毯，但他还是不让用，亲自卷起来退了回去。单位给他配备了工作用车。他对全家人讲，车是国家的，是让他工作用的，家里的所有人都不许因为自己的私事用车。邓六金和孩子们从来都不搭他的车。有时孩子们有病，也是自己挤公共汽车去医院。

曾山从不抽烟、喝酒，穿着上也极其简朴。在上海军管会期间，为了同资本家和工商界人士打交道，管理员要给他做套料子衣服，他不同意，只让做了套灰卡叽军服。他说："现在国家还很穷，我们做领导的不能和资本家比阔气。"就是这套普通军服也被他视作"奢侈品"，只在上班时穿，下班回到家里就脱下来，挂在衣钩上，换上从山东穿来的打了补丁的军衣。他这样节衣缩食，一身衣服总能穿十多年，到北京后的好多年里他还一直穿着这身灰卡叽军服。后来，因出国和外事活动的需要，他才做了毛料衣服。他一件衬衣也要穿十几年，补了又补。袜子也是这样，不到无法再补，就不肯买新的。他一生没有买过一块手表，在第一次全国人民代表大会期间，李坚真大姐看到他用的是怀表，就把自己的手表送给他。这块手表，他一直戴到去世。[②]

曾山是个孝子，十分敬重母亲。家里有 5 个孩子，虽然生活也

---

① 邓六金著：《我与曾山》，新华出版社 1999 年版，第 126–127 页。
② 邓六金：《怀念曾山同志》，《江西日报》，1992 年 4 月 16 日。

不是很宽裕，但他总要省出三分之一的钱寄给母亲和嫂子、弟媳，赡养老人。据邓六金回忆："家里的支出由他管，家中收入、开销都是量入而出。发了工资，我回家就给他，我留 10 块钱，在机关吃饭时用，其余的都给他。支出一般是三分之一交党费，三分之一家里生活用，三分之一寄给曾山母亲，照顾在家几位老人的生活。我们的工资也算不少，但每个月都显得挺紧张。"①

三年困难时期，为改善家庭的生活，曾山搬掉自家院子里的地砖，开了两块菜园子，按季节种上玉米、西红柿、丝瓜、辣椒等蔬菜，而且从种到除草、喷药、施肥、收摘，什么活都干。他还找来核桃、苹果树苗，种在院子里。每次下班回到家，就脱下制服，换上粗布劳动服，戴上草帽，像一个农民一样忙起来。孩子们的同学来串门，经常误认为是看大门的老头。种的菜收获后，他都会送给左邻右舍和工作人员，大家一起吃。种的葡萄、苹果收获后，也分送大家一起品尝。他干起这些农活来，显得特别自在，仿佛他一直在务农一样。他对孩子们说："我们的一切是劳动人民给的，我们永远属于劳动群众。记住这一点，比什么都重要。"②

到了晚年，他还惦记着老家的几棵柚子树、养鱼的水塘，希望退休之后能回去植树、种田、养鱼，干一些力所能及的农活。

"学习、工作都要靠自己"

曾山有 7 个兄弟姐妹，他自己恰巧又有 7 个子女③。他非常爱自己的子女，但从来不娇惯他们。在孩子们的成长过程中，他一直像

---

① 邓六金著：《我与曾山》，新华出版社 1999 年版，第 160–161 页。

② 邓六金：《怀念曾山同志》，《江西日报》，1992 年 4 月 16 日。

③ 大女儿、二女儿系曾山与前妻所生。前妻因丈夫参加革命被关进监狱多年，受尽折磨，后病故。

普通劳动者一样，不搞任何特殊化，也不让孩子们搞任何特殊化。他要求孩子们依靠自己的能力去学习、工作，像普通人家的孩子一样，在风雨中磨炼成长。

孩子们的青少年都是在五六十年代度过的，这正是曾山担负中央部委领导工作极为忙碌的时候。尽管如此，他谨记责任，丝毫不曾放松对孩子们的严格家教。他对孩子们要求最严的就是两件事，一是学习，二是品德。比较而言，对孩子们的品德，他要求更严。要是有孩子讲吃比穿这样的问题，他会生很大的气。他平时没有时间，是用自己的行为教育孩子。家里男孩子多，他要求男孩子自己洗衣服。女孩子就更不用说了。

在北京时，孩子们住在学校，星期天回家。曾山每个月给孩子们的零用钱，大的给一块钱，小的给伍角钱，主要用来买点牙膏、牙刷、肥皂什么的。大的买书和铅笔多一点，就给一块钱。衣服都是大的不能穿了，改给小的穿，连小女儿也拣哥哥的旧衣服穿，直到上了大学，她才自己买了件女式衣服。孩子们有时看到家里老吃得那么简单，禁不住抱怨几句。曾山就在餐桌旁对他们讲："我小时候只有在上山打柴时才能偶尔吃一个鸡蛋，而你们现在吃鸡蛋是很平常的事。"这些话讲多了，孩子们慢慢地习惯了，理解了。长大以后，孩子们都说，爸爸的老生常谈使他们受益无穷，立起了做人的主心骨。①

刚解放的时候，大女儿庆绣从江西老家来上海找爸爸，说想找个工作。曾山把她送到郊区一个纺织厂做工。工人们知道她的身份后，很惊讶地对她说："你是副市长的女儿，为什么到这里来做工？"她听了跑回家要求调换一个工作，曾山很严肃地说："当工人是很

① 邓六金：《怀念曾山同志》，《江西日报》，1992 年 4 月 16 日。

光荣的事，你既然不愿意做工，那就回乡下种地去好了，我这里按规定只能留你住三天。"在原则问题上曾山铁面无私。女儿也听话，表示愿意再回工厂去做工。不久，她和爱人一起到了湖南常德纺织厂，在那里当工人，一直工作到退休。

不久，二女儿庆绘也来上海找工作。她知道爸爸的脾气，就主动提出要当工人。曾山叫她到吴淞国棉八厂工作，并亲自送她，还要组织对她不能有任何特殊的照顾。她在工厂干得很好，没有人感觉她是副市长的女儿。"进厂三个月后就学会了检验纱布的技术，以后很快还入了党"①。

1958 年，大儿子庆红考上了北京工业学院，从小没有书读的曾山特别高兴，对他说："你是家里第一个考上大学的，好啊！要好好学习，科学文化知识非常有用，将来建设国家必须要有科学文化知识。"②庆红牢记父亲的教诲，在学校品学兼优，并入了党。"文化大革命"中，曾山又支持大儿子下放到广东湛江的农场锻炼，去扛麻袋围海造田。

对二儿子庆淮，曾山支持他到北京化工二厂当工人，他对孩子说："当工人是光荣的，但又是很辛苦劳累的。你过去没有吃过苦，能不能干得好，还要看你肯不肯下大力气哩！"庆淮也争气，进厂后就当上了电焊工，而且在工厂一干就是二十几年，练出了一身好筋骨。

60 年代初，三儿子庆洋考上了位于西安的空军工程学院，并遵照当时部队院校的规定，先到驻四川的空军部队服役。不久，他给家里写信，希望能回北京上外语学院。邓六金见信后，心有点软，打算去找空军领导商量此事。曾山知道后，坚决不同意，并生气地说：

---

① 盛禹九、张继尧：《革命长辈谈劳动——访曾山同志》，《中国青年》1957 年第 11 期。

② 邓六金著：《我与曾山》，新华出版社 1999 年版，第 166 页。

"参了军就要服从组织，哪能想上哪儿就上哪儿？孩子在外面闯一闯有好处嘛！"他亲自给儿子写信，鼓励他安心在部队当个合格的战士。后来庆洋回家汇报了自己在部队锻炼的收获，曾山称赞道："你这条路走对了吧？有出息！"①

"文化大革命"开始后，北京各中学都停课了。小女儿海生和小儿子庆源闲散在家，都特想参军。曾山对他们讲："我赞同你们去参军，但是能不能参上军，你们自己去学校报名应征，我不能去找这个人找那个人。"父亲指望不上，孩子们只好自己硬着头皮往前闯。庆源在学校多次向军代表申请，甚至还哭过，终于在那年学校的征兵中被选上了。但海生参军可没那么容易，一来征女兵的名额很少，二来她眼睛近视，体检也通不过。海生个性很要强，参不了军，就和班里同学一起报名去了黑龙江生产建设兵团，当了4年"兵团战士"，还被评为"兵团模范"。②

曾山非常挂念在外地工作的三个孩子，每个月都要给他们写一封信，要他们好好学习，努力工作，联系群众，永远跟党走。在给小儿子的信中，他写道："我们家是革命的家庭，光荣的家庭，望你好好学习马列、毛泽东主席的书，当一个好兵回来见我"，并把《共产党宣言》给他寄去。在给小女儿的信中，他是这样写的："你是在艰苦环境下，在海船上出生的，能生活到今天来之不易，一定要跟党走，干一辈子革命。"没有太多感性温情的话语，可是却留给孩子们一生受用不尽的精神财富。③

① 邓六金：《怀念曾山同志》，《江西日报》，1992年4月16日。
② 邓六金著：《我与曾山》，新华出版社1999年版，第167页。
③ 黄祖坤、曾海生主编：《曾山与邓六金画传》，中国画报出版社2009年版，第353页。

第十七章

在"文化大革命"中

抵制"左"的错误

1966 年 5 月 16 日，中共中央政治局扩大会议通过由陈伯达等人起草、经毛泽东多次修改的《中国共产党中央委员会通知》（即"五一六通知"）①，一场史无前例的"文化大革命"骤然而起。8 月 1 日至 12 日，毛泽东主持召开八届十一中全会。会议期间，印发了毛泽东写的《炮打司令部——我的一张大字报》。这张大字报要"炮打"的"司令部"虽未点名，但谁都明白，是指刘少奇、邓小平等主持中央日常工作的一些领导人。全会通过了《中国共产党中央委员会关于无产阶级文化大革命的决定》（简称"十六条"），对"文

---

① 《通知》对当时党和国家状况作了完全错误的估计，提出："混进党内、政府内、军队里和各种文化界的资产阶级代表人物，是一批反革命修正主义分子。一旦时机成熟，他们就会要夺取政权，由无产阶级专政变为资产阶级专政。这些人物，有些已被我们识破了，有些还没有被识破，有些正在受到我们信任，被培养为我们的接班人，例如赫鲁晓夫那样的人物，他们现在睡在我们的身旁。"

化大革命"运动的目的、重点、依靠力量、方法等作出了规定①。会议根据毛泽东的提议，改组了中央领导机构，选举毛泽东、林彪、周恩来、陶铸、陈伯达、邓小平、康生、刘少奇、朱德、李富春、陈云为中央政治局常委。林彪名列第二，成为毛泽东的接班人。

运动开始时，曾山同许多老干部一样，认为毛泽东经常强调的全党要高度警惕资本主义复辟的危险，并努力探索解决这个问题的途径，以确保无数人用鲜血和生命换来的无产阶级江山不变颜色，是非常正确和富有远见的；对于毛泽东为消除党和政府中的腐败现象与脱离群众所作的坚持不懈的斗争，是坚决拥护的。基于这样一种美好的愿望，他以极其崇敬的心情，响应毛泽东提出的号召，投身这场所谓"触及灵魂"的"文化大革命"，"经风雨，见世面"，努力使自己赶上形势。运动开始不久，他就主动把公务员撤掉，炊事员也撤了，自己花钱请保姆做饭。后来索性汽车也不坐了，和司机一齐挤公共汽车，中午回不了家，就在街上小饭馆吃饭。但是，随着运动的不断深入，许多与他的愿望相违背的事实使他迷惘不解，难以接受。

由于林彪、江青一伙煽动的"打倒一切""全面内战"，斗争对象不断升级，疯狂迫害党的干部的妖风骤然而起。这股风也不可避免地刮进了内务部。内务部人事局有人要求成立"文化革命"小组，曾山对这个"革命创举"没有表示支持。在无法阻止的情况下，他向人事局派出了工作组，"划框框、定调子"，指出要保护干部。1966年7月18日，曾山制定了一个要"煞车""收场"的"党组六条"，"强调揭发材料要核实，要区别对待，要按政策办事，不要打

①《决定》指出：这次运动的目的"是斗垮走资本主义道路的当权派，批判资产阶级的反动学术'权威'，批判资产阶级和一切剥削阶级的意识形态。""运动的重点，是整党内那些走资本主义道路的当权派。"

击面太大,防止走向反面等等"。① 这在客观上起了保护干部的作用。

"十六条"下达后,曾山对"十六条"的精神实质很不理解,未在内务部真正贯彻执行。他还说:"党组六条"没有违背"十六条",不同意取消。针对一些人在内务部的"揭发""批判",曾山指出"打击面不要太宽",否则,"会伤害好人""走向错误方向"等等。有人要揭开内务部"阶级斗争的盖子",曾山说:"内务部司、局级干部我是了解的","从部领导和司、局一级的领导上来检查,我认为总的是骄傲自满,保守落后,安于现状的思想",并不认为内务部存在着"阶级斗争"。当有些司、局长被揪出受到错误批判时,曾山提出两个"不许":不许别的司、局群众参加批斗会,会场不许呼口号。他希望运动平平稳稳,不要伤害好人。曾山尽一切努力保护干部。时任内务部优抚局局长的潘友諆回忆说:"我终生不忘的是'文化大革命'初期曾老对我的爱护和关怀。当时揪斗我的造反派头头去找他,要他对我这个'三反分子'表态,他义正词严地说:'潘友諆当局长,我当部长,你说他反党反社会主义,我怎么一点也不知道,一点也看不出来!'给那些造反派头头碰了硬钉子。对于其他受冲击的同志,他都尽力给予保护。"②

从 8 月到 11 月,毛泽东在北京天安门先后 8 次接见红卫兵和全国大中学校师生 1100 万人,曾山均应邀登上天安门陪同接见。但不久,国家部委机关的许多部长陆续被"打倒"。有几次,周恩来到机场去迎接外宾,都找不到与对方相应的人员陪同。有一天,周恩来直接打电话问曾山:"你打倒了吗? 能出来吗 ?"听说还没有

---

① 王青争、赵永西:《无产阶级的忠诚战士——曾山同志》,《人民日报》,1979 年 7 月 15 日。

② 潘友諆、王青争:《不尽的思念》,王青争主编:《永留正气在世间——纪念曾山诞辰 100 周年文集》,江西人民出版社 1999 年版,第 80 页。

被打倒，周恩来立即让他到机场迎接外宾。周恩来曾经说过："我了解曾山，信任曾山。"① 这一点给了曾山很大的安慰。

1967 年 1 月，"文化大革命"造成的混乱局面更加严重，全国各地上百万红卫兵拥入北京城"串连"，机关、单位、学校都住满了人。当时内务部机关仅有 400 多人，却一下住进了 1 万多名来自全国各地的红卫兵，除中央命令不准进驻的档案室、机要室外，其他司局办公室、部长、副部长办公室全都住上了人，机关工作基本陷于瘫痪。曾山紧急组织了接待班子，专管两件事：一是接待有关内务部业务的上访群众；二是负责提供住在院内的红卫兵饮水吃饭问题。在这种混乱的情况下，机关有的负责干部认为自身难保，何必再管这些吃喝上的事情，干脆撒手不管算了。问题提到曾山面前，他明确表示，中央没有说话，我们决不能撒手不管。他认为，内务部距离党中央、国务院机关只有一两条街之隔，如果我们撒手不管，势必大大加重党中央、国务院机关的负担。在这种非常情况下，我们作为国务院的一个职能部门，一定要为党中央、国务院分忧，绝不能给上级添麻烦。

为了扭转这一局面，2 月 3 日，周恩来以中共中央、国务院的名义草拟了《关于革命师生和红卫兵进行步行串连问题的通知》，要求"外出步行串连的革命师生和红卫兵应当回到本地本学校去"，"长途步行串连，在全国都停止"。② 曾山立即贯彻这一精神，尽全力抵制"左"的错误造成的混乱。他不顾机关造反派已经提出"打倒曾山"的复杂局面，立即在机关召开了上万人的群众大会，传达落实周总理的这一指示精神。会议刚一结束，曾山就被"革命造反

---

① 邓六金著：《我与曾山》，新华出版社 1999 年版，第 150 页。

② 《"文化大革命"中的周恩来》编写组编：《"文化大革命"中的周恩来》，中共中央党校出版社 1997 年版，第 12 页。

派联合总部"①抓住不放，后在身边工作人员帮助下，才从后门脱离开了他们的围追纠缠。

　　由于曾山的言行被认定为"严重挫伤了群众的革命积极性""压住内务部阶级斗争的盖子"，1967 年 8 月，他被造反派当作内务部"头号走资本主义道路的当权派"揪出来批斗，并把他执行"刘、邓修正主义路线"犯过的种种"严重错误"——翻出来加以清算和批判：（一）1956 年 9 月，在党的八大上支持了刘少奇提出的"改进现行的市场管理办法，取消过严过死的限制""允许国家领导下的自由市场的存在和一定程度的发展"等观点。（二）同年 11 月，在党的八届二中全会上发言说："绝大部分商品的脱销，都是与 1956 年国家年度计划冒进有关"，支持了刘少奇、周恩来、陈云、邓小平等提出的"反冒进"观点。（三）1957 年接受《中国青年》杂志记者采访时提出"阶级斗争的年代已经过去了"，宣扬了刘少奇的"阶级斗争熄灭论"。（四）1962 年五六月间，在河南、山东、湖南、广西等省、区民政干部汇报灾情会议上，说过"实行借地""扩大自留地"和"河南等重灾区，借地 3 至 5 年以至 10 年，使灾区农民不外流"，还说"自留地是党的最英明的政策""自留地确实重要，是农民的保命田"等等，支持了刘少奇的"三自一包"观点。（五）1962 年 8 月刘少奇《论共产党员的修养》一书再版后，在给刘少奇的电报中说，"重读《论共产党员的修养》受教育很大"，后来还在内务部翻印了这部著作，发给党员干部学习。（六）1965 年 1 月，毛泽东在《农村社会主义教育运动中目前提出的一些问题》（即"二十三条"）中提出："这次运动的重点，是整党内那些走资本主义道路的当权派"，不久又提出："中央出了修正主义，你们怎

---

　　① 　当时内务部共有七个造反派组织，可分为两大派：一是"革命造反派联合总部"（简称"革联"），要打倒曾山；二是"红色革命者联合总部"（简称"红联"），要保曾山。

么办？"曾山则说："这只是毛泽东主席的预见，不具体指谁。"（七）1966 年 7 月，内务部制定的"党组六条"，"压制了群众的革命热情"，使内务部的"文化大革命"运动"不能迅猛向前发展，而是一度变得冷冷清清，几乎中途夭折"。（八）同年 8 月，毛泽东发表《炮打司令部——我的一张大字报》后，曾山又说，这是党内问题，要放在党内来解决，等等。造反派认为，曾山这一系列"严重错误"的原因，是"资产阶级世界观没有改造好，对于刘、邓的那一套修正主义的条条框框，就容易接受，而对毛泽东主席的革命路线就很不理解，执行了刘、邓的修正主义路线，犯了方向路线错误"。[①]

正因为曾山"错误"的严重，他被多次批斗。尽管一而再、再而三地写"检查"，但都被认为"不深刻""没有触及灵魂深处"而"过不了关"。其实，曾山与其他老干部一样，即使"检查"再"深刻"，也不可能"过关"，因为林彪、江青一伙的目的就是要"斗臭""斗垮""斗倒"老干部，扫清他们篡党夺权路上的"障碍"。

多次批斗，使曾山的身心受到了很大的摧残。据时任国务院内务办公室[②]驻内务部联络员孙宇亭回忆："9 月间的一天，'革联'为显示自己的革命性，对曾山采取了'革命行动'。他们瞒过家属，避开'红联'，联络驻内务部机关内的学生'红卫兵'，秘密把曾山劫持到劳动人民文化宫，轮番批斗，并进行肉体折磨（低头、弯腰、'喷气式'）。家属不见曾山的踪影，着急打电话向内务办求助。我立即询问'革联'，他们推说不知道。我又通知'红联'帮助寻找，得悉被'革联'揪往劳动人民文化宫批斗的情况。当家属赶到的时

[①] 曾山：《我的检讨》（1967 年 3 月 1 日），存中央档案馆。

[②] 国务院内务办公室是直属周恩来总理的一个办事机构，负责联系和协调公安部、内务部、最高人民法院、最高人民检察院、中央统战部、民族事务委员会、华侨事务委员会的工作，主任是国务院副总理谢富治，副主任是原公安部副部长严佑民。

候，批斗会已散场，曾山身倚金水桥栏杆，两眼发直，似有轻生念头。我把所获情况当即报告严佑民，他又电话报告谢富治、周恩来。"①

得知情况后，周总理非常惊讶、气愤，立即以中共中央的名义，口述了一份文件，要求内务部以最快的速度发下去。9月27日一早，严佑民和孙宇亭就向内务部造反组织的头头传达了这个指示，即"中共中央关于曾山同志的指示"：

一、对曾山同志的错误，可以批判，但性质应由中央来定。

二、曾山同志的活动，听命于中央，造反组织不能干涉。

三、外来学生不能干预内务部事务，要立即撤出。

四、开批判会搞"喷气式"、大弯腰是错误的，是违反中央规定的，今后不准再搞体罚和变相体罚。②

中共中央的指示传达后，情况稍微好了一点，但批斗还是少不了的。每一次，曾山都很镇定、很坚强，回家后对关切自己的家人什么也不讲，心胸依然宽阔，只是说："哪个单位都有造反派，来了运动，受点委屈也难免。我自己知道自己，中央也知道，没有什么问题。我们要相信党。"③

困境中的坚守

"文化大革命"开始后，由于不断遭到冲击，曾山已经无法正常开展工作了。但他始终保持着一个老共产党员的可贵品质，保持着对党的事业的忠诚，在十分困难的状况下，依然坚守岗位，为继续进行内务部的正常工作，作了坚持不懈的努力，费尽了心血。

---

① 孙宇亭：《"盗窃中央档案馆核心机密"案真相》，孙明山主编：《历史瞬间》（2），群众出版社2001年版，第188–189页。

② 邓六金著：《我与曾山》，新华出版社1999年版，第151页。

③ 邓六金著：《我与曾山》，新华出版社1999年版，第151页。

　　1967 年的自然灾害多是插花灾，主要是华东、西北的局部地区，成灾面积为 2000 多万亩，粮食减产 40 亿斤。为解决受灾地区春荒期间群众生活困难的问题，1 月 28 日和 4 月 14 日，曾山以部党组的名义，两次向中央提交报告，对做好救灾、救济工作提出了具体的安排意见。同时，还指导春荒较重的河南、安徽、山东等省召开了救灾工作会议，并派出工作组到各地检查督促灾区群众开展生产自救。上半年，中央财政共计拨发了救济款 2.02 亿元。11 月 28 日，内务部向中央内务办公室并李先念副总理报送《关于 1967 年农业收成、灾情和救灾款安排意见的报告》后，中央财政又增拨 6780 万元给安徽、浙江、新疆、陕西、江西、福建的部分地区，作为今冬明春，特别是春荒救济之用。①

　　1967 年 2 月 5 日，内蒙古军区一干部向围困军区大院六七日之久的造反派开了枪，致使内蒙古师范学院一学生肺动脉被击穿，经抢救无效身亡。周恩来接到报告后，指示内务部调查事件原委，曾山立即带领技术人员飞抵呼和浩特。在极端复杂的情况下，他排除了两派群众组织"派性"的干扰，召集部队、学生双方代表谈话，查明了真相，妥善处理了善后事宜，平息了事端。

　　2 月 27 日下午 5 时，河北天津专区② 大城县和沧州专区河间县交界一带发生 6.5 级强烈地震，波及河北省的 27 个县，共倒塌房屋 21.5 万多间，受伤群众 1150 人，死 21 人。地震发生后，曾山不顾年事已高，率中央慰问团赴灾区指导救灾。在余震频频发生的情况下，他泰然自若，亲临灾民临时安置点——大城中学广场，号召灾民生产自救，重建家园。为解决灾区搭防震棚、修房的物、料不足，

---

　　①　中华人民共和国民政部大事记编委会编：《中华人民共和国民政部大事记》（1949—1986），中国社会出版社 2004 年版，第 178–179 页

　　②　当时河北省设有天津专区建制，1973 年改称廊坊地区。

内务部紧急调拨了大批苇席、木料、木杆、油毡、白灰等物资，轻灾区的干部群众也纷纷把自己家中的林秸、麦秸送到重灾区。4月初，河间、任丘、青县等地搭防震窝棚 10 万多个，可容 57 万多人居住；大城县搭窝棚 2 万多个，挖地下室 22000 多个，灾区群众的生活很快得到了安置。

这年年底，一些外地群众组织到北京，聚集在内务部，提出要见曾山，否则就上中南海游行。曾山身边的工作人员劝他不要出去与群众见面，恐有危险，但曾山坚持要去。他说：如果我不去的话，他们将上中南海。现在周总理的压力已经够大了，不能再给总理添忧。内务部的问题，我应该出面，再危险也要去向群众说清楚，相信群众能理解。曾山在内务部大礼堂与群众开大会见了面。在曾山的劝说下，大部分群众表示理解。事态缓和下去了。

1968 年的五一节，党中央、国务院确定请曾山上天安门城楼参加庆祝活动。造反派知道后就大吵大闹，横加阻挠："走资派怎么能上天安门？"① 身边的工作人员劝他不要去，以免得罪造反派。但曾山说，我必须去，这是中央对我的信任，是毛泽东主席对我的信任。后在内务部军代表万海峰的大力支持下，曾山如愿上了天安门。

10 月 13 日至 31 日，曾山出席了在北京召开的中共八届扩大的十二中全会。全会是在极不正常的情况下召开的。一些中央委员被剥夺了出席会议的权力，一些出席会议的中央委员继续遭受诬陷性批判。会议通过了《关于九大代表产生的决定》，决定于次年召开中国共产党第九次代表大会。在做党的九大筹备工作时，周恩来很希望能有一批老干部出来工作，因为这事关党和国家的前途与命运。对于每个领导干部个人来说，这无疑是件关系到自身命运的大事。

① 万海峰：《特殊年代一段难忘的岁月——深切怀念曾山同志》，王青争主编：《永留正气在世间——纪念曾山诞辰 100 周年文集》，江西人民出版社 1999 年版，第 42 页。

在听取内务部工作汇报时，周恩来对万海峰说："曾山在江西革命根据地的斗争中是有功的，他去苏联学习也是党安排的。曾山是个老同志，好同志，应该把他选出来参加党的九大。"① 基于曾山在内务部的崇高威信，加上军代表在群众中做了许多工作，曾山最后以"全票通过"当选为内务部出席党的九大代表。

在党的九大上，曾山与陈毅被编在一个小组里。林彪、江青一伙为了诬陷陈毅，四处搜集材料，罗织罪名。他们点名要曾山"揭发批判"陈毅，遭到曾山的坚决抵制。这自然招致那一伙人的忌恨。后来毛泽东主席在一次讲话中肯定了曾山在江西苏区革命斗争中的功绩，他才被选为中央委员。毛泽东主席在这次讲话中说的是1930年因肃反扩大化，有人提出挑拨离间、蛊惑人心的反动口号，妄图打倒毛泽东的历史事件。毛泽东主席说："现在的内务部长曾山，当时是江西省苏维埃主席，不赞成这个口号，所以也要把他打倒。"②

1969年内务部撤销后，工作人员全部下放到湖北沙市郊区五七干校，曾山因年事已高，中央决定他留在北京，可他时时关心惦念在干校的同志们。在同志们离京去干校时，他对住在内务部院内的同志挨家逐户去慰问送行。同志们下放后，他先后三次到干校看望大家，并及时传达中央会议及中央指示精神，使大家能及时了解国内外情况，安定情绪，努力搞好生产和工作。③

在那个特殊年代，曾山表现出的坚定的无产阶级信念、乐观的革命精神和顾全大局、任劳任怨的工作作风，给同处逆境中的内务

---

① 万海峰：《特殊年代一段难忘的岁月——深切怀念曾山同志》，王青争主编：《永留正气在世间——纪念曾山诞辰100周年文集》，江西人民出版社1999年版，第42页。

② 潘友誯、王青争：《不尽的思念》，王青争主编：《永留正气在世间——纪念曾山诞辰100周年文集》，江西人民出版社1999年版，第78页。

③ 章明：《深切怀念老领导曾山同志》，王青争主编：《永留正气在世间——纪念曾山诞辰100周年文集》，江西人民出版社1999年版，第85页。

部广大党员干部以极大的激励。曾与曾山共事一年多的军代表万海峰回望那一段岁月时，说"使我永生难忘"。他在《特殊年代一段难忘的岁月——深切怀念曾山同志》一文中写道：

1968年，我当时在唐山担任某驻军副军长，受上级委派，以军代表的身份，率领一个由7名军队干部组成的军代表小组，进驻内务部，执行"三支两军"的任务。4月9日，我们正式进驻内务部。当时，内务部和全国一样，"文革"正处于高潮，"打倒一切"的极左思潮登峰造极，"全面内战"的派性矛盾恶性发展，部机关大院陷入一片混乱的瘫痪状态。

我急切地见到了曾老。他面目和蔼，花白的头发，高高的个子，清瘦的面容，平易近人，态度谦和，神情中透露出一种对党和国家命运的焦虑。他全然不顾由于造反派的折磨造成的身体虚弱，向我诉说自己受点委屈不要紧，可这里是国家机关啊！不开展工作，而自己不能管，也不能问，这个局面如何收拾？曾山同志诚恳地对我说，自己的情况组织上是清楚的，对个人的去留得失在所不计，也作了返乡当个老农的思想准备，担心的是内务部的混乱局面将给党的事业带来难以挽回的损失。一个老共产党员的高风亮节溢于言表。

即使身处逆境，曾山同志依然保持着一个老共产党员的可贵品质，保持着对党的事业的忠诚。对造反派无休止的批斗审问，曾山心胸坦然，如实回答，耐心地给他们讲自己的革命历史，既不居功自傲，也不讳言革命道路的曲折。曾山对来找他写调查其他老同志证明材料的，也一直坚持实事求是的原则，态度鲜明，立场坚定，坚持真理，从不进违背党的原则的话。这种态度赢得了同志们的高度尊重。在曾山遭到错误批判的那个时期，对内务部的工作，他难以过问。有一次，我主动征求他业务工作的意见。他表示，希望军代表关注盲文印刷厂的筹建工作。在此之前，他还过问假肢科学研究所的筹建，希望这两个单位早日建成，为广大残疾人服务。逆境之中，他还惦记着残疾人的疾苦，更显出一个老共产党员的高尚品德。①

"流放"湖南

1969 年 10 月，又是一个肃杀的秋天。17 日，根据毛泽东关于国际形势有可能突然恶化的估计，林彪在苏州发出《关于加强战备，防止敌人突然袭击的紧急指示》，要求全军进入紧急战备状态。次日，黄永胜等以"林副主席第一号令"正式下达林彪的"紧急指示"。在此前后，根据毛泽东意见和中共中央统一部署，在京的一些老同志及其家属被"战备疏散"到外地。

曾山也在疏散之列。据邓六金回忆："有个办公室主任通知我们说：'苏联要进攻我们，要准备打仗。高级干部要疏散，中央决定你们也要疏散。你们愿意到哪里？'曾山说要回老家，他们不同意。曾山就说：'那你们安排吧。'"最后，曾山和叶剑英被安排在一起，疏散到湖南长沙，陈毅被疏散到了河北。当时办公室主任问他要带什么人，曾山说：'什么都不带，我们老两口带一个孙子。'"②

这是曾山在"文化大革命"中第二次提出回老家的请求，上一次是因为母亲病故。1969 年 2 月，他突然接到大嫂拍来的电报，说"妈妈去世了！"要他和家人赶快回家，为母亲送终。这个电报像晴天霹雳，把曾山打倒了。邓六金后来回忆说："老头子忍不住悲痛，哭开了。这是我第一次见曾山哭得那么伤心，他真是太难受了。"③

---

① 万海峰：《特殊年代一段难忘的岁月——深切怀念曾山同志》，王青争主编：《永留正气在世间—纪念曾山诞辰 100 周年文集》，江西人民出版社 1999 年版，第 38-40 页。

② 邓六金著：《我与曾山》，新华出版社 1999 版，第 153-154 页。

③ 邓六金著：《我与曾山》，新华出版社 1999 版，第 152 页。

后来才知道，是内务部的造反派跑到曾山江西吉安老家，说要挖曾山的黑材料。造反派在老家也贴了标语，写着"打倒曾山"，还在家门口游行喊口号。他们恐吓曾山老母亲说："曾山是走资本主义道路的当权派，被打倒了，被关起来了。"老人家一听，就晕过去了。她一直在家乡农村种田劳动，虽然没有什么文化，不懂什么大学问，但思想进步。在革命战争年代，她的丈夫和两个儿子三位亲人为革命牺牲，但她依然竭尽全力支持革命，相信共产党，相信毛泽东主席。曾山是她的希望和支柱，她为自己革命的儿子感到骄傲。而现在，她的儿子却成了"走资本主义道路的当权派"，被打倒了，她相信自己儿子的人品，但又实在想不明白。她受不了这个打击，精神支柱倒了，她自己也一下子病倒了，没几天，就带着迷惑，伤心地去世了。临去世前，老人家还颤抖着，费力地抬起手，指指北方，意思是惦记自己的儿子，想见见曾山。

曾山接到电报后，让邓六金赶快收拾行装，并立即向组织请假，要求回老家奔丧送终。但造反派竟然不通人情，不同意他回老家。曾山一听说不准请假，在自己的办公室就泪流满面。回到家，邓六金本来在收拾行李，一听说不让回老家，忍不住也哭了。找孩子们商量，让孩子们回去，结果他们单位也请不了假。没办法，只能给家里拍电报，寄了钱，请嫂子、乡亲们代为安葬老人。因为不能回家为妈妈送终，曾山难受了很长时间。

回不了吉安老家，但能与叶剑英同赴湖南却是一件幸事。曾山对叶帅一向敬重。早在1927年秋，他在寻找随南昌起义部队南下广东的哥哥未果后，就到叶剑英领导下的国民革命军第四军教导团通讯连当的兵，并参加了著名的广州起义。斗转星移，命运又使两位坚定的共产主义战士聚首在了一起。

10月20日，曾山、邓六金与叶剑英乘坐一架苏制"伊尔14"

曾山一家和叶剑英（前排左三）在韶山毛泽东主席旧居前合影

飞机离开北京。到长沙后，他们在湖南省委招待所住了一个多月。刚开始，伙食什么都还可以，也还可以在院子里走走。后来被湖南省委安排至湘潭一个军队招待所，慢慢地就不行了，早上吃的是馒头、稀饭、咸菜，中午一个素菜，荤菜很少。不让接触社会，不让自由活动，实际上是给"软禁"了起来。

尽管备受冷遇与屈辱，而且又都体弱多病，但叶剑英、曾山依然心系党的前途、国家的命运和百姓的疾苦。他们在日常交谈中，多次表现出对形势很不理解："经济现在这么混乱，都不抓生产怎么行？群众怎么生活？"两位革命了一生，奔忙了一辈子，就这样关在招待所里，没病也要闷出病来。曾山很着急，便向看管的造反派提出："我们到乡下去看看，看看农村的大好形势，向贫下中农学习学习，搞点调查研究。"①但造反派就是不批准。

当时叶剑英还是中央政治局委员，其政治待遇是一份中央文件、一份《参考消息》。由于内务部已被撤销，曾山的职务只是中央委员，所以政治待遇只有一份《参考消息》。一天，随行的秘书王青争回北京。曾山叮嘱，可能的话弄一点"消息"带来。王青争根据"指示"，在北京搞到了一些中央领导在某些会议上的讲话。王青争抄下来后带回湖南。曾山把抄件给叶剑英看。后来叶剑英对他的秘书说，以后去北京也要尽量捎点"消息"回来。

"流放"湘潭期间，王震曾来看望过叶剑英和曾山。王震是湖南浏阳人，当时被疏散到江西。老朋友见面非常高兴。王震后来回忆道："我对曾山同志说：'我俩换个位就好了。'（指曾山到江西，我到湖南）大家听了都笑了。当时，我们对党和国家的前途担忧，谁也没有去抱怨个人的处境。"②

1970年5月，由于生活不好，水土不服，曾山病了。这次是痔疮破裂，大出血，血流不止，很吓人。王青争打电话请示周总理，总理回答说："你们先照顾好曾山，立即送回北京治疗。"由此，曾山才结束半年多的"流放"生活，乘火车赶回了北京。下火车后就马上被送到医院。但治病也不顺利，造反派说不能给"走资派"看病，把病案都拿走了，不让曾山看病。最后，还是总理说话，让曾山住进北京医院，病情才得到控制。

揭批林彪反革命集团

1970年8月23日至9月6日，党的九届二中全会在庐山召开。

①　邓六金著：《我与曾山》，新华出版社1999年版，第154—155页。

②　王震：《永留正气在世间——追念曾山同志》，《人民日报》，1992年4月17日。

大病初愈的曾山参加了这次会议。会议原定的议程是讨论修改宪法、抓国民经济和战备等问题。但在开幕会上，林彪突然就修改宪法问题大谈毛泽东的领导地位。他说："这次宪法修改草案，表现出这样的特点，就是突出毛泽东主席和毛泽东思想在全国的领导地位。""用宪法的形式把这些固定下来非常好，非常好！"他还强调他仍然坚持"毛泽东主席是天才"的观点。林彪讲话后，康生表示对林彪的讲话"完全同意，完全拥护"；并提出："如果是主席不当（国家）主席，那么请林副主席当（国家）主席。"① 之后，陈伯达、吴法宪、叶群、李作鹏、邱会作等分别在几个小组会上同时发难，表示拥护林彪的讲话，要求设国家主席，强烈煽动要"揪人"。

毛泽东很快察觉到会议的不正常现象。8月31日，他严厉地批评了陈伯达。9月1日，在有各小组召集人参加的中央政治局常委扩大会上，他又点了陈伯达的名，要他作检查，还要林彪召集吴法宪、叶群、李作鹏、邱会作等人开会，听取他们的检查。② 林彪集团的阴谋和分裂活动，引起了毛泽东的强烈不满和高度警惕。之后，他对林彪集团采取了一系列抑制措施，使林彪集团地位的上升势头受到明显打击。这样，江青集团自然得势，并与林彪集团的矛盾更趋激化，争斗更趋尖锐。

返回北京后，曾山更加担忧党和国家的前途了。于是，关门在家读《毛泽东选集》《共产党宣言》《唯物辩证法》《国家与革命》等经典著作，还阅读了大量的中外历史书籍。对于"文化大革命"以来的许多问题，曾山不理解，感到困惑，心情异常郁闷，本来就寡言的他更加陷入痛苦的沉默。他只希望通过学习马列经典著作找

---

① 《中共九届二中全会会议记录》（1970年8月23日），转引自中共中央文献研究室编：《邓小平传（1904—1974）》（下），中央文献出版社2014年版，第1382页。

② 汪东兴：《忆庐山九届二中全会》，《当代中国史研究》，1994年第3期。

到一些答案。

1971 年 9 月 13 日，林彪因发动武装政变的阴谋败露，仓皇乘飞机出逃，终于摔死在蒙古的温都尔汗。这就是震惊中外的九一三事件。九一三事件的发生，是"文化大革命"推翻党的一系列基本原则的结果，客观上宣告了"文化大革命"理论和实践的失败。

九一三事件发生后，中共中央发出一系列揭批林彪集团阴谋活动的文件，部署开展"批林整风"运动。"9 月 26 日至 10 月 15 日，中共中央召集部分在京老同志揭发批判林彪的座谈会。座谈会开了九次，由李富春主持，陈毅、聂荣臻、徐向前、蔡畅、邓颖超、邓子恢、张云逸、张鼎丞、曾山、王震等出席。朱德、刘伯承也分别写信或谈话，揭发林彪历史上的问题。"①

与会的老同志对林彪的罪行深恶痛绝，每次开会，都积极发言。曾山在 10 月 6 日的发言中，着重揭发批判了林彪历史上阳奉阴违、不服从毛泽东主席指挥的错误："1930 年 10 月 4 日打吉安城时，黄公略同志向我说，总前委作了决定，毛泽东主席指示攻打吉安城，命令红三军从城西南进攻，红四军从城西北进攻，等候两军到齐，同时进攻。但是，林彪违抗毛泽东主席的命令，不等红三军到，即指挥红四军攻城。结果，打了一天多，伤亡不小，攻城没有奏效。幸而守城的狡猾敌军向赣江逃跑了，但反动派的武器弹药我们无所获。毛泽东主席在'中国革命战争的战略'问题第五章第六节中指出：'一九三〇年十月四日吉安之役，不待兵力完全集中就实行开进和攻击，幸而敌人（邓英师）自己逃走了，我们的攻击本身并没有奏效。'这就是批评林彪的。"他还进一步指出："第三次反'围剿'中，毛泽东主席决定我部主要打正在撤退逃跑的敌军尾部，以迫使敌军

---

① 中共中央文献研究室编：《毛泽东年谱（1949—1976）》第六卷，中央文献出版社 2013 年版，第 408 页。

快退出苏区，这样有利于苏区的恢复。可是，林彪却指挥红四军向高兴圩敌人发起攻击，打得相持不下。当时，毛泽东主席到了前线，林彪才向主席说，原来以为打的是逃跑敌军的尾部，现在证明是蒋蔡主力。部队伤亡近三千人。这说明林彪不执行毛泽东主席的指示。毛泽东主席当即命令退出战斗，部队转移到东固附近，在白沙岭打了一仗，把韩德勤一个师全部消灭，取得了第三次反'围剿'的胜利。"①这次座谈会是曾山最为期盼的会议，也是他几年郁闷心情得到释放的一次会议。

曾山对党内"左"的错误十分痛恨，但对同志却十分关心体贴。原中顾委委员、上海市委第二书记胡立教回忆说："'文化大革命'中，因为我被选任周总理的联络员而受到冲击时，曾山同志再三嘱咐我要当心身体，要争取为党做更多的工作。林彪叛逃事件发生后，我从秦城监狱出来，将去河南工作时再次去看他。曾山同志对他自己在运动中受到的种种不公正待遇只字未提，而对我的情况却问得十分仔细，再三嘱咐我首先要把身体养好。那时候，我们常常彻夜长谈，有时也下盘围棋。当时他对林彪、江青一伙的罪恶勾当无比痛恨，对党和国家的命运十分担忧的神情，给我留下了至今难忘的印象。"②

原中顾委委员、山东省委第一书记谭启龙，长期在曾山的领导下工作。他回忆道："曾山同志关心他人胜过关心自己，身处逆境仍然关心我的情况。'文化大革命'爆发后，我在山东受到不间断地冲击和批斗，到1967年初又被打倒、夺权。这年上半年，曾山同志也受到造反派冲击、批斗，家门口墙上贴满了造反派的大字报。在处境困难的情况下，曾山同志仍很关心我的情况。我的大儿子在

---

① 《老同志座谈会简报（三）》（1971年10月6日），存中央档案馆。
② 胡立教：《一个真正共产党人的典范——纪念曾山同志诞辰一百周年》，《文汇报》，1999年8月11日。

北京上大学，节假日和星期天常住他家。每次去，他都要仔细询问我的情况，反复地叮嘱说，山东工作不错，省委是个好班子，你父亲没什么问题。你们自己要注意言行举止，不要出问题。有一段时间，我的大儿子学校里武斗，曾山同志就把他留在家里住下，像对待自己的孩子一样。1968 年 10 月，我大儿子被分配到贵州军垦农场，临行前向曾伯伯、邓妈妈告别。曾山同志专门叮嘱他说，你路过济南要设法见你父母一面，转告他们没什么问题，要相信党，也要相信自己，注意保护身体。我大儿子问他：'外面大字报有毛泽东主席在八届十二中全会上的讲话，提到爸爸说：'谭启龙来了没有？他是红小鬼，放牛娃出身，有什么问题？'但在山东没有传达，是否确有此事？'曾山同志点了点头说：'我亲耳听到'，并让他转告我们。我大儿子路过济南，几经周折，总算分别见了我和严永洁一面。但因有造反派在场，曾山同志的问候也没能转达给我。严永洁倒是机敏地问了一句：阿留（曾山同志二儿子的小名）家好吗？大儿子回答说：好。后来解除隔离后，严永洁对我说：'听到这句话，我知道他见到了曾山同志，他安好，我们就放心了。'"①

张俊是解放战争时期就在曾山身边工作的警卫员。"文化大革命"期间，造反派说他是假党员。张俊据理力争，说他的入党介绍人是曾山。造反派到北京找到曾山。曾山说："张俊是位好同志，是中共党员，我是他的介绍人。"并在证明书上盖上自己的印章，从而保护了张俊。

曾山十分关心下放在湖北沙市五七干校的原内务部的同志们。1971 年下半年，根据当时的形势及各方面的工作需要，为使这些同志早日重返工作岗位，他亲自与中央组织部协商后，组织一批干部

　　①　谭启龙：《德高望重的长者——怀念老领导曾山同志》，《光明日报》，1999 年 12 月 12 日。

到有关省、市及中央部门联系。1972 年初，就有部分同志走上了新的工作岗位，其余同志也先后回到了北京，陆续分配了工作。①

最后的日子

在"文化大革命"中，有两件事对曾山刺激很大，一是陈毅的重病和去世，二是陈正人的含冤辞世。

1971 年 1 月，陈毅在 301 医院做切除阑尾手术时，发现得了结肠癌，并且已经转移。得知消息后，曾山、邓六金立即前往探望。张茜含泪介绍了病情："发现得太晚了，治疗不及时。像他这样的老人，体重突然下降了 40 公斤，这本来就是有重病的症状，应及时诊断，及时治疗，但是，医院一直不给作会诊，说他是走资派，还要医生和我们划清界线，病也给耽误了。周总理也知道了，很生气，但太晚了。"曾山听着，难掩悲痛，避过头掉下了眼泪。安慰了张茜之后，才进病房看陈毅。在病床前，两人紧紧握手，互相倾诉。据邓六金回忆："（他们）说了很多话。陈毅很激动，火气又大，说：'那帮人迫害了我们那么多老干部老同志，天要报应。'边说边掉泪，'我们俩现在还都活着，哪一天我们也同归于尽吧。'曾山劝他说：'你好好养病，身体最重要。'想到当年那个驰骋疆场、令敌人闻风丧胆、很会打仗、又很会关心同志的陈司令，境遇如此，现在又病成这样，我难过得不知说什么。"②

曾山和陈毅是几十年并肩战斗的老战友。中央苏区时期，曾山任江西省苏维埃政府主席，陈毅任江西军区总指挥，共同领导了江西苏区军民土地革命运动和反"围剿"斗争。中央红军主力长征后，

---

① 章明：《深切怀念老领导曾山同志》，王青争主编：《永留正气在世间——纪念曾山诞辰 100 周年文集》，江西人民出版社 1999 年版，第 85 页。
② 邓六金著：《我与曾山》，新华出版社 1999 年版，第 156 页。

曾山和陈毅都留在中央苏区坚持游击战争。抗日战争和解放战争时期，曾山和陈毅又在一起，共同组建新四军，参与领导华中、华东军民开展抗日斗争和推翻国民党反动派统治的斗争。上海解放后，他们又共同担负起了接管上海市的领导工作，后来还分别担任了上海市副市长和市长。1952 年和 1954 年，两人先后调中央工作。曾山任中财委副主任兼商业部长，陈毅任副总理（后又兼外交部部长）。

同在京城，两人交往甚为密切，友谊笃厚。陈毅善于"忙里偷闲"，爱下围棋。当他的"棋瘾"来了时，马上就给曾山拨电话："曾山，过来嘛！我们杀一盘！"于是曾山马上就赶来和他"对战"。当别的棋友在场时，曾山又常常在旁边观战或充当裁判。有时，外调的同志来了解情况时，陈毅又拨通电话："曾山，江西的同志来了解峡江会议情况，你跟他们谈谈！"曾山立即答应："好！就来。"[①]据邓六金回忆："我们和陈毅、张茜一直保持着很好的革命友谊。张茜生下老大，没奶，那时候刚好我生下老二，奶很多，就把她的孩子抱过来吃，最后虽然给孩子找了奶妈，也还常吃我的奶，一直到两岁。在北京，陈毅爱下围棋，一有空，就打电话叫曾山过去和他下棋，两人饭也不吃，在棋盘上直杀得昏天黑地。他们两个感情很深呀。"[②]

九一三事件后，林彪集团垮台了。陈毅特别激动，打电话叫来曾山长谈。两人又高兴又激动，聊了很长时间，好像预感到冬天即将过去，春天快要来临一样。但是，他们都没有挺过来。1972 年 1 月 16 日，陈毅不幸去世。曾山、邓六金参加了追悼会。老战友之死，对曾山是个很大的刺激。

---

①　吴克斌：《四十年风雨同舟——记曾山与陈毅的革命友谊》，王青争主编：《永留正气在世间——纪念曾山诞辰 100 周年文集》，江西人民出版社 1999 年版，第 219–220 页。

②　邓六金著：《我与曾山》，新华出版社 1999 年版，第 156 页。

陈正人在"文化大革命"中也受到了迫害。曾山和陈正人是江西吉安老乡（陈正人是江西遂川人），也都是江西苏维埃运动主要领导人之一。曾山任江西省苏维埃政府主席时，陈正人任副主席、党团书记，并一度代理江西省委书记。1949 年 4 月，当曾山得知陈正人将要南下任江西省委书记时，特打电报给董必武转陈正人："我是愿回江西，在你领导下做一部分经济建设工作，只要组织上批准，当遵照随你南下。"①谦逊的言辞表达着对战友的信任和对故土的思念。1952 年，陈正人调任建筑工程部部长，两人同在中央人民政府内工作，相互之间往来更加密切。

"文化大革命"中，时任第八机械工业部部长的陈正人被关进"牛棚"一年多，身体倍遭摧残。九一三事件后，才得以回京治病。但因未获"解放"，尚不能住院治疗，只能去北京医院拿药回家吃。1972 年 4 月 5 日，曾山和邓六金前往陈正人家探望。这时，陈正人的病情已非常严重，手直哆嗦，药都拿不稳。看到这种境况，曾山非常难过。第二天，曾山一起床，就给陈正人打电话问候："陈正人身体怎么样？"陈正人小儿子陈洪生接的电话，他哭着说："我爸爸晚上去世了，心肌梗塞……"②

原来，陈正人心脏病发作后，从部队刚回来的陈洪生跑到附近医院请求紧急出诊。可医生说要领导批准才能出诊，因而未能得到及时救治，等到急救车来送阜外医院，为时已晚。4 月 6 日凌晨，陈正人辞世了。

曾山对陈正人之死，异常悲痛，第一个前往陈正人家中吊唁，

---

① 《曾山致董老转陈正人电》（1949 年 4 月），中共党史人物研究会编：《中共党史人物传精选本》第八卷·政治经济建设篇（下），人民日报出版社、中央文献出版社 2001 年版，第 845 页。

② 邓六金著：《我与曾山》，新华出版社 1999 年版，第 157 页。

1972 年 4 月 13 日，曾山在陈正人追悼会上致悼词

慰问家属，帮助料理后事。为了陈正人的悼词，曾山不顾自身艰难的处境，积极奔走呼号。邓六金回忆说："曾山很重革命友情，要求悼词实事求是评价陈正人，但造反派不同意，说陈正人是'走资派'。曾山据理力争，坚持要求写上'陈正人同志为共产主义事业贡献了自己的一生'的话，造反派不同意。最后，曾山找到周总理才解决了问题。"①

4 月 13 日，陈正人追悼会在北京八宝山举行，余秋里主持，曾山致悼词。曾山没有在第八机械工业部或第一机械工业部（第八机械工业部于 1970 年 4 月并入第一机械工业部）担任过职务，却为陈正人致悼词，这是一个打破常规的安排，表明中央对曾山的信任和对陈正人一生的肯定。

陈毅、陈正人两位老战友的去世，给曾山很大的打击。尤其是在处理陈正人的后事过程中，耗费了很多精力，也受到很大刺激，

① 邓六金著：《我与曾山》，新华出版社 1999 年版，第 157 页。

身体非常疲惫。但在陈正人追悼会上，见到一些多年不见的老战友，又倍感欣慰。

4月16日上午，原驻内务部的一位军代表突然因心脏病住院。曾山闻讯后，连午饭都顾不上吃就赶到304医院探望，一直等到下午4点左右该同志经抢救脱离危险才离开医院。回家吃过晚饭不久，又有老战友萧克来访。他和曾山十多年不见，一进来，两人就热烈拥抱。他们谈林彪、"AB团"、富田事变、接管上海、"文化大革命"，越谈越激动。一个多小时后，萧克见曾山脸色苍白，便约定过几天再谈。

萧克走后，邓六金把曾山扶上床躺下。不料，曾山心脏病突然发作。由于当时高级干部医疗保健制度被破坏，抢救被耽搁。虽经医务人员多方努力，终究未能抢救过来。当晚23时15分，这位1926年参加革命，为人民的解放、国家的建设，无私地奉献了一切的老共产党员，在北京医院逝世，享年73岁。

第二天，周恩来从外地打电话找曾山办事，被告知："曾山过世了。"他极为震惊，生气地质问："怎么没抢救，你们干什么的呀？"[①]在几天前陈正人的追悼会上，周总理还问过曾山："身体怎么样？"曾山当时还拍着胸脯说："身体很好！"怎么也想不到……他立即让邓颖超赶往医院，看望邓六金。

10天之内，陈正人、曾山这两位对中国革命作出重要贡献的共和国部长相继猝死，在国内引起极大的震动。然而，真正夺去他们宝贵生命的又岂止是病魔？为了切实保护老干部，周恩来不顾江青一伙的阻挠，指示有关部门：对在京及疏散到各地的副部长以上的高级干部，不论是否"解放"，一律立即接回城市普遍进行身体检

---

① 邓六金著：《我与曾山》，新华出版社1999年版，第159页。

曾山同志追悼会在京举行

查，改善他们的医疗条件，凡患病者，一律保证住院治疗，并要北京医院吸取教训，组织抢救心脏病的医疗班子并配置相应的器械。同时，指示全国政协机关对上层民主爱国人士的医疗、生活状况进行调查，对存在的困难及时解决。卫生部按照周恩来的指示，安排了10家医院对上述同志进行体检。周恩来此举非常英明、非常及时，使许多受迫害遭折磨的老干部保住了生命，也为日后改革开放储备了雄厚的干部力量。

中共中央、国务院对曾山的逝世极为关切。4月18日，周恩来收到李先念等报送的《关于为曾山同志治丧的请示报告》后，在通知政治局参加人员名单上亲笔添上"恩来、朱德"的名字，在送花圈一项内亲笔添上："毛泽东主席、周恩来同志"，并字斟句酌地审阅了请示报告和悼词。①19日，朱德、叶剑英、李先念、纪登奎、李德生、汪东兴、聂荣臻、徐向前等中央领导同志，以及党政军机关的一些负责同志，到公安部礼堂向曾山的遗体告别。

4月20日下午，曾山追悼会在北京八宝山革命公墓举行。毛泽东主席献了花圈，中共中央、全国人大常委会、国务院、政协全国

---

① 刘春秀：《周恩来对曾山的了解和关怀》，王青争主编：《永留正气在世间——纪念曾山诞辰100周年文集》，江西人民出版社1999年版，第199页。

毛泽东主席、周总理送的花圈

委员会以及党政军一些单位献了花圈。参加追悼会的有：党和国家领导人周恩来、朱德、叶剑英、纪登奎、李德生、汪东兴、徐向前、聂荣臻、郭沫若、阿沛·阿旺晋美、傅作义等；在北京的中共中央委员于桑、王震、邓颖超、刘伟、华国锋、李震、李富春、吴德、张才千、张云逸、张池明、张鼎丞、张翼翔、苏静、余秋里、粟裕、蔡畅，候补中央委员方毅、张令彬、郭玉峰；人大常委会委员谢扶民、史良、季方、罗叔章;政协全国委员会常务委员周培源、杨东莼；中共中央和政府部门、中国人民解放军、北京市革命委员会的负责人以及生前友好王良恩、杨德中、刘友法、康克清、姬鹏飞、廖承志、曾威、施义之、刘复之、黄庆熙、张其瑞、吴德峰、姜子宽、曾汉周、何兰阶、万海峰、程坦、赵秉谦、熊天荆、陈绍昆、李大同、伊文、唐克、王星、毛洪祥、刘湘屏、郭鲁、马耀骥、吴融锋、刘寅、周涌、边疆、杨国宇、曹光琳、姚进、方皋、高修、刘毅、李梦夫、张涛、高富有、侯春怀、于立群、田维新、金涛、邱巍高、王磊、万里、刘传新、王琳、萧克、王净、李步新、张藩、刘仰峤、袁任远、白栋材、黄知真、陈锐霆、刘型、甘重斗、彭儒、周东屏、王定国等。①

追悼会由汪东兴主持，叶剑英致悼词。叶剑英在悼词中指出：

曾山同志是中国共产党的优秀党员，几十年来在毛泽东主席、党中央的领导下，在长期的革命战争中，在社会主义革命和社会主义建设中，忠于党，忠于人民，艰苦朴素，联系群众，努力工作，勤勤恳恳地为人民服务，为中国人民的解放事业和共产主义事业贡献了自己的一生。

曾山同志的逝世，使我们失去了一位忠诚的革命战士，是我党的一大损失。②

在"文化大革命"的特殊年代，能为曾山召开如此高规格的追悼会，并作出如此高的评价，是极其鲜见的，足以表明党中央对曾山的高度信任和曾山在人民群众中享有广泛盛誉。正如王震在《人民日报》撰文所说：

曾山同志过早地离开了我们，但是，他崇高的革命精神，永远与我们党和人民的事业，与我们伟大的社会主义祖国同在。③

---

① 《曾山同志追悼会在京举行》,《人民日报》, 1972 年 4 月 21 日。
② 《曾山同志追悼会在京举行》,《人民日报》, 1972 年 4 月 21 日。
③ 王震：《永留正气在世间——追念曾山同志》,《人民日报》, 1972 年 4 月 17 日。

大事年表

1899年

12月12日　出生于江西省吉安县永和白沙锦源村，乳名洛生，学名宪璞，字玉成，号如柏，曾化名唐古。

1909年

读私塾。两三年后辍学，回家帮助母亲种田。

1915年

到赣州东门外裕丰泰栈房学做丝线手艺。当了三年学徒，两年帮工。

1920年

回到家乡务农。

1925年

7月　在哥哥曾延生的影响下加入进步团体觉群社，走上革命道路。

1926年

10月　在白沙由曾迎祥介绍加入中国共产党。

年底　组织成立吉安三区农民协会。

1927年

1月　当选为吉安县农民协会执行委员。

2月　发动三区农民公审土豪劣绅曾和苟，并判处其死刑。

10月　到广州加入国民革命军第四军教导团，任通讯连下士。

12月11日　参加广州起义。起义失败后，返回家乡。

年底　奉中共吉安县委指派到敖城芳井、赤陂一带进行秘密革命活动。

1928年

年初　出任中共南区区委书记，不久调任吉安西区区委书记。

5月　领导官田暴动。暴动受挫后，受中共赣西特委派遣，到吉水县开展工作。

7月　中共吉水县委成立，任书记。

1929年

2月　奉调中共赣西特委工作。

5月　参加中共赣西第一次党代会，当选为特委委员，并改曾如柏名为曾山。

10月25日　赣西革命委员会成立，任主席。

月底　兼任中共延福区委书记，负责领导和组织东固、延福一带的农民群众攻打吉安。

11月　赣西临时苏维埃政府成立，任主席。

1930年

2月6日至9日　与毛泽东、刘士奇共同主持在吉安陂头召开的红四军前委、赣西、赣南特委，红四、红五、红六军军委联席会议

（即二七会议）。会上，与刘士奇提出按人口平均分配土地的主张得到毛泽东肯定，并与毛泽东、刘士奇、朱德、潘心源一起当选为领导赣西南、闽西、东江等根据地，指挥红四、红五、红六军的共同前委常委。

2月中旬　赣西苏维埃政府成立，任主席。

3月18日　出席在赣州城郊楼梯岭召开的共同前委扩大会议。会议决定了红四、红五、红六军在赣南、闽西地区实行大规模分兵发动群众的工作路线。

3月22日至29日　出席中共赣西南第一次代表大会，当选为赣西南特委委员、赣西南苏维埃政府主席。

5月中旬　赴上海参加全国苏维埃区域代表大会。

6月16日　出席赣西南特委常委扩大会议，受命担任攻打吉安总指挥。28日和7月1日，指挥第六、七次攻打吉安。

6月下旬　红四军前委和闽西特委联席会议决定，成立以毛泽东为主席，朱德、曾山等为委员的中国革命军事委员会。

8月5日至11日　出席中共赣西南特委第二次全体会议，传达全国苏维埃区域代表大会精神。会议改选了特委常委，曾山当选为常委、书记。

8月21日　发布赣西南苏维埃政府紧急通令，动员广大群众消灭马旅残部，拿下吉安，声援各军团会师武汉，争取全国胜利。

8月25日至9月5日　指挥第八次攻打吉安。

8月28日　发布赣西南苏维埃政府紧急通知，要求各级政府火速筹集巨款供给前线战士，以济急需。

9月26日　发布赣西南苏维埃政府紧急通知，号召广大群众迅速准备，组织各种支前和战斗队伍配合红一方面军夺取吉安。

10月4日　组织十万余赣西南地方武装和群众配合红一方面军

攻占吉安城。

10月6日　出席红一方面军总前委和赣西南特委扩大会议。会议决定将赣西南党、团特委合并为江西省行动委员会，任常委。

10月7日　出席庆祝吉安暴动胜利大会。大会宣布成立江西省苏维埃政府，任主席。

10月25日　出席在新余罗坊召开的红一方面军总前委和江西省行委联席会议（即罗坊会议），明确表示拥护毛泽东"诱敌深入"的主张。

11月11日　发布江西省苏维埃政府通告，宣布成立江西省军事委员会，以统一指挥全省红军地方武装。

11月12日　发布江西省苏维埃政府军字第二号通知，提出扩大红军的具体办法。

11月12日至15日　出席江西省行委、赣西行委在吉安召开的扩大会议，布置第一次反"围剿"各项准备工作。

11月17日　发布江西省苏维埃政府紧急通令，要求全省迅速筹集60万元现金，支持红军反"围剿"。

11月20日　发布江西省苏维埃政府财字第二号通告，要求各级政府筹集现金准备给养节省经费，争取阶级决战最后胜利。

11月27日　发布江西省苏维埃政府通令，要求各级苏维埃政府广泛宣传群众，支持苏维埃政府筹建江西工农银行。

1931年

1月15日　中共苏区中央局在宁都小布正式成立，由周恩来、项英、毛泽东、任弼时、余飞、曾山等9人组成。

1月17日　根据中央决定，江西省行委解散，成立中共赣西南特区委，与陈毅、陈正人、朱昌偕、杨成芙等组成临时常委会。

2月1日　发布江西省苏维埃政府通告，要求各级苏维埃政府选派活泼青年女子入看护学校，以资将来做看护工作。

3月17日　下达赤色戒严令，宣布东固龙冈全区及兴国为临时戒严区，无红军总司令部、省苏政府通行证不得外出。

3月　发布江西省苏维埃政府布告，明确宣布现时土地所有权归农民所有。

4月8日　发布江西省苏维埃政府秘字第八号通知，要求各级苏维埃政府鼓动群众，组织经常的担架队运送伤兵及准备粮食供给医院。

4月17日　出席在宁都青塘召开的中共苏区中央局扩大会议，讨论第二次反"围剿"的作战方针。

8月21日　参加在兴国县城岗白石村召开的苏区中央局扩大会议。会议讨论通过了《土地问题决议案》等文件。

8月28日　发布江西省苏维埃政府第五十五号通知，号召群众慰问红军，积极投入第三次反"围剿"斗争。

9月27日　发布江西省苏维埃政府第七号布告，提出救济被国民党军灾害了苏区群众，是当前的紧急任务，并提出了具体的救济办法。

11月7日至20日　参加中华苏维埃第一次全国代表大会，被推举为大会主席团常务主席，并当选为中华苏维埃共和国中央执行委员。

11月上中旬　中共苏区江西省第一次代表大会在兴国召开，与李富春、陈正人、陈毅、蔡畅等当选为中共苏区江西省委常务委员。

1932年

4月　与李富春到于都县银坑，调查处理胜利县委书记钟圣琼、县苏主席钟铁青、省苏政府总务处长钟学祥三人和富农分子合伙卖鸦片事件。

5月1日至15日 出席江西省第一次工农兵代表大会，作关于省苏工作的报告，当选为江西省苏维埃政府主席兼财政部长。

7月5日 在江西省苏维埃政府机关刊物——《红的江西》第3期发表《我对财政工作的意见》。24日，为《红的江西》第六期撰写题为《反对对于收缴商业税的消极与破坏》的社论。

8月上旬 出席在兴国坝南召开的中共苏区中央局会议，讨论红一方面军的行动方向。

夏 发布江西省苏维埃政府布告，严令禁止栽种、贩卖和吸食鸦片烟。

1933年

2月1日 发出给各县财政部长指示信，要求各县财政部长"广泛的宣传鼓动"，积极开展"苏区富农捐款以及向苏区内所有的群众借谷子等运动来充裕红军战费"的工作。

3月2日至5日 出席江西省苏维埃政府执行委员会第二次扩大的全体会议，作出目前江西苏维埃的紧急任务与实际工作布置、财政经济、巩固和发展苏区等六个决议。

4月13日 发布江西省苏维埃政府第十号训令，要求各县区政府实行经常的工作检查和有系统的报告制度。

5月18日 发布江西省苏维埃政府财政部第一号紧急通知，"要求各级负责财政工作的同志以十二万分的努力"，做好土地税检查工作。

8月31日 发布江西省苏维埃政府第四号命令，公布《创办江西省苏维埃干部学校计划书》。

12月21日至29日　出席江西省第二次工农兵代表大会，作省苏维埃政府工作报告。因反对"左"倾错误，被降职为省苏副主席。

1934年

1月21日至2月1日　出席中华苏维埃第二次全国代表大会，当选为中央执行委员，并被委任为内务部部长。

9月下旬　代理江西省委书记。

10月初　赴瑞金听取项英关于开展游击战争的指示，并看望了受伤住院的陈毅。随即返回宁都，传达贯彻中共中央分局指示精神，进行游击战争的准备。

10月26日　率省委、省军区、省苏维埃政府、省政治保卫局及省直机关干部及3000余武装部队转移至宁都县安福乡，并决定成立江西省军政委员会，任主席。

12月　率江西军区独立二、四团从宁都到达兴国，在齐分与兴国独立营会师。

1935年

1月中旬　率独立第二团冲出国民党军重围到达吉安东固地区与公万兴特委和红四团会合。24日，就开展游击战争向全省红军游击队发布《训令》。

2月中旬　率部转战到兴国崇贤，与中共杨赣特委书记罗孟文会合。在此召开扩大会议，研究突围路线。

3月　率部冲破封锁线，向乐安方向撤退。后转移至新干竹山坑时遭敌埋伏，部队被冲散。

5月　突围至吉水，经赣江顺流而下，于月底辗转到达上海。

7月　在上海与党组织接上关系。

8月　奉党指派，赴苏联学习。

9月上旬　到达莫斯科。

10月9日　经中共驻共产国际代表团审查合格后，化名唐古，与陈云、滕代远、陈潭秋等被介绍到列宁学校学习。

1936年

7月　为纪念中国共产党成立15周年，在共产国际机关刊物《共产国际》第4-5期合刊上发表《回忆广州起义》一文。

1937年

11月14日　结束在苏联的两年多留学生活，与王明、康生等乘飞机回国。29日抵达延安，受到毛泽东、周恩来等中央领导迎接。

12月9日至14日　列席中共中央在延安召开的政治局会议。在讨论南方红军游击队改编为新四军问题时作了发言。被任命为中共中央东南分局副书记，中共中央军委新四军分会委员。

12月18日　与李一氓率30余名干部离开延安，经西安赴武汉。

1938年

1月6日　与东南分局书记项英等率新四军军部到达南昌。

1月中旬　协助项英召开东南分局和新四军分会成立会议，传达中央指示。期间，与黄道等以新四军驻赣办事处名义在南昌宴请国民党高层人士和各党派要员，代表东南分局发表长篇演讲，阐述中共的政治主张和抗日立场。

1月15日　致信王明、博古，报告东南分局党的组织情况。

1月16日　与项英到湘赣边游击区传达中央指示，动员和安排红军游击队下山改编。在莲花县棋盘山垄上村，与项英、谭余保等研究确定，将湘赣边游击队主力编入新四军第一支队第二团；同时改湘赣边临时省委为特委。

1月下旬　与项英等到达大余县池江镇新四军赣南办事处，与坚持游击战争的杨尚奎、陈丕显等重逢。决定将集中在这里的赣粤边红军游击队改编为新四军第一支队第二团第二营，湘南红军游击队改编为新四军第一支队第二团第三营一部。

2月28日　受项英委托前往闽浙边游击区，传达中央、东南分局和新四军军部关于闽浙边红军游击队改编事宜。

2月　领导成立中共南昌临时委员会，兼任书记。

4月2日　致信王明、博古，请示统战、分局经费、送小孩去延安等问题。

4月4日　新四军军部开赴皖南。曾山等则留守南昌，继续代表东南分局领导江西全省各地的党组织和抗日斗争。

5月　领导建立中共赣江河流总支委员会。

7月26日　与黄道、涂振农等在南昌举行团结抗日招待会，邀请各党派负责人、各界名流共商团结御侮大计，并当场散发与黄道等共同署名的《我们对于保卫江西的意见》。

7月　组建抗日救亡团体赣江木船工人救国会。

8月　在南昌重建中共江西省委，兼任书记。

9月23日　向中央提交书面报告《谈东南分局工作》，汇报东南分局基本状况，总结东南分局工作成绩。

9月29日至11月17日　出席在延安召开的中共扩大的六届六中全会。会议决定东南分局改为东南局，项英任书记，曾山仍任副书记。

12月　在西安八路军办事处与邓六金结婚。

1939年

1月　绕道重庆、贵阳等地回到南昌。

2月上旬　在南昌召集中共江西省委所属各特委书记开会，传达中共六届六中全会精神。

2月19日　在吉安与周恩来秘密会见，汇报江西形势和地方党的工作。

3月17日　日军发起进攻南昌战役。与黄道等率东南局、江西省委、新四军办事处人员分散撤围，后经上饶到达浙江。

4月初　陪同周恩来到浙江金华，参加东南局及闽浙赣三省党的领导人会议，并向周恩来汇报东南局最新工作情况。

7月至8月　出席在皖南泾县云岭召开的新四军第一次党代会，并被选为大会主席团成员。

9月8日　致电中组部李富春、陈云，汇报皖南党员、青年组织情况。

9月18日　致电李富春、陈云，报告上海党员人数及出席七大代表事宜。

12月　到苏南金坛主持中共苏皖区党委成立大会。

1940年

1月19日　致电中共中央，报告出席七大的古大存等广东、香港、江西等地42名代表已启程。

3月26日　致电李富春、陈云，报告"闽省群众自发经济斗争渐转我党领导"情况。

5月19日　致电李富春、陈云并转中央：建议苏北党归中原局指挥。

5月25日　致电陈云、李富春并转中央，报告苏皖边党的发展及扩军数目。

8月9日　致电中共中央，报告三战区顽固派在皖南迫害捕杀我方人员情形及我应采取的对策。

9月1日 与饶漱石致电中共中央，报告赣北党和群众组织概况。

10月2日 与饶漱石致电中共中央，报告皖南党与群众组织状况。

12月18日 根据中央指示，率领东南局部分机关干部离开皖南，撤往苏南。

1941年

3月20日 中共中央决定：饶漱石、曾山去苏北，撤销东南局。东南地区国民党区域秘密党组织仍由中原局管辖。

3月23日 刘少奇根据中共中央指示，向中共中央提出13位中原局委员的建议名单：刘少奇、饶漱石、曾山、陈毅、邓子恢、张云逸、郑位三、郭树勋（郭述申）、彭雪枫、黄克诚、张鼎丞、谭震林、刘炎。27日，中共中央回电："中原局由刘少奇、小饶、曾山、陈毅4人组织"，没有批准13人的建议名单。

4月27日至5月21日 出席中原局和新四军军部在盐城召开的高级干部会议，在会上作《检讨皖南事变的报告》。

5月1日 与陈毅、刘少奇、饶漱石致电中央："我们已开会"，决定"中原局改华中局"，"华中局分工，少奇为书记，小姚（即饶漱石）为副书记，曾山为组织部长"。4日，中央复电，同意华中局委员分工。

1942年

1月20日至3月5日 出席华中局在苏北阜宁召开的第一次扩大会议，被选为大会主席团成员，并在会上作政权建设报告。

5月31日 与陈毅致电粟裕并转谭启龙，要求谭启龙立即到浙江东部主持工作，发展敌后武装。

6月4日　新四军直属队整风学习检查总委员会成立，任主任。

7月2日　与陈毅、赖传珠致电邓振询、江渭清、钟楚国，对十六旅地区的工作提出了四点意见。

7月14日　与陈毅等致电饶漱石、张云逸等：主力南进，只宜作准备，浙东由启龙等去即可胜利，十六旅应抓紧当前良机恢复扩大敌后阵地。

7月16日　与陈毅致电陈丕显，提出对伪法币的政策：采取逐渐脱离法币的方针，使法币不致大量流入根据地。

7月28日　致电陈云，报告华中各地党组织和工作情况。

7月29日　与陈毅、赖传珠致电粟裕，提出了坚持苏中斗争的意见。

8月4日　与陈毅、赖传珠致电粟裕、张鼎丞、管文蔚，对各种税收的税率作出指示。

8月19日　与陈毅致电谭启龙、何克希：同意以何克希、张文碧、刘亨云、连柏生四人组织浙东军政委员会，何任书记。

10月15日　刘少奇电告陈毅、饶漱石、曾山、赖传珠：新四军应协助巩固和加强山东阵地，防止蒋介石以重兵进入山东，截断新四军与八路军之联系。

10月23日　与陈毅、饶漱石致电军委、总政：建议谭震林任新四军政治部主任。

10月28日　与陈毅致电粟裕、谭启龙：浙东区党委委员名单，暂以谭启龙、何克希、顾德欢、杨思一四人组织之，谭启龙为书记。

10月　与陈毅、饶漱石致电中央，报告上海党组织拟迁根据地原由。

11月17日　与饶漱石、张云逸等到新四军第三师开会，研究部署反"扫荡"等工作。

1943年

1月中旬　奉华中局之命，赴新四军第七师指导巡视工作。2月9日，在安徽无为与第七师副师长傅秋涛、政治委员曾希圣等会商成立中共皖江区委和皖江军区，整编七师部队。

4月　遵照华中局的决定，兼管华中局财经工作。

4月底　返回华中局驻地淮南黄花塘，向华中局、军部汇报七师情况。

7月　上海地下党派人到新四军军部汇报邹韬奋病情。陈毅主持紧急会议，范长江、曾山、钱俊瑞等出席，会上决定派人秘密赴北平请名医到沪医治。

8月16日　在华中局主办的《整风报》上发表题为《正确的整风学习才能发展整风热情》的署名文章。

11月13日　与陈毅、饶漱石就华中局及新四军内国民党特务活动情况致电刘少奇等。

12月15日　与饶漱石致电中共中央，报告华中地方党的情况。

1944年

1月9日　与饶漱石致电刘少奇并中央书记处，报告华中地区1943年工作概况。

4月上旬　出席华中局和新四军军部在淮南黄花塘召开的旅以上和军部科长以上干部参加的整风防奸会议，并就审干问题作了专题发言。

5月15日　李先念、陈少敏致电陈云、曾山，汇报鄂豫边区组织概况。

5月21日　与张云逸、饶漱石致电毛泽东、刘少奇，报告1943

年闽北第三次反顽武装斗争的经过。

5月27日　与饶漱石、张云逸、赖传珠致电粟裕：认为主力部队适当配合民兵打击敌人是必要的，但须严格估计当时情况，如有胜利把握即可进行。

7月11日　与张云逸、饶漱石、赖传珠致电毛泽东、刘少奇并陈毅，就新四军西进河南敌后的方案，提出三种建议。

8月22日　与张云逸、饶漱石致电中央，提出第三师干部调动意见：三师副师长张爱萍调回师部工作岗位，原兼旅长职务由该旅副旅长张天云兼任，旅政治委员由副政治委员李雪三、政治部主任由陈志芳充任。

9月26日　与饶漱石致电中共中央，报告浙东地方党组织的分布情形。

10月17日　与饶漱石致电刘少奇，报告浙南和福建党的活动情形。

11月25日　与张云逸、饶漱石致电张爱萍、邓子恢、刘瑞龙、吴芝圃：同意三、四分区合并，及九旅、十一旅及各军分区干部之配备。

12月20日　与饶漱石致电彭真，提出需要干部的种类：师旅团军政主要干部、师旅宣教与锄奸保卫和文艺负责干部、军事教员、有经验谍报干部、电台机务干部以及地委书记、区党委、地委组织部长、城市工作干部、行署专署财政干部及司法干部、指导交通干部等。

1945年

1月5日　与张云逸、饶漱石致电谭启龙、何克希：华中局派粟裕率大军渡江南下，统一领导江南、浙东军队，并以华中局代表名义领导江南、浙东两个党委的工作。

1月10日　与张云逸、饶漱石、赖传珠致电刘少奇、陈毅，对南下部队分批行动部署提出意见。

1月15日　与饶漱石、刘晓致电中共中央城市工作部，汇报华中城市工作组织和任务区分情形。

1月18日　与饶漱石致电曾希圣、谭希林、李步新，规定第七师今后的基本任务：除监视桂顽，巩固原有根据地外，今后主要发展方向为江南，特别要加紧开展芜湖、高淳、当涂、南京地区游击战争和党与群众工作。

2月7日　在新四军第四师驻地河南永城县大王庄主持彭雪枫师长追悼会，并题写了挽词。

4月中旬　与饶漱石致电毛泽东、朱德、刘少奇等，报告福建党组织发展情形。

4月23日至6月11日　中国共产党第七次全国代表大会在延安召开，曾山因公务在身未能出席，但仍当选为中央委员。

4月　与张云逸、饶漱石致电粟裕：同意在敌未向浙赣路进攻前，以备战姿态进行各方面准备与仍留原地待机。

5月14日　与张云逸、饶漱石、赖传珠致电谭希林、曾希圣、李步新，就发展皖南与部队配置作出指示。

5月16日　与张云逸、饶漱石、赖传珠致电粟裕、叶飞、金明，提出解决粮荒的办法。

5月20日　与张云逸、饶漱石、赖传珠致电粟裕，对南渡富春江部队行动部署作出指示。

6月8日　与饶漱石致电何克希转龙跃，就浙南工作方针作出六点指示。

6月10日　与张云逸、饶漱石、赖传珠致电粟裕、叶飞并报中央：在情况严重、粮食恐慌条件下，必要时可将主力撤到敌后地区。

6月11日　与张云逸、饶漱石、赖传珠致电曾希圣，就时局与工作部署作出五点指示。

6月14日　与张云逸、饶漱石、赖传珠致电粟裕转谭启龙，就浙东地区斗争方针作出指示。

6月18日　与饶漱石致电罗炳辉、谭震林：同意第二师生产节约计划。

6月29日　与饶漱石等致电毛泽东、朱德、刘少奇，报告坚持天目山的方针。

8月17日　与张云逸、饶漱石前往六合县竹镇，指导华中局代表与日军代表谈判。

9月4日　刘少奇致电张云逸、饶漱石、曾山、赖传珠：七师主力立即向二、三师主力集中，以便组成强大的突击力量，是好的。如无特别困难，应即刻实行。但这不是放弃皖中地区，应留一部主力坚持皖中，以待将来决战胜利后，主力仍回皖中，打开皖中局面。

9月25日　与张云逸、饶漱石、赖传珠致电罗荣桓、黎玉：拟调八万人去山东，首批由黄克诚率领三万余约一周内可出动，估计十月二、三号可抵蒙阴附近。

10月6日　与张云逸、饶漱石给中共中央写报告，对华中分局组织与干部配备提出建议。同时，以个人名义致电中央，请求中央批准他到地委以下去工作。中央接电后答复，曾山仍留华中任组织部长。

10月26日　与张云逸、饶漱石、赖传珠致电中央：华中分局及苏皖军区即日成立，华中局及军部机关于各方交待及部署完毕后，即起程赴山东。

本年冬至1946年 协助华中分局书记邓子恢，领导华中解放区的减租减息和土地改革运动。

1946年

3月19日 向毛泽东、刘少奇、任弼时等呈报《华中财政经济工作报告》。

4月1日 与邓子恢等乘飞机前往北平，向"军事调处执行部"中共方面委员叶剑英汇报国民党军队侵犯华中解放区情况。

4月7日 与邓子恢等乘机前往延安，参加中央工作会议。第二天向毛泽东、刘少奇汇报工作。

4月25日 与邓子恢致电张鼎丞等，告之与毛泽东和其他中央领导人谈话后对时局和党的方针政策的认识。

5月4日 参与讨论和起草的中共中央《关于土地问题的指示》（即《五四指示》）。

5月24日 回到江苏淮安，协助邓子恢召开华中局委员及各地委书记联席会议，传达贯彻中央《五四指示》精神，部署华中解放区全面展开土地改革运动。

11月28日 致电刘晓，阐述对华中经济财粮情况的看法。

12月5日 中共中央给张鼎丞、邓子恢、曾山发出指示电：由于空前激烈长期内战的消耗与地区缩小，你们财粮的困难是可想见的。你们除继续尽力在苏中及其他顽占区抢运大批粮食物资外，应动员全党全军全根据地人民开展节衣缩食，艰苦奋斗，克服困难的运动。

1947年

1月 奉命北上山东临沂，任华东局委员。

6月　任华东财经工作研究委员会召集人。

7月　出席中共中央工作委员会在河北省平山县西柏坡召开的全国土地工作会议，参与《中国土地法大纲》的制订工作。

8月6日　饶漱石、张鼎丞、曾山致电张云逸、邓子恢、舒同：（一）同意谭震林、黎玉、许世友组成东兵团。（二）东面暂以饶漱石、黎玉、谭震、曾山组成工委，统一领导胶东、滨海、鲁南工作。

9月1日　陈毅、粟裕致电张云逸、邓子恢、饶漱石、黎玉、曾山、谭震林：速调一批行政财经干部协助开辟豫皖苏根据地。

1948年

3月23日　华东局决定，由黎玉、曾山、艾楚南、宋裕和、彭显伦、方毅、薛暮桥、石英、冯平等组成华东财经委员会，黎玉任书记，曾山、艾楚南为副书记；同时成立华东财经办事处，曾山兼任主任，艾楚南、方毅任副主任。

3月27日　与张鼎丞、黎玉、袁仲贤致电张云逸、邓子恢并陈毅、饶漱石、康生：关于运送南下物资，我们同意张邓宥电，由胶东、渤海各调一个新兵团。

4月9日　与许世友、谭震林、谢有法发布关于成立潍坊市军事管制委员会的命令。

4月27日　中共潍坊特别市委成立，任书记。

4月　与姚世峰、铁瑛发布潍坊特别市警备司令部命令，公布戒严条例。

6月19日　向中共中央提交关于潍坊接管工作的报告。

7月17日　与方毅、艾楚南致电中央军委，报告六月份华东军工生产数字。

7月19日 签发华东财政经济办事处关于建设公用长途电话的指示。

7月24日 致电董必武并中央，报告山东财政情况。

8月1日 签发华东财政经济办事处关于颁发管理公营企业资本暂行办法及实施细则的通知。

9月25日 济南特别市军事管制委员会宣告成立，谭震林为主任，曾山为副主任。

9月27日 与谭震林发布济南特别市军事管制委员会布告：规定所有一切交易皆须使用北海币。

10月1日 主持召开济南商人座谈会，阐述中共保护和发展济南工商业的各项政策。

10月2日 召集会议，拟定淮海战役后勤支前工作初步意见。

10月9日 华东局给胶东区党委并饶漱石、曾山发出关于做好接收烟台市准备工作的指示。

10月19日 致电董必武、薄一波，报告济南市旧存货物外运办法。

11月9日 向华东局和中央提交《接管工作总结——关于接管济南经验的报告》。21日，中央对报告作出批示：甚好，当转发各局，供他们参考。

11月28日 华东局决定，在华东局常委会下暂设军务、党务、政务等三个委员会，在常委会领导下分工处理日常工作。其中，政务委员会由曾山、郭子化、方毅、艾楚南、顾准等五同志组成之，并以曾山为书记，掌管财经、粮食、职工及政府民政、司法、教育等工作。

12月 与陈毅、张云逸、饶漱石、黎玉等签发华东军区、山东省政府、华东财政经济办事处联合布告，颁布《华东区部队及机关人员搭乘火车暂行办法》及《华东区铁路军运暂行办法》。

1949年

1月17日　致电董必武，报告山东物价上涨情况。

1月22日　致电董必武，请示渡江之后的经济工作。

2月8日　出席华东局扩大会议，讨论支前、生产和渡江准备工作。

2月12日　与饶漱石等到徐州，听取华东支前委员会和华东野战军后勤部领导工作汇报。

3月5日至13日　出席在西柏坡召开的中共七届二中全会。

4月20日　致电中财部并中央，报告淮南煤矿情形。

5月24日　致电中财部，报告南京等伪币比值情况。

5月27日　上海解放。率财经接管委员会人员进驻华懋饭店，开始接管上海财经。

5月28日　上海市人民政府成立。中国人民革命军事委员会任命陈毅为上海市市长，曾山、潘汉年、韦悫为副市长。

◆中国人民银行华东区行成立，兼任经理。

5月29日　与陈毅到四川路原国民党资源委员会总部所在地资源大楼会见资委会各部门主管、所属单位和工矿企业负责人。

6月3日　邓小平、陈毅、张鼎丞、曾山、潘汉年等设宴答谢上海各民主党派人士。

6月7日　向华东局邓小平、陈毅等领导汇报上海金融投机活动的情况。华东局决定查封证券大楼，取缔银元投机。

6月17日　召集财经接管委员会会议，专门讨论、审议接管银行的方案。

6月29日　在华东局召开的财经会议上，汇报物价、公粮征收、物资供应工作。

7月2日 出席华东局暨上海市委召开的纪念中国共产党成立28周年大会，并在会上讲话。

7月10日 致电中财部并转中央、毛泽东主席，报告华东财政困难综报及对此处理意见。

7月20日 在华东局机关干部整编节约动员会上作报告，要求上海尽快实行精简，减少亏空，恢复生产，增加财政收入。

7月24日 为纪念邹韬奋逝世5周年，与陈毅、潘汉年、书慇联名题词：从爱国主义出发，与群众结合，为人民利益而奋斗，最后走向科学的共产主义，你是革命知识分子的典范。你的献身精神照耀着知识分子前进的道路。永垂不朽！

7月27日至8月15日 参加中央财经委员会在上海召开的华东、华北、华中、东北、西北五大区财政经济会议，研究部署克服财政经济困难的问题。

7月31日 致电邓小平并转滕代远：上海八月份粮食供给异常困难，九月份更无着落，原因是前布置的皖南皖北苏南运粮到沪因水灾大部落空，不得已才由山东设法挤出四千万斤小麦赶运上海……请拨车皮给山东运粮。

7月 在中央支持下，采取措施平抑上海投机商掀起的以粮食、纱布、煤球为主的"七月涨风"。

8月20日 上海市委邀请上海产业界代表100余人举行座谈会，商讨克服困难、发展内地交通、打破封锁、恢复生产等问题。陈云、饶漱石、陈毅、曾山、潘汉年等出席。

9月9日 为统一领导华东区财政经济工作，华东军区发布命令：组织华东区财政经济委员会，任命曾山为主任，宋裕和、方毅、许涤新分别为第一、第二、第三副主任。

▲ 上海市人民政府召开工商界座谈会，讨论金融问题，曾山在会上发言，阐述了人民政府财政经济措施。

10月19日 中央人民政府委员会第三次会议通过，任命曾山为政务院政务委员。

12月6日 在上海市第一届各界人民代表会议第二次会议上，作解放以来上海市的财政经济工作报告。

12月8日 周恩来致电饶漱石、陈毅、曾山：马寅初现仅拿浙江大学校长薪水，不够生活开支，请研究可否酌量发给一部分津贴或办公费。

1950年

1月27日 出席华东军政委员会成立大会。华东军政委员会为中央人民政府政务院领导地方政府工作的代表机关，行使华东人民政府的职权，统一领导山东、江苏、浙江、福建、安徽五省人民政府和上海市政府及台湾省工作，饶漱石任主席，曾山、粟裕、马寅初任副主席。

1月29日 在华东军政委员会第一次全体委员会议上作《关于华东财经工作情况及今后任务的报告》。

2月10日 参加政务院第十九次政务会议，作《关于华东区生产救灾、征收公粮、推销人民胜利折实公债和最近国民党匪机轰炸上海等情形的报告》。

3月6日 出席华东军政委员会第三次行政会议，传达全国财政会议的决议。会议决定成立华东编制委员会，以曾山为主任。

3月10日 出席上海市第一届第二次各界人民代表会议协商委员会第四次全体会议。

5月27日 出席庆祝上海解放周年群众集会，并在致辞中指出：上海的解放，划开了上海历史的新时代。

6月6日至9日　参加中共中央在北京召开的七届三中全会。

6月22日至29日　出席华东军政委员会水利部举行的华东总结春修部署防汛会议。会上正式成立了华东防汛总指挥部，任主任。

7月15日　在华东军政委员会第二次全体委员会议上作关于华东财经工作的报告。

7月28日　因淮河流域发生严重水灾，安徽水灾特别严重，率水利专家和医疗救护队赶赴皖北灾区，指导抗洪救灾工作。

7月30日至31日　出席在合肥召开的皖北区生产救灾紧急会议，并在讲话中指出：生产救灾应着重号召灾民生产自救，不能单纯依靠政府的救济。水退后最重要的工作是领导灾区人民立即抢种补种。

7月31日　就皖北灾情给华东局并转中央、毛泽东、周恩来和中财委写报告，根据灾后重建和恢复生产的需要，提出以工代赈及在华东其他地区提高征粮率的建议。

8月8日　参加华东军政委员会第二十二次行政会议，作皖北灾情报告，提出灾区生产自救的三点办法。

11月6日　经政务院第五十六次政务会议决议，治淮委员会在安徽蚌埠正式成立，曾山为主任，曾希圣、吴芝圃、刘宠光、惠浴宇为副主任。

11月7日至12日　在蚌埠主持召开治淮委员会第一次全体委员会议。会议依据三省共保，统筹兼顾，互相配合的精神，拟定了1951年度治淮工程和财务计划。

1951年

3月29日　就江西方面要求在华东多销售江西大米一事致信江

西省人民政府主席邵式平：我已通知华东粮食公司加以格外照顾外，并已向中贸部建议原拟定从中南区调一亿斤大米给华东，我们提议全调江西粮。

4月26日至5月2日 主持召开治淮委员会第二次全体委员会议，听取曾希圣作的五个月来治淮工作总结报告、中央水利部顾问布可夫作的关于治淮方略的初步报告，讨论制定了1952年度治淮工作纲要。

7月10日至12日 主持召开治淮委员会第三次全体委员会议，重新商讨了上次会议提出的1952年治淮工程纲要，着重研究了中游工程、入海水道是否开辟与润河集蓄水位等问题。

7月20日 与饶漱石呈电中央，报告华东税收工作情况，提出增加农业税收和城市税收以及对超收税款预先控制50%的办法，刘少奇、周恩来阅后以中央名义转发各中央局分局参考。

7月22日 出席上海总工会、五金工会及华东工业部联合举行的淮河水闸装置完毕庆功大会，并在讲话中特别指出：这一事实证明，在工人阶级领导下和工农联盟的基础上，新中国任何新建设都能成功。

7月25日 陈云、薄一波致电曾山，要求从华东设法抽调一批熟悉五金、化工、电工、机械、医疗仪器等方面工作的技术干部到中央贸易部及其所属进出口公司等单位工作。

8月4日 致电陈云、薄一波：熟悉五金化工等干部不日前来。

9月9日至10日 在蚌埠主持召开治淮委员会第四次全体委员会议，研究淮河流域除涝问题。

10月22日 在《人民日报》发表署名文章《人民民主制度是治淮力量的源泉》。

10月29日 与饶漱石就华东区缺粮情况及解决办法向中央呈送

请示报告。

11月19日　出席华东军政委员会第四次全体会议，作华东财政经济工作的报告。

1952年

5月21日至6月5日　参加全国财政会议，讨论1952年财政概算，"三反""五反"运动中的市场问题和第一个五年计划问题。

7月下旬　调任中央财经委员会副主任。

8月7日　中央人民政府委员会第十七次会议通过，被任命为商业部部长。

8月9日　出席华东贸易部举行的劳动竞赛授奖大会，作题为《促进城乡物资交流，持久地开展爱国主义劳动竞赛》的讲话。

8月25日　出席华东区国营贸易、金融、交通、税务、合作社职工代表联席会议，并作华东区上半年城乡物资交流工作的总结报告。

8月28日至30日　出席华东军政委员会第五次全体委员会议，并作"三反""五反"运动和华东财政经济情况的报告。

10月1日　在《解放日报》发表署名文章《为迎接大规模经济建设而努力奋斗》。

10月　赴北京就任中央财经委员会副主任兼商业部部长。

12月6日　经中共中央批准，兼任中华全国工商业联合会党组书记。

1953年

1月7日　在第一届全国各省市商业厅（局）长会议上作报告，阐述财政经济大政方针。

5月10日　与全国工商联党组副书记许涤新向毛泽东并中央呈

报全国工商联会员代表会议准备工作中的若干问题报告。

6月9日　周恩来约请高岗、饶漱石、彭真、薄一波、习仲勋、李维汉、曾山、贾拓夫、齐燕铭等开会，研究召开全国财经会议的有关事宜。

6月14日至8月12日　参加全国财经工作会议，并在商业组全体会议上作《关于1953年上半年国营商业工作的检查及下半年的工作部署》的讲话。会议期间，周恩来指定由曾山、杨立三、黄敬等负责拟定一个关于资本主义工商业改造中有关具体问题的方案。

6月25日　就商业部1953年上半年工作方针的估计问题致信毛泽东并中央。

7月9日　向周恩来、陈云、薄一波、叶季壮呈送《中商部在经营管理上存在问题的报告》。

8月25日　给周恩来、中财委呈报《关于各大区商业组织机构问题意见的报告》。

12月3日　在全国工商联会议和在京各省商业厅长联席会议上作《关于党在过渡时期总路线中对资本主义工商业利用、限制、改造问题的若干意见》的报告。

1954年

2月6日至10日　出席在北京举行的中共七届四中全会并发言，对商业部存在的问题进行了剖析与反省。

5月4日　在全国工业原料供应会议上发表讲话，要求节约使用原料，调整原料供应，适当保证全国生产需要。

6月16日　代表商业部给中财委报送《关于改变本部部内机构与加强各级公司领导的报告》，并转报周恩来、毛泽东、党中央。

6月18日　就大区撤销后中财委所指导的各部门如何整顿编

制、调整干部等问题，写报告给邓小平、刘澜涛、杨尚昆并报中央组织部。

9月9日　出席政务院第二百二十四次政务会议，作《关于准备实施棉布计划收购、计划供应和棉花计划收购的报告》。

9月15日至28日　出席第一届全国人民代表大会第一次会议。

10月31日　经国务院全体会议第二次会议通过，担任国务院第五办公室（财政、金融、贸易）副主任。

12月5日至翌年1月8日　出席全国扩展公私合营会议。

1955年

1月5日　在中国人民政治协商会议第二届全国委员会第一次全体会议工商界委员座谈会上，就有关国营商业对私营工厂加工订货方面的问题发表了讲话。

1月6日至2月8日　出席第二次全国省（市）计划会议，并在商业组会议上作《对各种类型商业的安排问题》的报告。

3月5日　在第三届全国商业厅（局）长会议上讲话，总结了商业工作的成绩与不足，分析了1955年的市场特点及主要任务。

3月21日至31日　参加中国共产党全国代表会议，并在会上作了题为《关于社会主义商业整体形势及如何顺利完成五年计划中商业工作基本任务的措施的论述》的发言。

5月12日　到达武汉，考察湖北省和武汉市市场情况，私商改造、国营和合作社商业的批发工作及经营管理情况。

5月21日　到南昌考察商业工作。30日，给周恩来、各副总理、党中央、毛泽东呈报《关于了解南昌市鸿泰百货专业代销店情况的报告》，后被中央转发各地参考，推广南昌鸿泰百货店的经验。

5月31日 致电李先念、叶季壮等并报周恩来、各副总理、党中央、毛泽东，汇报江西省粮食工作方面存在的主要问题。

6月2日 到达上海，考察上海粮食计划、工业原料工作、私营商业的安排和改造。

6月8日 给商业部党组并周恩来、各副总理、中央、毛泽东呈报《检查上海私营商业改造情况的报告》。19日，中央将该报告转发各地参考。

7月5日至30日 出席第一届全国人大第二次会议，并在会上发言，主要论述了社会购买力和社会商品可供值的平衡，国营、合作社和私营商业经营比重，国营和合作社的五年计划等问题。

9月25日 出席北京王府井百货大楼开业典礼并讲话。

9月30日 在九省商业厅长旺季市场工作汇报会上发言，强调完成1955年购销计划对完成第一个五年计划各项指标的重要意义。

11月16日至24日 出席中共中央召集的各省、自治区和人口50万以上大中城市党委负责同志会议，就城市私营商业全面改造的规划问题发言。

11月7日 在全国水产座谈会上作题为《全面规划、加强领导，为完成第一个五年计划的水产任务而奋斗》的讲话。

11月23日 出席党中央召开的资本主义工商业改造会议，并作发言。

12月6日 致信周恩来总理，汇报商业部起草的《全面改造城市私营商业的初步规划》要点。

12月中下旬 到江苏、山东考察，并向中央、国务院书面汇报考察情况。26日，国务院摘要转发考察报告给各省、市、自治区，表示完全同意报告中提出的意见。

1956年

1月12日 向李先念呈报《河南省在商业工作中存在的几点情况》，并转报党中央、毛泽东、商业部党组。

3月20日 就第一个五年计划中商业工作的执行情况和工作中的问题及商业工作的第二个五年计划和远景规划，向党中央报送《商业部汇报提纲》。

4月初 到辽宁、吉林、黑龙江考察商业工作。9日，在沈阳致电商业部党组、李先念并党中央，汇报辽宁省第一季度销售计划完成情况及东北三省商品煤的产销情况。

5月21日至6月8日 率中共代表团参加阿尔巴尼亚劳动党第三次代表大会。

7月9日 在国务院第四办公室、第五办公室和第八办公室联合召开的工商座谈会上，作了关于小商小贩、工商关系及选购问题等方面的发言。

9月15日至27日 出席中国共产党第八次全国代表大会，作了题为《改进日用工业品的生产和分工工作》的书面发言，并再次当选为中央委员。

10月中下旬 赴四川考察，并在成都致电中央及国务院，汇报四川地区商业工作情况和存在的问题。

11月10日至15日 出席中共八届二中全会，并作《关于1957年商业计划方面的三个问题》书面发言。

11月底 调任中共中央交通工作部部长。

1957年

5月 在上海视察交通、运输、邮电工作。

6月 向中央报送《关于省、市、自治区党委交通工作部部长会议情况报告》，提出贯彻执行党委领导下的企业首长负责制和党委领导下的群众监督制的具体意见。

12月28日至31日　率中共代表团出席瑞典共产党第十八次代表大会。

1958年

3月下旬　到山东考察交通工作。

4月下旬　出席在武汉召开的南方十三省、市、自治区交通工作座谈会并讲话，提出搞好交通事业的四点要求。

6月9日　出席在北京召开的北方十五个省、市、自治区交通工作座谈会。在讲话中强调，要依靠地方各级党委发展交通事业。

6月23日至7月1日　主持召开有四川、黑龙江、湖北、河北、山西、北京、上海、内蒙古等八个省、市、自治区的代表参加的运输协作问题座谈会，提出要想尽一切办法，解决运力和运量不相适应的矛盾。

7月12日至19日　到福建视察，并就了解到的一些情况向党中央、毛泽东进行书面报告，提出了加强福建工业和交通建设的若干建议。

7月20日至8月初　到江西赣州、吉安、南昌视察，听取省、地、县负责同志有关工农业生产、交通邮电工作的报告。

8月17日至30日　出席中共中央在北戴河召开的全国各省、市委工业书记会议，并就交通、运输、邮电问题作了发言。

9月中旬　出席全国铁路工作会议并讲话，号召铁路部门当好运输先行官。

10月8日　在交通部召开的全国电话会议上讲话，提出要积极修路、造车、造船，解决运力与运量不相适应的矛盾。

10月29日 视察大连机车车辆厂，并向党中央、毛泽东作了书面报告。

11月下旬 到大连、烟台、青岛等港口视察，了解海上运输情况，向交通部党组并党中央、毛泽东报告，请求帮助大连港、青岛港解决装卸设备问题和扩建计划。

12月22日 在全国邮电工作会议上讲话，指出邮电是社会主义建设事业的重要组成部分，必须随着建设事业的发展、国防的巩固、人民通信需要的不断增长以及国际关系的扩大而相应地发展。

1959年

1月 在全国各省、市、自治区党委交通工作部部长会议上作报告，提出改变铁道、交通、邮电不适应工农业生产发展需要状况的四点意见。

2月21日至3月14日 到广西、湖南视察交通工作，并向中央提交了考察报告，认为要解决运输紧张的问题，必须进一步在交通、邮电企业中掀起生产高潮，充分发挥民间运输工具的作用，开展技术革命。

4月10日 在全国交通运输部门扩大电话会议上讲话，号召在交通战线掀起一个新的更大规模的生产高潮，为完成和超额完成1959年的运输任务而奋斗。

4月18日至28日 出席第二届全国人民代表大会第一次会议，担任预算委员会主任委员，并作《关于一九五八年国家决算和一九五九年国家预算草案的审查报告》。

9月1日至26日 到内蒙、宁夏、甘肃视察包头钢铁厂等工业、交通企业，听取三省区交通、邮电部门的情况汇报，并向党中央、毛泽东报告了视察情况。

10月14日 将内蒙古的一幅资源图寄给杨尚昆并中央书记处，认为内蒙古的资源非常丰富，"这对将来开发和发展内蒙以至全国社会主义建设可能会有好处。"

10月16日至29日 出席在北京举行的全国工业生产、交通运输会议，并在会上发言。

11月27日 出席全国铁路局、工程局、厂、院、校领导干部会议并讲话。

11月至翌年初 参加中央组织的政治经济学学习活动，并撰写《我学习政治经济学社会主义部分的感想》。

1960年

1月 在交通部召开的全国公路、水运和民用航空战线广播报告会上发表讲话，提出要进一步大搞交通建设、技术革新和技术革命、交通运输协作，进一步加强党对交通工作的领导。

3月28日 在全国邮电技术表演比赛大会上讲话，提出邮电部门开展技术革新和技术革命运动，必须以实现机械化、半机械化、自动化、半自动化和多路化为奋斗目标。

3月30日至4月10日 出席全国人大二届二次会议，作《关于1959年国家决算和1960年国家预算草案的审查报告》。

5月下旬 视察安徽、江苏、浙江三省交通邮电系统运输通讯、技术革新、技术革命运动情况。

5月21日 在视察马鞍山钢铁公司后，致信铁道部党组并党中央，要求推广马鞍山钢铁公司货车载重革新的技术。

11月19日 调任中华人民共和国内务部部长。26日，参加内务部全体干部大会，提出应以救灾工作为重点来部署内务部工作。

1961年

1月14日至18日　出席中共八届九中全会。在参加西南组讨论计划问题时，就全国矿山，特别是煤矿的建设布局和发展以及畜牧业生产等问题发表意见。

3月13日至25日　率中共代表团参加挪威共产党第十次代表大会。

3月29日至4月6日　率中共代表团参加奥地利共产党第十八次代表大会。

5月20日　到河北省沧县了解农村情况。24日，就在风化店公社和捷地公社了解到的食堂和食堂菜地问题向习仲勋副总理并周恩来、党中央提交了书面报告。

6月初　主持内务部办公会议，讨论中共河南省民政厅党组关于农村孤老、孤儿安置教养情况的报告。

6月7日　签发《关于请各地民政部门注意研究农村人民公社敬老院问题的通知》。

本年底至翌年初　回家乡探亲、考察。

1962年

1月30日　致信陈毅并转中共峡江县委，回忆了自己参加罗坊会议的一些情况。

2月　内务部党组向习仲勋并转周恩来、党中央报告《五个重灾省灾区群众生活安排情况和战胜春荒意见》。

7月初　受国务院委派，与民委副主任谢鹤筹赴西北，协同甘肃、青海两省有关方面调处两省少数民族边界纠纷。

7月4日至10日　在西安召开甘肃、青海边界问题座谈会。11日，就会议情况向西北局书记处汇报。

7月20日　根据中共西北局指示，甘肃、青海两省边界工作组在兰州成立，曾山任组长、党组书记。

8月5日　在兰州致信刘少奇，就商业问题提了几点意见。9日，李先念作出批示：曾山同志的信是好的，当然现时情况与五七年有些不同，但是商业部经营管理要大抓特抓，我建议此信送商业部同志认真讨论一下。

8月中旬　参加在兰州召开的甘肃、青海两省边界问题座谈会，就安排边界哈萨克族牧民问题协商达成一致意见。

12月22日　出席国务院第一百二十五次全体会议，作《关于1962年我国自然灾害的情况和救灾工作的报告》。

1963年

5月9日　在内务部科以上干部会议上讲话，谈个人对增产节约运动和"五反"运动的认识。

8月初　河北、河南、山东、安徽、江苏等省部分地区发生严重水灾。16日至19日，率慰问团深入到山东受灾最重的地区了解情况，慰问灾民。

8月30日　致信谭震林副总理，报告《山东省枣庄地区保护耕畜和解决牲畜饲草问题的几点经验》。

9月6日至27日　出席中共中央在北京举行的工作会议，讨论农村工作、1964年国民经济计划等问题。

11月17日至12月3日　出席第二届全国人民代表大会第四次会议，并作了《关于抗灾救灾工作》的发言。

1964年

2月　在广东休养返京前到江西赣南、吉安听取当地党政领导干部汇报农业生产和人民生活情况。

3月2日　向谭震林、李先念、李富春副总理并邓小平代总理、周恩来总理呈报《关于赣南部分地区农业生产和人民生活情况的报告》，建议从1964年起，支援赣南老苏区几年，每年经费200万元，主要用在保护赣南老苏区粮田，逐步改善被敌人摧残严重、到现在还没有恢复的山区人民的生活。16日，国务院批准了曾山的建议。

5月15日至6月17日　出席中共中央在北京举行的中央工作会议。在参加中南组讨论时，就治水和救灾工作发了言。

10月17日　率领内务部"四清"工作组到达山东省曲阜县小雪公社北兴大队开展社会主义教育运动。

12月15日至28日　出席中共中央政治局在北京召开的中央工作会议，讨论农村社会主义教育运动问题。在华东组会议上，就社教情况作了发言。

1965年

5月3日　与陆定一等组成党政代表团经莫斯科到达柏林，参加将于5日召开的东德人民议会会议。

9月18日至10月12日　出席中共中央在北京召开的工作会议，讨论1966年的国民经济计划和长远规划问题。

9月18日　向李先念、谭震林、李富春副总理并周恩来总理呈报《关于1965年的灾情和各地要求增拨自然灾害救济款的请示报告》。

1966年

3月7日　在北京会见以武公辅为首的越南城市管理工作考察团。

3月9日　率中央慰问团到达河北邢台灾区，转达党中央和毛泽东的关怀。

3月22日 河北邢台、衡水、石家庄等地区再次发生较强地震。根据周恩来指示，再次率中央慰问团赶赴慰问。

7月18日 制定内务部"党组六条"，针对"文革"初期内务部情况，强调要核实揭发材料，要区别对待，按政策办事，打击面不要太大，防止走向反面。

8月13日至25日 率中国政府代表团参加刚果（布）"八月革命"三周年庆祝活动。

10月9日至28日 出席在北京召开的中央工作会议，并在小组会议上发言。

1967年

2月 受周恩来委托，到内蒙古呼和浩特解决学生组织与部队因冲突引起的纷争。

3月27日 天津发生强烈地震，波及河北省27个县。30日，率中央慰问团到灾区慰问。

8月 被当作"内务部头号走资本主义道路的当权派"，遭到造反派揪斗批判。

9月下旬 获悉曾山在一次批斗会上晕倒的消息后，周恩来以中共中央的名义，下达了"关于曾山问题的四点指示"。

1968年

5月1日 上天安门参加庆祝五一劳动节活动。

10月13日至31日 出席中共八届扩大的十二中全会。

1969年

4月1日至24日 出席中国共产党第九次全国代表大会。由于毛泽东的保护，继续当选为中央委员。

10月6日　陪同周恩来接见几内亚民主党全国政治局和政府代表团。

10月20日　与叶剑英一起被疏散到湖南长沙。一个多月后，迁往湘潭。

1970年

5月　经周恩来批准回北京治病。

8月23日至9月6日　出席在江西庐山举行的中共九届二中全会。

1971年

1月　到301医院探望陈毅。

10月　与朱德、刘伯承、陈毅、聂荣臻、徐向前、叶剑英、王震、邓颖超等一道，参加中共中央召开的揭发批判林彪反党集团学习班。

1972年

1月10日　参加陈毅同志追悼会。

4月5日　得知陈正人患病消息后，前往其家中探望。

4月13日　参加陈正人同志追悼会，并致悼词。

4月16日　因突发心肌梗塞，经抢救无效辞世，享年73岁。

4月20日　中共中央、国务院举行追悼会，周恩来从外地赶回北京和朱德一道参加了追悼会。

后 记

　　1999 年 12 月 12 日 (农历十一月初十)，是老一辈革命家、忠诚的共产主义战士、江西苏维埃运动的主要领导人之一曾山同志百年诞辰纪念日。曾山同志出生于江西这块红色的土地。他 1925 年参加革命，1926 年加入中国共产党。在几十年的革命历程中，曾山同志鞠躬尽瘁，无私无畏，为中国人民的解放事业、为社会主义建设事业贡献了毕生的精力。为了弘扬他的革命精神，学习他的高尚品德，缅怀他为共产主义事业做出的重大贡献，表达故乡人民对他的无限崇敬和深切怀念之情，根据中共江西省委的决定，中共江西省委党史研究室组织编写了这本《曾山传》。

　　本书各章撰稿分别为：一至五章周声柱，六至十章万建强，十一至十三、十九、二十二、三十章刘勉玉，十四至十七章汤静涛，十八、二十、二十一章黄德华，二十三至二十九、三十一章熊敏。晏蔚青撰写大事年表，并参与修改部分章节。刘津、卢大有、钟海连等也参与了新中国成立后部分文字修改。最后由苏多寿、刘勉玉统稿、定稿。

　　本书的主要依据是中央档案馆和省、地、县档案馆保存的数千件有关曾山的档案资料和当时的报刊资料，广泛参考了老同志的回忆录和访问记录，力求根据丰富而可靠的历史资料，写出一部真实的历史传记，流传下去。

本书在编撰过程中，得到了中共中央组织部、中央档案馆、中央文献研究室、交通部、江西省档案馆、南昌大学、江西革命烈士纪念堂、吉安地委党史办、吉安县委党史办、吉安县烈士纪念馆、吉水县政协、吉水县史志档案馆等单位和原曾山同志秘书王青争，还有陈新、刘高平等同志以及曾山同志亲属的大力支持，采访了胡立教、夏征农、彭儒、危秀英、谢象晃、陈兰、饶守坤、黄知机、黄知深、张俊等老同志及范立涛、刘舜辉、曾昭试等同志，选用了王震、张劲夫、钱正英、谭启龙、万海峰、李人俊、曾如清、孙冶方、梁广等老同志回忆曾山同志的资料，本书还吸取了党史学界同仁的一些研究成果，在此一并致以诚挚的谢意！

中共中央文献研究室副主任金冲及同志在百忙之中仔细审阅了本书初稿，并提出了中肯的宝贵的修改意见。本书的出版还得到了江西人民出版社的大力支持，特别是责任编辑徐建国、游道勤同志为本书的编辑出版付出了艰辛的劳动，我们深表感谢。

由于时间仓促，资料不全，尤其是编著者的水平有限，本书难免有疏漏和不当之处，敬请读者指正。

编者

1999 年 9 月

修订后记

　　《曾山传》自 1999 年出版以来，在社会上引起了广泛的关注，受到各界人士的好评。为纪念曾山同志诞辰 120 周年，经中共江西省委批准，《曾山传》修订再版。

　　本次修订工作以辩证唯物主义和历史唯物主义为指导，本着实事求是的原则，主要进行了以下几个方面的修改：

　　第一，对结构作了较大调整。在上一版仅设有章一级标题的基础上，新设第二级节标题；按照新的叙述方式，将原来的三十一章调整为十七章七十五节，并精心提炼了各章、节标题，增强了章、节之间的逻辑联系，突显了曾山在中国革命和建设各历史阶段的重要地位和贡献。

　　第二，增补了许多重要内容。在充分吸收和利用近年来发现的新史料和新的研究成果基础上，增补了"参加广州起义""经历富田事变""抵制'左'倾错误""在列宁学校学习的日子""整顿改组淮南煤矿""积极推动华中抗日民主政权建设""壮大国营商业"等内容。此外，还对大事年表进行了丰富和完善。

　　第三，在史实考订、文字表述、注释的规范等方面也做了大量工作，经过修订，全书字数由原来的 25 万增加到 37.2 万。

修订工作凝聚了众多同志的智慧和心血,是省委党史研究室集体劳动的成果。室主任俞银先主持拟定修订大纲并审定了全部书稿。室副主任卢大有、彭勃和原副主任何友良审读了全部书稿。参加修订工作的人员是:左家法(第一至六章、第十六章、大事年表及全书统稿)、卫平光(第七至十章)、万义兵(第十一至十三章)、王洁(第十四至十五章、第十七章)。

本书的修订得到了省委办公厅、省委组织部、省委宣传部、江西人民出版社和吉安市委、吉安县委以及曾山同志亲属的大力支持和热情帮助。南昌大学刘勉钰教授、中文传媒游道勤编审亦对修订工作提出了许多宝贵的意见和建议。在此,谨向上述单位和个人表示衷心的感谢。

中共江西省委党史研究室

2019 年 10 月